成就顶尖高手代表作

让阅读更有价值

变革心动力

个体、团队和组织成长指南

张丽雪◎著

北京联合出版公司
Beijing United Publishing Co.,Ltd.

推荐语

（按姓氏拼音排序）

冯东 美敦力医疗器械亚太区副总裁

《变革心动力》通过详细的描述和真实案例，揭示了人力资源战略与业务成功之间的动态互动。它为 HR 专业人士、业务领导者以及任何对了解 HR 在塑造组织未来方面的重要作用感兴趣的人士提供了宝贵的见解。

高航 上海汇华管理咨询公司（ProHR 汇华）创始人兼 CEO

《变革心动力》不仅是一本关于变革的理论书籍，更是一本行动指南，为那些渴望在个人和组织层面实现转型的领导者提供了清晰的路径。本书对战略 HR 的落地实践进行了详细阐述，通过具体的案例分析，展示了如何将人力资源管理与组织战略紧密结合，推动组织优化和人才发展。

潘小峰 直观复星医疗器械技术（上海）有限公司前任 CEO

《变革心动力》以实战经验为基石，深刻剖析了人才、文化和领导力

变革心动力

在推动企业成长中的核心作用。书中的案例和工具反映了作者的深刻洞见，从组织能力建设角度为渴望在数字化时代引领企业前行的领导者们提供了一盏指路明灯。

吴珊珊　碧迪医疗大中华区人力资源和数智化传播副总裁

创新能力和数字化思维是当前推动企业前进的两大动力，《变革心动力》通过相关案例生动地展示了在变革中如何整合人力资源战略与数字化解决方案的布局，这对于致力于将企业推向新质增长力及新质生产力的新质 HR 领导者来说，具有极大的启发和指导意义。这不仅是一本关于人力资源管理的书籍，更是一本关于如何在数字化浪潮中引领组织变革的实战手册。

王戈　畅导力发展有限公司创始人兼 CEO

虽然彼此相识多年，我与丽雪（Sherry）却谈不上很熟，在我的脑海当中她最突出的标签是新疆人、戴尔前同事、跨国医疗器械公司 HRVP 和人生意义探求者。阅读样书后，我才意识到我对她的了解极其狭隘和肤浅，通过强大、真诚、感人、充满才华与智慧和振奋人心的个人叙事和回忆，Sherry 分享了她对人性、人生、个人发展、组织动力和商业成败的学习、观察和洞悉。我极力推荐这本成人必读书，并且建议读者把这本书与《高效能人士的七个习惯》和蒂姆·费里斯的《巨人的工具》一起阅读，以获得最大的激发和赋能。

王震　科锐国际首席运营官

我从未见过一本讲 HR 理论和实践的书是以这样讲故事的形式来呈现的。这本小说真实地展现出 HR 在企业里的价值，全方位、多视角、有理论、有案例地呈现了企业 HR 的日常生活。这本书写得栩栩如生、由浅入深、形象生动、理论结合实际，同时又提供了大量实用的工具。每个 HR 从业者不但能从这本书里找到自己，而且能看到很多让自己工作更有意义的启发和思考；既有亲切感，又有激励作用。我以一个在职场工作了三十多年，从事 HR 工作二十七年的资深（老）从业者的身份强力推荐此书。这是我们 HR 小伙伴不可多得的一本学习教材。

这本书同样非常适合企业管理者，因为这本书同时讲述了为达成企业业务目标，如何去建立组织能力。管理者们可以用这本书来重新审视企业的 HR 工作，制定更高目标去完成组织能力建设、人才发展和企业文化重塑。

对大众读者而言，这是一本描述职场生活、故事性极强的纪实小说，同时也是一本能帮助你在职场更好地生存和发展的参考书。

徐农　三友医疗创始人、首席执行官

张丽雪女士是我人力资源意识的启蒙者，对我的影响很大——后来在我的公司初创之时，选择一个好的人力资源合作伙伴就成了我的强烈意愿，虽然过程有点波折，幸运的是最终找到了。我的经营理念通过人才发展逐步形成公司独特的文化氛围，企业的注意力得以高度集中，公司运营因而比较顺畅。从初创到上市的十年时间里，组织基本完整，意味着人力资源依时调整变革而凝聚的人心始终没散，这是应对各种外部变化和竞争的关键。

无意识的公司人力经营和有目的人力资源管理有着本质的区别，所以，如果我早十年看到这本《变革心动力》，我们应该会少走很多弯路。写书或许只是文字的整理，但实战的梳理总结，成文之后就可能是武器、是法宝，让你成功渡劫。我们都可能会碰到书中的故事，怎么应对，或许大家都有不同的方式，这本书让你起码知道可以不用哪些方式。开卷有益，无关功利，这书不仅有益，还可以让你收获很多方法。

徐芳（Kathy Xu） 费森尤斯大中华区人力资源副总裁

Sherry 是一位细腻果敢、超级洞察人性的人力资源女性高管，她对推动个人与组织成长有相当深厚的积淀和热情。她的《变革心动力》是一本写给管理者看的 HR 书籍，也是写给 HR 从业者看的管理书籍，对每个追求成长和生命意义的个体也极具参考价值。书中关于"个人与组织共同成长"的理念是打造幸福组织的基础，相关的案例和做法更是为企业管理者和 HR 同行提供了极具实践意义的参考。

朱蓓蓓 参天投资（中国）有限公司人力资源副总裁

《变革心动力》一书是对战略人力资源管理的深入剖析，组织、人才、文化"OTC"非处方药的说法简单明了，概括了战略 HR 的核心。丽雪将她在人力资源领域的丰富经验与成人发展、积极心理学有关的深刻见解相结合，以通俗易读、引发共鸣的文笔为读者呈现了一幅个人与组织共同成长的壮丽图景。阅读样书之后，我已经开始和团队沟通书中可以拿来即用的工具和模型；我打算在书籍出版之后让团队成员人手一册，开始学习并实践书中的理念和工具。

张宏 怡安翰威特人力资本管理咨询大中华区前任 CEO

每次和 Sherry 交流，我总能被她点燃、激发和赋能，常常体验到美好的心流和温暖的心动力。Sherry 对业务、组织和人性的洞察力来自她极其丰富的跨行业变革经验。她把人力资源做成了一门高规格的生意——定位、定价、定 ROI，最为难得的是 Sherry 特别擅长用讲故事的方式工作，她把这个独特的方法也用到了本书的写作中。

《变革心动力》为我们提供了一种全新的视角，让我们认识到变革不仅仅是组织层面的事情，更是每一个个体成长的机会。书中对于如何激发个人潜能、提升团队协作和推动组织发展的深刻见解，对于任何希望在变革中寻求突破的企业和个人都具有重要的启发意义。

目 录

推荐序一　繁华过后皆归平静 / 001
推荐序二　转变思维，开启变革 / 005
推荐序三　四线交织的生动变革之旅 / 008
自序 / 011

序曲　辞旧迎新　迎接挑战

1. 空降新上司 / 018
2. 走还是留？/ 021
3. 突然的变故 / 024
4. 迷茫失落的HR团队 / 026
5. 初见大佬 / 031
6. 和气而疏离的高管团队 / 034
7. 得到大佬点拨 / 038

学习思考 / 042

第一章　HR团队的变革

8. 打破常规寻找定位 / 046

9. "非处方药" / 050

10. 全新HR运营模式 / 055

11. 愿景1.0 / 060

12. 梳理HR成本数据 / 065

13. 每个人的内心都住着一个求关注的小宝宝 / 069

14. 不要忘记第13个小仙女 / 073

15. 和"仙女们"对话，准备路演 / 075

16. HR商业模式路演 / 081

17. HR部门的全新架构 / 090

学习思考 / 095

第二章　人才发展实践

18. 客户体验地图 / 100

19. 项目启动会 / 105

20. 棘手事件——痛失DK / 109

21. 初识教练，接受波琳辅导 / 116

22. 设计变革管理工作坊 / 120

23. 紧张的排练和准备 / 122

24. 首届领导力训练营 / 125

25. 变革的冰山之旅 / 132

26. 年会！/ 136

27. 招贤纳士 / 142

28. 倾听员工的声音 / 144

29. 人才发展面试 / 149

30. 筹备人才发展委员会 / 154

31. 人才发展理念和指导原则 / 157

32. 人才保留计划 / 161

33. 职业发展项目杀青 / 164

34. HR团队新面貌 / 170

35. 放松与反思 / 174

36. 突如其来的裁员 / 177

37. 职业发展月 / 183

学习思考 / 187

第三章　组织优化实践

38. 萌生新想法 / 192

39. 人力资源规划 / 194

40. 和大佬谈组织优化 / 201

41. 成立组织优化战略工作组 / 205

42. 高管动员会 / 208

43. 情境规划工作坊 / 210

44. 组织能力规划工作坊 / 218

45. 组织优化核心理念和原则 / 223

46. 人才流动预测项目：后视镜还是透视镜？ / 226

47. 销售资源优化项目：变形记 / 231

48. 销售能力优化项目：销售达人养成计划 / 238

49. 内部运营优化项目：1比5大 / 244

50. 安心项目组卡壳 / 249

51. 项目拼图 / 252

52. 组织层级和管理宽度：横竖两相宜 / 257

53. 大船升级——组织优化项目沟通计划 / 262

54. 第二届领导力训练营 / 267

55. 奋斗吧，牧童！ / 271

学习思考 / 276

第四章　HR团队管理

56. 成长中的HR团队 / 280

57. 安心受挫 / 283

58. 拨开迷雾，找到方向 / 286

59. 支持信心转岗 / 290

60. HR的职业发展 / 292

61. 艰难的决定 / 299

62. 疫情来袭 / 302

63. 生命的意义与追求 / 304

学习思考 / 308

第五章　文化整合与建设

64. 新的挑战 / 312

65. 收购及整合 / 313

66. 整合后的文化评估 / 318

67. 员工参与到文化建设中 / 322

68. 文化委员会和文化峰会 / 324

69. 在线领导力训练营和年会 / 328

70. 文化建设成果 / 333

学习思考 / 336

第六章　高管团队领导力发展

71. 和董事会谈高管发展 / 340

72. 安心探索高管团队领导力发展模式 / 344

73. 围炉夜话 / 347

74. "XIN动力"之心动力 / 351

75. "XIN动力"之新动力 / 359

76. 高管行动力 / 362

77.《千里江山图》与高管领导力 / 368

学习思考 / 376

尾声　安心的"XIN动力"

78. 成就彼此梦想 / 380

79. 成长壮大的HR团队 / 384

80. 组织人才规划迪士尼游园会 / 386

81. 收获的季节 / 395

82. 我还是曾经那个少年 / 397

83. 倾听内心的声音 / 401

84. 安心的选择 / 404

85. 带着祝福前行 / 408

学习思考 / 411

附录1　知识点、工具及练习 / 413

附录2　《变革心动力》故事线索漫画 / 467

后记　愿做船尾的灯，照亮你前行的路 / 475

推荐序一
繁华过后皆归平静

"爷爷,过来和我玩儿!"孙子的呼唤把我从《变革心动力》的书稿中拉回现实。我摘下眼镜,走向院子,享受着退休后的平静时光。

这是我退休生活之后常见的画面。如果昔日的同事瞥见这一幕,可能会颇为吃惊我的变化,我却甘之若饴。

这也是在看了丽雪寄给我的书稿后,我欣然提笔为本书作序的原因之一:每个人经历了繁华之后,终将寻找内心的平静。这是我从丽雪的书中读到的信息,也是我经历了中国改革开放四十年在事业上激荡起伏后最终对生活的感知。

丽雪曾是我的下属,我们共同让一家早期在中国陷入困顿的国际知名企业重整旗鼓、快速增长,并奠定了它长久稳定发展的基础。这段经历也是我职业发展后期的美好记忆。阅读丽雪的手稿,很多昔日的美好重现在我眼前。世事变迁,虽然现在的营商环境发生了很大变化,但书中关于人才、组织、文化和领导力发展的核心理念和基本原则,始终具有积极的指导意义;而书中的实践和案例我相信对现在的组织也具备深刻的参考价值,尤其是大量案例涉及数字化思维和变革理念，这也是现在的诸多企业面对复杂多变的外部环境需要具备的组织能力。

回顾那些年共同奋斗的时光，我深感《变革心动力》中的许多理念和实践，正是我们当年成功的关键所在。

我记得和丽雪共事时，我们曾经探讨过如何在企业内部打造"以人为本"的文化。这是知易行难的一件事。在经济快速发展、企业不断追求业绩增长的情况下，充分发挥每一位员工的积极性、最大化他们的生产力以创造效益似乎是每一家企业都在追求的目标。作为公司的CEO和人力资源领导，我们在建立"以人为本"的文化上始终保持着高度一致的理念。那一次，我们的谈话涉及到了"我们不知道意外和明天哪个先来"的话题，由此，我们鼓励所有员工思考，生命中对他们最重要的是什么？那次的探讨有员工总结出一首诗：

　　工作诚可贵，
　　亲情价更高。
　　若为幸福计，
　　二者需平衡。

由此，我们也掀起了一系列帮助员工正确理解工作、彼此协助实现个体梦想的活动，这种鼓励员工们通过工作表达个体的生命意义、浇灌幸福之花的做法构建了独特的组织文化，也为企业的长久稳定发展奠定了坚实的基础。我想，自那时起，丽雪对于个体和组织发展变革的思想就已经开始形成并实践。

在我合作过的众多人力资源同事中，丽雪是最出色的一位，她能够将人力资源与组织核心业务紧密结合，通过"人"的业务促进公司的业绩增长。

我很欣慰地看到在人心浮躁、追求快速成功的网红大量涌现的时代，丽雪能够静下心来读书、码字，探索内心世界，并把她的所学所想整理成书，分享给世人，这需要耐得住寂寞，也需要深入的思考和朴素、真诚的表达。

在我看来，《变革心动力》这本书并没有讲述艰深的管理理念，而是通过一个个实际的案例，用轻松的故事帮助读者理解人力资源战略如何在组织运营过程中落地实践，最终帮助组织实现成长和成功。

这本书无疑对人力资源从业者具备重要的参考价值：人力资源部如何跳出行政、执行类的工作，从组织、人才、文化角度制定并实施战略，帮助企业发展。每一位有志于成为人力资源领导的人都可以在本书中得到指导。

对于企业管理者，书中分享的案例也能打开思路，对自己的人力资源部门提出新的期待和要求。在我过往的职业生涯中，我一直把人力资源部放在战略地位，每一位看重人力资源的企业管理者都可以通过此书获得更多启发。

我个人对本书主角"安心"的心路历程很感兴趣。这不是一部自传或纪实小说，但书中安排安心在个人和团队成功的高光时刻选择退出，体现了一种勇气。这是在探寻了内心所求、评估了外部环境后做出的有意识选择。这种选择或许也受困于我们所在的社会对女性的期待。

我并不鼓励面对类似困境的读者都做出如同安心的选择，我相信这也不是丽雪写这本书的初衷。回顾我的一生，曾经叱咤商场带给我成功的满足和荣耀，也让我为社会和大众的福祉做出了贡献；当下含饴弄孙，享受天伦之乐又弥补了我曾经对家庭的歉疚。重要的是我们每个人需要不断探究内心所求，在生命的每一个当下做出让自己平静踏实的选择。这本书能引导读者思考，如何在职业生涯中实现自我价值，同时也不忘关注内心的需求和家庭的温暖。

人生就像一场精彩的演出，每一幕都充满了挑战、激荡与辉煌。然而，在所有的繁华与喧嚣之后，最重要的却是那份内心的平静和满足。愿这本书能引导每一位读者在事业和生活中找到属于自己的那份宁静与满足。

李炳容

退休前曾先后担任强生（中国）医疗器械有限公司董事长、大中华区总裁，美敦力医疗器械大中华区总裁，广州医药有限公司董事长，新加坡柏盛国际集团 CEO，蓝帆医疗 CEO，目前任多家公司独立董事及顾问。

推荐序二
转变思维，开启变革

认识 Sherry 已有近 20 年。她一直是一个不断学习、积极进取的人，所以当她两年前告诉我她进入斯坦福大学学习时，我一点也不惊讶；当她两个月前邀请我阅读她的新书稿时，我满怀欣赏和期待地接受了邀请。

Sherry 是我在职业生涯中无论何时都愿意举荐的人。我们共事十多年，建立了深厚的友谊和信任。

阅读本书让我回想起与 Sherry 一同努力，从 HR 角度协助一家公司成功扭转业务并保障其可持续发展的经历。我很高兴地看到，我们曾经的许多举措在本书中得以呈现。书中生动的故事情节不仅为读者带来了良好的阅读体验，更通过详细的案例阐述，提供了 HR 战略落地实践的宝贵参考。尤其难能可贵的是，Sherry 在附录中毫无保留地提供了 31 个相关工具和练习说明，读者可以在日常工作和生活中应用这些工具，体验到 HR 策略及其实践对组织和团队发展的赋能效果。这种将案例、理论和工具融合在故事中的表达方式，令人耳目一新。

这本书不是一部自传，但我在主人公"安心"身上多次看到 Sherry 的身影。通宵工作开发领导力训练营、策划舞台剧表演、人才发展面试等场景，相信曾经的团队成员看到这些都会露出会心的微笑。

本书的价值不仅在于重现作者的某些经历。在第一章中，安心通过商业模式画布工具和路演的内容，启发了 HR 领导的认知转变：HR 部门不能习惯于把自己放在支持部门的角色下，还需要以市场思维思考我们的客户、产品、价值定位、运营模式、投入和产出，以及市场营销等各个方面。

第二章第 18 节的"客户体验地图"是这种商业思维的极致体现，看到此处我忍不住想象，如果每一位 HR 从业人员带着这样的思维和努力开展工作，带给员工和组织的积极影响将是多么不同。

在第二到第六章中，Sherry 通过故事情节和案例呈现，详细展示了战略 HR 的核心：人才发展、组织优化、文化建设、团队和领导力发展。在这些内容中，贯穿始终的"核心理念"和"基本原则"是精髓：HR 日常处理的是千变万化的外部世界中复杂莫测的人性问题，如果没有清晰稳定的内在核心和原则，往往会陷入混乱和矛盾。

我还期望读者留意到，HR 发挥作用需要借力，借 CEO、高管、带人经理，以至于员工个体之力。很多和人有关的决策，HR 不是最后拍板的人，这个时候应动员起各层力量，在一致的理念和原则指导下发挥协同效应，最终实现组织的目标。这种借力的能力在本书几乎所有的案例中都有体现，也是成功的 HR 人士必备的核心能力之一。

本书中关于个体和组织协同发展、创造有意义的工作理念，也是企业领导者需要具备的重要认知。我的大多数工作经验在海外，DIEB[1] 一直是

1　DIEB 意为：Diversity（多样性）、Inclusion（包容性）、Engagement（凝聚力）、Belonging（归属感）。

推荐序二　转变思维，开启变革

大型跨国企业特别强调的部分。近年来，国内对 DIEB 的话题也从合规和业务发展的角度开始重视。本书虽没有直接使用 DIEB 的术语，但在人才发展、组织规划、文化建设以及 HR 团队管理的各个部分，通过调动高潜力人才参与项目、集思广益、发挥每个人的长处，充分体现了包容、关爱和凝聚的力量。这也是我一直在 Sherry 身上看到的力量。

书中主人公安心的最后选择可能对企业来说是个遗憾，但懂得看门道的读者一定不会停留在表面的结果。在成长过程中，追求意义、不断平衡、忠于内心是我们大多数人都孜孜以求的。一个完善的组织应该创建自由和稳定的空间，鼓励个体追逐梦想；拥有选择自由的个体则知道，实现生命意义的形式多种多样，内心的方向感、稳定感和力量感最为重要。

相信通过我的分享，你会认识到这是一本帮助 HR 从业者转变思维，开启变革的书，这本书也为企业管理人员提供了如何更好地发挥 HR 部门的战略作用的宝贵见解。对于追求成长或陷入困境的个体，这本书也提供了极为宝贵的启示。

我强烈推荐这本书给所有希望个体和组织能够发起、拥抱并引领变革的读者。通过阅读这本书，你将获得变革的启发和动力！

Yvonne Moore

艺康（Ecolab）集团全球区域人力资源高级副总裁

推荐序三
四线交织的生动变革之旅

作为一名长期关注 HR 发展的从业者,我深感荣幸能够成为《变革心动力》的最早读者之一。作者 Sherry 以其独特的 HRD 视角,巧妙地将故事与理论指导融为一体,创作出这部引人入胜的作品。

本书通过主人公安心加入牧童的一段 HRD 职业旅程,围绕牧童组织的转型、高管领导力的演变、HR 团队的成长,以及安心个人修炼的旅程,四线交织,构建了一个生动的职场世界。

先粗看一遍,再细细品读,我内心生出一念:等此书出版,我一定买上几十本送人。

先要送给我周边年轻一代的 HR 同事们。这不仅是一本结合了丰富的故事和变革管理知识的作品,更是一部展现战略人力资源实践的工作手册。书中不仅记录了组织变革的关键时刻,还通过具体案例,尽可能地提供了理论依据。每节内容相关的知识点和工具更是在附录中详尽阐述。读者可以查看附录对应的章节,进一步学习并应用于日常工作中。对于希望能独当一面的 HRD 而言,书中更有多个可以直接参考使用的工具包,比如第

16 节中描述的 HR 商业模式画布，通过 9 个方面、10 个问题清晰描述 HR 的客户细分、客户需求，HR 的价值主张、关键业务和运营模式，以及合作伙伴、关键指标、成本结构和所需要的资源投入等，一应俱全。我个人还喜欢第 18 节对客户体验地图的描述。通过描述 HR 常规流程中的客户（员工）体验，以及每个相关联小事件引发的情绪感受波动，可以目视流程中被忽视的痛点，从而进行更加有效的流程改进。

再要送给一些正在打拼的职场女性朋友。主人公安心的职业旅程和个人成长是这本书的核心。她的经历和许多职场女性朋友所面临的职业和家庭双重压力的情形惊人地相似。书中呈现的安心与高管教练的几次对话，帮助她看清职业发展的方向，坚定了她进行自我探索的决心，也照亮了她前进的道路。而书中第 84 节介绍的"奥德赛计划"实操练习，可以帮助正在进行自我探索的人们厘清自己真正想要去尝试的未来之路，并且通过多个维度的提问和回答，为真正的启动做好多方面的准备。

当然，此书还要送给和我一样多年从事 HR 的专业人士。我们都曾受益于中国经济高速发展下对人力资源不断提升的需求，在过去的几十年从业生涯中积累了很多实践经验。Sherry 书中描述的经历有很多我们都似曾相识。比如书中第 26 节的年会主题场景是充满诗情画意又广袤无边的原野，高管们做西部牛仔牧童打扮……音乐响起，大家高声合唱《牧童之歌》。我便想起了当年唱遍大江南北的《少林之歌》，活泼而雄壮的歌声和"天下驰名，流芳四海"的歌词……阅读此书带来的情绪共鸣让我心情愉悦，书中的一些案例也让我常常想起自己作为 HR 从业者驰骋职场时酸甜苦辣的经历。这仿佛是一本共同的职场回忆录。

最后，我还要送给我的企业家朋友们。企业的运作离不开组织、人才和文化。通过阅读这本书，一方面，他们可以全面了解 HR 作为一个职能部门，如何通过组织发展、人才和领导力培养、文化建设来提升企业的核心竞争力，帮助企业实现长远的成长计划。另一方面，在阅读此书后，他们能够学习到如何管理HR部门，以及如何对HR团队提出更高要求，从而使得HR突破行政操作的局限，成为真正的战略合作伙伴。

Sherry是我的多年老友，我们虽不常见面，但每次交流都是心灵的触碰。她的热情与创新精神总能激励我。在Sherry赴美去斯坦福大学做访问学者前，我们深入讨论了如何将我们的经验和教训传授给年轻一代，以及如何让自己在离开职场后依然有所作为。这本书可以说是Sherry践行个人生命意义的体现。她的行动力让我欣赏之余，也激发了我进一步思考自己可以做些什么。

令我敬佩的是，Sherry不仅迅速完成了数十万字极具可读性的文字创作，并且亲自绘制了本书的插画和图表，图文并茂，赏心悦目。

我坚信，无论是正在寻求HR全面知识体系的年轻专业人士，还是经验丰富的商业领袖，或者追求个人成长的读者，都能从《变革心动力》中获得宝贵的知识和启发。

林意清
百特医疗亚太区人力资源副总裁

自　序

三年前，我离开了一家全球领先公司，结束了长达十几年的人力资源高管职位，踏上了探索人生新篇章的旅程。

在这个旅途中，我有幸作为斯坦福大学杰出职场研究院（DCI）的访问学者，和一群来自全球各地的前职场杰出人士结伴探索生命意义，设计并经历人生转型，并创建了各类社群。我们可以尽情选择这所世界知名学府里的几乎所有课程，还能够在每一天的学习中沉浸于跨越代际、地域和行业的各种沟通中……在这场"奢华"的探索之旅接近尾声之际，我发现自己要回答的问题依旧是：我还能为这个世界做些什么？

我的职业生涯主要集中在 HR 领域，但我对市场、商业和新技术，尤其是个人成长和人生设计也充满兴趣。离开职场之初，我充满好奇心去尝试各种新鲜领域，兜兜转转，当意识到我可以把自己探索、体验和表达的纯粹意愿与我想做的事情结合起来时，写一本和 HR 相关的书的想法自然地冒了出来。

起初，我的目标是为 HR 专业人员撰写一本关于战略 HR 的实用指南。

然而，随着写作的深入，我发现话题自然而然地扩展到了个人成长、团队发展与组织变革——这些都是我满怀热情的领域。这本书读起来像一本故事书，但又包含了诸多管理知识和相关案例，同时提供了实践的工具和练习，所以也可以当成一本管理书和工具书。我努力记录了自己职业生涯中帮助团队和组织成长的经验和收获，也倾注了我对个人和组织共同成长发展的持续探索。

本书完成之际，我感受到双重喜悦：这是对我过往职业生涯的总结和在企业工作正式的告别，也是我在践行个人的生命意义——创造、分享以照亮他人。

但同时我又忐忑不安。虽然我一直喜欢以文字表达情感，写书却是人生第一次的体验。以故事的形式书写既是我喜欢的表达方式，也体现了这本书是基于经验和个人学习的整合，而非深度研究的理论陈述。回想我的写作过程，有很多惴惴不安、妄自菲薄的时刻，我的出版策划人及写作教练王留全不断鼓励并启发我：对大部分读者来说，能够套入实际应用情景中的学习已经可以起到点拨和启发的作用。

所以带着谦卑之心，我期望本书能为您带来以下价值：

经验分享：结合我在企业变革和 HR 战略的实践经验，通过案例和策略分享，为企业管理人员提供思考框架及提升对 HR 的期待，为 HR 专业人士提供实用的指导。

工具提供：书中包含了商业思维、人才管理、组织能力提升、文化建设等方面的知识点、实用工具和练习，希望您即学即用的同时又能通过锻炼带来能力提升。

思考启发：通过案例和个人成长故事，激发您对 HR 价值、个人与组织关系，以及如何在职业生涯中实现自我价值的深入思考。

自 序

行动促进：期望阅读本书能激励您采取行动，无论是启发作为企业家的您从组织、人才和文化、领导力角度审视公司的核心竞争力，还是激励作为管理者的您思考构建信任和赋能的团队，或是帮助追求个人成长的您找到通过工作表达生命意义的方式，我都希望您在阅读时能够感受到飞溅的思想火花，并能着手开始尝试改变。

阅读本书时，您可以想象自己在欣赏一部交响乐：本书总共有八章内容，序曲交代了背景和情境，接下来的 HR 团队变革、人才管理、组织能力优化、HR 团队发展、文化融合及高管领导力提升构成了中间的六个核心乐章和高潮部分，最后的尾声缓缓道来组织和个体演变的成果。各个乐章部分，如果留意，您会听到个体成长、团队进化和组织变革如提琴、长笛、小号和钢琴等诸多乐器的共鸣合奏……

本书虽然以故事方式写就，但侧重点并不在剧情的跌宕起伏或人性的善恶上面，而是围绕核心主题通过一个个故事讲述组织变革相关的理念、管理知识，并介绍可以帮助落地实践的工具。所以，如果您喜欢随性一点，只想阅读自己感兴趣的主题，您可以从任意章节开始。每一章内容前面都提供了概要，并在章节结束部分提出了"七问"供您思考，想要精读的您可以仔细思考并回答每章后的七问。

本书正文结束后，还提供了整合核心知识点、工具、练习的附录，同时附带了专门的目录，帮助您对应前面相关章节阅读和使用。

在这个短视频和社交媒体主导的时代，碎片化学习成为常态，我很感激您从浩如烟海的书籍中选择了这一本。我带着所有诚意奉献出的分享可以并不止于此，如果愿意，您可以通过微信和邮箱联系我，反馈您的阅读体验，提问我、挑战我，让我们共同探寻个人或团队、组织的成长之路。

祝福您享受这场变革交响曲，获得感悟和行动的力量！

微信
Sherry-LifeMaster

邮箱
sherrylxzhang@outlook.com

序曲
辞旧迎新 迎接挑战

内容概述

主要人物

- 丹：外籍 HR 领导，主角安心的前任老板
- 安心：主角，牧童公司新任 HR 总监
- 陈总（大佬）：牧童公司新任 CEO，行业知名经理人
- 牧童高管团队：12 位领导，由各个业务部门负责人组成，大部分有外企或海外工作经验
- HR 团队：9 位同事，包含 3 位 HR 经理，3 位分别负责招聘、培训和薪酬的同事及他们每人带的 1 位助理

主要事件

- 安心在原公司和老板丹相处得不愉快，努力后仍无法改变现状，辞职加入牧童公司任 HR 总监
- 安心与牧童公司 HR 团队交流后，了解到大家工作得辛苦卖力却有许多抱怨，迷茫失落
- 和高管团队成员一对一交流后，安心的感受是他们之间一团和气，但是彼此客气，比较疏离
- 安心准备了新 CEO 的入职计划及一场"新领导融合座谈会"，帮助高管团队和大佬更好地了解彼此
- 聆听大佬对牧童组织现状的看法和建议后，安心受到启发，决定从改变 HR 团队入手

主要矛盾

- 牧童正处于从快速发展到规范化管理的过渡阶段，需要解决规模效应和业务灵活性之间的矛盾
- 高管团队缺乏凝聚力，沟通和协作不足
- HR 团队勤勤恳恳、任劳任怨但成就感和职业满足感不足
- 员工对公司缺乏归属感，职业发展需求得不到满足

序曲概要

　　序曲部分通过描述主角安心的体验、观察、交流和思考，向读者展示了一个新任 HR 负责人面临的挑战与机遇，以及她逐步构建解决方案的过程。

　　在牧童公司的组织环境中，安心作为新任的 HR 负责人，通过与 HR 团队、高管团队和 CEO 的交流，以及对员工的深入了解，逐渐洞察到了组织面临的挑战和机遇。她发现了高管团队的疏离现象以及员工之间沟通不畅的问题，同时也意识到了 HR 团队在服务和支持员工方面的潜力和不足。通过与大佬的会议，安心得到了关于改善员工归属感和提升管理能力的重要建议，并开始思考如何运用商业模式思维来优化 HR 部门的运作。

变革心动力

1. 空降新上司

"就这样吧！"安心深深地吸了一口气，从座位上站起来，拿着工作笔记和笔，穿过走廊，向丹的办公室走去。

丹是安心的老板，今年初刚从 M 公司美国总部调任过来。他是个仪表堂堂的白人，年轻有为、踌躇满志，据说是总部认定的高潜力领导人才，从他被外派到中国，掌管研发中心和全球采购中心在中国分部的 HR（人力资源）工作，也看得出公司对他的器重。

这两个部门的 HR 团队加起来有近 10 人，每一个都是安心精挑细选并悉心培养起来的。安心的正式头衔只是研发中心的 HR 高级经理，但是她帮助海外的全球采购中心 HR 负责人建立了上海的 HR 团队，不过这些人并不由她管理。最近一年，安心除了忙工作，也拿到了香港大学在职工商管理硕士（港大 EMBA）学位，忙忙碌碌中，她没有留意远在美国的老板上一次带丹来中国出差的用意。

那次老板带丹来上海，在部门聚晚餐时，丹询问大家加入 M 公司 HR 部门及留下的原因。有人提到他们是被安心从公司内部发掘而转到 HR 部门的；还有人说他们在面试时被安心吸引，留下来是因为在新成立的部门和安心一起工作，有很多值得学习的东西……就在安心对自己的影响力感到些许骄傲的时候，美国总部发来一个内部通告，丹被调往中国，担任这两个部门的 HR 领导，安心向他汇报工作。

向他汇报工作不是问题，反正安心总得向一个老板汇报。老板在身边沟通起来或许更容易，这是安心的想法。

丹来中国的三个月后，安心觉得自己慢慢被疏远了：丹积极地和两个部门的主管与经理沟通，与团队里的每一个人单独面谈，对安心却是不冷不热；安心和业务及部门同事沟通时，常常听到大家说"丹说……"。安心对于此类事情后知后觉，不过她还是安慰自己，可能是自己想得太多，丹初来乍到，和所有人沟通了解情况实属自然，自己只要踏踏实实工作就好。

然而一次部门会议让安心意识到是时候面对这个问题了。在那次会议上，大家讨论一个难题如何处理，丹三次打断安心的发言，不耐烦的神情溢于言表。甚至连团队小伙伴也看出端倪，在会议结束后小心翼翼地问安心："你和丹最近是不是有什么矛盾？"

安心不想让别人猜疑她和丹的关系，她想知道丹的想法，直面问题。可是向老板发起诘问，对安心来说极具挑战。她一直习惯了在家、在学校和工作场合都做到有眼色、主动而勤奋；从小到大，她很少受到批评，也极少遇到需要挑战权威的情况。思量再三，安心决心与丹面对面沟通一番。为这次面谈，安心做了大量的心理建设，可在去丹办公室的路上，她仍然感到心跳加速，手心微微出汗，胃也有些不适。

安心走进丹的办公室，他正在电脑前忙碌，眼睛盯着屏幕，他让安心先坐一下。"给我一分钟。"丹头也没抬地说道。

为了不显得太无聊，安心翻开自己的笔记本，故作忙碌地在纸上写写画画，也借此平复自己的心情。

大概三分钟后，丹停止敲击键盘，抬起头来看着安心，"好了，你今天怎样？"

安心按惯例回答："我还好。"

"今天约我是要谈什么话题呢？"丹开门见山。

"我想和您谈一下我俩的工作关系，"既然丹很直接，安心也直奔主题，"前天的会议上，我的发言有几次都被您打断，有同事来问我们之间是否有了矛盾……我不想让团队的成员猜疑，我想知道您对我是不是有意见。"说出这番话，安心发现自己从开始的紧张心绪中走出来，渐渐镇定下来了。

"呃……"安心看到丹的脸腾的一下红了，好像宣纸上滴了一点深红色颜料迅速洇开一般。"白人脸红这么明显？"安心居然冒出了这个想法。

"那天的事情是这样的……"丹回忆了那天的情况，"我不了解这里的法律法规，想听听大家的看法，"安心看得出他边想边字斟句酌，"我感觉你说得太多了，我还想听一下其他人的想法。"丹开始越说越流畅，也恢复了镇定的神情。

"那我明白了。我有的时候是容易说得太多，因为我对整件事情的来龙去脉比较熟悉，可能没有注意到给别人发言机会。"安心对丹说道。

两人接下来约定，今后如果遇到类似的情况，丹可以给安心一个眼神提醒她。

"我想让您知道，对我来说，比起汇报给总部的经理，汇报给您更加方便，我们之间沟通起来更容易一些。"安心真诚地和丹说。

走出丹的办公室，安心觉得胃已经不难受了，她的脚步轻快起来。

安心转岗到研发中心时，部门只有三名员工，她和外派来的技术总监在三年里把这个部门的规模发展到300多位工程师；她还协助刚成立的全球采购中心，使其发展到100多人的规模。她获得了M公司的赞助，读取了香港大学的在职工商管理硕士学位。安心感激公司对自己的投资，也特别享受从无到有建立业务、吸引并留住人才的过程。安心想全力支持丹，帮助他顺利完成两年的外派工作。

2. 走还是留？

接下来的日子，安心和丹的工作关系没有更多改善，上次和他直接沟通后，丹没有再在人前明显打压安心，两人之间保持着客气的工作关系。安心希望能有突破，却一直没有摸着门道，这让她有些沮丧。和丹进行年度绩效评估和调薪沟通时，安心再一次感觉到被排挤。

"这次绩效评估，我给你的分数是'达标'。根据年初制定的目标，你完成了各项工作，符合公司对一个高级经理的要求。依公司的标准，能获得'达标'已经相当不错了。我也看了你的工资，公司付给你的薪水已经很高了，可以说相当有竞争力，所以明年薪资会增长4.5%，要知道在美国市场，每年的薪资涨幅基本只有2%—3%。（安心在心里嘀咕：可是这是中国呀！）你有什么想说的吗？"丹的话简单直接，安心一下不知该如何回复他，原先准备好的述职内容似乎用不上了。她第一次得到仅仅是"达标"的绩效评估分数（虽然作为HR，她也常常跟员工解释"达标"已经是不错的成绩），也是首次经历薪水涨幅低于两位数。在过去将近七年的时间里，自己在M公司工作一直得到认可，一路升职加薪。此时，安心感觉像是猝不及防地被人推下了悬崖，丹的一番话让她吃惊、愤怒，继而感到悲伤、无助……她平复了一下自己的心情，接过丹递过来的调薪通知，只是说了一句"谢谢您"，便起身回到了自己的座位。

"要考虑离开了！"这个声音越来越强烈。

安心加入公司时，这家世界知名的电脑公司刚刚进入中国市场。最初的四年，安心担任第一任招聘经理，带领团队为中国分部招募了近5000名员工。四年后，公司决定在中国建立美国之外的第一个研发中心，要求安心招募研发中心的HR经理，过了几个月，美国的招聘经理直接告诉安心：

"我已经看中了一个人选,那就是你,为什么不尝试一下呢?"

一向埋头做事的安心开始认真考虑自己的职业发展。最忙的时候,安心需要每天面试十几位求职者,日复一日的忙碌让安心疲惫不堪,但是她很喜欢和外部市场沟通交流,享受不断引进人才的成就感。

这次机会勾起了她的一段回忆。在加入 M 公司前,她曾在一家民营企业工作。在那家民营公司,她从一开始的行政负责人做到 HR 负责人。后来,由于较高的外语水平和沟通能力,安心还兼任公司的市场总监。不过安心感觉自己边做边学,能力和精力都几乎被消耗殆尽,此时,猎头找到了她,安心接受猎头的邀请,加入 M 公司任招聘经理。安心加入外企的目的,是希望系统地学习 HR 各种职能的运营。从那时起,安心就清晰了自己的职业发展目标,那就是能够做到大公司的 HR 负责人,从人才角度帮助公司发展壮大。

在 M 公司任招聘经理的每一天都让安心感受到公司在壮大、自己在成长。短短四年,M 公司在国内发展到近 5000 人的规模,然而高速发展带来高强度的工作压力,导致有些部门的员工年度流失率高达 40%,她常常对此感到痛惜,因为自己可以招入人才,却无法帮助他们成长,以留住人才。这次能够从头开始参与创建中国研发中心的团队,给了她机会体验选、用、育、留人才的全过程,她颇为动心。和家人商量后,安心很快转岗过来,一路与首届外派的技术总监合作也很愉快。

由于研发中心迅速壮大,全球产品开发部门也开始在上海建立全球采购中心的分部,安心在忙碌于研发中心的工作之余,也主动协助采购中心打造在上海的 HR 团队,尽管这不并在她的管理范围内。安心认为自己不但完成了年初订立的业绩目标,还对采购中心做出了额外的贡献,所以她理所当然地认为自己会得到"优异"的绩效评分。

可是她已经没有和丹理论并调整绩效评分的念头了。作为 HR,她常常处在员工和经理之间,以解决双方因意见不一产生的矛盾。那种工作没有带给她成就感,也让她对 HR 工作中"调解员"的角色很不喜欢。基于丹一直以来对她的态度,她明白,和丹在绩效评分上的争论只会给自己平添烦恼。

于是她开始留意离开的机会,外部市场上 HR 的工作机会很多。很快,安心就收到了一家全球知名药企的 HRBP(业务合作伙伴)的聘用信,薪水涨幅 20%。同是外企,工作环境是安心很熟悉的,行业也颇具增长潜力……安心唯一犹豫的是,面试过程中她了解到公司还在招中国区的 HR 总监,也就是自己未来的老板。如果要换工作,她希望可以成为 HR 部门的一把手。工作十几年的积累,加上刚完成港大的 EMBA 课程,她希望站上更广阔的舞台一展身手。

正在安心犹豫是否签约时,劳伦斯教授来上海出差,并约安心吃饭。劳伦斯教授在安心于香港大学读 EMBA 时讲授领导力课程。和教授吃饭时,安心絮絮叨叨地向他讲述了自己职业发展过程中遇到的挑战、面对新机会的犹疑……

睿智的教授耐心地听完安心的讲述,缓缓地对安心说:"安心,我无法帮你做关于去留的决定,只有一句话送给你:Never leave for bad reason, always go for better!"(永远不要因为坏的原因选择离开,而是要奔赴更好的机会!)

教授的话让安心再次审视自己的离职动机,除了想要尽快离开这个压制自己的老板的冲动外,内心对于离开有一种逃离的失败感和不甘心。况且,新的工作和现在的工作级别相似,好像加入新公司并没有更好的理由。

安心希望自己走得踏实心安。一定要处理好自己和丹相处的方式和心态,否则以后遇到这样的人难道还是逃离吗?安心不愿就此服输。

随后大半年的时间里,安心依旧努力地工作。在中国研发中心面临激烈的人才战,培养了两三年的技术骨干遭竞争对手挖墙脚的情况下,她设计并实施了研发中心人才重新定岗调薪的方案，有效遏制了人才的流失。同时，安心还在研发中心积极推广亚太区倡导的诚信工作的职场环境，因其表现出色得到了亚太区总裁奖……她和丹的工作关系依旧不温不火，但安心接受了一位前辈的建议："你和老板之间如果不能'心心相印'，保持专业的关系也可以。"

就在这时，一家叫牧童的科技公司向安心伸出了橄榄枝。

3. 突然的变故

牧童是一家快速发展的科技公司，专注于提供物联网解决方案，七年前由三名海归人员创立，并一直聘用职业经理人经营公司。公司目前有500多人，业务涵盖多个领域，包括智能城市、健康护理、工业物联网等方面，在行业里开始逐渐崭露头角。

安心之前并没有听说过这家公司，牧童公司的规模也比她目前任职的 M 公司小很多。吸引安心的是，牧童的 HR 总监直接向 CEO 汇报，并需要全面管理 HR 工作的方方面面。面试过程中，安心听到一些自己不懂的术语，还被告知目前近 10 人的 HR 团队中有名校毕业的博士……安心意识到，自己对不同的行业和学历更高的下属似乎心生恐惧，这激发了她加入牧童公司的决心：我可不想在熟悉的环境里温水煮青蛙！更何况，面试体验带给她兴奋的感觉：董事会希望未来的 HR 领导能够配合 CEO 搭建人才梯队，负责组织建设，帮助牧童快速发展，争取尽快在港股科创板上市——听上去，HR 有很多可以做的事情！

离开研发中心前，安心尽责地把手头所有的工作都交代得清清楚楚，备忘录也写了七八份，和不同部门同事的告别饭前前后后吃了一周，丹也做足了功夫，和团队一起给安心开欢送会，感谢安心的贡献。离开时坦然而踏实，同时带着对新机会的期待，这是安心心目中离职的最好状态。

加入牧童后，安心面对的第一件事情，是 CEO 和她之间的工作交接——之前的 HR 总监一年前因病离职，这一年来，HR 部门由 CEO 直接兼管，团队每周和 CEO 开一次会。安心第一次参加会议，感觉会议内容基本是 HR 各部门负责人向 CEO 流水账式的汇报，CEO 大部分时候安静地听取大家的汇报，并没有给出太多指示和反馈。这次会议上，安心还吃惊地发现，几位支持不同部门的 HR 在处理员工业绩不达标的情况时，各有各的做法，或降薪或警告，都由各自的部门总监和 HR 商讨决定。安心提醒自己先耐心观察，不要急于下结论或给予反馈。

会后，安心约见 CEO，希望能多了解团队每个人的情况。没想到，面对面会议一开始，CEO 便告诉安心，下个月会有新的 CEO 上任！

原来，现任 CEO 在牧童公司属于元老级人物。他创建了团队，带领他们从零开始将牧童发展到目前规模，在此过程中，他立下了汗马功劳。但是，最近两年因为市场变化莫测，牧童核心业务增长变缓，一直未能达成董事会制定的目标。在推动牧童上市方面，他和董事会也有不同的想法，最终大家决定好聚好散。

"在一家公司待久了，如果不能继续创造增长，就是时候离开了！"CEO 感慨地说。

安心不知如何回应他。他们相处的时间还太短，除了面试时他留给安心成熟内敛的印象外，短短一个月里安心见到他的次数不多，在高管会议上，他似乎也比较沉默。对于他在以前的 HR 会议和高管会议上留给自己的"不作为"印象，安心现在似乎明白其原因为何了。安心感激他给了自己加入牧童的机会，并请他给自己一些在牧童发展的建议。他笑得有些苦涩："你的资质很好，工作上不需要我的建议。努力工作之余，可以多想想自己的未来！"

安心和 CEO 的会议刚一结束，由董事会签发的关于 CEO 变更的公告就在公司内部发布。公告里对现任 CEO 的贡献做了充分的肯定，祝福他"在新的人生旅途一切顺利"，同时公布新来的 CEO 是行业里的知名经理人，董事会对他"带领牧童迈上新的台阶充满信心"。在外企待久了的安心觉得这一切有些突然，但也并不吃惊，"你方唱罢我登场"，这就是职场现实。作为新人，她还是和其他高管一起组织了现任 CEO 的告别晚宴，也和 HR 的同事们一起为他准备了礼物。

现在，除了要尽快熟悉公司、学习业务、了解 HR 团队和面临的挑战外，安心默默祈祷能够和未来的 CEO 合作顺利。

4. 迷茫失落的 HR 团队

安心注意到，牧童的 HR 团队在基本纪律、规章制度、薪酬福利体系、绩效评估工具和流程方面都打下了不错的基础。

HR 团队目前有九位员工。招聘、薪酬福利、培训和发展各有一位经理，分别带一位下属，另外还有三位支持各部门的 HR 经理。对这个以销

序曲 辞旧迎新 迎接挑战

售为主的 500 多人的组织来讲，这样的人员配备已经算是比较奢侈了，内部功能的划分也比较清晰。团队成员和各自的职责如下图。

姓名：信心
职位：招聘经理

姓名：用心
职位：培训经理

姓名：忠心
职位：薪酬经理

姓名：热心
职位：HR 经理

姓名：省心
职位：HR 经理

姓名：关心
职位：HR 经理

姓名：爱心
职位：招聘专员

姓名：耐心
职位：培训专员

姓名：细心
职位：薪资专员

图 1　牧童 HR 组织图

＊本书所有插图及图表，若非特别注明出处，均为作者原创；
＊整幅图画中的各元素可能来源于互联网公开图片。

大部分的团队成员都是在牧童快速发展的最近三四年里加入的。安心

027

上任后和他们每个人都做了一对一的谈话，对各自的背景和个性、能力有了初步的了解。从心底深处，安心感谢她的前任招进了素质不错的下属。

安心在和 HR 部门以及高管同事的沟通中了解到，原来的 HR 总监工作极其勤奋努力，她一向教育 HR 团队："业务部门在外面打仗冲业绩，我们要做好后勤保障工作！"她带领团队面试员工、制定薪资福利、提供培训、解决员工和经理之间的矛盾……在大家心目中，HR 总监就是牧童的大总管，高管们有事就来找她，HR 部门在员工心目中很有权威。也因此，牧童的 HR 得到了一个绰号——"好人"。这个"好人"的说法是源于拼音的首字母刚好和人力资源部门的英文简称"HR"一致。

不过，安心第一次听到这个称呼时，脑海里自然冒出的是"老好人"，这让安心怀疑大家叫 HR"好人"背后是否还另有深意。

后来在和员工的私下交流中，安心听到一种说法："我们的 HR 呀，就是高管们手里的一杆枪，高管指哪儿他们打哪儿！"这是指 HR 无条件地满足经理们的要求做好人，还是说 HR 是非不分按经理要求处罚员工，安心还需要更多的了解。无论是"好人"还是"枪"，这两种称呼都让安心感觉不太舒服。她留意到，不同于经理、高管们对 HR 的依赖和信任，员工们似乎对这个部门敬而远之。

在安心第一次主持的 HR 部门会议上，她请大家谈谈"在牧童做 HR 的感受"。

在一周前发出的会议通知邮件里，安心就请大家提前思考这个问题。可当她结束了其他话题，请大家谈谈感受时，团队突然安静了下来。一时间，大家似乎有点儿不知从何说起。安心特意不去打破这份静默，但她环视一圈，注意到 HR 经理关心欲言又止，她用眼神鼓励关心开口。

"我先说一下吧。我觉得我们是一个全心全意为牧童员工服务的团队。

不过，牧童这两年业绩做得不太好，员工离职率也高，让我怀疑 HR 的价值体现在哪里。"关心开了个头。

"我也有同感！"招聘经理信心接上了关心的话。"我和爱心一直很努力地配合经理们招聘员工，我们可以尽最大努力去找最好的人才，可是他们进了牧童后的发展都是经理在负责，很多人离职的时候告诉我，辞职是因为不满意自己的经理。我觉得挺沮丧的。"信心的发言进一步引发了其他成员的吐槽。

"部门老大不给力的确会让团队不稳定。我天天都做老娘舅给经理和员工断官司，有时候觉得两头不是人！我们呀，是夹在风箱里的老鼠，两边受气！"HR 经理热心也跟着诉苦。

她的发言引来了大家更多的抱怨："经理们有时候会把责任推到 HR 头上，说业绩没有达标是因为 HR 没能帮助招到人；或者说 HR 部门不批准给某个员工的加薪升职计划……我们常常做了背锅侠！""我觉得我们就是

图 2　HR 团队的苦恼

救火队员！这边忙着招人，那边业绩不好经理不想走流程，只催着我们想办法快点把人开掉！""平时员工们抱怨没有发展学习机会，来培训的人却常常进进出出接电话！"

安心听着同事们的吐槽，在白板上记录了大家发言的关键词句。

"听上去，这些是我们对 HR 工作的感受，大家了解公司的经理和员工们是怎么看 HR 的吗？"安心先是分享了她从高管和经理们那里听到的对 HR 的肯定："在高管们眼中，我们的确是在全心全意地提供服务，我听到了他们对大家的认可。经理们和我说，牧童的 HR 在公司地位还是蛮高的，在很多事情上都有发言权。"

她接着分享了员工们关于"HR 就是高管手里的一杆枪"的说法，这个说法招来了大家更多被误解的委屈。

"如果把高管、经理、员工对 HR 的说法和我们的感受放在一起，我看到了 HR 在他们面前形象的不一致，以及我们自己的分裂感，"安心接着说，"似乎我们有被高管认可的成就感、帮经理们管人的权威感，还有当背锅侠的委屈、被员工误解的郁闷。事实是，我加入后注意到大家几乎每天都在加班，常常深夜还在回复邮件……大家真的是非常努力、拼命的 HR。我的问题是：这样的情形能够持续多久？"

安心的话带来了大家的思考和沉默。

"HR 的团队形象、大家的工作生活平衡，这些都是我希望能够在今后和大家共同努力去改善的方面。但是，更让我担心的是，我听到高管们习惯了 HR 的全方位服务，经理们对人员管理和发展不担责、员工对 HR 不信任，这些会对牧童未来的组织发展带来严重的阻碍。我们需要一起扭转这个局面，当高管、经理们都把人员管理和发展当成自己的责任时，HR 可以从日常繁忙的工作中解脱出来，创造更多的价值；业务也会得到真正的增长和发展。下一次会议上，我们会一起讨论 HR 可以带给组织的真正价值！"

安心感觉自己第一次主持的 HR 会议，结束得似乎有些沉重……她一方面自问，自己加入公司才一个月，是否太快下结论；另一方面，她看到团队经历了从过往一年向前 CEO 汇报到突然遭遇 CEO 离职的迷茫，尽管如此，每个人都在加班忙碌，安心感受到需要尽快带领团队拨开迷雾找到方向的责任感和紧迫感。

5. 初见大佬

离新 CEO 上任的日子越来越近了。安心虽然也是新人，却受到董事会的委托准备 CEO 的入职计划。安心接手任务后先是制定了计划的框架，然后和高管及 HR 团队成员们沟通，各自分头准备相关内容。

这份用心准备的入职计划（详见本书"附录 1"）得到了董事会的高度认可，日后也成为牧童高管通用的入职计划模板。

入职计划包含了"入职前、第一天、第一个月、前三个月、前六个月和第一年"几个关键时间节点，以及在这些时间节点中，CEO 需要了解的内容、要约见的人（利益相关者）、建议参加的重要会议和活动，以及差旅计划等。

这个准备的过程让安心有机会对牧童的发展历史、企业文化、高管团队成员背景、业务发展历史以及牧童公司现状进行系统全面的了解。

等到 CEO 上任那天，加入牧童不到两个月的安心已经可以就牧童的组织架构、高管团队、人才发展和企业文化等方面侃侃而谈了。

安心起初称呼新来的 CEO 为"陈总"，但很快就跟着业务部门的同事喊他"大佬"了——据说这是行内大家对他的尊称。安心一开始觉得这样有些江湖气，好像黑社会的做派，等到对陈总有了更多的了解后，安心觉得这个称呼亲切而自然。

大佬在香港长大，但是来内地工作已近三十年了，操着一口流利的港普（带点香港口音的普通话）。他性格爽朗，笑口常开；虽然他身高不足一米七，但出现时有种自然的气场让人无法忽视；同时他又是亲切可人的。安心在他面前很自在，第一天和他沟通入职计划，大佬就给了安心肯定："我工作这么多年，还是第一次拿到这么全面的入职计划，你真的很用心，谢谢！"

根据计划，安心在大佬加入一个月后，邀请外部顾问为他和高管团队做了一场"新领导融合座谈会"（New Leader Assimilation Session）（详见本书"附录1"）。会议开始时，顾问向大家介绍这个活动是为了增进双方的了解，更好地促进 CEO 和高管团队的合作。大佬鼓励大家畅所欲言，任何想要了解的问题都可以向他提问。接着，大佬离开会议室，以便大家在顾问的主持下能够轻松地进行讨论。"你们对 CEO 的最初印象如何？你们了解他的哪些方面？"顾问询问道。

从大佬的过往经历到他的家庭情况，从行业里听到的传闻到大家体验到的工作风格，大家在便笺上写下自己的了解和感受，并逐一贴到墙上。顾问依次读出内容，高管们通过交流，对大佬有了更多的认识。

接着顾问询问大家："还想了解 CEO 的哪些方面？"有人提出了比较严肃的问题：大佬的管理风格怎样，处事原则是什么，喜欢的沟通方式、不能接受的行为有哪些，将来离开牧童时希望留下哪些财富等等；也有人很好奇大佬的个人爱好、人生梦想等比较私人化的问题。

大家还提出了对 CEO 的一些期待和建议，顾问一一记录下来，之后高管团队稍事休息，大佬被请回会议室，浏览白板上的记录。等大家都回到会议室后，大佬开始对大家了解的做补充说明，澄清和事实不符的内容，并且回答了大家对他提出的问题，还对大家给他的建议和期待表示感谢。

在座谈会的后半部分，大佬听取了高管们关于团队和组织的看法，包括希望在大佬的领导下，高管团队继续保留哪些优点、未来团队可能面临的挑战、牧童业务最大的机会以及面临的风险等。

整个沟通过程中，大佬真诚坦率，幽默风趣。谈到任期内希望留给牧童的财富时，大佬说，"满足董事会对这个角色的期待只是底线"，更重要的是，他希望帮助员工通过这份工作在养家糊口之外体会到个人的尊严和价值，即"通过工作实现个人的成长"，他引用了伟大领袖毛主席的一句话："工作者是美丽的"。"作为领导团队，我相信，我们的责任不仅仅是管理业务，而是引导每个员工看到工作的价值，将工作融入生命的意义中。我们的使命不仅仅是为了盈利，而是为了塑造更美好的世界。我希望和各位一起努力，为每个员工提供机会，让他们在工作中找到自己的价值和意义。我们可以共同创造一个充满激情、创新和情感联系的工作环境，让每个人都能在这里找到属于自己的美好。当然，拥有这样的员工团队，我们期望带给客户更加美好的生活，通过科技提升人们的生活和生命质量！"

大佬的这番话深深打动了安心，她回想起丹给她的感受，相比于繁重的工作内容，压垮她的稻草是那种不被珍惜、不被看见的郁闷……如果每一位高管都能够如大佬描述的那样关注个体，如果 HR 带着这样的领悟推动整体的工作环境更加人性化，那该是怎样一个美好的职场？！这一刻，安心感觉自己原本悬着的心慢慢地放下了，她迫不及待地希望投入大佬描述的美好世界建设中去！

安心注意到，大部分的高管也因为大佬的话而动容，房间里的气氛轻松温暖。经历过第一个月原 CEO 离开前和高管们相处时的低气压氛围后，安心感到拨开云雾见天日般的畅快。

根据入职计划，大佬的助理为他在开始的几周安排与所有高管面谈，安心特意请求将自己的面谈排在后面，她想等大佬见完其他同事，也对组织有了更多了解后，和他详细探讨牧童及 HR 团队的问题，并了解他对 HR 部门的期待。

6. 和气而疏离的高管团队

加入牧童后，安心和高管团队的每位同事都约了见面，她需要尽快熟悉业务，了解他们面临的挑战，倾听他们对 HR 的反馈和建议，同时尽快和他们建立彼此信任、相互支持的合作关系。

这支高管团队由以下各个部门的负责人构成：

序曲　辞旧迎新 迎接挑战

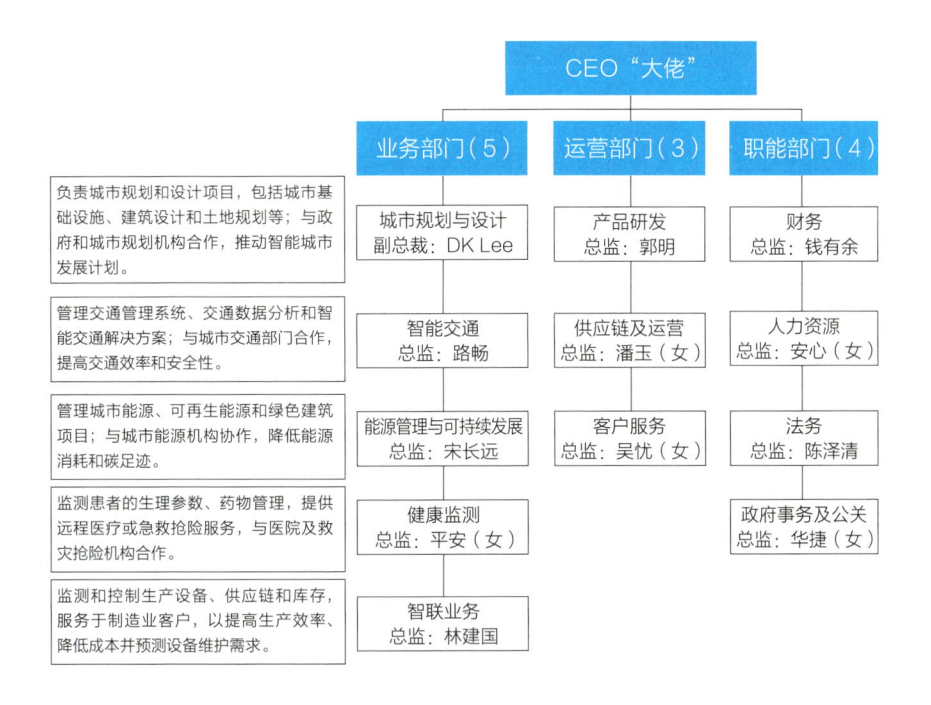

```
                        ┌──────────────┐
                        │  CEO "大佬"   │
                        └──────┬───────┘
              ┌────────────────┼────────────────┐
         ┌────┴─────┐     ┌────┴─────┐     ┌────┴─────┐
         │业务部门(5)│     │运营部门(3)│     │职能部门(4)│
         └──────────┘     └──────────┘     └──────────┘
```

部门说明	业务部门	运营部门	职能部门
负责城市规划和设计项目，包括城市基础设施、建筑设计和土地规划等；与政府和城市规划机构合作，推动智能城市发展计划。	城市规划与设计 副总裁：DK Lee	产品研发 总监：郭明	财务 总监：钱有余
管理交通管理系统、交通数据分析和智能交通解决方案；与城市交通部门合作，提高交通效率和安全性。	智能交通 总监：路畅	供应链及运营 总监：潘玉（女）	人力资源 总监：安心（女）
管理城市能源、可再生能源和绿色建筑项目；与城市能源机构协作，降低能源消耗和碳足迹。	能源管理与可持续发展 总监：宋长远	客户服务 总监：吴忧（女）	法务 总监：陈泽清
监测患者的生理参数、药物管理，提供远程医疗或急救抢险服务，与医院及救灾抢险机构合作。	健康监测 总监：平安（女）		政府事务及公关 总监：华捷（女）
监测和控制生产设备、供应链和库存，服务于制造业客户，以提高生产效率、降低成本并预测设备维护需求。	智联业务 总监：林建国		

图3　牧童组织架构与高管团队

安心初来乍到，连记住各个业务部门的名称和负责人的名字都花了些时间，好在她发现，有些高管的名字似乎和他们负责的业务有关，这可以用联想法来记忆，比如路畅、宋长远、平安、吴忧、钱有余……后来安心意识到，谁不希望自己的HR负责人可以让人心安呢？所以自己的名字和职务的匹配度也蛮高呢。

牧童的所有高管都是外聘的职业经理人。翻看高管们的履历，安心留意到他们大部分人有在外企工作的经历，个别高管有海外工作经验。根据在牧童的资历来看，除了财务总监钱有余是在公司成立之初就加入的元老，还有两位是最近几年从内部升任的高管，其他大部分高管是在最近二至五年跳槽加入牧童的，包括安心和大佬，也就是说大多数高管属于新人。

研发总监郭明最近半年在海外进修，安心和他进行了视频会议；和其他高管都是面对面的沟通，大家看上去都友好而客气。

几位业务负责人各有特点。DK Lee曾在海外留学，拥有儒雅沉稳的职业经理人形象，他负责的城市规划与设计是牧童历史最久、规模最大的业务，三年前他加入牧童公司后，扭转了这个部门曾经连续两年增长欠佳的局面。路畅给安心的第一印象有点儿"牛皮哄哄"，他对谈到的话题都有自己的独到见解，其业务经历了迅猛发展后，最近两年一直停滞不前。宋长远比较内敛安静，他负责的能源管理与可持续发展业务是热门板块，但是盈利能力薄弱。负责健康监测业务的平安是业务领导中唯一的女性，有着医生背景的她看上去时髦干练，安心听说她一直单身，工作起来非常投入。智联业务是两年前成立的新业务，为工业企业提供物联网服务，它的业务总监林建国有斯坦福工程硕士的留学背景，在沟通过程中，安心发现他思路敏捷、表达清晰，他虽然是最年轻的高管，但是给人后生可畏的印象。

几位业务高管谈到自己的业务都如数家珍，对其他业务却鲜少提及。在两周一次的高管会议上，安心也注意到在某个业务负责人汇报工作时，其他业务总监都很安静，没有提问，也不予置评，有的似乎还在电脑上做自己的事情。安心猜测这种情况可能是因为牧童业务多元化、彼此相关性有限。

安心了解到各业务部门决策分散，各自对销售目标负责。城市规划与设计业务在成熟阶段，面临进一步拓展市场，做大做深的挑战；智能交通业务处于快速成长后的瓶颈期；而另外几个业务则面临生存挑战。牧童去年业务额超过十亿元人民币，但是最近两年都没有达成董事会设定的业绩目标。谈话中，安心可以清楚地感受到不同业务负责人承担的业务指标压力。

说到对HR的期待，业务领导们提及最多的是这两年优秀员工流失率高，希望HR尽快帮自己部门招到人，新人到位后及时提供培训，对业绩不好的员工，HR可以帮助尽快"迭代"，另外他们希望HR能够帮助设计有竞争力的奖金计划……

运营部门的几位负责人在和安心的沟通中反映了同一个问题：内部资源的合理分配。这几个部门支持所有业务部门，但因为业务体量不一、发展阶段不同，各业务部门关注各自的利益时常常抢夺资源。这与高管们在会议上的一团和气形成了反差。与几位运营高管交流此种情况时，安心了解到，几位高管表面上很客气，他们下面的员工却时常"掐架"。业务部门员工们从研发资源调配到客户服务，甚至内部人员转岗都产生过矛盾。

运营和职能部门的几位高管给安心最深的印象是专业、负责。供应链及运营部门、客户服务部门的两位女性高管，都是牧童成立之初就加入进来的，并在最近三年升任到高管职位，安心可以感受到她们对职业的自豪感和对公司的忠诚。她们年龄和安心相仿，都处于上有老下有小的中年阶段，安心深知这个年龄段的女性在事业和家庭方面一个人撑起半边天的不易，大家在沟通中自然地聊到家庭和孩子及个人成长的话题，快速建立了职场中的友谊。政府事务及公关部的华捷比她们几位都年长些，但优雅大方之外兼有幽默——这是特别难得的品质组合，安心很自然地称呼她"华姐"，她也似乎对安心格外支持。

和财务部的钱有余以及法务部的陈泽清的沟通则中规中矩，他们两位看上去都冷静而有城府的样子，这让安心有明显的距离感。不过来日方长，"我还有时间和他们慢慢建立开放信任的工作关系"，安心对自己说。

运营和职能部门的高管们对HR的期待集中在帮助提升员工士气和职业发展方面。快速发展的业务推动着后台支持部门做出迅速响应，很多时候，大家觉得业务部门的人像"大爷"，需求变化快，往往一句"客户要求，做不到丢了单子责任谁负？"就堵住了后台支持部门同事的嘴。后台支持部门没有业务部门拿单子的成就感，却需要时刻服务业务部门，就连业务部门抢夺资源产生矛盾时也要被责怪，支持部门的同事感觉自己像风箱里的老鼠，两头受气。说到职业发展，大家感觉信息有限，个人在牧童发展的路径不够清晰。

在和每一位高管沟通过后，安心对牧童的情况有了更深的认识。她喜欢这里以科技为核心竞争力、快速发展的业务，以及高素质的管理和员工团队——这是她过往熟悉的职场环境。在明晰了业务的现状、观察到高管团队的合作、听到大家对 HR 的期待后，她迫不及待地想要开始做些什么。

接下来，她需要和自己最重要的"客户"、牧童的 CEO——大佬见面，在大佬面见各位高管后，倾听他的见解，安心也会分享自己的想法，希望得到他的支持后开始行动。

7. 得到大佬点拨

和大佬的会议如期而至。

这段时间，大佬和各位高管见面，拜访重要的客户以及合作伙伴，也去牧童各个销售办事处走了一圈。通过与 HR 团队、高管团队及员工沟通，安心获取到了各方面信息，她把这些信息连同手头牧童过往几年的业绩增长、员工人数变化、离职率信息、离职访谈记录、员工满意度调查结果等数据统统放在一起，试图拼出一幅能够描绘牧童组织现状的图画。

"我俩都是新人，互相交换一下信息，呵呵呵……"大佬言语中把自己放到和安心同一个层级，他爽朗的笑声也让安心立刻放松下来。

安心和大佬汇报了自己的初步观察：

1. 牧童的 HR 团队人员专业敬业，HR 部门基本的运营流程规范。但是团队的定位让经理们过于依赖 HR 的服务而没有为员工发展担责；HR 员工疲于应付因公司成长而不断增加的工作，忙于解决公司的具体事务，对支持公司未来发展缺乏战略和系统性的思考，HR 系统运营的效率也需要提升。

2. 牧童的高管团队成员素质优良，行业和专业经验都很扎实。高管们关注任务和业绩，目的性非常强，以结果为导向。大家相互间以礼相待，却各自为营，彼此信息沟通和合作有限，高管团队更像是由于组织架构不得不共同向 CEO 汇报的一组人，彼此间的凝聚力还可以再加强。

3. 数据显示公司员工整体满意度下降，主要是内部运营效率和跨部门合作方面矛盾比较多。同时，员工流失率连续三年高过市场平均水平，离职的主要原因是职业发展需求无法满足。

大佬仔细地听取安心的分享，不时点头，当安心讲到高管团队的时候，大佬笑着打断她："你是说我们的高管们目前是个'团伙'，还没有形成'团队'对吗？"安心忍不住笑了："老板的中文基础很棒，不过不是我说的，是您说的，哈哈……"

"你的观察和分析很到位，也和我的很多看法一致。在我看来，牧童组织正处在从原先的小规模业务分散式快速发展，到眼下往正规化管理的过渡阶段。这个阶段需要发挥规模效应，但牧童的业务多样化需要保持部门的灵活性……这样的矛盾冲突中产生了各种问题，需要我们的高管彼此沟通、统一认知，共同商讨决策，实现企业的阶段性成长和转型。"安心佩服大佬从组织发展阶段的角度简明扼要地提出了核心症结。

"要做的事情很多，从统一思想、提出新的战略到推进执行，我们一步步来！HR在这个过程中很重要，我们有很多可以做的事情！"大佬的话让安心打开自己的记事本，拿出笔期待地看着大佬。

"我刚从各个办事处出差回来，和你分享一下一线员工的声音。首先我发现我们在全国的十个办事处，虽然各个业务部门都有同事，可是他们彼此联系很少。这次因为我去，大家一起参加晚宴，同事们才发现每个办事处都有大概二三十人了。平时销售在外面跑得多，一些新的业务部门的销售第一次见到这么多同事、听到各个部门的情况，突然产生了在牧童工作的自豪感，他们说：'哇，我们的公司原来这么大！'我们需要增强同事们彼此间的联系，增强这种自豪感！"大佬绘声绘色的讲述让安心觉得如临其境，她飞快地记录着。

"办事处的很多同事反映不了解牧童总部发生的事情，他们与公司的沟通一般通过邮件进行，但是销售人员多数时间在外见客户，很少看公司统一发出的邮件。部门里的事多数是业务线的经理通过电话或微信沟通。大家觉得自己的任务就是完成销售指标，但是也有很多同事希望更便捷地了解公司发生的大事，也希望有机会可以参与到公司的一些战略举措中去。

"还有同事抱怨公司内部有些政策不清晰，执行不一致，升职、加薪的标准不明确，感觉是'经理和HR暗箱操作'，大家都提到希望公司多一些公开、公平和公正……"

大佬的这些反馈让安心意识到，她上任后花了大量时间和HR团队、高管团队沟通，一直看报告和数据，做分析，她应该多出去走走听听一线员工的声音了。

"您说的这些都是非常实际的问题，看来我们在员工沟通方面需要特别加强。我在总部也听到对HR不同的说法，高管、经理和员工们对HR的看法差异蛮大。我最近一直在思考HR团队的组织架构和资源分配，也有一些初步的想法。不过还没有想好怎么开始，我担心自己的观察还不够，太早做出变化反而会为公司带来冲击。您对我有什么建议吗？"安心请教大佬。

"我们做业务的总是谈'以客户为中心'，你是怎么看待 HR 的客户的？"大佬提出了这个问题。

安心稍作沉吟。"乍一看，HR 的直接客户是员工，我们把人招聘进来后提供培训发展、薪资福利的各项服务，但是从招聘和培训的角度来说，我们是满足用人经理的要求。往大了说，HR 从根本上是为牧童组织的长远发展提供人力相关的资源，所以，HR 是夹在劳资双方之间的部门，既服务于组织又服务于员工……"安心边想边说。

"不过，您提醒我想到了客户定位和客户细分的问题，"安心继续说，"如果组织、管理人员、员工都是 HR 的客户，他们各自的需求是不同的，HR 对这些不同的客户提供的价值也有不同。我可以和团队进一步细分客户市场，定位我们要提供的价值，再排一下优先次序，看看从哪儿下手！"

"我一路看下来，牧童有很好的底子，我们可以充分发挥它的潜力，让它为更多的客户造福，也让我们的员工在这里有发展、有奔头！经过这段时间的观察，我想你从建立员工的归属感和提升经理们的人员管理能力入手，看一下我们可以做些什么！下次开会，我们可以一起看一下你和团队的方案。我很高兴有这个机会和你一起做事！"

大佬提到的建立员工归属感和提升经理们的人员管理能力给了安心明确的方向，他提出的 HR 客户的问题从业务角度启发安心进行思考。回到办公室，安心脑海中突然闪过在 MBA 课程上学习的商业模式理论，在读书时，她想过把商业模式理论套用到 HR 管理中来，但作为上一家公司的 HRBP，繁忙的工作使她一直没有把这个想法付诸实践。现在在牧童，或许是一个尝试运用商业化思维运作 HR 部门的好机会。

学习思考

思考并回答以下问题：

1. 当面对冲突或不公平待遇时，你通常采取什么方式应对？是避免直接交流以减少摩擦，还是选择勇敢面对以寻求解决之道？

2. 如果选择一个与你过往行为完全相反的策略，你认为结果会有怎样的不同？

3. 对上一个问题的思考揭示了哪些你未曾触及的自我潜力和成长的空间？

4. 回顾你过往的离职或放弃的经历，一般都是因为现阶段糟糕的情况，还是出现更好的机会？

5. 如果你是 HR 团队的一员，你会如何评价团队内部的合作氛围和工作效率？你认为团队的工作方式是否需要改进？如何改进？

6. 你了解所在组织内部员工的声音吗？

7. 序曲内容对你最有启发的是什么？你会如何把这些启发带到目前的工作中去实践？

第一章

HR 团队的变革

内容概述

主要人物

- 安心：牧童公司新任HR负责人，致力于变革HR部门，提升HR部门的价值和影响力
- 高管团队：牧童公司的领导层，对HR部门的变革持支持态度
- HR团队员工：积极配合安心进行一系列的学习和探索，共同打造牧童HR部门运营新模式

主要事件

- 安心带领团队运用"商业模式画布"工具，逐步探索HR商业模式各要素，构建了以"员工体验的创造者"和"经理发展的赋能者"为核心的HR模式
- 安心带领团队针对HR商业模式进行宣传，得到高管团队的认可后通过HR架构调整逐步推行实施

主要矛盾

- HR部门传统的职能模式已经无法满足企业发展的需要，需要进行变革
- HR部门如何提升自身的价值和影响力，成为企业战略合作伙伴

第一章概要

牧童公司新任HR负责人安心，面对公司组织环境中的挑战和机遇，决心运用商业模式思维，构建HR部门的运营模式，以提升HR部门的价值和影响力。她和团队运用"商业模式画布"工具，逐步探索HR运营模式各要素（客户、价值主张、核心产品、运营模式、成本结构、收入来源和关键指标等），将HR部门定位为"员工体验的创造者"和"经理发展的赋能者"，并构建了以"组织能力提升、人才发

展和文化建设"（OTC）为核心产品的 HR 商业模式。通过"路演"的方式，新的 HR 商业模式得到了高管团队的认可，并通过 HR 组织结构的变革开始实施。

本章核心观点：HR 部门可以运用商业模式思维来提升自身的价值和影响力，而以员工体验和经理发展为核心的 HR 商业模式，是实现 HR 变革的关键路径。变革过程中各个利益相关者的需求都应该被考虑到。

8. 打破常规寻找定位

安心决定转变思维，利用自己在 MBA 课程中学习的商业模式内容，把 HR 这一服务部门转换成业务部门来经营，用学到的工具，按步骤探索 HR 在企业内的商业化运营模式。她初步思索之后，产生新的主意：和自己的团队一起来做这件事。

于是，每周的 HR 管理例会增加了一项内容：HR 商业模式探讨。

商业模式的第一步是：明确自己的目标客户，并了解他们的痛点或者说期待。

创业企业要明确自己服务的客户，往往需要经过艰难的探索，而公司内部 HR 的客户群很容易定义，团队的第一反应是：员工是客户。在安心的启发下，大家把员工细分为高管、经理和个人贡献者几个部分。继续延伸，大家想到了 CEO、董事会、员工的家人……"还有候选人！"大家继续探讨了 HR 服务供应商、行业协会、政府劳动人事部门、社会公益机构，甚至业务部门的客户、公司的供应商、经销商、媒体和政府监管机构与 HR 部门之间的关系。

最终，大家锚定了 HR 的核心目标客户是员工和牧童组织，员工又被细分为"个人贡献者""管理层（含经理和高管）"；而对虚拟的"牧童组织"概念，大家认为可以用"CEO 与董事会"作为实体代表。

为了从客户角度思考他们的需求和期待，安心把团队里的六位同事分成三组，每一个 HR 职能专员和一位 HR 经理搭档，各组分别代表"一线员工（个人贡献者）""管理层（经理与高管）"和"牧童组织（CEO 与董事会）"。大家的任务是回答"我们希望 HR 提供哪些价值（不仅仅是'服务'）"。为了让大家更有角色感，安心还折了六项帽子，分别写上各自的角色名称，每人一顶戴在头上。各组分头去探讨。

十五分钟后，各组回来分享了他们的讨论结果：

一线员工（个人贡献者）

1. 美好体验：我们希望 HR 为员工提供从入职到离职全流程高效、优质的服务，给我们美好的员工体验。

2. 关怀与支持：我们希望 HR 能够关注员工的健康和福利，提供良好的工作环境和氛围、合理并优厚的待遇。

3. 培训与职业发展：我们希望 HR 能够提供发展机会和培训计划，帮助我们提升技能和竞争力，实现职业发展的目标。

4. 沟通和反馈渠道：我们希望 HR 能够建立有效的沟通和反馈渠道，倾听我们的意见和建议，及时处理问题和提供反馈，增进员工与组织的互动和信任。

管理层（经理与高管）

1. 人才吸纳与保留：我们希望 HR 帮助我们招到出色的人才，培养得力的干将并留住人才。

2. 绩效管理及激励机制：我们希望 HR 能够建立有效的绩效管理和激励机制，提升员工工作表现，促进个人发展，推动团队超额完成目标。

变革心动力

3. 组织发展与变革：我们希望 HR 帮助打造组织能力，创建优秀的企业文化，支持企业变革，帮助团队适应外部环境变化和挑战。

牧童组织（CEO 与董事会）

1. 战略支持与决策参考：我们希望 HR 能为组织提供战略支持和决策参考，通过人力资源管理的视角，为组织未来发展提供明智建议。

2. 价值创造与持续改进：我们希望 HR 能够为组织创造价值，通过有效的人力资源管理，提高组织的绩效和竞争力，实现组织的可持续发展和增值。

3. 风险管理和合规监督：我们希望 HR 能够加强风险管理和合规监督，确保组织的人力资源管理符合法律法规和道德标准，降低组织的法律和道德风险。

4. 可持续发展：我们希望在 HR 的努力下，员工人尽其才、敬业稳定，牧童健康成长、基业长青。

简单的更换角色、分组讨论和汇报让每个人都激动起来。"原来想要做全心全意为员工服务的专业 HR，只是埋头苦干；今天站在客户角度去思考对 HR 的期待和 HR 工作的价值，有了不同的感受！"有同事感慨。

安心进一步引导各组思考服务这些不同客户的 HR 策略、日常活动、合作伙伴（能够借助的力量）……基于大家的探讨，一个清晰的 HR 价值定位表展现在每个人面前。

表1 HR 价值定位表

服务客户	服务等级	HR 战略	HR 活动	合作伙伴
一线员工（个人贡献者）	运营层面	·优化流程 ·提升效率 ·提高员工体验 ·合规	·在员工生命周期的各个节点提供相应服务 ·员工沟通 ·全员职业发展支持	外部服务供应商 HR 数字化转型顾问、带人经理
管理层（经理+高管）	战术层面	·关注人才发展 ·优化绩效评估及激励机制 ·提升组织能力	·人才的选、用、育、留、出 ·绩效评估及奖励机制 ·人才的盘点、发展与变革管理	外部服务供应商 经理、高管
牧童组织（CEO、董事会）	战略层面	·提升组织能力 ·发展领导力 ·建设企业文化	·组织诊断及发展 ·人才发展战略及行动 ·文化建设活动	外部供应商 CEO、董事会 高管团队

看着这个 HR 价值定位表，大家意识到，过往的 HR 工作主要集中在运营和战术层面。关于"合作伙伴"的探寻，大家意识到在组织内部的 HR 服务于高管、经理和员工这些层级不同又相互关联的客户时，高管和经理既是客户又是合作伙伴，因为员工作为客户时的很多期待需要管理人员作为执行人和负责人去完成，而非仅仅依靠 HR。在战略层面的实现更是需要管理层从上至下的号召和推行。HR 在创造价值的过程中，既要扮演运营层面的负责人、执行者，又要在战术和战略层面扮演赋能者和催化剂。

接着安心和大家很快就 HR 的价值定位达成一致：我们要成为从运营到战略层面服务和赋能员工、管理人员和牧童组织，并帮助客户（员工、管理者和组织）实现目标的卓越 HR 团队！

这是一场"烧脑"的会议。安心对团队非常快速地跟上她的思路，用商业思维考虑客户需求和价值定位后取得的讨论成果很满意。安心看到了团队成员在有了一致的目标后眼里闪烁的光芒，这光芒和之前的吐槽无奈形成了鲜明的对比。

"好了，下次的例会上我们来讨论 HR 的核心产品和运营模式！"会议结束了，大家还沉浸在讨论中不愿离开。

9. "非处方药"

有了上次关于 HR 客户和价值定位的探讨，在新的团队会议中，安心直接和大家探讨"HR 的产品是什么"。

大家的回答包括日常的 HR 服务内容：员工的招聘、培训、薪资福利、绩效评估、奖金计划等，再加上组织发展和文化建设部分。好像没有什么新鲜的内容。

安心启发大家从产品的特性、开发过程、交付、使用、客户体验、价值体现等各个方面考虑。几轮的头脑风暴、分类筛选、团队成员间的争议辩论后，大家得出了下表：

表 2　HR 的产品归纳

产品类别	操作运营服务类	设计整合战术类	战略规划发展类
简要描述	HR 部门负责并执行，可能外包给服务商操作，一般是短期见效的产品	HR 根据客户需求，设计并整合资源、跟踪效果，是中短期见效的产品	HR 和管理人员一起以组织和员工为客户塑造的无形且长期见效的产品

（续表）

产品类别	操作运营服务类	设计整合战术类	战略规划发展类
产品及服务内容举例	・协调面试、出聘任书 ・开证明、定政策以及监管政策执行 ・制定并颁布福利计划 ・举办年会、团建、家庭日等活动	・协助经理招聘人才 ・制定并交付培训计划 ・建立绩效评估体系 ・制定奖金及激励计划	・对组织结构、能力和流程等进行评估、规划、设计和改造 ・对人才需求进行预测、对现有人才能力进行评估，并实施人才及领导力发展项目等 ・设计并建设企业文化 ・推动或引领企业变革等
HR的角色	沟通、协调、服务、操作	设计、整合、交付或监督、跟踪、评估	设计、评估、引导、推动、赋能
输出	・有形的文件、政策或活动 ・无形的员工体验	・有形的人才培训内容、绩效体系和激励计划 ・无形的员工体验和能力提升	・有形的评估报告、发展计划 ・无形的组织能力、人才能力提升及员工归属感、企业形象
提供产品或服务的人员	HR或外部服务商	HR、外部服务商、经理	HR、经理及外部合作伙伴
用户	员工	员工和管理人员	HR、其他员工、管理人员、组织
体验直接度及见效时间	直接体验，短期见效	立刻或延迟体验，中短期（一般6—12个月）见效	延迟体验，长期（一般1—3年以上）见效
衡量标准	・HR服务效率 ・成本 ・员工体验（满意度）	・员工体验 ・员工业绩 ・个人生产力等	・员工归属感、士气（关乎员工流失率） ・企业长期业绩、企业形象（雇主品牌） ・企业适应变化的能力等

有了这张表，大家看待HR产品的视角一下被拓宽和加深了。原先众

人大多是从 HR 视角，以服务（活动）内容定义产品；现在站在客户角度去看产品时，HR 的角色、可利用的资源以及创造的价值就清晰多了。

安心和大家一起回顾这张表的内容时，HR 经理省心在旁边的白板上画出了下面的内容：

HR 服务的效率、成本 ➤ 员工的效益、成绩 ➤ 企业的效能、成果

图 4　HR 服务和员工产出、公司绩效之间的关系

安心邀请 HR 经理省心和大家分享他对这幅图的想法。省心有些脸红，他指着图解释："从大家的讨论中我在想，我们很多的服务以前讲效率、关注成本，但实际上，HR 应该更多关注我们的服务带给员工的效益和成绩，最终，HR 的服务应该体现在帮助组织提升效能和成果上……"

"从 HR 到员工，再到企业；从效率、成本到效益、成绩，再到效能、成果，你这个总结很精辟，理解能力和语文水平双超高呀！"大家忍不住称赞省心。

"我觉得省心的这幅图特别好地描述了我们这个表中关于不同层次的 HR 服务的衡量标准！"HR 经理热心快言快语地给了省心肯定的反馈。

安心看着团队成员们很快地领悟了运用商业思维思考 HR 的服务，并能够自如地表达各自的想法，心里有说不出的开心。

"这些构成了HR的产品投资组合（Product Portfolio）[1]。有的产品比较大众化，低值，但是立刻会见效；有的需要时间，对HR的能力也有更高的要求；而有些是高净值、量身定制的高端产品。面对有限的资源，我们需要有清晰的产品定位，更好地打造牧童HR的品牌形象，发挥HR的价值！"安心总结了大家关于产品的讨论。

"我认为在牧童目前的发展阶段，我们已经在一级、二级产品服务方面奠定了一定的基础，应该更关注于三级产品的开发和服务了！"培训经理用心直接用一、二、三级命名了HR的产品类别。

"三级产品可以归纳为组织、人才和文化三个方面！"招聘经理信心跟着发言。

"对啊，组织、人才和文化这三个方面用英文来说是Organization、

---

1 产品组合（Product Portfolio）一词通常用于描述一个公司或组织提供的所有产品的集合。这个概念强调了多样性和平衡，目的是确保公司可以通过其不同的产品来满足市场上的各种需求，同时也分散风险，防止过度依赖某单一产品或服务。在产品组合管理中，重点关注的是如何优化产品组合以实现最佳的市场表现和长期增长，这涉及开发新产品、淘汰老旧产品、维护现有产品等策略。

在HR部门，"Product Portfolio"的概念可以被引申来描述该部门提供的"服务组合"。尽管HR不直接产生有形产品，但它确实提供一系列服务和解决方案，旨在支持组织的人力资本和整体业务战略，将HR的服务视为"产品"，有助于HR部门从战略的角度思考其服务提供方式，以及如何优化这些服务以更好地支持组织目标。这种思维方式鼓励HR部门不断评估和调整其服务组合，确保其服务能够满足组织和员工不断变化的需求。此外，这也有助于更清晰地向组织的其他部门展示HR的价值和贡献。

Talent 和 Culture，简称 OTC，这不刚好是'非处方药'[1]吗？我们可以给客户开药方了！"HR 经理关心像发现了新大陆一样开心地说。

"OTC，非处方药！我们工作里面的确要做很多对组织和人才的诊断和评估工作，然后提出对应的解决方案，真的和医生开药方一样！大家认同我们今后的方向是开发高端 OTC 产品吗？"安心问大家。

所有人都兴奋地点头。"感觉我们可以申请专利啦！"招聘经理信心忍不住说。

"OTC——组织、人才、文化，听上去高大上，但这些是战略 HR 的核心内容。不过，我们还需要先确保一、二级服务到位。"之前安心与高管和大佬们沟通时，他们表达了对 HR 在员工沟通、招聘、绩效评估、激励机制及人才保留方面的反馈与期待，在此次会议中，安心也对此进行了分享。

"我们的资源有限，既要保障一、二级产品的交付，还需要通过 OTC 战略产品的交付体现我们的核心价值，这就需要我们在服务模式方面做更多的探讨和改变。看来原定的 HR 运营模式的话题要等到下周再讨论了。谢谢大家的积极参与，我感觉大家都越来越擅长用商业化思维看待 HR 的工作了！"

---

[1] 非处方药（Over the Counter，OTC），是指不需要医生开处方就可以购买的药物，通常用于治疗常见的、轻微的健康问题，比如感冒、发烧、头痛、肌肉疼痛、皮肤问题等。非处方药在使用时需要按照说明书上的指示进行用药，且一般不会引起严重的副作用，在很多国家和地区都可以在药店、超市甚至在线商店中购买。
本注释由 ChatGPT 生成。

10. 全新 HR 运营模式

虽然对于之前探讨得出的 HR 核心价值应该关注 OTC（组织、人才和文化）战略规划发展类产品，安心和团队都很兴奋，但摆在眼前的挑战是，在有限的资源下，操作运营服务类和设计整合战术类的产品仍需要交付。基于目前团队成员的加班情况，如果不对当前的运营模式和资源分配做出改变，HR 部门同事不可能有时间和精力去做战略层面的工作。

这一次的例会上，安心先请大家根据自己的角色和工作内容，在日常服务的客户群之间做出连线，白板上呈现出了下面的图形：

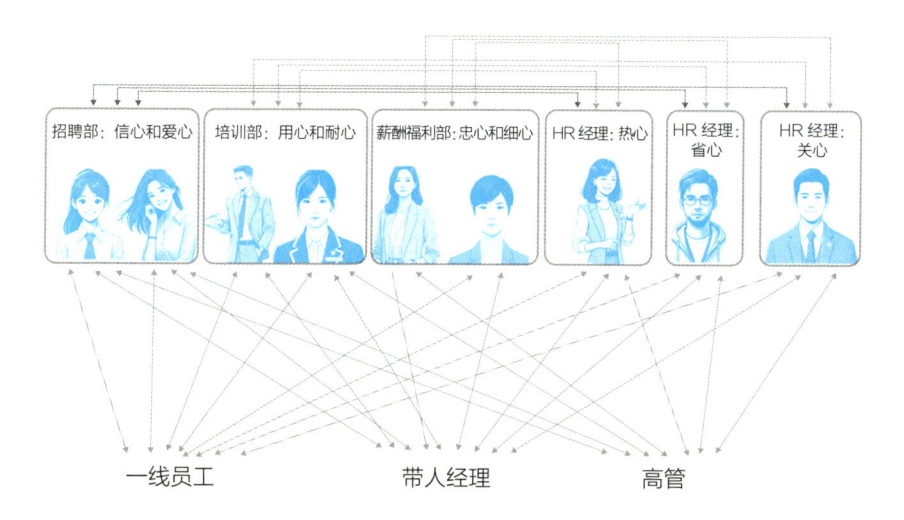

图 5　牧童当前 HR 和客户联系图

大家看着上下蛛网般密集的连线都禁不住笑了。

"我们看到了什么？"安心问各位？

"每个人和每个人都有联系。"

"HR的每一位同事几乎都服务于每个客户，HR同事之间也有大量的沟通。"

牧童当前的HR被分为"前台"和"后台"两个部分。HR经理们属于直接面向客户的前台，而招聘、培训、薪酬福利等工作则被归为后台。HR经理将为员工、经理和高管们提供一站式服务，遇到问题时这些人只需要去找各自的HR经理。HR经理根据需求对接，让提供招聘、培训或薪酬福利的HR后台同事跟进。这种运营模式已经持续了几年时间，大家一起探讨了目前模式下存在的问题：

1.HR经理忙碌但客户满意度低：两次对接（客户和HR经理、HR经理和后台）过程有很多沟通协调工作，对HR经理的时间是极大的浪费；同时客户的满意度未达到预期。

2.HR团队工作效率低：信息沟通过程中容易产生理解偏差和信息延迟，后台部门需要及时和客户跟进、联络；客户也可能需要花时间重复讲需求。

3.HR内部资源浪费：一方面，HR经理们有时为了节约时间自己就完成了一些本该对接的工作；另一方面，双方经常做重复的工作。问题最明显的是招聘，招聘部门做了前端的筛选后，HR经理常常会再另外面试，大家并没有清晰地界定各自面试的关注点，以及哪些级别的面试需要HR经理的介入。

4.跨部门合作可能缺乏公平性和一致性：HR经理们相互间缺乏沟通、各行其是，在不同部门处理同类问题时，容易产生不一致情况。比如A部门某员工三个月业绩不达标时，HR经理和经理商议后决定降薪10%；而B部门在同样情况下，却给予员工第二次机会。

5.内部资源灵活性和HR发展受限：后台清晰的划分让一线HR同事

被局限在自己部门做很多行政沟通协调的工作，没有机会参与 HR 跨职能的工作，这种情况下一方面会出现部门资源不平衡的可能性——例如招聘部门在举办校园招聘时可能特别忙，但不便调动其他部门的资源；另一方面对 HR 同事的职业发展不利。

大家把这些问题归纳为"四低"：

- 客户满意度低；
- HR 同事工作满意度低；
- HR 提供的服务价值低；
- HR 模式的可扩充性和可持续性低。

"所以我们今天的目标是探讨如何调整 HR 运营模式扭转这'四低'，"安心总结说，"我先抛砖引玉，假如大家把我们的 HR 团队想象成一家为客户提供服务的公司，我们的价值链是怎样的？"

"商业模式下的价值链一般包含研发、制造、市场、销售、技术和服务等环节，我们的 HR 目前似乎将精力更多地放在技术和服务环节，依靠我们的专业技术提供响应式的服务。"省心回应。

"我觉得以招聘、培训和薪酬福利部门来看，我们推出的校园招聘项目、培训课程、奖金计划、福利政策等都是我们研发和制造出来的产品，HR 经理们像是客户经理，了解客户需求后提供相应的产品。HR 后台同事根据客户需求提供产品交付、技术支持和售后服务……"关心的分析让很多小伙伴点头。

"我们好像缺了市场部？另外，研发、制造和技术支持、交付似乎都集中在了招聘、培训和薪酬福利部门，客户经理目前只是按业务和运营、职

变革心动力

能部门分类，没有根据员工、经理和高管做分类……"信心接着关心的话发言。

安心觉得大家的分析越来越接近问题的核心了。

她问团队："HR 的市场部会做些什么？"

"宣传、沟通类的工作，帮助大家更好地了解我们的产品、服务……大佬提到的要多宣传，增强员工的归属感！"

"我们以前就是太低调了，只顾着埋头做事。真的是要多些宣传，我们的产品、服务理念……都要多和员工沟通。"

大家你一言我一语，"员工沟通部"的想法诞生了。

"信心刚才提到我们的 HR 经理们相当于客户经理，目前是按照业务和职能部门分类的。如果按照员工、经理和高管分类会是什么样的情况？"安心不想错过小伙伴们特别有启发的意见。

"我们可以考虑把面对员工提供运营服务的部分整合在一起，无论是招聘、培训还是薪酬福利方面的支持工作都属于沟通、协调的行政类事务……"听到这个提议，安心很高兴，因为这来自薪酬经理忠心，虽然她已经和安心提出了离职，但这次会议她还是积极地参与并贡献自己的想法。安心还没来得及和她详谈离职的原因，不确定是否有机会留住她。

"对的，我们可以建立 HR 共享服务中心，引入更多自助服务和外包服务，提升工作效率和员工体验！"省心发言。

他的发言激发了大家进一步思考面对经理客户群，设计整合战术类产品的交付是否有可以提升的方面。

"招聘可以考虑外包！我们目前的招聘用猎头很多，可以分析一下成本后考虑招聘流程外包，也就是 RPO（Recruitment Process Outsourcing）服务。这部分我最近关注得比较多，可以做个方案出来。"招聘经理信心提到。

"培训部之前主要在忙新员工入职培训，几乎每月一期，花了大量时间。其他通用技能和管理类的培训已经实现了外包。不过这两方面都可以考虑开设一些线上课。这样课程内容和上课时间都会灵活些，费用应该也会降低不少。我也可以在这方面做个方案。"培训经理用心接着说。

"薪酬福利部门的核心价值在于制定有效的奖金激励方案，还有公司的定岗定薪，提升公司在市场上的竞争力，如果把福利管理放到共享中心，这个部门就可以专注于这部分工作了！"安心听出忠心已经站在第三者的角度发言了。

HR 经理们在几位后台经理发言之后接了上来："听起来员工、经理们的服务会被共享服务中心和我们的后台专业部门包揽了，这样的话，我们的目标客户就可以集中在高管身上了！要是这样就太好了！"

"是的，你们的任务就是配合高管们给组织把脉、诊断、开药方！"大家理解了安心的一语双关，都哈哈大笑起来。

关于 HR 运营模式话题的热烈讨论和顺利程度超出了安心的预期。她之前思考过的 HR 组织结构和运营模式的变化等问题，如今在大家的探讨下更加全面而深入，更重要的是，这些变化是团队共同商议得出的，而不是她这个空降老板的一意孤行。

接下来的周末，安心花时间把大家讨论的内容转化成了包含新的 HR 部门组织结构、流程设计、技术工具和人员配备在内的运营模式方案书。

根据大家的讨论进展，她估计在下次的例会之后就可以向大佬呈现 HR 部门的变革计划，同时提交大佬要求的方案书了。

11. 愿景 1.0

这是团队关于 HR 商业模式系列探讨的最后一次会议。

会议开始时,安心问大家:"HR 到底如何助力企业成功?"

大家的回答集中在为企业发展招到合适的人才并发展、培养他们,塑造积极的企业文化,通过员工为企业创造业绩、实现目标等方面。

"大家说得不错。HR 通过在核心的企业文化以及领导实践方面做很多工作,实现良好的员工体验;敬业乐业的员工带来积极的客户结果,最终实现企业目标;企业有了良好的业绩又可以在人才发展方面做更多的投入,这是一个正向循环的过程。"安心一边说,一边在屏幕上放出下面的图片。

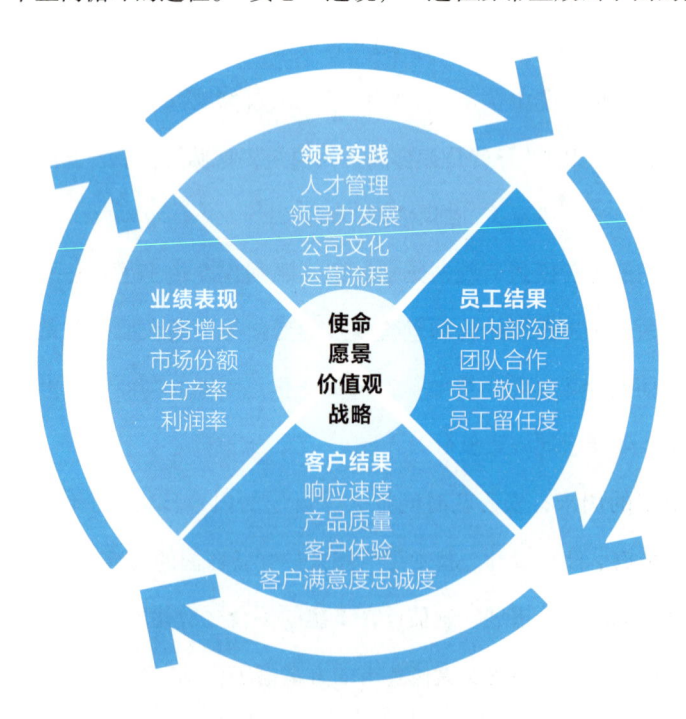

图 6　人才促进企业成功模式

(作者改编自甘茨－威利调研公司"高绩效团队®模型")

第一章　HR 团队的变革

"要实现这样的正向循环，需要企业的 HR 具备对领导的战略影响力，以及在日常运营中的有效性。大家觉得我们的团队目前在这个图中的哪个位置？"安心在白板上画出下图，请大家用小星星标注出在他们心目中，牧童 HR 部门目前所在的位置。

几乎所有同事都选择了左侧纵向靠中间的位置：较低的战略影响力，运营有效性偏低或居中。

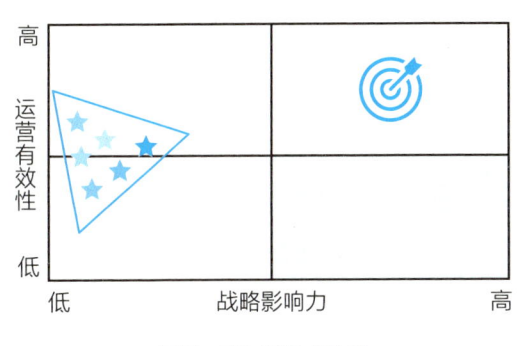

图 7　HR 部门成熟度

大家的目标无疑是要达到图中右上角的位置：具有高度的战略影响力和出色的 HR 运营有效性。

"还记得我们几周前讨论的 HR 价值定位吗？"安心在屏幕上放出以下内容：

牧童科技 HR 价值定位

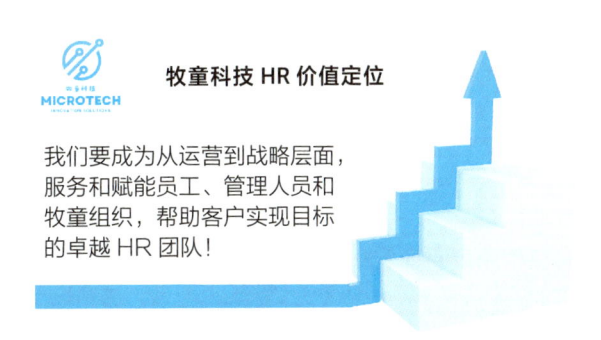

我们要成为从运营到战略层面，服务和赋能员工、管理人员和牧童组织，帮助客户实现目标的卓越 HR 团队！

图 8　HR 价值定位

061

"大家设想一下，如果我们做到 HR 的价值定位，三年后，我们看到、听到、感受到的牧童是怎样的一个组织？"安心问。

"我们看到牧童持续完成业绩指标，成功在港股科创板上市！"

"牧童被评为最佳雇主！大家都以加入牧童为骄傲！"

"牧童的 HR 不但得到员工的认可，在业界也美名远扬！"

"要从现在的位置，走到我们期待的美好世界，我们需要制定战略和成功路径。大家有没有想过阻碍我们成功的拦路虎是什么？"听着大家的热烈回应，安心接着问。

安心接着在屏幕上投出一张图片：

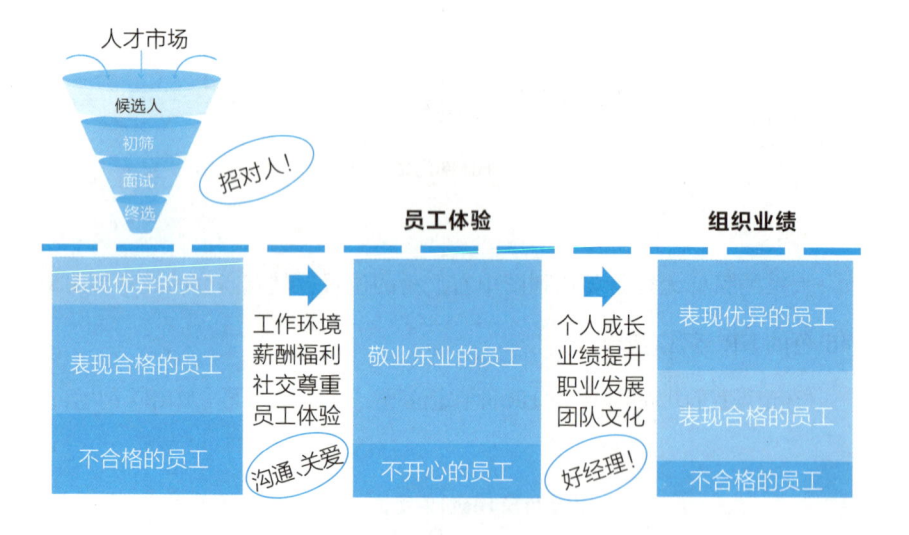

图 9　HR 价值链

"今天我们换个角度再研究一下 HR 的价值链。"安心引导大家从员工加入组织的生命周期[1]来看影响 HR 发挥价值的瓶颈。

HR 的服务从招聘开始，招来的人选质量决定了牧童有什么样的员工。这些招进来的人有的表现优异，大部分符合要求，还有一部分表现不如意。这些同事加入公司一段时间后，从员工感受角度可以分成敬业乐业和不开心的两类人，我们的目的是要更多敬业乐业的员工。从组织业绩来看，我们希望可以有更多的表现优异或合格的员工、更少的不合格员工。

在这个价值链中，三个重要环节起着决定性作用：招聘、员工沟通和关爱、经理的有效性！

HR 在这几个环节中都起着辅助的作用，但没有决定权！

"如果认同这三个重要环节可能影响 HR 最终发挥价值，我们可以有什么样的策略？"安心问大家。

团队讨论后一致同意：牧童 HR 要专注于提升员工体验，赋能带人经理提升管理有效性！

结合前面大家对未来的畅想，团队得出了牧童 HR 的三年愿景：

---

[1] 员工在组织中的生命周期（Employee Lifecycle）是指员工从加入到离开公司的整个过程，通常可以分为几个主要阶段。理解这些阶段有助于组织优化人力资源管理策略，从而增强员工的满意度和忠诚度，同时提高组织的整体表现。这些阶段包括：

    1. 招聘与入职（Recruitment and Onboarding）

    2. 成长与发展（Growth and Development）

    3. 绩效管理（Performance Management）

    4. 留任（Retention）

    5. 退出（Exit）

每个阶段都需要人力资源部门的积极参与和精心规划，以确保员工在其职业生涯的每个阶段都能获得支持和发展。通过有效地管理员工生命周期，组织不仅能提高员工的工作满意度和忠诚度，还能提升整体的工作效率和组织绩效。

"通过提升员工体验，为经理赋能，打造组织能力、发展人才和建设企业文化，创建行业最佳 HR 实践，助力牧童达成业绩、实现上市，成为最佳雇主！"

大家看着这个凝结了集体智慧的牧童 HR 愿景 1.0 版本，一种使命感油然而生。

"站在客户角度，我们如何传递提升员工体验、为经理赋能的承诺呢？想想有没有更形象的语言让我们更容易宣传？"安心继续向大家提出挑战。

团队没有让她失望，开放讨论的环境最大限度地激发了创造力，大家很快想出了针对员工和经理的两句口号：

对员工，"我们是全心全意为你服务的 HR！"有同事建议可以简化为"HR4U"！

对经理，"我们愿做你翅膀下的风，托起你飞得更高！"——"就改编一首英文歌名叫作'Wind Beneath Your Wings'吧！"有同事哼唱起了"Wind Beneath My Wings"（《翅膀下的风》）这首歌。

大家觉得这两句口号一个简洁有力，一个温馨给力。

"我们真是有才华的 HR！"小伙伴们拍拍彼此的肩膀相互欣赏。

"从现在到我们期待的未来，我们可以做些什么呢？"安心真是步步紧逼。她也和大家沟通了大佬期待 HR 部门拿出方案，以提升员工归属感和经理们的人才管理能力。

在她的带领下，大家讨论了未来三年的愿景，在员工归属感和经理能力提升方面 HR 部门每年可以做的事情，这些讨论让大家看到了未来 HR 部门战略规划的雏形。

"感谢大家这几周的深入探讨，我们运用商业模式概念讨论了牧童 HR 部门的运营，在探索 HR 变革的道路上迈出了第一步，这一步就是 HR 团队的理念和认知的改变。从价值定位到愿景规划，我们共同描绘了一个人人向往的未来。接下来我会和大佬还有高管们沟通分享我们的 HR 商业计划书，期待能够得到支持！现在，让我们去吃小龙虾庆祝下吧！"

带着畅所欲言的痛快、富有成效的满足感和对未来的期待，牧童 HR 团队疲惫却兴奋地踏入夜色中。

12. 梳理 HR 成本数据

在准备和大佬及高管们沟通要用的 HR 商业化变革计划过程中，安心意识到自己需要用数字以直观地表达想法，这些天她一直在思考用哪些数字更有相关性和说服力。

在安心过往的工作经验中，用数字说话多是用在介绍 HR 活动的成本或效率方面，比如招聘部门常用的招聘成本、招聘时长、岗位填补时长等指标，培训部门常用培训费用、人均培训时数及培训满意度等数字，另外诸如员工离职率、员工满意度等也都是 HR 常用的数据……这些量化的数据很难反映 HR 部门的整体有效性，一方面是因为代表活动的数据体现的可能是"苦劳"而非"功劳"；另一方面即便是员工满意度高的"功劳"，也未必代表了 HR 工作的有效性，因为很多活动必须通过经理们实现。更何况，这些数据和组织最终的业务成果之间的关系往往无法直观地体现出来，所以才有 HR 行业里关于培训效果如何衡量的经典问题。

变革心动力

新的计划会涉及额外的投资需求，安心思考再三，决定从牧童 HR 部门的成本入手，搜寻历史数据，同时和内部其他支持部门以及外部同行进行对比，看看是否可以有比较好的理由争取投资。

财务部门的同事很给力，安心在周五发出邮件后很快就收到了过往三年的财务数据，这让性急的安心周末一头扎进了数据的海洋。

安心并不是特别擅长分析数据的人，自己家里的存款、花销这些方面经常都稀里糊涂，可是这次的数据梳理给了安心很好的学习机会。起初安心像走入了迷宫一样，不停地探路尝试分析财务给出的第一手数据，这花了她不少时间。渐渐地，安心摸到了路子，又好像剥洋葱一样对数据做层层分析。接下来，是关于数据的解释。周末两天的实际操作，比安心在 MBA 课程里学习财务管理还有效。

安心最终提炼出了 HR 部门的三个数据，打算从这些方面充实她的部门变革计划去争取资源：

1. HR 部门支出占牧童总收入的百分比

这个数字的计算应该很直观——用 HR 部门的费用除以牧童的总收入就可以得到。但是安心注意到前年和去年的数据差异很大。花了很多时间后，安心了解到财务部门去年对 HR 费用的计算方法做了改变：前年 HR 部门的费用里面包含了 HR 组织的其他部门员工培训及一些全员活动的费用；而去年这些费用被分配到各部门计算了，所以数据的前后对比没有太大的意义。

那么就看一下这部分数据在公司内部和其他部门的对比吧。这一比较，让安心有些吃惊，也有些失落：和牧童的财务部门相比，HR 部门去年的总费用占总收入的百分比只有财务部的一半，比法律部门低 30%，仅是 IT 部门的三分之一，更不要说和市场、销售这些部门的对比了。

这个数据反映了牧童对各部门的投资情况，仅从数据看，相较于牧童内部其他部门，对 HR 的投资比较低。也许，这是一个 HR 部门获取更多资金支持的理由？

安心找到 HR 领域咨询公司的报告，试着对比同行业里 HR 部门支出占业务收入的百分比，牧童的数据也位于行业偏低的位置。这反映了行业里的其他公司可能更倾向于将 HR 视为战略推动者，相信对 HR 的更多投入会促进员工的生产力水平，带来更高的绩效。不过，这个指标本身并不反映 HR 服务的质量，也不反映 HR 对业务绩效的影响。

但至少，内部和外部的横向数据对比似乎都支持安心可以为团队争取更多的资源。

2. 所有员工人均人力资源支出

这个数据的计算也比较简单——HR 部门总费用除以牧童所有员工人数，这个数据反映了牧童的员工人均获得的人力资源支持。

将 HR 部门与内部其他部门对比已经没有太大意义，安心对比了外部的数据。牧童的数据处在行业的中位数位置。这部分数据影响的因素比较多，如果同行公司属于人员密集型（比如制造业或针对消费者的销售团队）企业，他们的人均 HR 支出可能会被稀释。但无论如何，高于平均水平的人均 HR 成本可能表明组织更加重视 HR。这一点上，和同行相比，牧童也还有提升空间。

不过，安心注意到牧童 HR 部门费用中 80% 以上的费用都是 HR 员工的薪资福利费用，行业报告里 HR 人员的这部分费用占了 HR 部门总费用的 75%，这说明牧童的 HR 部门人员薪资福利费用可能略高于同行，这或许反映了牧童 HR 人员的综合素质和能力也超出业界平均水平？不过此数据应该和 HR 部门的人员数量也有关系。另外，牧童的人力资源工作目前在自动化和共享服务方面都还不到位，这也可能是造成员工人均人力资源成本偏高的因素……

3. 人力资源生产率比例

这个数据是 HR 部门员工数和所有员工之间的比例。它代表了每名人力资源全职员工能服务的员工数量，可以帮助确定人力资源在员工支持方面的生产力。

牧童 500 多名员工由 9 名全职 HR 支持，平均每名 HR 支持大约 67 名员工，这在业界也是中间水平。不过，这个数据同样受其他公司是否属于劳动密集型的影响。另外，是否使用先进的人力资源技术影响到 HR 的生产效率，他们能服务的人均员工数也会有比较大的差异。

影响 HR 成本的因素很多，但是这番数据梳理已经让安心对牧童内部，以及牧童在行业内对 HR 投资和重视程度有了大致的了解。看起来无论内部还是外部数据分析，都显示牧童在 HR 的费用投入方面还有提升空间。

这个周末的数据梳理也让安心萌发出了要定期制作和财务报表类似的 HR 报表的想法。这个 HR 报表将不仅仅是 HR 部门提供的活动流水账，理想的情形是每个部门高管都需要定期像呈现财务报表一样汇报人力资源情况，这需要安心和部门进一步研究。这会儿，安心可不想再继续把周末的时间耗在和数字打交道上了，她起身出去找已经探头探脑很多次想和她玩儿的儿子小安了。

• • • • • • • • •

13. 每个人的内心都住着一个求关注的小宝宝

经过和团队一同进行关于 HR 商业化运营模式的探讨，安心相信自己将要发起的变革会得到团队的支持。但是安心明白，新的运营模式会影响到每一个团队成员现在的工作内容和未来的职业发展，她不能小觑进一步沟通的重要性。

更何况，最近薪酬福利经理忠心向她提出了离职申请，她眼下也需要对团队每个小伙伴未来自我发展的想法多些了解，从而对 HR 整体资源谋篇布局。

安心喜欢找一切机会和每一位下属进行一对一的谈话，她的谈话也总是从了解他们的生活和状态开始。事实上，她在加入牧童之初就和团队建立了会议制度，其中就包括和下属每个人每周一次一对一谈话——这会占去她很多时间，但她很需要在刚加入公司的 90 天里迅速了解每个人，并和他们建立信任关系。她也告诉团队成员，等逐渐熟悉后，这个一对一谈话会改为两周一次或每月一次。

经过了密集的每周例会和 HR 商业化探讨，安心对各位队员的特点多了很多了解。这次的谈话聚焦在大家的职业发展想法上面。

安心首先约谈的是招聘经理信心。当被问及在新的 HR 架构下有什么打算时，信心提出，自己在招聘部门做了三年，虽然已经很熟悉牧童的招聘流程，但这次提到 RPO（招聘流程外包）的可能性让她很想继续留在招聘部门一段时间，她说："如果爱心转去员工服务中心，招聘部门就剩下我一个人了，在不额外增加费用的情况下，一定需要新的模式提升招聘的效率和质量。我做了些数据分析，假如我们减少对猎头的依赖，转向 RPO 模式，在同样的费用下，可能会增加三位驻场的招聘专员，这样我的工作内容会增加，需要管理这个小团队。另外，未来的模式下，我会有更多机会直接和用人经理联系，可以更直接地了解业务，更好地规划公司的人才需求，这对我的业务知识和战略思维都有帮助。"这是一个对自己的需求非常清晰的女孩子，在团队讨论中她体现出的灵气也常常让安心吃惊。

"那你对自己在牧童未来的职业规划是怎样考虑的呢？"安心问她。

"如果有机会，我希望一年之后可以转去做和高管配合的 HR 经理，给组织把脉、诊断、开药方！"信心乐呵呵地说。

负责培训的用心很热爱自己的工作，他的梦想是能够建立起"牧童高研院"——"虽然我们现在就俩人，耐心还可能转去共享服务中心，但我看到各个业务部门都在内部设立了培训专员，除了提供专业技术培训外，各部门也都在做一些销售、市场类培训，我觉得这个部分可以整合起来做。资源来自各业务部门，但整体的框架可以在牧童培训部门搭建，这样跨业务部门之间的培训实现标准化，能够节约公司费用。大家讨论时提到的建立在线培训平台也是我感兴趣的事情，只是需要老板在费用方面给予支持。"

安心被他的热情感染，很高兴见到他对即将发生的变化持有开放乐观的态度。

和薪酬经理忠心的谈话慢热一些，她是团队里加入牧童时间最久的元老，年纪也比安心和其他队员都大。除了相对内向的性格，她非常忠诚地拥戴前 HR 领导，之前安心一直感觉她对自己似乎有些防备，好像怨安心的到来逼走了前领导。安心欣赏她的这份忠诚——相较于有的人一换领导就虚与委蛇，安心看重她这份在职场难得的品质。安心听说忠心在工作中一向强调专业性和对规章制度的遵守，这也在牧童快速成长的过程中发挥了重要的作用。当安心坦率地和忠心分享了自己的感受，表达了对她的欣赏并期望她考虑收回辞职申请后，忠心总算打开了话匣子。她坦诚地告诉安心，自己对她并没有什么成见，不过因为在牧童的时间蛮久了，最近有专门做薪酬福利顾问服务的公司找到她，从职业发展角度她很动心。安心和她讨论了这个机会后支持她的决定，也感谢她愿意给安心时间，在确定人选后进行工作交接。忠心另外向安心推荐了薪酬部门的助理细心，认为她可以转去做员工服务中心的工作。

和几位 HR 经理们的谈话也比较顺利。外向的热心一开始就告诉安心："我太喜欢这几次开会的讨论了！本来我都没有兴趣一直这么做下去了，之前既要帮经理们善后，应付一堆鸡毛蒜皮的事，又要和高管谈战略，和员工谈情怀……"安心被她的话逗笑了。"现在这几次的梳理之后，希望能够专注于和高管们一起做 OTC 的工作！"热心快人快语。

省心平时话不多，很有些理工男的气质。他在这次谈话中和安心就 HR 团队效率做了很多探讨。安心喜欢他强调通过技术提升团队效率，善用数字分析列明观点的清晰思路。他在项目管理方面的经验，以及对技术、数字的敏感性可以是对自己很好的补充，安心在心里这样想。

"你愿不愿意帮助我，在 HR 运营效率提升、HR 分析工作或项目管理方面做些工作？目前的资源还没法让咱们有 HR 数据分析和项目管理部门，但这两方面能力的提升对 HR 的变革很重要！"安心是个急性子，也从不藏着掖着自己的想法，直接就对省心开口了。省心的脸有些涨红，安心很开心地看到他郑重地点了点头。这个谈话让安心很激动，因为她发现这次沟通补足了自己在之前的变革计划中忘记考虑的 HR 数据分析和项目管理功能。她同时邀请省心参与到 HR 共享中心的建立中来——"我需要你的帮助筛选 HR 的技术供应商"。

关心有着 HR 人特有的圆熟和稳妥，他在公司的时间也比较久了，对新的架构表达了期待："希望接下来有更多机会参与到公司层面的项目中去！"

"眼下就有一个。我希望你可以协助成立 HR 沟通部门。这部分我还在找内部的同事来负责，计划和公司的公关部一起来做这件事。我会和华捷打个招呼，你一直是支持她部门的 HR，对于部门同事也比较熟悉，在接下来的资源协调方面希望你可以帮帮我！"

除了和 HR 经理们的一对一沟通外，安心也和隔级的几位 HR 助理做了对话。这次的沟通除了印证了细心可以是很好的员工服务中心的人选外，安心也了解到现在招聘部门的爱心希望能转去做员工沟通方面的工作："信心和我提了公司可能建立员工沟通部门的计划。我很喜欢写东西，也有媒体运营的经历。""太好了，新建部门的部分工作需要和公司的公关部配合，也可能用到外部的供应商，你可以先做 HR 部门的接口，招聘部门走 RPO 模式也需要过渡，希望你不会介意一段时间里做两份工作吧？"安心得到了爱心肯定的答复。培训助理耐心对即将到来的变化似乎有些担心，她来公司的时间不算长，工作认真努力。安心告诉她，新的架构下她的工作范围将会更大，不单只是支持之前的员工培训工作，而是为员工提供在企业全生命周期内的 HR 服务支持。她认真地点了点头。

"一个都不能少啊！"安心感慨道。这样的变化一般是自上而下的决策，但是照顾到每个人的感受很重要，"谁的内心不是住着一个求关注的小宝宝呢？"安心记得这话是之前公司 HR 团队的一个小伙伴和她说的。她深知那个小宝宝在职场被忽略的感受。

虽然最终的方案还没有和大佬及高管们沟通，但安心把自己的团队成员当成了第一重要的"利益相关者"（Stakeholders），她也告诉谈话的每一个人："这是团队沟通后目前的变革方案，具体还需要大佬的确认。"

14. 不要忘记第 13 个小仙女

对于即将到来的和大佬的会议，安心内心笃定，因为与 HR 团队已经充分沟通。

她把之前和团队的讨论内容归纳、整理成文字和图片，在谈话开始时先汇报了和团队关于 HR 商业化的探讨，详细解释了在团队架构及人员安排方面的调整方案，也详述了建立员工共享服务中心和员工沟通这两个新部门的原因。

在费用方面，之前的数字分析给了安心底气，除了表明将尽可能节省费用、提升 HR 效率外，安心向大佬承诺，将在三年后把 HR 部门支出占牧童总收入的百分比，从现在的数字下降 30%—50%——做出这个承诺，一方面是因为安心研究了牧童未来的业务增长计划，另一方面她对牧童 HR 部门的自动化和外包服务机会做了详尽的研究。她的另一个秘密武器是，未来将会把 HR 为客户提供招聘、培训等服务产生的直接成本，以及应业务要求发生的差旅费用等全部交由客户方承担——这不是简单的成本转移，而是希望推动客户对 HR 服务价值的思维转化。只有业务真的需要，而且愿意为 HR 的服务支付费用时，HR 的服务价值才会被珍惜。而 HR 部门的同事在这样的模式下，才会认真交付让客户满意的服务。

"虽然是内部的 HR 部门，但谈到商业化时，我们是认真的。"安心笑着对大佬说。

针对大佬提出的提升员工归属感，安心和大佬统一了意见：短期内，计划三个月后召开全员大会，大会期间将借助各种形式提升员工自豪感和归属感；另外，HR 新建的员工沟通部门将和公关部联手，利用各种可能的机会和媒介，建立员工获取信息、提出意见、贡献建议和收到反馈的机制。

关于提升管理人员能力方面，安心和团队提出的方案是，利用三年时间，对牧童所有经理们进行管理能力提升。安心向大佬汇报了"牧童管理训练营"三年计划的初稿。

大佬对安心带领团队这么快统一了 HR 变革思路，拿出了 HR 三年战略计划和管理训练营的方案大为赞赏。

"你打算怎样和高管团队做关于 HR 变革的沟通呢？"大佬问安心。

"我也在想这个问题。您觉得如果借下次的高管季度会议向所有高管做个汇报合适吗？"安心请教大佬。

"可以的！你不是一直在提用商业模式思考吗？我建议你考虑一次路演！"大佬的提议让安心心头一动！在 MBA 课堂里，她曾参与商业计划书的模拟路演，如果这次能以路演形式向高管们宣传 HR 的商业化变革，那简直太酷啦！

"不过，我建议你在路演之前先和高管团队的核心成员提前做些沟通，不要遗漏了第 13 个小仙女。"大佬幽默地说。

"第 13 个小仙女？"安心一头雾水。

"没听过这个故事吧？"大佬笑呵呵地问安心。安心摇摇头。

"这是童话《睡美人》背后的故事——国王和王后生下公主后非常开心，邀请了 12 位仙女参加公主的洗礼仪式，却漏掉了一位。第 13 位仙女不请自来，给了公主一个诅咒作为礼物，说她长大后会被纺锤刺破手指而丧命。还好当时有第 12 个仙女给了公主礼物缓解了毒咒，使公主免于一死，但公主成了睡美人，直到被王子吻醒。

"回到商业环境里，要做重要决策时，我们需要思考重要的利益相关者是不是都被考虑到了。虽然在高管会议上和所有人沟通可以覆盖大部分人，但你还需要考虑和哪些同事提前沟通能够让你那天得到支持，至少不要有强烈反对的意见……"

安心听完大佬讲的故事，没想到《睡美人》童话还有这样的背景和寓意，她深深感激大佬的指点，开始计划找出自己的小仙女们。

15. 和"仙女们"对话，准备路演

在大佬的提醒下，安心梳理了高管名单，暗暗思量，哪几个"小仙女"需要提前预热呢？

考虑再三，她圈出了几个名字：财务总监钱有余、业务副总裁 DK、业务总监路畅，还有政府事务和公关部的华捷。

有余的办公室就在安心的隔壁，两人常常上下班时打个招呼，然后就

各自忙碌。这次安心特地约了他一同去公司附近公园里的餐厅吃午餐。

有余四十岁出头，长相却比同龄人要显得老成很多，可以说是稳重有余，活泼不足吧，安心在心里嘀咕。不过，以他的年龄，从牧童创业初始加入至今一直把控财务大权，经历了前任 CEO 的离职，他还是稳如泰山，说明他还是深得董事会的认可和信任的。之前的高管会议上，有余属于不多说话，但是开口就很有分量的人。

高管会议之后的晚餐和活动中，安心也从来没有见过有余喝过头过。安心印象最深的是，他偶尔会在高管会议后的卡拉 OK 聚会上唱歌，居然喜欢唱邓丽君的老歌《月亮代表我的心》，或者是《小城故事》，从这个角度来说，他博得了安心的好感，安心有时候会拿话筒轻轻地合着他的歌声——这些也都是安心喜欢的老歌，只不过她一直不敢在众人面前独唱。

两人还是第一次一起出来吃饭。五月的天气，正是这个江南城市最美的时节。两人被安排在一棵枝干偏乌黑，大大的叶片却透着新绿的大树下，看着斑驳的树影印在户外的木制餐桌上面，安心不觉轻舒了一口气。

"来了几个月了，感觉怎么样？"有余开口问安心。

"我很喜欢牧童！"安心直抒胸臆，"我喜欢咱们所在的行业，也觉得这边同事人都蛮好的。这和我以前一直待的特别快节奏的行业不太一样。同样都靠技术领先，但是牧童更让我觉得以人为本，这对做 HR 的来说再好不过了。"安心真诚地分享自己的感受。

接下来两人边喝茶边用餐的过程中，安心和有余谈到了自己想要在 HR 做的一些变化。"最重要的是，我想带着团队从以服务为主转变成为提供价值的业务部门战略伙伴！"安心小心地把筷子上夹着的一根白灼芥兰放在盘子边上，抬头看着有余认真地说。

"牧童的 HR 在公司的口碑还不错，经理们都很信任 HR 的同事，有事就找 HR……"有余喝了一口茶，慢悠悠地回复安心。

"这一点我也很感激前任，她打了不错的底子，现在 HR 团队的同事都很好！"她感觉有余并没有理解她说的"业务部门战略伙伴"是什么意思。

"你是财务总监，我特别羡慕每个月的会议上，各个业务总监都用你们财务部给出的一套模板谈生意，大家说着同一种语言。你们也参与到很多业务活动中去，定价啦、代理商条款啦……到了 HR 部门，似乎除了我做些活动和项目进展汇报外，就没有什么好谈的了。经理们喜欢找 HR，一方面是我们可以帮着解决一些难搞的人和事；另一方面我觉得经理们把 HR 当成了'知心姐姐'来看待。但是我始终相信 HR 可以做得更多……"安心边说边注意有余的反应，他拿着茶杯斜倚在木椅上，似乎很放松地听着安心讲话。

"我最近参加了一场外部活动，一个外国人谈到 HR 应该用业务的语言和高管对话，对我很有启发，"安心继续说，"回来后我做了一些尝试，比如说，我们谈到员工离职问题时，一般喜欢用百分比展现离职率，最多加上一些任职期、职务、级别方面的分析，希望引起经理们的关注。我让团队同事做了一个分析，如果我们走掉一个在公司任职三年的高级业务代表，另外花三个月招到新人，公司实际相当于丢了一个大概 500 万的单子！"安心说完后停顿了一下，有余坐直了身子，欠身去给安心和自己的杯子里续上茶水，眼神却是鼓励安心继续。

"你看，我们走掉一个业绩不错的高级业务代表，重新招人的直接费用不算太高，猎头费用、培训成本加上直接损失的生产率成本，减去招人期间节约的工资和奖金，一共在十几万左右，经理们不觉得高。但是如果把间接费用考虑进去——对团队业绩达成率的影响、客户关系重建的成本、对团队士气的影响、周围同事离职风险、竞争对手的机会，甚至有些时候还有知识产权的流失等——这些全部加在一起，按牧童的业务情况，我们保守估计，丢掉一个高级业务代表相当于丢了一个大概 500 万的单子。如果我们和经理们谈的不是团队这个季度离职率为 25%，而是告诉他们丢了 1000 万的单子，你觉得经理们的反应会不会不太一样了？"

安心拿起茶杯，抿了一口茶。"这就是我希望 HR 团队在以后和经理们沟通时，要说业务语言的一个例子。"她接着补充道。

仿佛拿开了堵住小小溪流的树枝和腐叶，接下来安心和有余的对话开始变得顺畅自然，这一餐饭也让安心感觉到小溪流淌似的畅快轻松。

"下次我们再去卡拉 OK 一定要合唱一曲！"结束午餐走回办公室的路上，有余对安心发出了邀请。

安心接着约见了另外两位业务老大。

掌管着牧童最大业务的 DK 是一位老"海归"，他在最好的时代从美国留学工作后毅然回国，曾任其他公司的高管职务，然后自己在国内创业后第七年卖掉公司加入牧童。在一次出差回程的航班上，DK 和安心坐在相邻的座位，那次 DK 和安心聊起了双方的孩子，安心才了解 DK 卖掉公司是因为希望多些时间陪伴他患了罕见病 DMD[1] 的孩子。作为一个三岁男孩的

1　DMD，全名为杜氏肌营养不良（Duchenne Muscular Dystrophy），是一种罕见的遗传性疾病，主要影响男性儿童。这种疾病由 X 染色体上的一个基因突变导致，这个基因负责编码一种名为"肌营养蛋白"的蛋白质。肌营养蛋白在维持肌肉细胞结构的完整性中起着关键作用。

患有 DMD 的个体通常在幼儿早期开始表现出肌肉弱点，这种弱点首先出现在腿部和骨盆区域，然后逐渐影响到全身。随着时间的推移，肌肉组织会逐渐退化并被脂肪和结缔组织所取代。这种疾病的进展通常会导致患者在青少年早期丧失行走能力，并可能发展至需要呼吸辅助和心脏问题。

目前没有治愈 DMD 的方法，治疗主要集中在延缓病情的进展、管理症状和提高生活质量上。常用的治疗方法包括物理治疗、药物治疗和手术干预等。

妈妈，安心很难想象，如果自己有这样一个不确定未来能活到多大的孩子会是怎样的情况。也因此，她对 DK 关注家庭，而且积极投入到儿童罕见病有关的公益活动中充满了敬佩。

DK 在牧童的两年，业务做得非常出色。他顺利地扭转了牧童最大的业务部门持续三年不能达成业绩的困境，也把牧童最大的销售团队从受害者心态中带出来，建设成一支奋勇向前的铁军。安心听说之前 DK 也曾被作为牧童 CEO 的内部候选人，后来是因为 DK 自己的拒绝，才有了大佬的加入。这让 DK 成为高管中很有影响力的一位人物。

和 DK 的沟通很顺畅。安心提及的利用商业模式的思路在牧童内部经营 HR 业务的想法，他也一触即通，这也许与他的海外留学背景有关。他很欣赏安心的创新思路，也表达了过往两年在扭转业务颓势过程中对 HR 部门支持的感谢和更多的期待。在打破部门藩篱，提升所有管理人员的领导力方面，他和大佬的想法非常一致。安心感觉到 DK 宽广的胸怀——他自己选择了放弃牧童 CEO 的机会，却尽全力支持大佬的工作，在战略方向上和大佬保持一致，这是多么难得的品质！有了 DK 的理解和支持，安心感觉心安很多。

安心走进另一位业务总监路畅的办公室，还没开口问候，路畅就挑战安心："你们 HR 什么时候帮我招到全国销售经理啊？我等到花儿也谢啦！"

安心有些尴尬，这个部门的销售经理半年前就离职了，还带走了几位销售干将，加上外部市场又面临政策调整，内外交困下，路畅最近这半年都在奋力争取完成指标。平时的高管会议上，他有时候垂头丧气，有时候又对一些非业务的话题很不耐烦。HR 帮他找的全国销售经理候选人，他要么看不上，要么他看上的人选到最后关头犹豫要不要追随他。他也的确颇有些带兵打仗的江湖气，少了一些职业经理人给人的圆熟感和专业感。

和路畅的谈话很简短，他还急着要去见最大的代理商，这个部门的业务也一直被一家独大的代理商把控着。安心试着和路畅介绍她加入牧童后的观察，以及 HR 部门接下来希望做的转型计划。未及细述，路畅就打断安心："我还是希望你们可以尽快帮我招到人！另外，不要让我们做太多 HR 的事情就好，我们业务部门擅长的是从外面拿单子回来，不要让我们花太多时间填各种表格，开各种会议。好了，我先去见代理商啦！"

这次会面时间虽然很短，没有机会和路畅详谈，安心倒是想到，针对路畅这类业务领导，他们的关注点都在外部客户和达成业绩上，不喜欢内部的繁文缛节。HR 部门如果能够为他们提供短期见效的支持，应该会得到他们的接纳和赞同。

和华捷的沟通就顺利多了。安心主要的目的是和她沟通一同打造"员工沟通部"的事情。政府事务部和公关部主要是负责外部沟通事务，但她的部门资源充足，同时也和外部负责沟通的供应商合作。安心和她提及员工沟通的重要性，"大佬也和我说了，你需要什么支持就说吧！"华捷很爽快地跟安心说。

"我想咱们一起把这一块做起来。我这边可以有一位 HR 的同事兼职，从员工沟通角度提供思路和素材，需要你这边找到合适的服务外包商，帮我们做内容和设计，最好能把费用打包到你们现在的服务合同中去。你也知道，HR 就是个清水衙门，想要多做些事但是没米呀！"安心原来一直以为自己不善理财，现在发现和人化起缘来还挺自然的。

华捷答应让自己部门的同事去跟进这事。"问题应该不大，都是为牧童做事。"她的支持让安心很感激。

除了得到高管们的支持，安心还想借这次机会，让 HR 的同事们在高管面前"亮亮相"，这样不但可以培养团队的能力和信心，而且可以传递给高管们一个信息：这次的变革是 HR 团队统一策划的。

她带着团队一起学习"商业模式画布"[1]（详见本书"附录1"）这个直观、有趣的工具，并创造了牧童的 HR 业务模式画布。安心和团队紧密合作，分派了各自在路演过程中的角色。准备的过程中，团队感觉是在一起排练一出大戏，安心既是导演又是编剧，团队成员们也都贡献了很多脑洞大开的点子……这个团结、紧张、严肃、活泼的共创过程让安心和团队彼此多了更多的了解。

路演的日子明天就要到来了，团队前一天晚上还在排练，时间接近晚上 9 点了，安心催大家回去早些休息。她对明天的会议既有期待，又带着忐忑。

16. HR 商业模式路演

对安心团队的同事们来说，这还是第一次参加季度高管会议。团队提前 10 分钟等候在牧童高管会议室的门外，各自带着或兴奋、或紧张、或期

---

[1] 商业模式画布（Business Model Canvas, BMC）是一种流行的战略管理和创业工具，它使企业能够描述、设计、挑战、发明和改进他们的商业模式。这个工具由亚历山大·奥斯特瓦尔德（Alexander Osterwalder）和伊夫·皮尼厄（Yves Pigneur）在他们的书《商业模式新生代》（*Business Model Generation*）中提出，并迅速成为全球企业家和管理者用于思考和讨论他们公司业务结构的首选框架。

本注释由 ChatGPT 生成。

待的情绪，等着安心给大家发信息。

会议室的门开了，高管们走出来，三三两两去拿些茶点和水果。安心也出来了："我们临时加了 10 分钟的休息时间，刚好大家进场去找座位，我也设置一下电脑。大家放轻松，我们都准备得蛮充分了！"安心给大家一个鼓励的笑容，带着团队走进会议室。

HR 的内容有 30 分钟的时间。安心之前告诉大佬助理，这部分的内容标题还是保留之前的叫法，即"HR 更新"，所以当高管们茶歇回来，看到会议室的后排坐满了 HR 部门的同事，脸上纷纷露出些许惊讶。

当安心开始在屏幕上投出"牧童 HR 部门路演"的标题时，大家更是睁大了眼睛。

安心向高管们介绍了这部分的内容安排：HR 业务模式、HR 业务转型、HR 三年战略。三部分内容共 20 分钟，还有 10 分钟的问答时间。

接下来，安心请出第一组，一共三人：招聘经理信心、HR 经理关心和省心。他们三人要介绍"牧童 HR 业务模式"的内容。

屏幕上投射出下面的内容，关心第一个拿起了话筒："一直以来，HR 部门都被视为提供后勤支持的职能部门，大家常常说我们的工作就是管一些和人有关的事，所以叫作人事部。对 HR 有一些了解的人会说，我们做的是关于员工的选、用、育、留、出，但实际上，在这五个环节上，HR 都没有决策权……我们的工作价值到底如何体现？今天，我们想用商业模式画布的方式向各位领导汇报我们对牧童 HR 工作的重新定义。我和同事信心、省心会分别负责介绍大家看到的画布上的三个部分，一共九个方面的内容。"

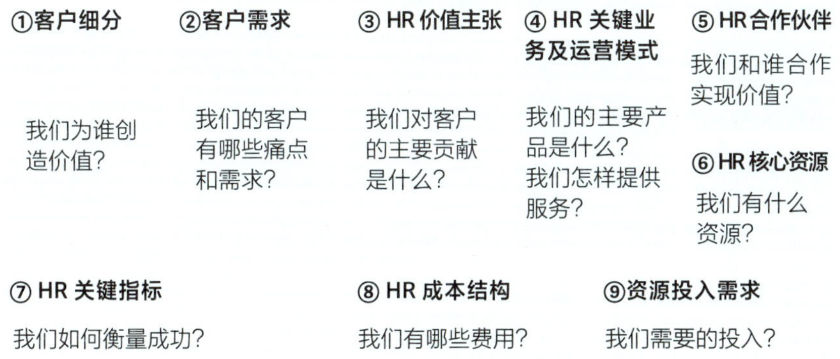

第一章　HR 团队的变革

① 客户细分	② 客户需求	③ HR 价值主张	④ HR 关键业务及运营模式	⑤ HR 合作伙伴
我们为谁创造价值？	我们的客户有哪些痛点和需求？	我们对客户的主要贡献是什么？	我们的主要产品是什么？我们怎样提供服务？	我们和谁合作实现价值？
				⑥ HR 核心资源
				我们有什么资源？

⑦ HR 关键指标	⑧ HR 成本结构	⑨ 资源投入需求
我们如何衡量成功？	我们有哪些费用？	我们需要的投入？

图 10　牧童公司 HR 商业模式画布（1）

屏幕切换到第二页，各个模块的内容根据几位 HR 的讲解依次呈现。关心介绍了 HR 的客户细分、客户需求和 HR 的价值主张。

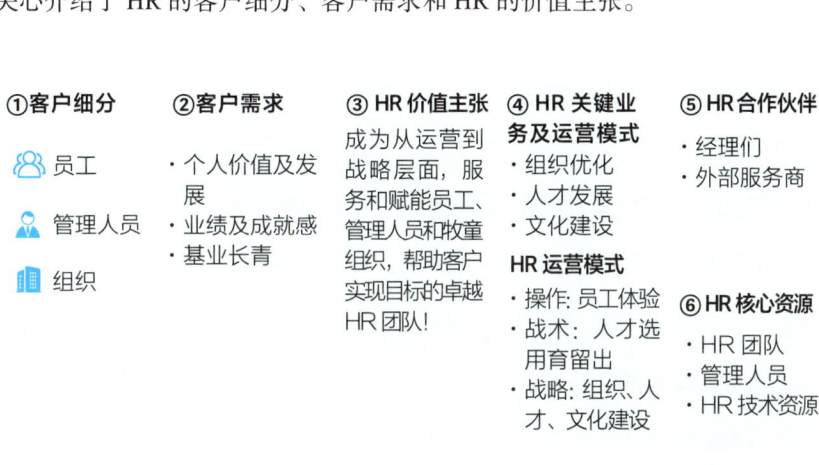

① 客户细分	② 客户需求	③ HR 价值主张	④ HR 关键业务及运营模式	⑤ HR 合作伙伴
员工 管理人员 组织	·个人价值及发展 ·业绩及成就感 ·基业长青	成为从运营到战略层面，服务和赋能员工、管理人员和牧童组织，帮助客户实现目标的卓越 HR 团队！	·组织优化 ·人才发展 ·文化建设 **HR 运营模式** ·操作: 员工体验 ·战术：人才选用育留出 ·战略: 组织、人才、文化建设	·经理们 ·外部服务商 ⑥ HR 核心资源 ·HR 团队 ·管理人员 ·HR 技术资源

⑦ HR 关键指标	⑧ HR 成本结构	⑨ 资源投入需求
HR 服务的效率、成本 员工的效益、成绩 企业的效能、成果	·HR 部门费用 ·牧童人力成本	·员工沟通资源 ·员工服务数字化解决方案投入 ·HR 数据分析能力投入

图 11　牧童公司 HR 商业模式画布（2）

安心注意到高管们都充满兴趣地仔细聆听着讲解，不时点点头。

到信心开始讲述 HR 的核心产品时，她充满信心地说："如果以前你一直认为 HR 就是帮助企业做人才的选、用、育、留、出的话，今天之后，我们希望各位老板记住一个新的说法：牧童 HR 的核心产品是'OTC'，我们专注于组织优化、人才发展和文化建设！我们的服务包括了专注于员工体验的操作服务，还有战术层面的人才选、用、育、留、出，更重要的是战略层面的 OTC！"

高管们对"OTC"的说法似乎觉得很有趣，有的人在纸上写下来，DK 乐呵呵地说："OTC，非处方药，你们 HR 要给大家开药了，这个说法有意思！"

信心继续讲述 HR 的合作伙伴和核心资源，当她两次强调经理们的作用时，安心注意到路畅还是有些不以为然的样子。信心提到员工作为客户在个人发展方面的很多期待，都需要经理们运用 HR 的人才相关产品去执行完成时，很多高管都频频点头。

"其实，经理不但是 HR 在人才产品方面的执行人，也是负责人，就像 HR 不会替大家决定招哪个人、提升谁，又开掉谁一样。所以我们的经理们都需要大力提升人员管理能力，每个经理都是 HR！"大佬的插入发言让安心觉得太给力啦！

省心介绍了 HR 的衡量指标，他关于效率、成本到效益、成绩，以及最后体现在对企业的效能和成果上的阐述也得到了高管们的关注。

"作为组织内部的业务部门，HR 一般被视为成本中心而不是创收的部门，但是，如果我们只关注 HR 部门的节约成本方面，很可能就错过了 HR 在提升员工绩效、实现组织目标上可以发挥积极作用的机会。我们的人才实践和文化建设会产生开心的员工，开心的员工会吸引并留住满意的客户，最终满意的客户帮助牧童实现业务目标和组织的使命！所以，我们希望各位领导支持 HR 部门在提升员工沟通、员工服务和数据分析方面的投入，所有这些投入最终将会转化为更好的员工体验和更高的业绩达成！"

接下来，薪酬经理忠心、培训经理用心和 HR 经理热心上场。他们将介绍牧童 HR 部门的业务转型计划：

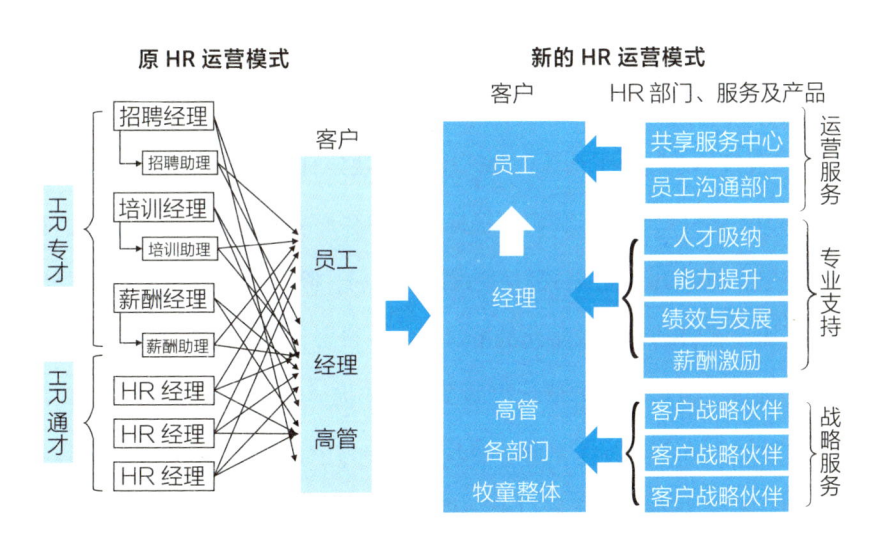

图 12　HR 运营模式转型

忠心为高管们介绍了牧童 HR 部门一直以来以 HR 人才的专业特点和 HR 活动为中心的部门设置，在服务客户时以员工的级别划分为普通员工、经理和高管，但是这样基于 HR 职能的设置在服务以人为核心的客户时容易产生多线交叉的问题。

用心接过话题，特别对客户做了细分介绍。新定义的客户除了从组织需求角度对人员做了细分，区别了普通员工和高潜人才外，还特别把牧童各部门及整体组织也作为服务对象，这种关于客户的定义，和 HR 商业模式介绍中关心的内容保持一致,也突出了 HR 战略服务的客体。用心强调:"组织虽然是无形的,却由各个员工构成,我们可以把它想象成一个生命体,如何从组织的效能诊断到结构设计、流程优化方面提升组织能力,比专注于个体员工的提升更有长远的战略意义。说到文化建设,就让我们一同来设计和塑造组织这个生命体的气质,让它更加迷人,吸引和留住更多好的人才!"

安心看着用心这个大男孩用"生命体""气质""迷人"这些词汇来讲述客户的部分,不禁觉得很有趣,也很有同感。

HR 经理热心接过了话筒:"所以,我们决定 HR 要先开始革自己的命!在新的 HR 部门设置下,我们会根据服务的客户主体设置成三大部门。员工服务中心和员工沟通部门都是新设置的部门,除了内部现有人员转岗外,我们还需要在自动化和数字化的解决方案上投资,让员工有更多的自助服务,外地员工也可以很方便地得到及时、快捷、简便的服务。原来的 HR 后台和前台现在都改变了名称,体现以客户为中心的理念。我们的 HR 后台部门,看上去做的事情和以前一样,但新的名称突出了对客户的价值,比如把'招聘'改为'人才吸纳',把'培训'改为'人才发展'——这些不只是名称的改变,它体现的是 HR 从忙于活动到关注价值。我自己也不再是 HR 经理,变成大客户代表啦,看上去是降级了,不过我这个 HR 经理本来也就是光杆司令,我的职能也不是作为 HR 管理员工,而是给各位领导这些大客户提供服务的战略伙伴,感觉还是很光荣的!"热心的话引来了大家善意的笑声。

"所以,总结一下,我们要从专注于为员工提供运营服务,转型到提升员工体验,赋能带人经理提升管理有效性,最终实现组织绩效!谢谢!"

热心的发言迎来高管们的掌声。

掌声中,安心走到台前,亮出了"牧童 HR 三年规划"的内容:

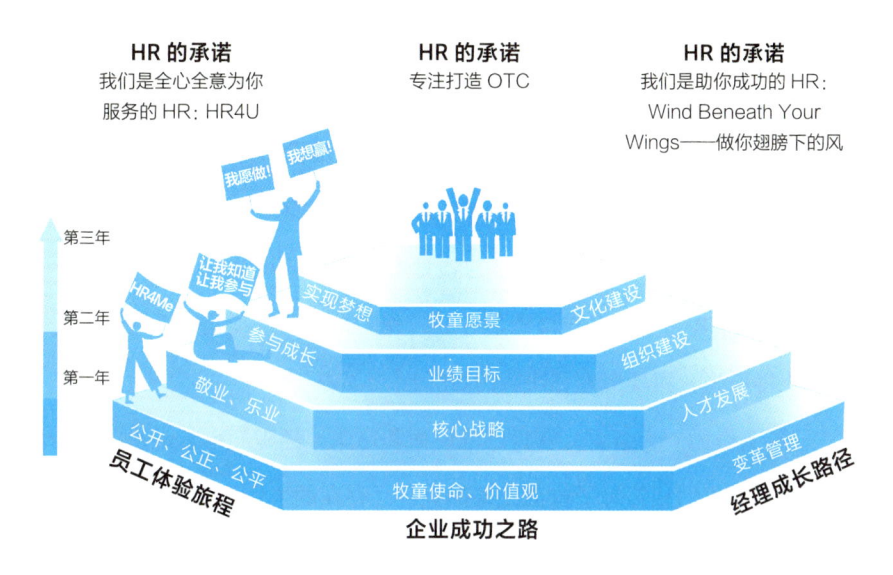

图 13　牧童 HR 三年规划

"感谢各位领导给 HR 团队这个难得的机会详细阐述我们的思考。我想和各位分享一下未来三年 HR 希望和各位领导一起,在服务和赋能员工、经理,以及实现牧童业务目标和使命、愿景方面的规划。

"我们从各种渠道了解到员工对 HR 部门的抱怨和心声,他们希望 HR 不仅仅是代表公司、服务经理们的 HR,而是能够全心全意为员工服务的 HR;他们希望公司的人事政策和实践体现公平、公开、公正的原则;他们渴望了解公司发生的事情,希望有机会参与到公司的战略举措中,并做出自己的贡献,同时实现个人成长和职业发展……基于这些反馈,我们计划第一步先做出 HR 的承诺:'HR4U——HR 为你',让这个说法深入人心。然后通过社交媒体、员工大会、高管圆桌会议等各种沟通方式让员工了解公司的人才政策、实时动态，增强员工的了解度和参与度，激发员工的主人翁精神和责任感。最后发出'我愿做、我想赢'的声音。

"在经理们这边，我们计划每年专注在一到两项管理能力的提升上，从变革管理、人才发展，到组织能力提升、文化建设等各方面，开展领导力训练营，对牧童一共近百位带人经理做全面的培训。每年的训练营主题尽可能和年度员工大会主题保持一致。具体的管理能力提升话题也可以根据各位的反馈再调整。各位都会作为领导力训练营的讲师和 HR 一起设计并准备课程。HR 希望和各位高管们一起，作为每一位经理翅膀下的风，托起他们飞得更高，实现个人和团队的目标！

"牧童作为一个组织，有自己的使命和愿景，经理们也常常谈团队的使命和愿景，我们相信每一位员工也都有自己存在的生命意义和梦想，HR 希望加强员工、团队和牧童组织之间的沟通和联结，确保我们彼此的使命和愿景具有一致性并相互支持。

"我们相信，当 HR 和在座的各位一起，关注点放在提升员工体验和经理们能力时，牧童的业绩也将会得到提升，通过在组织、人才和文化方面打造牧童的竞争力，我们会实现牧童的愿景。

"这会是一个逐步改变、有序提升的过程，我们希望和高管们一起努力，最终实现员工、经理和牧童的共赢！"

安心一口气说完了牧童 HR 三年规划的内容，因为激动，她有些微微的气喘，声音也带着一丝丝的紧张。今天到现在为止，团队的表现非常出色，虽然自己的发言不满足她本身期待的镇定铿锵，安心还是生出一种自豪感。

她环顾会议室一周，开口说："大家有什么问题或反馈吗？"

大家似乎还沉浸在安心的发言内容中，有短暂的沉默。

第一章　HR 团队的变革

"安心，我提个意见哦，你看你这个图上面，左边员工好像都是女性，中间站在领奖台上的都是打领带的男性，你要注意性别平衡，不要搞歧视哦！"发言的是政府事务和公关部总监华婕，她脸上促狭的笑容让安心放下心来，会议室的气氛也开始活跃起来。

有余针对 HR 业务模式中 HR 的衡量指标提了个问题："你们提到 HR 不仅要衡量效率、成本，还要和员工的绩效联系起来体现有效性，和牧童结果联系起来体现影响力，具体会怎么做？"

"的确，HR 的战术和战略活动很多是长效而且间接的，很难通过单一数据体现有效性和影响力。比如 HR 举办了一场培训，目前流行的评估是员工满意度、推荐指数，但这个结果丝毫不反映员工参加培训后的生产力提升……我想我们能做的是一方面把相关的数据整合起来横向跨部门比较，看 HR 相关数据好的部门是不是业绩比数据差的部门出色；另一方面做纵向的比较，看特定时间之后，团队或组织的业绩提升和下降的状况和 HR 实践之间的关系。这部分的工作，一方面我们需要加强 HR 的数据分析能力；另一方面也特别需要和您领导的财务部门紧密合作，找到 HR 的 ROI（Return of Investment，投资回报率）更好的表现形式。"安心回答后，询问团队是否有进一步的补充，省心对她点头示意表示没有更多补充。

其他高管没有更多的问题，脸上的表情从最初的吃惊到现在的感兴趣和充满笑意，安心愿意把这些表情都理解为肯定和支持。

"我说一下，"大佬发言了，他在高管会议上常常在大家说完后用这几个字开头，做压轴发言，"我很高兴今天安心带着她的 HR 团队来和大家做了这个 HR 部门的业务汇报，哦，不对，是'路演'！HR 能够转变思路，从客户角度思考问题，带着业务思维考虑产品、运营模式、成本和收益，这很难得！我希望一方面 HR 团队要脚踏实地拿出可以执行的解决方案，从你们说的 OTC 等各方面踏踏实实做事；另一方面，在座的各位要从我们开始，和 HR 部门密切配合，一起做经理和员工们翅膀下的风，让他们都能飞起来，这样牧童也会越飞越高！"

大佬的"风"话让大家都笑了起来。高管会议继续开始下一个议题，安心送团队走出会议室时和大家比了个胜利的手势，并奉上了她感谢的笑容。

会后的高管晚餐桌上，有同事说："安心，没想到你们 HR 今天搞了一场类似创业公司要投资的路演啊！"安心说："对啊，HR 是清水衙门，需要和各位化缘，就说你们投多少钱吧。"

虽然会议上没有明确，安心知道，这场路演，她和同事们已经得到了内部"投资人"的支持。

回家的路上，车窗里飘进的五月晚风吹拂着安心的面颊和发丝，接下来，是要和团队一起，在新的 HR 架构和模式下，开始对牧童和所有人员的赋能之旅了！

17. HR 部门的全新架构

HR 商业模式路演热热闹闹地结束了，安心和大家都回归到日常工作中来。得到了高管们的支持，安心要做的第一件事就是根据新的组织结构颁布 HR 任命通告。

在通告发出之前，安心先和所有 HR 的同事沟通了 HR 的架构和新设的部门，以及原有各部门名称的改变。虽然团队只有九人，但是之前的变革讨论一直是安心和她的六位直接汇报者沟通，安心希望所有人收到清晰统一的信息以避免猜疑。在和忠心沟通后，她也向团队宣布了忠心即将离职的消息。针对新增加的员工沟通部门、员工服务中心部门负责人，以及薪酬激励主管的空缺，安心鼓励团队同事自荐或推荐。

其实之前安心和整个团队做一对一的沟通，了解每个人的职业发展目标时，对员工沟通和员工服务中心部门的人选已经有了初步想法，也知晓了她的直接下属们在新架构下的想法。但考虑到人的想法随时可能发生改变，也为了保证公平，她还是决定公开这三个空缺让大家举手，不过她特别强调几位隔级下属可以先和自己的主管做沟通之后，再来和她聊聊。

这个安排让整个团队同事的内心都荡起了涟漪或波澜……细心、耐心和爱心几位隔级下属果然都和安心约了时间来聊。有了安心的指示，她们和自己主管沟通以及来找安心时都比较坦然。而另外几位安心的直接主管也都主动来找安心再次谈起他们的职业发展。

细心大学毕业就加入了牧童HR部门，担任薪酬部门助理已经有两年多的时间，她在日常工作里和员工打交道比较多，大家找HR开证明，了解休假政策、查询工资、福利等都需要和她联系。她工作踏实、认真、仔细，工作效率也比较高。这次得知自己的上司忠心要离开，她心里一下有些慌张。听到公司决定整合她和其他两位助理的工作后，她对自己的未来也产生了担心。她很想申请员工服务中心负责人的位置，希望和安心了解这个部门的工作范围、老板的期待。她清楚自己如果被选中，一下子要承担整个HR部门面对员工运营方面的支持工作，为此她也捏了一把汗。

招聘助理爱心再次提及她对员工沟通部门的工作很有兴趣，但表示担心未来的发展："这个职位好像不在HR职业发展常规路径上，我担心做了这个工作后将来的发展方向不太明朗……"

原招聘经理信心也和安心谈了她的想法:"以前有空缺时,一般是老板拍板。这次得知内部一下子有这几个空缺出来,我也有些心痒痒了。从我的职业发展角度来看,我在想是不是也试一下薪酬激励主管的机会,毕竟,如果积累比较全面的后台的经验,以后做客户的战略伙伴时可能更有把握……"

培训部的助理耐心对上次和安心谈及的"员工企业生命周期"的概念其实并不明了,她不确定转去共享服务中心后,自己是否会一直在为员工提供服务的操作性位置上,未来的发展会怎样。培训经理用心也和安心谈到了他对耐心未来发展的担忧,与此同时,他也担心过渡阶段的人手配置不足问题。

几位HR经理们和安心的沟通则聚焦于自己在牧童未来的发展机会上——这次经过变革,做了客户的HR战略合作伙伴,但未来呢?

公开分享空缺的做法让HR同事们有一种打开窗户说亮话的轻松,但也暴露出一个小小的HR部门、一帮专业的HR人在谈到自己的职业发展时各自的忐忑、疑问和迷茫。

针对每个人的情况,安心花了心思和时间与他们一一进行沟通。在和信心分享了她对薪酬激励经理的期待以及目前这个部门的挑战后,信心表示自己还是决定先留在人才吸纳部门,希望能够建立行之有效的RPO流程后再看内部机会——"我只是想让你知道,我对各种发展机会都有兴趣尝试!"安心欣赏信心对个人发展的自驱力,也约好及时保持沟通。

她和团队的沟通很顺畅,大家达成共识,新的架构和任命公布后的前六个月是过渡期,大家都抱着开放的想法尝试不同的做法,过渡期间有任何的想法都可以随时提出来。至于接任新的职位后,日常工作内容会发生怎样的变化，未来有什么样的发展机会，她鼓励大家"摸着石头过河"，先体验再调试。毕竟，没有这些变化的话，未来发展的不确定性也是永远存在的。

安心安排了关心作为爱心的导师，在员工沟通方面帮助她和公关部的资源更好地对接和合作。她另外设置了一个 HR 项目管理导师的虚拟位置，宣布由省心兼任这个工作，在未来团队的项目管理方面承担指导工作。眼下，省心也需要在共享服务中心搭建项目上承担对细心的指导、对外部供应商的遴选工作。

几位从 HR 经理转型为"大客户战略合作伙伴"的 HR 同事对接服务的高管们保持不变，大家都希望把这些内部变化对客户造成的影响控制在最小范围内。他们对外的职务名称以市场上通用的 HRBP（Human Resources Business Parter，HR 业务伙伴）来称呼，对内职务名称则根据级别定为"高级顾问"。

很快，HR 部门对牧童全员做了关于新架构的沟通：

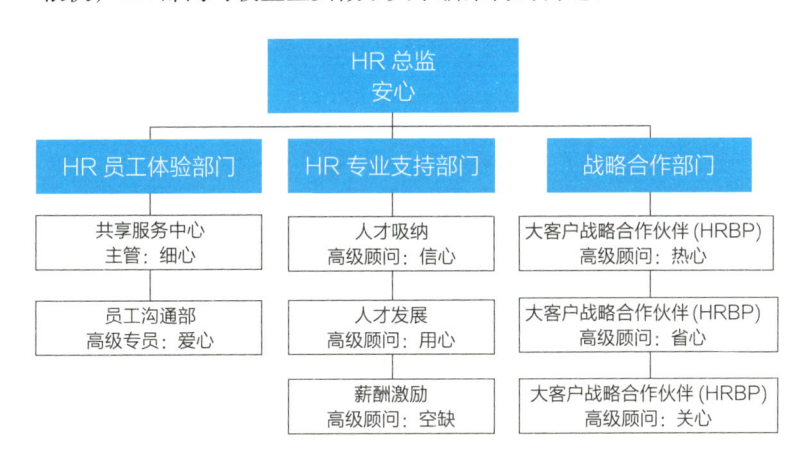

```
                    HR 总监
                     安心
       ┌──────────────┼──────────────┐
  HR 员工体验部门   HR 专业支持部门   战略合作部门
       │              │              │
   共享服务中心     人才吸纳      大客户战略合作伙伴(HRBP)
   主管：细心      高级顾问：信心    高级顾问：热心
       │              │              │
   员工沟通部       人才发展      大客户战略合作伙伴(HRBP)
   高级专员：爱心    高级顾问：用心    高级顾问：省心
                      │              │
                   薪酬激励      大客户战略合作伙伴(HRBP)
                  高级顾问：空缺     高级顾问：关心
```

图 14　牧童 HR 组织架构图（1）

团队根据新的架构在三个部分都制定了 SOP（Standard Operating Procedure，标准作业程序），借助员工沟通部开始对所有员工分享 HR 各部门的工作重点，以及员工遇到各种问题时如何联系相关的 HR 部门。虽然 HR 专业支持部门和战略合作部门之间还时常因为分工产生矛盾，但大家彼此鼓励、不断磨合，部门的运营越来越顺畅。

经过这次部门内部变化和团队进行的两次关于职业发展的深入沟通，安心开始从 HR 同事的职业发展痛点分析员工们可能有的职业发展困惑和挑战——如果作为 HR 专业人士在面临发展机会和思考未来时都有这么多疑问，那么牧童所有员工在这方面的需求应该非常强烈。

安心参考自己和团队沟通时的笔记，在纸上写下了团队职业发展方面的痛点：

- 对内部空缺要求不了解；
- 和经理沟通内部机会时有心理压力；
- 对内部机会了解有限，申请时信心不足；
- 对职业发展路径不清晰；
- 不太清楚自己要什么；
- 不知如何做职业规划。

现在团队似乎已经在新的架构下安顿下来，安心想借这个机会，训练大家运用商业思维进行市场调研、找出并确认客户在职业发展方面的痛点，共同开发牧童员工职业发展的解决方案，这可以说是牧童 HR 部门在人才发展方面的首款产品了！

学习思考

思考并回答以下问题：

1. 你所在的组织内部 HR 部门目前在运营、战术和战略层面的服务如何？

2. 你了解所在的组织 HR 部门目前的运营模式吗？

3. 你所在的组织 HR 部门的费用占整个公司费用的比例如何？和其他职能部门相比如何？和同行相比如何？

4. 你所在的组织内部 HR 部门如何创造价值？有没有 HR 的价值定位表述？

5. 你同意 HR 部门为业务提供"付费服务"吗？费用可能包括 HR 同事应业务要求产生的差旅费及第三方服务费等。收费服务的优缺点如何？

6. 你所在的组织如果把离职率转化为业务语言会是怎样？

7. 本章内容对你最有启发的是什么？你会如何把这些启发带到目前的工作中去实践？

第二章
人才发展实践

内容概述

主要人物

- 安心：牧童公司的 HR 负责人，推动了一系列 HR 变革和人才发展活动
- 大佬：牧童公司的新任 CEO，对安心的工作给予了大力支持和指导
- 建国：牧童智联业务的总监，面对业务关闭的决定，展现了专业和冷静的态度
- 一心、省心、耐心、爱心、细心：HR 团队的核心成员，各自负责不同的 HR 功能区块，支持安心推动变革
- 波琳：董事会成员，安心的导师，提供职业指导和支持
- 诚心：新加入的培训高级顾问，负责牧童高研院的建设和培训工作

主要事件

- 安心带领团队开始了一系列的人才发展活动
- 牧童举办领导力训练营，推动人才发展面试和建立人才发展委员会
- 设计和推广 HR 的第一批产品，包括职业发展路径指南和职业发展推广项目
- 牧童智联业务受政策变化影响决定关闭，安心和团队面临处理裁员的挑战
- 安心和 HR 团队精心准备并执行了牧童首次的职业发展月活动，提高员工职业发展意识和满意度

主要矛盾

- 牧童在追求创新和多元化发展中面临的外部政策挑战与内部人才发展需求的矛盾
- 安心作为 HR 领导，在推动变革和处理智联业务关闭过程中，需要平衡法律、道德和组织利益的矛盾
- HR 团队在实施新的人才管理战略时，与员工对职业发展需求和预期的矛盾

第二章概要

本章描述了安心带领 HR 团队在牧童公司推动人才发展的过程中所遇到的挑战、实施的策略和取得的成果。通过举办领导力训练营、人才发展面试、建立人才发展委员会等活动，安心及其 HR 团队成功提升了员工的职业发展意识和公司的人才管理水平。同时，面对辞退高管和智联业务关闭带来的裁员挑战，安心和团队通过合理的补偿、内部转岗机会和专业的沟通，有效地减少了对员工的冲击，减轻了员工的不满情绪，展现了 HR 在处理敏感人事事件中的专业性和人文关怀。最后，职业发展月活动的成功举办，进一步加强了员工的职业规划意识和对 HR 工作的认可，为牧童的人才发展和组织文化建设奠定了坚实的基础。

变革心动力

18. 客户体验地图

安心和团队谈了就员工职业发展开发新产品的想法："基于我们自己的体验，我想员工们在职业发展方面可能会有一些痛点。大家都是资深的HR，凭经验可能对现有的政策和流程做一些改动和提升。不过，我想和大家尝试运用产品思维方式来解决这方面的问题。"

同事们经历了和安心一同运用商业思维重新思考HR的工作，学习到了很多，对安心提到的产品思维方式很感兴趣。

安心对自己的五位下属分配了对客户进行采访的任务：每人在一周内进行3位员工访谈，每个被访谈者分别就下面三个话题中的一个谈谈他们在牧童的体验：

- 晋升；
- 内部转岗；
- 个人职业发展规划。

安心交给团队的任务很简单：询问每一位被采访者在牧童经历晋升、转岗或做职业规划时，整个体验过程中的每一步都做了什么、和谁打交道、遇到了什么困难、当时的情绪体验等。HR只需如实记录被访者的回复而无须解释。在采访中尽可能鼓励被采访者充分表达想法，避免引导性的问题——安心教大家的秘诀是当被采访者回答后，尽可能地问"还有吗？"（what else）或者"再说多点儿？详细些"（tell me more）。

第二章 人才发展实践

安心自己也借这个机会采访了三位一线经理和两位总监,了解员工在牧童争取晋升、内部转岗,以及追求职业发展过程中经理们面对的挑战和自己的感受。她另外也花了些时间记录了员工最近和 HR 团队成员谈发展时的体验和情绪变化。

到了团队约定的碰头时间,大家都带着采访记录来到了会议室。

"平时都是面试候选人,这次的采访经历还是蛮特别的。"热心总是快言快语。

安心和大家介绍了"客户体验地图"工具。她接下来把团队分成两人一组:晋升组、内部转岗组和职业规划组,每一小组彼此分享并统一各自情境下不同阶段的情况以及员工经历的情绪变化;然后大家轮流去不同的小组观看上一组的记录,看有没有补充和调整。

她接着邀请大家在每一组内容上画出员工情绪起落曲线图,并用表情符号体现员工的情绪,然后写下各个阶段可能的痛点。

跟随安心的指导,大家完成了下面三幅员工体验地图。

1. 牧童员工内部晋升体验地图

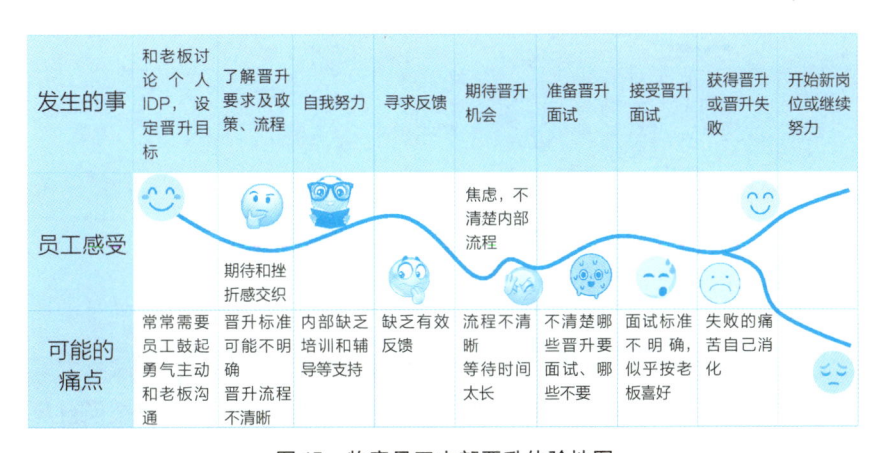

发生的事	和老板讨论个人IDP,设定晋升目标	了解晋升要求及政策、流程	自我努力	寻求反馈	期待晋升机会	准备晋升面试	接受晋升面试	获得晋升或晋升失败	开始新岗位或继续努力
员工感受	☺	期待和挫折感交织			焦虑,不清楚内部流程			☺	
可能的痛点	常常需要员工鼓起勇气主动和老板沟通	晋升标准可能不明确晋升流程不清晰	内部缺乏培训和辅导等支持	缺乏有效反馈	流程不清晰等待时间太长	不清楚哪些晋升要面试、哪些不要	面试标准不明确,似乎按老板喜欢	失败的痛苦自己消化	

图15 牧童员工内部晋升体验地图

101

2. 牧童员工内部转岗体验地图

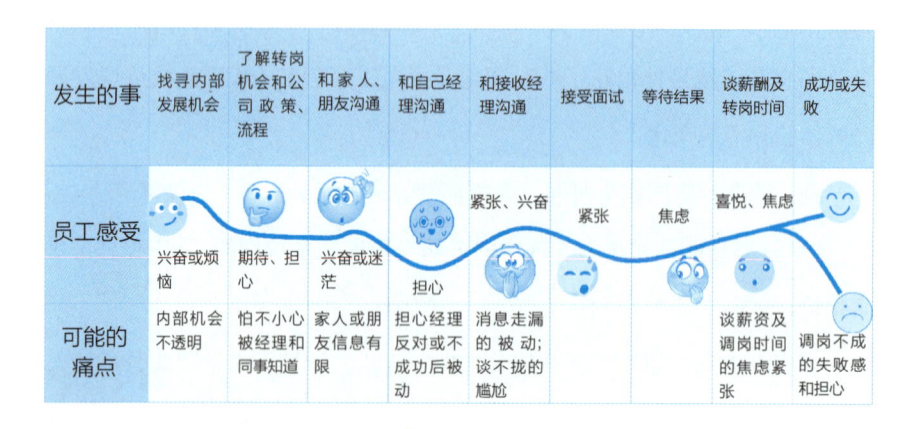

发生的事	找寻内部发展机会	了解转岗机会和公司政策、流程	和家人、朋友沟通	和自己经理沟通	和接收经理沟通	接受面试	等待结果	谈薪酬及转岗时间	成功或失败
员工感受	兴奋或烦恼	期待、担心	兴奋或迷茫	担心	紧张、兴奋	紧张	焦虑	喜悦、焦虑	
可能的痛点	内部机会不透明	怕不小心被经理和同事知道	家人或朋友信息有限	担心经理反对或不成功后被动	消息走漏的被动；谈不拢的尴尬			谈薪资及调岗时间的焦虑紧张	调岗不成的失败感和担心

图16 牧童员工内部转岗体验地图

3. 牧童员工职业规划体验地图

发生的事	着手规划	寻求指导	自我评估	了解内部机会	确定职业目标	规划发展路径	寻求支持	按计划提升自己
员工感受	迷茫、挫折	不确定性	迷茫	好奇、紧张	兴奋、踏实	自信	积极主动	踏实笃定
可能的痛点	不知从何开始	难以选择好的指导资源、自我摸索	不知如何分析和认识自我	担心经理反对或不成功后被动		内外部发展路径不明	资源不足或选择困难	需要及时反馈

图17 牧童员工职业规划体验地图

这个让大家拆解员工体验流程的尝试，对团队的小伙伴来说都是第一次，大家经历了摸索和思想火花的碰撞。好在这几个话题正是每个人自身体验过的，这次有机会听取同事们的分享，结合自己设身处地去思考，体验地图的绘制没有花太多的时间。

大家总结出来牧童员工职业发展的痛点在以下方面：

1. 不了解公司内部发展的机会；
2. 不了解内部晋升、转岗的流程和政策；
3. 不清楚牧童内部职业发展路径；
4. 担心老板对自己看别的机会有意见；
5. 不知道怎么和老板谈发展；
6. 做长远职业发展时不知道从哪儿入手。

之后，安心和大家分享了她访谈的五位经理和她自己作为管理人员，在面对员工职业发展过程中的体验地图——她的分享帮助大家从作为客户之一的经理角度去了解痛点：

· 面对短期指标压力，无论人才是内部流通还是外部流失都很痛苦；

· 经理们不知道如何和下属进行有效的职业发展对话；

· 和员工谈职业发展需要大量的时间和心力投入，也要面对员工的情绪反应，管理员工期待……这对经理的时间安排和沟通能力都是挑战；

· 经理们自己也可能面临职业发展规划的挑战；

· 经理们还担心教员工做职业规划会产生人才流失。

接下来安心引导团队试着从组织角度头脑风暴，把组织当作客户，面对员工职业发展诉求和牧童的现状，大家梳理出了以下组织可能面临的痛点：

- 缺乏针对内部机会公开透明的沟通机制；
- 经理们视人才为自己部门的"私有财产"，对好的人才捂住不放；
- 内部申请、甄选和转岗的政策及流程不清晰，执行时这些政策形同虚设；
- 公司的关键人才在外部环境冲击下容易流失；
- 内部发展不顺畅时企业从外部招聘人才压力大、费用高；
- 外招人员工资常常高于内部员工，造成内部员工心理不平衡的同时，引发员工找寻外部机会。

"就好像水龙头开着，当另一边在哗哗地流走，我们招聘部门再辛苦，效率也有限……"信心忍不住抱怨道。

这样至精至细地对客户进行分析，对团队来说是全新的体验。安心也坦诚地告诉大家，她通过 MBA 课程学习了做客户访谈、绘制客户体验和情绪地图的概念和方法，但是用在 HR 的工作中也是第一次尝试。所以她感觉自己像是第一次带队旅游的向导："我也不确定大家会看到怎样的风景，我们一起来探索，好在这个过程没有什么风险。"

"感谢大家这段时间的努力！我们通过和客户访谈、分解客户体验过程和情绪感受，比较精准地了解了客户的痛点，接下来需要做什么呀？"安心笑着问团队。

"当然是找解决方案了！"又是热心快言快语地回答。

"是的，我们的下一步是基于找到的痛点和问题设计解决方案，也就是我们的产品。虽然员工职业发展看上去是人才发展部门的事情，但从痛点分析中我们发现，它牵涉到公司政策流程的制定、员工沟通、领导力发展、组织有效性和文化方方面面，所以我想大家形成项目小组，HR 团队齐心协力打造这部分的产品。

"基于今天的讨论，我会整理一下发给大家几个项目话题，大家可以考虑一下用邮件回复我对哪个项目感兴趣，我会根据大家的回复分配资源。我希望通过项目的方式打破大家目前的分工，让每个人都能参与到 HR 产品开发中来！"

"每次开会都有新东西学，真不错！"安心听到有小伙伴开心地说，她也很高兴自己原先学习的理论知识现在有机会在工作中尝试。

19. 项目启动会

基于团队对员工职业发展体验过程的拆解和痛点的分析，安心制定了几个项目并根据团队成员的兴趣、特长和各自的工作量做了下面的安排：

1. 省心领导牧童晋升及内部转岗政策和流程提升项目；
2. 信心和关心负责牧童职业发展路径指南项目；
3. 热心和用心负责职业发展推广项目。

几位 HR 领导可以在 HR 团队内招募成员，也可以扩招公司其他部门对这些话题有兴趣的同事加入项目组。同时安心可以作为各个项目组的资源供项目负责人差遣：无论是需要提供指导、争取费用、还是需要她撸起袖子来干活，安心都愿意服从项目负责人的安排。

事实上，安心最近在忙着面试申请薪酬激励部经理的候选人，但她同时也希望为这支愿意学习也积极响应变革的团队提供她能给到的所有支持。

在分配项目之前，省心找到了安心，他提了一个建议：针对牧童员工转岗、晋升和离职的数据做一些分析，看一下内部的历史数据，并和外部市场相关数据进行对比，对接下来的产品开发提供量化的信息；同时他也对这次 HR 团队的项目管理做了一份方案。看来省心已经主动开始践行 HR 项目管理导师的职责了。

安心对省心的主动性、建议及方案大为赞赏！她再次在内心确认，冷静而有条理的省心是她在 HR 管理工作中理想的辅佐，她知道创意思维、战略思维及亲和力是她的强项，但是数据分析和项目管理一直是她相对薄弱的部分，省心能够实时地提醒她，并愿意承担额外的工作量，这让她很感恩。

HR 团队为员工职业发展项目做了个小小的立项仪式，安心邀请了大佬来给大家打气。职业发展推广项目组邀请了政府事务总监华捷做他们的指导顾问；职业发展路径指南项目组则邀请了 DK 做项目赞助人；省心也请到了 IT 部门的负责人给他带领的晋升及内部转岗政策和流程提升项目做指导。

除了来自高管们的支持外，每个项目组也都拉来了自己的组员，除了 HR 的三位助理各自加入一个项目组外，每组都从业务和其他职能部门招募了新的组员，这也是 HR 团队第一次在牧童内部开启跨部门项目小组的实践。从前显得神秘的 HR 开始打开门，邀请其他部门同事参与到和员工有关的项目中来了。

大佬和受邀高管们都做了简短而激励团队的发言。省心接着对团队做了第一次项目管理的培训和指导。

省心给大家提供了简单易用的 A3 项目管理工具（详见本书"附录 1"）进行项目的记录和定期汇报。

表 3　A3 项目管理表

项目名称：							
问题陈述及背景：				项目团队： 负责人： 组员：			
项目目标：				资源需求：			
核心交付内容：				潜在障碍：			
行动计划	进展图示	计划阶段	实施阶段	如期完成	提前完成	延迟	若有延迟，跟进行动
	月份	1	2	3	4	5	6

他花了一些时间教会大家如何去做"问题陈述"。

省心先请职业发展路径指南项目组就他们的项目做了问题陈述：

"牧童组织缺乏一个全面的、易于理解的员工职业发展指南，导致混乱，阻碍了职业发展，降低了员工保留率。"

省心启发大家看到这个问题陈述的常见误区：

- 缺乏对问题的清晰定义；
- 运用模糊的语言，比如"混乱"；

・没有强调这个问题对员工和组织的具体影响。

他带领大家尝试将原来的问题陈述修改为新的陈述：

"对于公司来说，缺乏一个全面的、容易理解的员工职业发展指南是一个迫切需要关注的问题。员工对牧童职业发展体系和路径不明，对晋升标准不了解，导致对职业发展普遍感到困惑，并认为晋升属于'暗箱操作'，从而产生了抱怨和不满，这些情形影响了员工的留任，同时阻碍组织有效培养和留住人才。解决这个问题对于增强牧童员工能力，培养持续学习和成长的文化，并确保牧童在不断变化的商业环境中保持竞争力至关重要。"

"这个陈述非常全面，解决了上面提到的问题。当然最好能够再简练一些。"省心补充道，这也是其他成员的心声。

除了对A3工具里的关键内容做了培训外，各项目组对项目目标、时间表和可交付成果达成了初步共识，并建立了定期项目汇报机制。虽然项目似乎并不复杂，但考虑到团队经历的变化、各自手头的工作，加上是跨部门的协作，大家初步把项目完成时间定为六个月，省心作为项目管理导师将定期组织大家向安心和项目赞助高管做汇报。

跨部门的三个项目组的同事在项目启动会上都展现了积极的热情，每一个项目组都做了愿景练习：当我们的项目顺利完成并执行，达到期待的目标时，我们会看到什么变化？希望听到大家怎么说？作为项目成员和员工会感受到什么？牧童的业务会有怎样的发展？HR团队在员工心目中有什么变化？

这个愿景练习让项目组员们产生了强烈的目标感，知道他们的工作将产生有意义的变化，影响到牧童的每一位员工，包括他们自己。

这次的HR项目启动会不仅仅是一个形式，它像点燃大家激情和决心的火花，推动着 HR 和高管、跨部门的同事们共同塑造牧童未来的 HR 部门，赋能牧童真正成为以人为本的组织。

20. 棘手事件——痛失 DK

就在安心和团队热情高涨地开始 HR 的变革之旅，对员工发展立项，并邀请跨部门的同事开始参与之际，安心收到了一封投诉邮件。这份邮件是发送给大佬并抄送给她的，邮件的内容一下打乱了她平静的内心。她直接去了大佬的办公室。

"您看到这封邮件了吧？我觉得很意外……"安心在大佬办公室坐下来后就把电脑屏幕转向大佬。

"我看了，也有些吃惊，我们商量一下怎么处理这件事。"

这封邮件是业务总监 DK LEE 手下一位经理的丈夫写来的，邮件里投诉 DK 和他妻子有染。邮件提供了 DK 和这位经理私人微信对话的截图，还提到两人多次借公务出差名义，虽然开两个房间但实际同宿……投诉人的邮件写得克制，但可以看出他的气愤和伤心。他提到在发现这些行为后，和妻子谈了很多次但没有解决问题，孩子还小，父母和他们同住，一家人都受到非常大的精神打击……

"我实在不愿相信 DK 是这样的人……不过，这种事情一般人不会这样捏造吧，毕竟，这也算是家丑。"安心的心情还是无法平静。

"我们需要先调查，了解事情的真相。不过因为 DK 的级别，这件事不适合由牧童内部人员去做调查。我们需要先和董事会通报一下。你先回复投诉人，告诉他我们很重视，也会开展调查。在调查结束之前请他先冷静，不要再扩散消息，我们会在了解事实的基础上做出合理的决定。"大佬嘱咐安心。

安心按照大佬的指示和投诉人联系，请他等待公司的调查。

董事会同意了大佬由外部律所进行调查的建议。安心配合律所提供了内部员工的联系方式，但没有介入到外部调查中。

调查结果基本证实了邮件举报的信息。律所和 DK 沟通了解到，因为他和妻子有个患了罕见病 DMD 的孩子，这两年为孩子就医，夫妻俩花了大量的精力和费用。妻子从去年开始得了抑郁症，情绪一直不稳定。DK 在工作中有重任在身，同时要面对家庭压力，在偶然的机会和这位下属沟通后得到理解和关心。这位下属出色的能力也在业务上给了 DK 很大的帮助，在几次重要的业务项目中，DK 和她的配合都非常顺利，部门同事都说他俩出手，单子必赢……DK 知道自己和下属这种特殊的关系违背了职业道德，同时破坏了双方的家庭，但是从这个关系中得到的安慰对他而言又是难得的放松。他舍不得放弃这样的感觉，但一直心有不安，其实这才是他拒绝了担任牧童新任 CEO 的真实原因。

律所和那位下属的面谈则了解到，她被 DK 在工作中展示的智慧和能力吸引，得知 DK 家庭的痛苦后她觉得很"心疼"，希望自己能尽可能给他一些安慰和支持。

了解了调查结果，安心感觉自己在看一出职场电视剧，"狗血"的剧情居然就发生在自己身边。她一方面因为自己的价值观，对这俩人在公司的关系感到愤怒；另一方面在进一步得知了 DK 的家庭情况后，又忍不住同情和理解他的难处。作为女性，她也特别理解这位下属自然产生的"圣母心"……

除了律所的调查，安心特地调出了这位下属过往两年的薪酬变化和绩效报告仔细研究，从数字体现的业务结果到下属的自评、DK 的评价，还有这两年的调薪记录，似乎都没有迹象表明 DK 利用他们的特殊关系对这位下属有工作上的特殊优待。安心和支持 DK 的 HR 代表省心的沟通，也证实了 DK 在工作中对所有下属都公正。因为安心很小心地进行这番对话，她感觉省心似乎对 DK 和这位下属的特殊关系一无所知。

安心向大佬和董事会汇报了她这边了解到的结果。

安心庆幸董事会和大佬担当了这个棘手事件的决策人，她有机会坐进董事会的讨论中，直接向各位领导学习如何处理这样的事件。

五位董事和大佬的讨论很激烈。基本意见分为两派：一派认为 DK 的行为不能接受，他不合适继续在牧童任高管；另一派理解 DK 的难处，同时珍惜他的才干，希望给他一次机会。两边人数刚好是三比三，一时难以有定论。安心没有参与讨论，她观察着董事们的争论，一会儿同意 DK 在高管位置的行为对下属家庭造成了伤害，也对员工做出了非常糟糕的示范，应该走；一会儿又觉得高管也是人，牧童正在快速发展阶段，DK 出色的领导力和业务结果对公司太重要了，还是考虑留下来吧……

安心觉得自己像墙头草一样两边摇摆，一边在心里默念："千万不要让我参加投票啊……"一边又担心两派的纷争无法得出结论。

"咱们眼下的争论听上去各有道理，我有个想法，也许可以试一下。"安心注意到发言的是董事会里唯一的女性董女士，大家都称呼她波琳（Pauline）。她是一位美籍华人，曾任牧童所在行业最大公司亚太区的 HR 领导，退休后担任牧童的董事会成员。安心是第一次参加董事会，但是想起来在加入牧童前她曾经面试过自己。会议室里静了下来，大家都等着波琳继续发言。

"我们现在的争论很多基于个人的价值观，或者考虑到牧童的业务，大家都没有错。我想大家都看过瑞·达利欧（Ray Dalio）的《原则》这本书，他提议我们可以从价值观开始制定原则，原则帮助我们决策。我们是不是可以看一下牧童的价值观，订立一些原则后再讨论决策？"

安心听说过但还没看过《原则》[1]这本书，她留意到董事会成员似乎并不是每个人都积极响应，但最终大家同意尝试波琳的建议。

牧童的使命、愿景和价值观就挂在董事会的墙上：

使命宣言
通过技术赋能世界，提供创新解决方案，改变商业和生活。我们致力于突破边界，同时秉承最高的道德标准，培养包容的卓越文化。

愿景
成为科技行业的积极变革者和领先者，通过前沿创新、人才培养和对客户的承诺，我们憧憬一个人人可以通过我们的技术改善生活、促进合作并激发进步的世界。

价值观
创新　　　　诚信　　　　灵活
持续学习　　客户至上　　发展人才

图18　牧童使命、愿景、价值观

波琳带领大家讨论时，安心推过来记录的白板，把大家分享的关键词记录在白板上：

"最高的道德标准""诚信""包容""灵活"这几个词被大家提及。

这份使命、愿景、价值观的内容是牧童创立之初就被写就的，一直没

---

[1]《原则》是由亿万富翁投资者瑞·达利欧所著的一本管理和生活指导书籍。在这本书中，达利欧分享了他在建立世界最大的对冲基金——桥水基金会（Bridgewater Associates）过程中学到的一系列原则和思维模式。

《原则》不仅提供了一套可以应用于商业和个人发展的具体指导，还让读者得以窥见一个顶尖投资者的思考过程，了解如何在复杂的世界中做出系统性的决策。

本注释由ChatGPT生成。

有再更新过。大家对"最高的道德标准"和"诚信"的理解都很一致，但是"包容"和"灵活"的解读每个人都不一样。主张留下 DK 的董事们借这两个词提出我们可以包容人性的一面，灵活处理，比如对 DK 进行警告处分，并停止今年的加薪和股票授予，以示惩罚。

这时董事会资格最老的一位领导发言了："我记得最早建立这一套内容时，对'灵活'这个词的解读主要是希望牧童可以保持开放，随时根据外部环境调适自身，避免官僚、僵化，毕竟我们所处的行业变化多端。至于使命宣言里提到的'包容'，强调的是各种背景的员工都能感受到被尊重、有价值……"他的发言澄清了大家理解上的混淆。

"我想对 DK 的处理应该比较明确了，我还是主张请他离开。我们感谢他对公司的贡献，也很同情他的家庭情况，但作为牧童最大业务部门的领导，DK 的言行对他的业务部门，甚至对整个牧童都有非常大的影响力。他没能很好地处理家庭生活并表现出职业道德，尤其是和自己的直接下属保持这样的私人关系，很难让人信服他在工作中的决策不会受私人关系的影响，如果留下他对牧童的整个风气会有非常负面的影响。"波琳掷地有声地说。

董事会最终通过了请 DK 离开的决策。考虑到他那位下属的情况，鉴于大家都认同 DK 应该负主要责任，董事会请大佬和安心做决定是否辞退或给予严重处分。

"我想这位下属的做法也是非常不合适的，不过她先生投诉是希望公司介入，帮助他挽救家庭，如果我们对她也采取辞退的做法，可能会进一步破坏家庭关系。当然，她的家庭关系最终是否会修复我们不得而知。另外，对 DK 的处理我们是否考虑到对整个公司的影响，请他递交辞呈？如果同时辞退 DK 和这位下属，一方面内外部可能都会引发各种说法，难免暴露员工的隐私；另一方面，同时损失他俩对业务也有比较大的影响。所以我建议给这位员工严重处分但无须公示，同时可以考虑今年不予加薪……"安心小心地说出她的看法后，注意到波琳、大佬和其他几位董事都点头同意。

会议结束，安心走向波琳介绍自己。"我记得你，恭喜你加入牧童啊。大佬对你评价不错。我很高兴没有看走眼。你刚才的建议思考得很周全！"波琳的话给了安心鼓励。

"另外，我建议你和大佬一起带领高管们对牧童文化做进一步的探讨，今天的会议暴露出一个问题，对同样的文字，大家的理解可能不一致。况且这一套内容又是七年前建立的，时代在变化，牧童的高管也都换了很多。你可以看看怎样和高管们共同探讨，在价值观的基础上还需要建立一些更具体的组织和操作层面的原则，这样公司在决策时会更清晰。在清晰的原则指导下，也可以授权给各层级的员工做决定，这在现在多变的外部环境下尤其重要。"

波琳的指导一下子照亮了安心的头脑。当波琳建议大家从牧童价值观出发探讨处理时，安心也意识到了大家对价值观不同的理解带来的困扰。原则可以是一座桥，让高大上的使命、价值观这些挂在墙上的内容更加落地，指导日常的决策。

"以后有什么需要的地方，你可以直接找我，我很乐意做你的导师和教练呀！"波琳的话再次让安心欢欣鼓舞。加入牧童这段时间以来，她庆幸自己和大佬的配合顺利，团队也很快和她保持一致，但是除了自己极度的努力刻苦之外，她常常也会期望在HR方面得到更多的指点和反馈，如果有波琳这样资深的前辈给自己指导，真是求之不得。

回家路上，安心在脑海中回想董事会的一幕幕，她记得大佬最初就在建议辞退 DK 那一组的，但是他似乎比较克制地表达自己的态度，在关于处理 DK 下属的决定时，他也表现出对安心意见的尊重，请安心先说……"这不太符合大佬的风格呢，"安心思忖，"一定是因为之前 DK 曾被董事会考虑过出任 CEO，现在是大佬的下属，他不想被其他人误会他想借这件事除掉 DK……"安心一向认为自己缺乏"政治头脑"，能够想到这一层，她觉得自己好像在这方面开窍了一点儿。

安心和大佬一起与 DK 沟通了董事会的决定，DK 表示他会提出辞职，对公司造成的不便感到抱歉。

"这件事都怪我，希望不要对这位下属有太多影响，我真的觉得很抱歉。接下来，我考虑带太太孩子一起去美国，换个环境，孩子可能有更好的治疗条件，希望太太的情况也能好转些……业务上我会尽全力交接。"

DK 的态度和反应体现了他一贯的风范和尊严。安心为牧童失去一位业绩出色的领导而遗憾，为自己少了一个志同道合的伙伴感到难过，同时也对生活的挑战、人性的脆弱和容易迷失产生了深深的感慨。

大佬也为 DK 的离去而觉得可惜，但他提及愿意为 DK 去美国之后的工作机会提供他力所能及的帮助。

牧童内部发布公告，DK 因为家庭原因决定离职。安心和大佬开始了内外部的人才搜寻工作。

21. 初识教练，接受波琳辅导

牧童公司在之前有一个传统，每年九月是牧童财政年度结束后的第一个月，全国所有员工齐聚一地，包括差旅在内一共五天时间，大家共同庆祝上一年度取得的成果，展望新财年的目标，分享战略和计划。这个传统在过往两年因为业绩无法达标、费用紧张而被打破了。

而大佬在一次高管会议上提出了恢复召开牧童全员大会的想法："看上去我们要花不少钱把所有员工聚在一个地方，五天时间无法正常做生意，公司的花费和机会成本都不低。但是我来的这半年一路走访各个办事处，和员工沟通后，我觉得我们有必要恢复这个传统！员工需要感受到他们在一家伟大的且规模很大的公司里为客户创造价值，他们需要和高管们接触，知道公司的发展和进步，未来的目标和愿景……这样的团聚，也给了我们机会感谢员工们一年的辛苦付出。我请财务做了一个计算，如果我们的业绩能够提高一个百分点，增加的利润就可以支付这次年会的费用了。"大佬在会议上和大家说。

高管会议通过了今年九月继续年会传统的决定，也成立了年会筹办小组，各部门都开始做相应的准备。华捷带领的政府事务部是这次年会的总指导，大佬的助理带领的行政部门负责酒店预订和其他后勤支持，安心庆幸 HR 部门不像很多其他公司一样需要在这些行政事务方面参与太多，毕竟她和团队都已经满负荷运转了。

薪酬经理忠心离开后，安心代管了这个部门的工作，她还要花很多精力面试薪酬激励主管、找寻 DK 的替代人选。同时，她也在着手计划年会期间 HR 要做的事情。

安心和团队为年会计划了两件大事：一是向所有员工推出"HR4U"这个新的宣传口号，沟通 HR 的三年规划；二是借年会机会，推出第一期领导力训练营——"变革管理"，并借势把变革管理的话题推向所有员工。

"变革管理"话题是她和大佬充分沟通后确定的。创立七年来，牧童已经发展成为一家中等规模的公司，但是很多的运营政策还是公司成立之初创建的，出现了很多限制公司发展的情形。另外公司的组织结构也需要根据目前外部市场变化和内部业务内容变化做大的调整。公司文化也有很多需要变革的方面，最明显的是部门间缺乏有效合作，各自为营。最近董事会处理 DK 事件也反映出需要更新牧童的使命、愿景和价值观了。

"我感觉牧童就像个长得太快的孩子，现在的政策和组织结构好比她的衣服，随着身体长大，修修补补也不再合身了。文化部分则感觉是孩子心智发生了变化，需要特意去塑造她向我们期望的方向发展。"安心和大佬谈到兴起冒出了这个比喻。

"你的比喻很有趣。不过，我们不能只从内部看目前的政策、组织和文化是否限制了牧童的发展，发起变革更重要的动力来自牧童未来的成长。牧童处在快速变化的商业环境中，必须适应不断变化的市场条件和客户需求，以保障长期可持续性的增长。变革对于牧童持续成功至关重要。用你的比喻来说，员工和管理人员是牧童这个孩子的细胞，各个部门是她的身体器官，我们既要重新量体裁衣，塑造她的心智；又要让她在外部不断变化的环境下持续健康成长。所以，关于变革这件事，我们从高管和经理到所有一线员工都需要从心态上先被动员起来！这次年会的主题就是围绕'变革'，我们可以再看看最后用什么标题。"大佬的回应启发安心看得更广、更远。

面对 500 多人的组织，如何推广变革理念，有效动员所有员工，这是个大工程。安心回顾自己过往的经验，也在网上查了些关于变革管理的资料，苦思冥想了好几天，感觉还是有些没太梳理清楚。她约了波琳，想和她分享自己的想法，并获得她的指点。

波琳了解了背景情况后告诉安心，她会以教练的方式启发安心的思考："我不会给你答案，但是可以和你一起探索。"

波琳问安心："在年会上动员所有员工希望达成的目标是什么？目标达成之后会是怎样的画面？"

"我们希望所有员工首先了解为什么要变革；哪些方面可能会有变化；变化之后带给牧童和员工的好处是什么；员工可以怎样参与到变革中……简单来说，就是Why（为什么）、What（是什么）、How（怎么做）。如果目标达成，我希望看到大家都有一致的目标，拥护变革，甚至愿意引领变革，积极参与并贡献到变革中。我想看到他们被点燃了，也感受到被尊重、被邀请，主动说'我关心、我愿意！'，也就是有了主人翁意识和责任感。"安心想到了HR三年规划中自己和团队写出的希望听到的员工的声音，讲述这样的画面时，她开始激动起来，之前感受到的压力突然化成了动力。

"要达到你描述的理想画面，你最希望克服的困难是什么？"波琳继续问安心。

"变革管理有很多理论，我可以开发一个课件，把任务分给高管们，在第一届领导力训练营上培训所有二线经理，再让他们一层层给下属培训，可是我自己准备这些内容时感觉干巴巴的，我担心仅靠培训效果不好。"安心如实告诉波琳她的担忧。

"变革管理是管理学很流行的话题，也有一些专门的理论。我在GE（通用电气）公司工作时，公司就有专门的变革管理理论，GE还把这套理论向外部公司收费分享呢。你可以去网上找找了解一下。不过，在变革管理方面有两本很出名的故事书你可以去看一下，分别是《谁动了我的奶酪？》[1]和《冰山在融化》[2]。这两本书可能会让你想出juicy的主意来！"波琳针对安心说的"干巴巴"，用了"Juicy"（多汁的）这个词，安心忍不住笑了起来。

"我看过《谁动了我的奶酪？》那本书，怎么没有想起来和这次的变革结合呢！我马上去找《冰山在融化》，也再重读一下《谁动了我的奶酪？》！

"另外，我想到最近一个蛮有趣的说法：鸡蛋的两种打开方式，从外部打破是死路，从内部打破是新生。如果我们只是通过讲道理让员工接受变革，可能会遇到抵抗和困难，就像从外部打破鸡蛋一样。如果有办法让员工自己意识到并接受变革的必要性，引发他们的参与和创新思维，就像鸡蛋从内部孵化新生一样，我很希望可以调动起大家的积极性，实现群策群力。"安心继续说。

"听上去你需要思考如何创造一个支持性的环境，一方面让员工贡献想法，另一方面鼓励开放的对话和反馈，使他们能够表达对变革的疑虑和担

---

1 《谁动了我的奶酪？》（*Who Moved My Cheese？*）是由斯宾塞·约翰逊（Spencer Johnson）所著的一本励志书籍，通过一个简单的寓言故事，作者向读者传达了一个明确的信息：变化是不可避免的，我们必须学会适应变化，不断寻找新的"奶酪"，以便在生活和工作中取得成功和幸福。

2 《冰山在融化》（*Our Iceberg Is Melting*）是由约翰·科特（John Kotter）和霍尔格·拉斯格博（Holger Rathgeber）所著的一本变革管理书籍，通过一个引人入胜的寓言故事，探讨了在面对变化时如何成功适应和引领变化。

这本书不仅为管理者和团队提供了一个关于变化管理的有力框架，还鼓励每个人积极面对不可避免的变化，寻找新的生存之道。

以上注释由 ChatGPT 生成。

心……你自己过往有过这样的体验吗？"

波琳的问题仿佛一束光照亮了安心的思路，"我想到啦！"安心觉得茅塞顿开，兴奋得手舞足蹈。

安心听说过领导力和职场教练，但还没有接触过专业的教练，她了解到除了担任牧童的董事外，波琳还是得到国际认证的教练大师。波琳仅用几个问题就启发了安心的思考，这让她感觉很神奇。

"我也要多了解一些教练的工作！"回程的路上，安心这样想着。她感觉连日来的压力减轻了很多。

22. 设计变革管理工作坊

和波琳的谈话打开了安心的思路，她重读了《谁动了我的奶酪？》，也买来了《冰山在融化》，一个晚上就读完了。正如波琳所说，这两本用寓言故事讲述变革的书非常经典，把干巴巴的大道理变成了有趣易懂的故事。

"在没有想到更好的主意前，至少可以考虑给每一位管理人员都买这两本书，赠送给他们阅读。"安心这么想。

波琳的最后一个问题让安心想起在她的上一份工作中，公司在全球范围内帮助所有员工增强业务敏锐度、提升财务知识时，用过一家知名的顾问公司，那家公司的做法让安心耳目一新而且印象深刻。她决定复刻那种独特的方法。

安心着手准备相关的资料。她计划在全员年会之前先举办第一期领导力训练营，主题就是"变革管理"，这样，经理们可以在大会之后的部门会上把变革管理的主题传达给自己的部门。

两天的领导力工作坊，要设计的内容还真不少。安心静下心来思考工作坊的时间线和内容安排。

这次的领导力训练营计划需要两天的时间，第一天上午邀请大佬和董事会主席做开场讲话，之后是对领导力训练营的介绍和破冰活动；下午安心计划举办"牧童愿景成真之旅"工作坊，传递变革的必要性，调动大家参与变革的积极性。第二天学习变革管理的具体流程。

由于要使用独特的工作坊方式把变革理念传达给牧童的所有员工，安心计划通过"领导力训练营"让30多位二线经理带动70位一线管理人员学习变革管理，大家在年会上再传递给400多位员工。环环相扣，前后需要三天时间。

有了清晰的时间线，安心开始开发内容，这是安心喜欢做的事情，感觉自己像是编剧，设计剧情并编写剧本……做这样的事情时，安心感觉不到时间的流逝，很享受这样的"心流时刻"。

连续一周，每天晚上安心都在家伏案工作。孩子小安由保姆和安心的妈妈帮着照看，她把所有的精力都投入到这场大戏的准备中去。

周末的下午，安心还沉浸在编剧中，小安不干了："妈妈，这几天晚上你天天加班，我要你和我一起玩儿！"

安心对孩子心怀歉疚，放下手头的工作来到小安身边。

"我想和你玩演戏，你来扮演顾客，我是卖糖的！"这是小安最喜欢和安心玩的游戏。

"妈妈和你玩个新游戏吧？我们来扮演小老鼠！"安心的脑子里自然地冒出了《谁动了我的奶酪？》里的故事（见上节注释），"我们让阿姨和姥姥也来参加好不好？"

小安、姥姥和保姆三人在安心的指导下玩了奶酪的故事，小安和妈妈扮演老鼠，"妈妈是'嗅嗅'，我来演'匆匆'，阿姨和姥姥是'哼哼'和'唧唧'。"了解了剧情的小安马上变身导演。

四个人嘻嘻哈哈地边学边玩儿，安心有了难得的休息。突然，她灵光一现，放下手上画成奶酪的纸板，抱起小安亲了一大口："妈妈有了个新想法，谢谢小安邀请妈妈来演戏！"

• • • • • • • • • • •

23．紧张的排练和准备

回到书房，安心再次打开《谁动了我的奶酪？》这本薄薄的小书，和《冰山在融化》一样，两本书都是通过寓言故事强调了变革的必要性和人们如何应对及适应变化。但《冰山在融化》侧重于组织层面的变革管理，通过一个企鹅群体的故事来讲述如何应对变化和推动变革，强调的是团队合作、领导力和适应能力。而《谁动了我的奶酪？》更侧重于个人层面的变革管理，通过迷宫中的老鼠和小人物的故事来传达适应变化的重要性，强调的是积极心态、灵活性和行动。

安心想："这样的话，我计划第二天用冰山里的变革模型帮助经理们学习变革管理流程是合适的。《谁动了我的奶酪？》这本书里的内容适合每一个人调整面对变化的心态……我可以让 HR 团队在第一天给大家表演这个故事，就像小安和我玩的游戏一样！"

但是安心手头的工作太多了，她想到了找人编一个剧本。在万能的网络帮助下，安心很快找到当地最好的大学中文系三年级的一位女生，和她沟通了具体要求。支付定金后，安心很快收到了由这本书改编的舞台剧剧本。她和团队沟通后请信心带领大家共同排练《谁动了我的奶酪？》舞台剧。

有了舞台剧的创意，再加上安心参考之前自己参加过的一场"看图学习"（详见本书"附录1"）的做法，她想把这次的领导力训练营设计成沉浸式的学习体验。她在电脑键盘上敲出下面的文字：

首届领导力训练营主题：变革之旅

训练营活动结构和目的：通过多样化的参与性体验，促进参与者的团队合作、沟通和战略思维能力的发展。帮助经理们深入理解牧童当前发起变革的重要性、变革的方向和具体举措，拥抱并引领变革。

重要的学习活动：

- 舞台剧表演：《谁动了我的奶酪？》舞台剧，旨在引发思考，以及关于变革和适应的讨论，促进对个人和组织行为的反思。
- 工作坊：牧童愿景成真之旅。理解牧童所处行业的竞争环境，探讨实现愿景目标所面临的挑战和机遇；了解牧童成长历史，探索各个业务部门现在和潜在的增长机会；讨论并确定实现牧童愿景目标的关键战略方向和个人行动计划。
- 变革理论学习：以《冰山在融化》内容为依据，学习组织变革管理的步骤。

准备"牧童愿景之旅"的工作坊也极大地消耗了安心的心力和时间。这个工作坊需要大量的业务和牧童历史的数据，安心得到了有余和他团队的支持。

安心马不停蹄地编写着两天训练营的内容幻灯片，同时准备讲师和学员的手册内容。工作坊的活动还需要制作一些材料，她自己动手设计各种卡片。白天，她还需要和负责变革管理流程介绍的高管讲师们一个个梳理内容……周末的晚上，安心不停地敲击着电脑键盘，一波波的灵感似潮水般在头脑中涌动。渐渐地，她奇怪怎么书房的窗帘隐隐地透出光？拉开窗帘，她才意识到已经是第二天的拂晓了！

年会前一周，所有的准备工作杀青。安心用一个下午的时间和自己团队的五位小伙伴做了"牧童愿景成真之旅"的引导师培训。教会他们如何在这个环节和她一起，每人陪伴5—6位二线经理进行这个部分的学习。

她也观看了团队的舞蹈剧排练。HR部门所有的小伙伴都参与了进来，他们拿纸板做了道具，扮演两只小老鼠的同事头上戴着画好的老鼠的头套，大家的表演惟妙惟肖，逗得安心乐不可支。她也抓起一块画有奶酪的纸板摆在自己的面前，做起了群众演员。

准备好训练营所需的物料，安心和团队提前四天飞赴年会场地。在那里，他们要先和30位二线经理进行两天的领导力训练营；然后带着30位经理和70位一线主管及经理进行"牧童愿景成真之旅"的下沉学习，直到把这个体验一路传递给全公司的另外400多位同事。

当然，他们还会充分享受牧童所有员工都参加的这场年会盛宴。

24. 首届领导力训练营

年会在美丽的海滨城市青岛举办，500多名员工将被分别安排居住在三家酒店里，并在当地最大的会展中心开会。

提前到达的HR团队顾不上欣赏美景、吃海鲜，当晚大家一起彩排第二天首届领导力训练营——变革之旅的流程，又再次排练了《谁动了我的奶酪？》舞台剧。

她和自己的五位直接汇报者再次回顾了一周前才和他们做过的"牧童愿景成真之旅"引导师培训流程，确保每个人都带好了明天要用到的物料，也和酒店确认了第二天的座位摆放。和大家忙完回到房间时已经接近午夜了，安心一头倒在床上就睡了过去。

早上醒来时安心神清气爽。训练营8:30开始，她快速洗漱后去了餐厅。餐厅里来来往往的客人很多都是牧童的经理，她微笑着和他们点头致意。

领导的讲话和热身活动结束，在领导力训练营的介绍里，安心向所有参加者提出了"领导"和"管理"有什么区别，引发了大家的踊跃发言。最后大家普遍同意："领导"通常强调激励和引导他人朝着共同目标前进，而"管理"更偏向规划、组织、控制和监督资源以实现这一目标。

"所以在座的各位都肩负着'领导'的职责，需要激励和引领他人前进。我们会在接下来的三年里每年共同学习、共同进步，牧童的未来靠我们铸就！"

这是第一次牧童所有跨部门的高级经理和总监们聚在一起，整个上午大家都特别积极踊跃，争相发言。

午餐之后，大家回到会议室，发现房间布置变了：座位从上午的围圈圆桌变成了六组长方形桌，每组有一张椅子摆在长方形的一边，另外三边摆放了五把椅子，绿色绒布的桌面上铺了一大张厚实的白纸。原先的讲台位置搭起了一个舞台。

大家坐定后，灯光变暗，音乐响起，由细心和耐心扮演的小老鼠"匆匆"和"嗅嗅"蹦蹦跳跳地出场了。安心看到经理们瞪大了眼睛……等到热心和关心扮演的小人儿"哼哼"和"唧唧"出场时，他们平时打交道的经理们开始笑起来——两人的服装特地选得有些滑稽搞笑。除了用心用他富有磁性的声音做着画外音的播报外，其他几位HR小伙伴省心、信心和安心一样，都成了道具，躲在纸板做成的奶酪后面。

经理们很快就被剧情吸引，半小时的时间一晃而过。演出结束时，HR的演员们站出来谢幕，大家报以响亮的掌声。

演员们匆匆卸妆后分别赶到各自的小组，坐到了摆在大家对面的椅子上。安心启发大家讨论和分享各自观看表演的收获。各个小组讨论了面对变化个人可能有的情绪和行为以及后果。同事们都反映，看了这个剧，感觉像是在照镜子。变化不可避免，但每个人应对变化的态度和行为被几个角色活灵活现地展现出来，让人忍不住思考自己是哪个角色。

对照剧情中的几个角色，大家开玩笑："人不如鼠"——动物很多时候跟随本能反而更能适应环境变化；多数时间，我们就像剧中的"哼哼"和"唧唧"一样，面对变化，哼哼唧唧地不愿意接受现实，这样的结果多半是在变化中被抛在后面。

"看来都得向小老鼠学习，积极适应变化并寻找突破！"

大家的感慨让安心和团队欣慰，除了看热闹，重要的还是要看门道，这个表演的目的达到了！

讨论结束，舞台剧带来的热闹慢慢平息后，安心拿起话筒发言："我们接下来会和大家经历一场特殊的海上航行！每一位 HR 的同事都是各桌的导航员，大家变身船员。请各位跟随导航员的指示开启这次别开生面的牧童愿景成真之旅！"

导航员们请大家把桌面的大白纸翻过来，每个人看到了一幅巨大的航海图：

图 19　牧童大船航海图

导航员邀请每位船员花点时间观察大图并分享他们看到了什么。

大家看到，带有牧童标志的大船航行在广阔的海洋上，洋面上百舸争流，天空中风云变幻，海面波涛起伏，水中有暗礁，前面还有冰山，远方有灯塔和开满鲜花的乐土……

导航员接着拿出一张对话卡片，读出下面文字：

"欢迎各位参加牧童愿景成真之旅研讨会！我们今天将会探讨牧童所处行业的市场前景和演变，了解牧童的过去和现在，探讨牧童的战略如何能够帮助我们达成三年后的愿景目标：成为客户首选，实现 30 亿元业务额，当选为最佳雇主！

"大家看到的这幅画面描述了牧童所在的科技市场，各种因素影响着在

变革心动力

这个市场中前进的船只，包括竞争的各家企业。接下来我需要一位船员读出卡片上的下一段话。"

1. 我们所处的环境

一位船员接过卡片后读出了下面的话：

"首先，让我们了解一些几乎影响所有市场变革的基本力量。从彩图中看，这些力量是所有船只都会面对的客观条件。天气是其中之一。请读出辅助卡片上的各种天气因素，把这些卡片放在彩图上'变革的强风'下方。"

导航员给在场的船员们递上五张卡片。每张卡片都有正反两面。船员们传阅卡片后讨论每一张卡片内容以及它们对牧童所在行业和牧童的影响，讨论了挑战和机遇，然后把卡片放在大图中"变革的强风"下方。

船员们轮流阅读对话卡片上的内容，讨论了牧童所在行业在过往5—10年经历的演变，并对洋面上的其他船只根据竞争态势标出他们的名称。这部分关于主要竞争对手以及他们各自的竞争优势激发了深度讨论。HR扮演的导航员们庆幸这样的学习方法没有所谓的正确答案，他们所处的导航员角色也只须确保大家跟着对话卡上的问题进行深入探讨。对HR的同事来说，聆听这些管理人员的激烈讨论是最好的学习业务的机会。

讨论继续扩展到画面上的冰山和暗礁，这些代表了威胁和挑战的部分，船员们讨论了对自己所在的部门而言，这些挑战和威胁带来哪些具体影响。

导航员根据专门的导航手册把握讨论时间，各桌都相继来到了对话卡片的第二部分话题：

第二章 人才发展实践

竞争对手崛起

新的竞争对手不断涌现，他们可能具有更好的创新能力、更灵活的业务模式或更强大的市场影响力。在竞争加剧的市场中，创新和客户体验将成为关键的竞争优势。

国际市场机会

国际化可以帮助我们打开大市场份额，降低依赖于单一市场的风险。进军国际市场可以为我们提供新的客户群体、新合作伙伴和增长机会。然而，国际化也伴随着一系列挑战：不同的文化、法规和消费者习惯、不同的法规和合规要求等，我们还需要谨慎考虑资源分配，包括资金、人才和技术。

法规政策变化

政府在科技领域的监管和政策经常发生变化，这可能导致我们需要适应新的法规，或者可能影响我们的业务模型。数据隐私法规、知识产权法律和贸易政策的变化可能会影响我们的产品开发和国际市场战略。

消费者需求

消费者期望不断提高，他们寻求更加个性化、便捷和可持续的产品和服务。同时，消费者对可持续性和社会责任的关注也在增加。

新技术趋势

人工智能和自动化技术可以改善我们的生产效率，减少成本，提高产品质量，但也可能威胁到现有的就业。物联网和大数据相关的技术崛起，使我们能够更好地理解客户需求，预测市场趋势，但也要求我们处理新的挑战。网络安全和隐私问题要求我们确保保护客户数据的安全和合规性。

图 20 变革的强风卡片

129

变革心动力

2. 牧童的成长历史及现状

在这个部分，大家玩得不亦乐乎——导航员拿出大量的数据小卡片，大家一次次地玩拼图游戏，包括：

- 牧童成长轨迹：将过往七年牧童的员工人数、销售额、年复合增长率、研发费用投入按照年份排排坐摆好。
- 全国业务分区情况：按照目前的大区分布，把各区的业绩做正确分配。
- 各业务部门比对：这个部分大家直观地看到不同时期各业务部门的诞生和成长；除了绝对的销售额之外，相对的年复合增长率给了大家不同的视角——"老大哥"的地位可能很快受到飞速增长的"小弟"的威胁。

大家被要求计算，牧童三年后如果要实现 30 亿的目标，以现在的业务分布情况，各业务需要贡献的份额；针对以往各自的增长数据，未来增长率的差距有多大？

这些动手又动脑的参与让一个个数字变得生动起来。跨部门的领导们第一次有机会对牧童纵向的发展历史、横向的各业务部门的情况有了比较全面、翔实的了解。看到牧童的成长和现在的规模，大家心中不禁感慨牧童成长不易，也产生了真正的自豪感。

接下来来到了第三部分：

3. 牧童的愿景目标和战略

在这一部分，大家一起阅读、讨论了牧童的三年愿景、目标和战略卡片，把它们分别放在从今天到明天的路径、乐土和灯塔的位置上。船员们回顾第一部分的挑战和障碍，讨论这些因素对牧童达成目标可能带来的障碍、挑战以及应对的策略。各桌接着总结牧童的战略将如何在组织架构、运营流程和文化建设方面对企业带来变革，要执行这些战略，各自所在的业务或职能部门又应该发起哪些变革。

最后一部分，也是研讨会的尾声：

4. 我们的行动

在这个部分，大家讨论了各自所在业务或部门正在经历的变革，回顾上一环节提出的战略，思考、讨论并统一在新的财年牧童需要关注的两项核心变革。针对核心变革，作为牧童的中坚力量的高级经理和总监们，各自的行动计划有哪些。

第四部分结束前，各桌派出一位代表，向全员陈述他们讨论出的牧童在新财年应该专注的核心变革举措。

如果说研讨会进展的过程中，整个会议室像是一口咕嘟咕嘟冒泡泡的大锅，最后的分组汇报则像是揭锅的环节——大家的讨论最终形成了牧童变革的共识：对外部竞争和挑战、内部限制和约束的分析讨论带出了所有管理层人员在牧童组织、流程及文化和人才发展变革方向上的共识。

第一天会议的最后，大佬起身讲话："牧童这艘大船在向着乐土前行，为我们的客户带来福祉的过程中,会遇到各种来自外部环境的困难和挑战,这些挑战要求我们变革,适应环境的需求;我们的船只也需要升级改造,打破旧有的局限,我们要有把牧童升级为航空母舰的雄心和野心!在今天的研讨会中,各位扮演的是船长的角色,在实际的工作中,在座的每一位是你驾驶的船只的舰长、飞行的战斗机的机长!"大佬铿锵有力的话语给大家注入了新的力量。

"牧童愿景成真研讨会"结束了,安心提醒大家第二天的日程:早上将继续学习变革管理的流程,下午所有人去海边的团建活动;明天晚上,10位志愿者将和HR一起为70位一线经理做同样的"牧童愿景成真之旅"研讨会。

安心确认了明天导航的10位志愿者名单,并请他们晚餐后回到会议室做准备。

结束了团结紧张、严肃活泼的一天活动,有人拉开会议室的遮光窗帘,安心看到夕阳已经映红了会议室的窗子,彩霞满天!

25. 变革的冰山之旅

领导力训练营的第二天上午,高管们给大家讲授组织内部变革管理相关的理论,参考了《冰山在融化》一书中的八个变革管理步骤(详见本书"附录1")。

早上的环节开始时,大家一起观看了一部《冰山在融化》的小电影:

一群生活在南极的企鹅发现，他们的家园面临气候变暖带来冰山融化的威胁。其中一只名叫 Fred 的企鹅鼓励其他企鹅看到变化，面对众企鹅因害怕离开熟悉的领地而产生的恐惧、不确定和反对，Fred 和其他几只企鹅通过合作最终带领企鹅们找到新的家园。

小电影归纳介绍了组织变革管理的八个步骤，安心几周前和八位高管逐一沟通，并安排了每个人讲述一部分内容。

这是牧童高管们第一次把注意力从业务转移到培养牧童跨部门的人才上。之前在准备环节里，他们由安心负责推进，来到领导力训练营的第一天，大家被安心和 HR 团队设计的活动内容感动，受到鼓舞，第二天每一位高管都迸发了各自的创意和热情。

根据作者约翰·科特在《冰山在融化》一书中提出的组织变革的八个步骤，高管们提前准备了相应的内容，结合自己的经验，与大家分享每一个步骤的做法。让安心感动的是，他们昨晚临时紧急开会，基于"牧童愿景成真之旅"结尾时各组汇报的核心变革举措，集体商议选出了被多个小组提及的一项变革举措——"提升牧童内部运营效率"。这个话题成为串起八个步骤的实际案例，在每位高管讲述了理论后，安心请大家实际演练每个步骤的具体做法。

例如在健康监测业务总监平安带领的第一个步骤"建立紧迫感"（Establishing a Sense of Urgency）的部分，平安先讲述了为什么发起变革需要建立紧迫感、增加危机意识，之后她请大家讨论并分享如何针对"提升内部运营效率"在员工中建立紧迫感。经理们经过讨论后提出了各种方法：

    1. 清晰沟通挑战和机会：向员工清晰地传达当前效率低下带来的挑战，并强调如果不进行变革将会带来的风险和损失；展示提升效率会带来的机遇和潜在收益。

2. 邀请员工分享真实案例：案例可以是因为效率低下带来的负面影响，也可以是某些部门因为提升效率带来的好处。

3. 提供数据和事实支持：向员工提供内部数据分析和市场调研，包括与竞争对手的比较、客户反馈和市场份额的变化等，以强调公司必须加速改变的紧迫性。

4. 制定明确的目标和时间表：提出变革的目标，制定明确的时间表，设置截止日期和里程碑，让员工明白变革的进程和时间紧迫性。

这种根据牧童实际需求，理论结合实际，高管们传授、经理们演练的方法让大家都投入其中。一方面，干巴巴的理论变得鲜活；另一方面，大家讨论的"提升内部运营效率"这一真实需求，在经理和高管们之间的这次学习中就启动了变革。

大家跟随第二步"组建指导团队"（Creating the Guiding Coalition），在路畅的引导下，大家明确了由运营总监潘玉带领各业务部渠道经理们建立指导团队，这个团队将被授权开展跨部门运营流程的调研和改进方案的制定。

对其他各个步骤的学习和演练，让所有二线经理和总监们对这一变革项目未来将要面对的各种情况、需要做的准备都有了预先的了解。

各位高管常常在自己的部门给下属们传授经验，但给所有二线经理和总监上课都是第一次。他们各自展现出的智慧和集体的配合取得了完美的效果。安心从讲述者们的热情和学员们的投入中，感慨自己发动高管们参与的明智，虽然前期准备时她花了不少力气推动每一个人，但是现在看来，所有的努力都很值得。

通过学习，经理们了解到组织文化、领导力、沟通和团队合作各个方面都对成功推动变革至关重要，而跟随清晰有序的步骤发起和管理变革会大大提升变革的成功率。

上午的内容结束时，每一位学员都收到了《谁动了我的奶酪？》和《冰山在融化》这两本书。

两天的学习虽然已经剧透了书中的部分内容，但是学习的过程激发了大家的阅读兴趣，经理们主动提出要在各自的团队中召开读书会，共同学习这两本书。

下午高管和经理们一同来到海边团建，经过了一天半的共同学习和探讨，不同业务和不同部门的经理们对彼此的了解加深很多，团建活动非常成功。当大家带着满身的汗水和泥沙回到酒店，10位志愿者匆匆洗漱，吃点儿东西就和HR一起开展服务70位一线经理的"牧童愿景成真之旅"工作坊。领导们现学现卖，凭着前一天参加工作坊的体验，手持安心准备的"导航手册"和对话卡片等工具，带领所有一线经理们一直学到晚上十一点多。大佬和高管们的全程陪同让经理们在紧张之余更加认真地投入到学习中。

一线经理们也是第一次了解到这种形式的看图学习法（Map Learning，详见本书"附录1"）。安心在工作坊开始前告诉他们，在年会第二天他们将带领自己的团队做同样的学习时，大家似乎都很紧张。学习时，每个人都特别投入，讨论激烈而认真。一线经理们的探讨更加落地在各自业务和实践中，不过跨部门安排的座位让大家有机会听到各自不同的想法，对彼此也都多了一些认识。当晚的研讨会结束时，虽然已经很晚，但是大家情绪高涨，对后天和部门的沟通少了些紧张，反而多了期待和兴奋。所有的导航手册、卡片、大图都为大家准备好了，HR部门还为全公司每一位员工准备了"牧童愿景成真之旅"的小图，嘱咐经理们在自己部门的学习结束后发给每一位员工留作纪念。

当众人散去，安心和自己的团队收拾会场时，大家都长舒了一口气。这是安心带领 HR 部门第一次面对整个公司超过百人的管理团队。首届领导力训练营的顺利开展给了大家信心。今后，HR 部门会和这支团队紧密配合，共同为所有员工打造梦想的职场环境，实现牧童的愿景和使命。

26. 年会！

就在经理们参加团建、举办研讨会的当天，400 多位员工从全国各地飞抵青岛。来到酒店时，他们都收到了一份惊喜大礼包。

礼包里除了三天会议的日程安排细节外，还有统一定制的深蓝色薄羊毛质地正装两套，包含配套的衬衫和领带或丝巾，另外有带牧童标志的三件不同颜色的 T 恤。

安心试了自己的正装：小西装领上衣搭配及膝 A 字裙，很合身，上身后显得人特别精神。不过，公司大多是 90 后甚至 00 后，不知道他们对要穿正装有什么反应？这也是年会筹办小组之前就有的疑问。

年会开始的那天早上，所有员工按要求正装出席，整个会展中心成了一片深蓝色的海洋。会议开始前，安心听到有年轻同事在说："本来就不想花钱买西服，现在公司给配了两套，太贴心啦！"女生们把丝巾用不同的方法戴起来，变出自己的独特花样。看来之前的担心是多虑了。

年会的主题是"变革突破 成长无限"。利用最新科技，舞台被装点成充满诗情画意又广袤无边的原野，大佬和包括安心在内的一众高管都做西部牛仔牧童打扮，原本搭配正装的丝巾扎在牛仔衬衫的领部，配上宽松的裤子扎进靴子里，手中拿着鞭子，每个人都显得英姿飒爽。高管们的出场掀起了一阵阵的笑声和掌声。

音乐响起，高管们开口唱起了《牧童之歌》：

牧童，牧童

有多少年轻的心在追随你的足迹

牧童，牧童

有多少美好故事在原野传颂

科技的魅力，牧童的动力

牧童的服务造福人类

思想的火花，无尽绽放

牧童的梦想源远流长

广袤的原野

牧童的天地

风儿轻吹

人人都向往

无垠的星空

牧童的未来

美妙无限

创新成长

牧童！牧童！牧童！

人群里有 70 后、80 后年纪偏大的员工,听到乐曲想起了曾经唱响南北的《少林,少林》,忍不住跟着音乐哼唱起来。年轻的很多同事没有听过这首歌,但被铿锵的音乐感染,也跟着鼓掌助兴。大佬唱得格外认真,高管们边唱边配上手中鞭子甩动,或放松舒展,或帅气利落,台上台下气氛热烈。

高管表演的高潮过去,舞台灯光转暗,安心看到一个少年被一个消防员牵着手走上舞台,舞台追光打在他俩身上,大屏幕上可以看到少年稍微有些紧张,旁边的消防员年轻英俊。

接下来的故事让安心忍不住流下眼泪:半年前发生的一场火灾,这名消防队员使用了公司的最新生命探测技术去搜救这名被埋在火场废墟下的儿童。公司的技术,结合了先进的热成像和生命迹象检测,帮助救援队定位到孩子的确切位置,拯救了他的生命。安心记得在新员工入职时听到过这个故事,但真正看到消防员和这个孩子,听到消防员描述当时的情景,看着比自己孩子大一点点的少年,安心无法设想如果同样的事情发生在小安身上会是怎样的情形。如果说从前她对公司科技的认识还只是停留在技术的先进上,这个用户故事把技术的价值和生命联系在一起,激发了安心的自豪感。

屏幕上接着播放一段视频。美丽的湖滨城市宜华面临日益紧迫的能源问题。随着城市居民人口不断增长,电力需求急速上升,对环境造成了压力。宜华市政府使用了牧童开发的"智慧城市能源管理系统"。这个系统使用了实时传感器、智能数据分析和自动控制技术,以最低的能源浪费来满足城市的能源需求。通过这一系统,宜华市电力和能源部门能够实时监测能源使用情况,自动调整照明、供暖和冷却系统,以确保能源的最佳利用。这个智慧城市能源管理系统帮助宜华市节省了大量的能源,减少了碳排放,同时也降低了能源开支,改善了城市的环境质量。

该解决方案关注环保和可持续发展,博得了员工热烈的掌声。和前一个与生命科学相关的用户故事放在一起，员工们感受到牧童业务跨度之大。

结束了用户故事之后，大佬出场和所有员工回顾了牧童上一财年的业绩——继前两年没能达标，今年牧童超额 2% 完成指标。虽然超额部分很少，大佬还是肯定了所有员工的努力。大佬的演讲也包含了各个部门的完成情况、各自的亮点，包括最快增长、最高利润、最佳服务等诸多方面，所有部门都得到了不同角度的肯定。

大佬接着向所有员工展示了牧童的使命：赋能世界，提供创新解决方案，改变商业和生活。我们致力于突破边界，同时秉承最高的道德标准，培养包容和卓越文化。

牧童的愿景：成为科技行业的积极变革者和领先者，通过前沿创新、人才培养和对客户的承诺，我们憧憬一个人人可以通过我们的技术改善生活、促进合作并激发进步的世界。

牧童三年的目标：成为客户首选，实现 30 亿元销售额，成功在港股上市并当选最佳雇主。这些目标集中于客户和员工这两个重要的利益相关者身上，公司的财务和上市目标提供了可持续发展的基础。

在这个基础上，大佬谈及公司三年的战略规划：

- 提升产品和服务创新；
- 增强客户关怀和满意度；
- 关注员工发展和文化。

说到人才战略时，安心被请上台和员工分享 HR 部门的三年规划。安心展示了在高管会议上用过的三年战略路径图，从员工、经理和组织角度与所有员工分享了 HR 部门的规划，她特别强调了期望通过致力于员工成

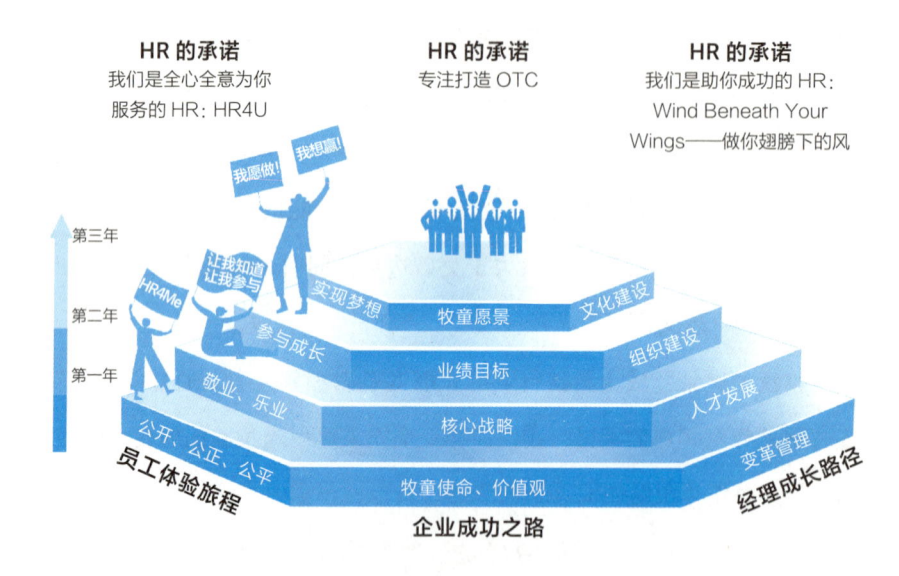

长和职业发展，创造公平、公正、公开的工作环境，能够听到员工说"我了解、我参与、我愿做、我想赢！"，为此，HR 部门向各位员工承诺，牧童有一个全心全意为员工服务的 HR 部门——"HR4U！"

图 21 牧童 HR 三年规划

"HR4U"的口号正式宣布给所有员工。安心告诉大家，在第三天各部门的年会上，HR 的所有同事会去各业务和职能部门跑场子，介绍"HR4U"的具体举措。

上午的年会结束，午餐之后，所有员工被邀请到会展中心的大操场上，大家按照要求换上 T 恤、长裤和跑鞋，大佬领兵，开始了牧童军训。在牧童平均年龄 28 岁的员工队伍中，大部分员工读大学时都体验过军训，但在职场体验军训，对很多人都是第一次。说是军训，其实是集体能、竞技和娱乐为一体的针对所有员工的团建活动。大家都快速学会了《牧童之歌》，以部门为方队进行歌咏比赛，安心感觉自己回到了中学的运动会，每个同事的脸上都淌着汗、带着笑。

晚上大佬和大家讲故事。他用独特的港普讲述着一个个和销售、个人成长有关的故事，不时逗得大家哈哈大笑。让安心印象最深的是大佬讲述"一根火柴"的故事，他提到建造一栋房屋需要大量的金钱和精力投入，可是毁掉它只需要一根火柴。他提醒所有员工，要打造我们每个人的信誉，需要多年的耕耘和一致的言行，可是一件小事可能就会毁掉我们的形象。他的这个故事让安心想起来黯然离去的 DK，心里不禁唏嘘。

年会的第二天是各部门自己开会，下午所有员工要参与"牧童愿景成真之旅"工作坊，每个部门都有 HR 团队的小伙伴现场支持。这是安心从业以来做过的最多人同时参与的工作坊，她感觉自己像是总导演，在编排一出几个片场同时开工的大戏。所幸一切顺利，大家反馈积极。

晚上是所有员工期待的晚宴，大家盛装出席。晚宴有公司请来的杂技、舞蹈表演，但大家更感兴趣的是各部门的演出。从这些表演中，安心看到了牧童员工除了工作之外丰富的特长，很多部门奉上的舞蹈、歌唱和小品达到专业表演的水平。一场场表演之间穿插着给员工颁布各种奖项，美食、鲜花、掌声和笑脸充满了大厅。晚宴的压轴是公司公布最大奖项：总裁奖的颁布。获得总裁奖的同事可以邀请家人在公司统一组织下，参加一次为时一周的国际旅行！这是奖励为牧童做出杰出贡献的员工，该奖项有非常严格的评审标准，获得奖项的员工视此为最高荣誉。

接下来第三天的年会，各个部门继续召开自己部门的会议，讨论新财年的目标、战略和具体项目。各个部门都给 HR 留出了时间。针对 HR4U 的承诺，HR 部门的同事沟通了 HR 的变革举措，包括新的以客户为中心的架构、目前三个职业发展项目等，也特别安排了回答员工问题环节。在这个部分，HR 们走进员工中，倾听大家的声音和关心的问题。

变革心动力

一周的年会很快结束了。年会筹办小组和大佬进行复盘会议。针对年会的员工满意度调查显示，97%的员工给出"满意"和"超级满意"的打分。

大佬特别提出："当我们想要建立各部门统一的牧童文化时，视觉、听觉这些直观感受很重要，所以我们给大家提供统一的制服、共唱公司歌、进行统一的团建活动，接下来，我们还需要在公司文化、运营和人才发展的各方面建立一致性，但是也要注意保持牧童的灵活性！"

这次年会，安心和 HR 部门的同事全负荷运转，大家都很辛苦。安心请大家轮流安排休假，她也请了一周年假，陪伴家人去了山里赏金桂、看红叶。

27．招贤纳士

休假回来，安心最开心的是接到了猎头公司的消息，薪酬激励主管的候选人一心最后接受了牧童公司给她的条件，一个月后可以加入团队！

为了填补薪酬激励经理的空缺，安心通过自己的圈子和猎头推荐，谈了好几位候选人，但都不是特别满意，直到见到候选人一心。

一心是理工科背景，在快速发展的消费品行业里的一家知名公司做了近十年的薪酬福利工作。除了扎实的薪酬理论基础和相关的工作经验，安心格外欣赏她在人际沟通中展现出来的高共情能力、清晰的思路，以及能够根据业务情况，灵活运用薪酬杠杆推进业务发展的能力。一心是被猎头推动来和安心见面的，她对牧童所在的科技行业有兴趣，但放不下对老东家的感情和对行业的熟悉。安心前后约一心见了三次，推心置腹地和她一起分析未来的职业发展机会。但安心很小心地不让一心感受到压力，只是请她有任何想法都可以随时和自己联系。在和猎头敲定薪资的时候，安心也尽最大可能争取到可以给出的最好条件。现在得知一心决定加入，安心一下觉得轻松很多。

DK离开的空缺也需要及时补上。虽然目前业务发展稳定，但DK带领团队扭转颓势后发起的一系列变革都需要一位强有力的领导人带领团队执行。DK临走前和大佬、安心谈了下属的特点，三人达成共识，眼下这个业务内部还没有合适的人选。鉴于牧童的快速发展，其他业务的主管暂时也都不合适。目前大佬兼任了这个业务负责人的位置，日常的运营依赖于全国销售经理和市场经理。

这个职位除了交给猎头公司去寻找候选人之外，安心也特别想借机更多地了解市场上的人才。她回想在"牧童愿景成真之旅"关于竞争对手的讨论部分，大家都提到了麒麟公司，听说它的负责人陈凡有很强的领导力和个人魅力。在和猎头的沟通中，安心得知陈凡不会考虑换工作。不过，有机会安心还是很想认识他。

在猎头公司拿到了陈凡的电话，安心先发了短信给他，表明了自己的身份，表达想要结识、了解他的愿望，询问这周是否有空约见面。陈凡回复短信，感谢安心的联系，但表明他这周会去出差。

安心思考之后，继续给陈凡发信息："了解您工作繁忙，我不介意去您出差的城市见面。可否告知您要出差的城市、日期和酒店，我会前去拜访。"

也许是被安心逼到了角落，或者是陈凡也好奇这个执着的HR，他回复了相关信息。

安心调整自己的安排，登上了去深圳的航班。抵达后她直奔香格里拉酒店，和陈凡约好下午六点在大堂见面。

第一次见到陈凡，安心对他的印象是一个很儒雅的谦谦君子的形象，不同于这个行业里常见的职业经理人要么精明强干、要么咄咄逼人的架势。在交谈中安心得知,陈凡原先曾在高校执教,五年前进入这个行业。他有深厚的技术背景,加上自然流露的领导力,让他在现在这家规模比牧童小一半但增长迅速的公司快速升到了 CEO 的位置。

安心和他聊了一个多小时,从他的背景聊到行业的挑战和未来,充分了解了陈凡的领导风格:"我一向抓经理——如果下属和经理产生矛盾到我这里,我一定先追究经理的责任!你是带人的,如果闹矛盾来到我这儿来处理了,说明你没有管好团队!"讲到人员管理,陈凡观点鲜明。

两人相谈甚欢,陈凡对牧童 CEO 大佬也是久闻大名,彼此还没有在商场交过手,但他言谈中表达了对大佬的敬重。只不过,陈凡被任命在 CEO 的位置上还有两年。"我希望能够带着麒麟实现我们的增长目标!"

彼此谢过之后道别,安心返回先前入住的酒店。这一趟,她没有觉得自己白跑了,有机会和业界的领导见面,聆听他谈论行业动态、分享管理理念,安心很感激陈凡给她的学习机会。况且,她约了和牧童在深圳最大业务的经理明早见面,中午也会和深圳的员工们一起吃餐饭。

28. 倾听员工的声音

加入牧童这么久,安心还没有专门去各个办事处和员工见面,在 HR 团队内部发起的变革和准备之前的年会占去了她大半的时间。这一次,她想借来深圳的机会和在前线的同事们有更多接触。

她和公司的一位大区经理马克约了上午 11 点在酒店见面,这个年轻人大学毕业就加入牧童,现在担任牧童最大业务在大湾区的大区经理一职。安心在领导力训练营上和他结识,很欣赏他在代表团队关于核心变革举措建议的发言。这次见面,她还想更详细地听取马克的想法。

"马克,谢谢你来酒店和我见面。我很想有机会多一些了解你,了解你在这边带团队的情况,看看我和团队可以为你和大家做些什么……"安心和马克在酒店咖啡厅坐下来,各自点了饮料。

"这次有机会在青岛年会和您认识很高兴,HR 带领我们做的变革工作坊太有意思了,要谢谢领导百忙之中来深圳。"马克带着见客户的态度和安心说话。

"你们平时见客户,很多时候要低头说话。在牧童内部,你和团队就是 HR 部门的客户,咱们不要彼此用您来称呼,你也不要叫我领导好吗?就叫我安心!"安心的一番话让马克放松下来。

马克谈到他的业务在大湾区的快速增长,也很遗憾 DK 出于家庭原因离开牧童去了国外,并表达希望公司尽快招到新的业务领导的期待。

他向安心反映了一个情况:"我想了解一下公司处理员工绩效问题的基本原则。我们部门有很清楚的规定,连续两个季度达标率低于 70%,员工就要进入绩效提升计划,之后三个月不能达标就被劝退了,可是我团队的同事抱怨说我们的标准太严了,公司其他部门有的人一年没达标也没事,最多拿不到奖金,只拿底薪也不错,还有人传言说有的人另外忙自己的生意,牧童的底薪是外快。"

马克说的绩效管理的标准是牧童一直以来的政策规定,有员工把牧童工作当兼职,安心是第一次听说。她请马克提供更多的信息,马克说自己也是听下属说的。安心告诉马克他对团队的绩效管理做法符合公司的要求,不过听起来各部门执行情况不一致;关于员工可能会去兼职的说法,她也会跟进了解情况。

马克另外和安心谈到了自己的职业发展。马克是目标性很强的人，他从销售底层做到了大区经理，可是接下来应该一路单线上升，还是尝试不同的部门，比如市场、技术和服务部门，甚至去不同的业务部门去历练呢？职业发展应该走怎样的路径是让马克困惑的问题。

马克的困惑符合HR团队分析员工职业发展挑战得出的结论。她建议马克关注在自己中长期想要达成的职业目标上，研究在那个目标下需要具备的核心知识、经验和能力。这其中能力排在第一位，因为知识通过学习容易获得，经验只要去做就会积累，能力才是核心。无论在哪个职位，重要的是培养可迁移的能力。机会往往不在个人控制范围内，如果明白了能力提升的差距，可以刻意找寻能够弥补能力差距的机会。她也向马克介绍了HR团队正在开发的职业发展方面的项目。

和马克的谈话让安心再次确认了牧童各部门执行不一的问题，以及员工在职业发展方面的困惑。

关于绩效管理的政策和流程容易制定，但是人才管理的原则需要统一，也得有机制确保执行不走样才行。安心记起，之前处理DK事件的时候，波琳也提到了原则问题……HR在工作中遇到的关于人的问题可能千奇百怪，解决的方法也可以从不同角度解释，看来建立原则是保障一致的底线，关于原则的问题回去就得抓起来了。

安心意识到自己有些走神了，抱歉地向马克笑笑："谢谢你提供的信息和提问，对我很有帮助。现在我们一起走去餐厅吧，大家应该差不多都到了。"

两人在酒店的中餐厅包间和深圳的另外七八位同事见了面。大家一开始有些局促，当有同事提及最近的年会时，气氛一下轻松起来。

"这是我第一次参加牧童年会，太震撼了！原来公司这么大，能人特别多！"一位比安心早来几个月的同事说。

"我觉得今年年会好多亮点，那个航海之旅最有意思！我已经把航海图挂在我的书房里了，我家小朋友一直问我为什么牧童变成了一艘大船。"深圳这边资格最老的销售同事王简说。

当安心问大家有什么困难需要她帮助解决时，房间里有片刻沉默，大家陷入了思考。

"有个事看看 HR 是不是可以反馈给财务？"另一位销售曾伟看着安心有些迟疑。

"你说！"安心边给旁边的同事斟茶边说。旁边的同事受宠若惊地接过茶壶："我来我来！"

"不要紧的，你们平时都给客户斟茶倒水，今天让我服务大家！"

曾伟告诉安心，平时销售拜访客户的交通费按照公司规定在预算标准内实报实销，填表、贴票花了销售们大量时间，为什么不干脆就给员工发固定的交通补助呢？

安心在原来公司也遇到过曾伟反映的情况，她告诉曾伟，发放补贴牵涉到个人所得税以及财务费用归类等具体操作，她承诺会和财务共同商议后给大家答复。

午餐后，安心和大家告别，坐上了去机场的出租车。在路上，她打电话给负责员工体验中心的细心，请她和财务配合，调出公司每月定期报销交通费用的员工数据，包括人数、费用金额等，同时嘱咐她计算如果按原交通费用预算金额直接发放给员工，员工可能额外承担的个税增加了多少；假如公司提高补贴金额涵盖个税费用，带来的额外成本是多少；这样做的税务合规风险如何……

登机后安心闭目养神时脑子里还在思考这件事，她突然想到，员工递交了明细和发票后，财务部实际上还要花费人手核查明细和发票，之前在高管会议上就曾反映过有员工拿假发票报销的事情。而这样的事情一旦被发现，公司仍须花费人力去调查、在管理会议上讨论纪律处分，然后处理员工……所有过程都没有对客户产生任何的价值、对公司也没有产生收益。如果把这些无形的时间花费、人力成本计算进去，即便公司承担因个税而增加补贴金额产生的费用，估计也不会带来总成本的增加。想到这一层，她恨不得可以尽快看到数据。

回到总部后，安心找到有余和他分享自己的想法，有余安排下属和细心一起去做详细分析，包括财务部花费多少小时数做发票核查的工作……最终两个部门配合，在高管会议上提交方案，建议把增加的个税补入交通费预算后给销售等外勤同事发放交通补贴。在汇报了总费用影响和避免合规风险的方案后，这个提议得到了批复并很快公布给所有员工。

在以后的工作中，安心留意到很多员工服务方面的工作牵涉到HR、财务和IT部门。这几个部门都在提倡员工体验，各自推出了员工服务热线，为什么需要员工记住三个部门的电话而不是一个呢？有没有必要各自去找服务供应商建立独立的呼叫中心呢？安心提醒省心和细心留意这些方面的问题，收集信息，和她分享他们的观察和看法。"合适的时候，我们说不定可以建一个联合的内部服务呼叫中心！"安心和他俩说。

至于马克提到的绩效管理问题，安心了解了数据：持续业绩不能达标却待在公司超过一年的员工人数和具体信息出来了，全公司有二十多人。这个排查以及和业务部门了解情况的过程引发了一半业绩差的员工主动辞职，另外一半被要求正式提交业绩提升计划并跟踪表现。

但是安心还在想，要建立怎样的机制才能避免这样的事情再度发生，不能老是这样"捉虫子"呀！

29. 人才发展面试

每年10月下旬是牧童公司开始人才盘点的时间，这个机制是三年前制定并开始执行的。人才盘点工作从各部门评选高潜力人才开始，到最后高管会议共同审核，前后为时一个半月，接着是全年的人才发展计划执行阶段。放在10月刚好是全公司完成上一财年，每个员工和经理都完成了绩效评估的时候。绩效评估结果成为人才评估很重要的输入内容。

由于产品范围广，各部门对人才发展都有自己独特的标准和要求，这使得员工的评估和发展变得复杂而混乱。例如销售部门更注重销售技巧和业绩，而职能部门则更关注专业能力和人品。即便同样是销售部门，不同业务之间对人才的评定标准也有差异。到高管会议审核人才时，各部门编出各种故事来支持自己的人才评定，高管们的人才评审会变成了形式。

图22　人才评估标准不一

在人才发展方面，各部门愿意和能够投入的资源也参差不齐。安心了解到，一直以来，钱包鼓的部门会送高潜力人才参加各种外部培训，而预算有限的职能部门则只能做些在职学习（On the Job Learning）。

看起来面对标准化的评估和个性化的发展需求，在跨部门人才需求和资源不平衡之间产生了明显的矛盾。安心和负责人才发展的用心召集几位HR客户战略伙伴一起分析过往人才评估中遇到的挑战。

大家先共同讨论了人才盘点的目标：为了更好地了解人才储备和业务需求之间的差距，规划未来的人力资源需求；发展管理层继任者；识别出有潜力的员工后定向培养，以提高员工绩效、个人能力、在公司的满意度和保留率。

"如果是这些目标，为什么一定要高管们共同商议呢？各个部门按自己的标准找出差距、确定并发展高潜力员工不就可以了吗？"安心挑战团队问道。

大家再次思考高管们共同做人才评估的意义所在：尽可能遵循统一的标准评估人才，确保牧童高潜力人才水准的一致性；在人才评估和发展方面做到公开、公平、公正；让高管们对公司跨部门人才有广泛的了解，促进人才流动，推动高管们把人才当作公司资产共同珍惜。

大家谈到了目前遇到的具体问题：

- 各部门人才评估标准差异比较大；
- 人才发展计划受部门预算限制差异大，员工个性化发展需求无法满足；
- 员工感觉人才评估不透明，个人发展机会不公平；
- 牧童跨部门人才流动停滞、死水一潭，内部人才恶性竞争带来员工转岗困难，常常选择辞职去外部寻求发展。

各部门自行管理人才的做法在公司规模还小时，保障了短期的实用性和灵活性，但从运营到文化都对公司的规模化发展带来了限制，公司对内对外都给人一盘散沙的印象。

问题产生的根本原因是什么？

- 人才评估标准纸上谈兵，理解各异，标准不一致；
- 部门各自为营，人才被视为部门私有财产。

大家讨论了具体的解决方案：

- 修订并严格执行统一的人才评估标准；
- 为各部门人才制定个性化的发展计划并执行；
- 增加跨部门的合作和资源共享。

"可是这些方案听上去没有什么突破呀？我们本身就有人才评估标准，也一直强调要促进人才流动，实际执行时就遇到了上面的问题。"热心忍不住说。

看起来不是标准和流程的问题，而是需要更加有效的执行。

按照常规的人才盘点流程，各部门根据牧童统一的人才评审标准提前对本部门人才进行梳理，到了高管人才盘点会议时各部门轮流发言，介绍人才的资历、业绩和发展计划。虽然这个过程中，所有在会议室的高管都被要求提问或分享意见，但到了具体执行时，安心听说其他部门领导要么是不熟悉人才，要么是不愿意得罪人，或者因为根本不关心其他部门的人才而保持沉默，这个流程往往变成了走过场。

安心和大家进一步讨论后，决定先打破这个乏味、冗长、大部分高管都觉得耽误时间的做法，把两天的人才评审会改成引入人才本身参与的活

变革心动力

动：不在屏幕上无效支持或否定各部门评审的结果，而是做一个两天的人才发展面试——是骡子是马拉出来遛遛！

安心和团队根据各部门报上来的高潜人才名单，精心地做了人才和面试小组的匹配（"人才发展面试相关工具"详见本书"附录1"）。每个面试小组由四人组成，包括业务高管、职能高管和资深HR，再加一位记录员。

面试时，两位高管和资深HR担当面试官的角色，分别负责不同类别的面试问题（比如业务敏锐性、战略思维及人员管理能力等）。面试时长为45—60分钟。面试结束后，小组花15分钟时间共同探讨对人才的看法和发展建议，记录员做笔记。

这样"3+1"四位面试官的设置一方面保证了多视角立体评估，另一方面避免了两方看法不同时的对抗；配备记录员可以让面试官们专注在讨论中。这个过程的关键是，部门高管和HR尽量回避面试自己部门的人才，这样既少了先入为主的看法，又让高管们有机会了解其他部门的人才。

面试结束后，记录员和人才部门的HR客户代表，还有人才的直线经理召开三方会议，分享面试结果和发展建议，在HR和直线经理都认同后制定个性化的人才发展计划，然后约人才做一次发展面谈。发展面谈由直线经理、HR代表和人才一同进行，讨论并认同人才发展计划后开始执行。

各部门报上来的高潜力人才数量占公司员工人数的15%，高管团队和HR共同组成的面试小组在两天里同时开展一轮轮的面试直到深夜。两天后，大家终于拿出了高管们都认同的高潜力人员名单共60人——有20%的人才经面试从部门提交的名单上被划掉了。这是真正意义上的牧童公司高潜力人才名单。

这个60人的名单后来一直被大佬揣在口袋里，名单上的每一个人在接下来的一年里都和大佬有了一对一的沟通。大佬在后来接受一家知名媒体的采访时还被问及这个"神秘的名单",牧童对人才的重视一时被传为坊间美谈。

图 23　人才发展面谈

两天的面试对所有参加的人都带来了不同程度的冲击。最紧张的当然是各位人才。"入职面试都没有这么紧张,一进门感觉像三堂会审!"他们出了会议室后抹把汗,紧张又兴奋地说。紧张之外,人才们把这样在公司高管面前曝光的机会当作特别的嘉许和认可。

高管们的反应是吃惊和兴奋:"没想到×××竟然有这样的经历……原来以为我们部门的人最好,没有对比就没有伤害啊!"对其他部门高潜力人才的面试让高管得以直观地审视自己部门的人才。

安心和她的队员们也在这次的活动里近距离地接触了全公司的高潜力人才,整个过程同时也是对所有 HR 同事的一次关于人才评估的专业培训。

十几位高管、所有的 HR 同事,近百位来自全国的人才,两天的小组面试,后续和所有人才经理及每个人才的两次跟进会议,安心和她的团队以及高管们都投入了大量的时间精力,大佬在这个过程中全力支持,高管们也都全程参与。

安心和团队举办复盘会议。这次活动达到了统一人才评审标准、加强跨部门合作和人才资源共享的目的，但还未解决人才发展资源的不平衡问题。成功地举办一次活动不难，安心提醒团队，如何建立可持续的机制并保障执行的质量，是未来人才管理工作的关键。

• • • • • • • • •

30. 筹备人才发展委员会

又到了安心和大佬定期的一对一沟通时间了。

安心来到大佬的办公室。

"安心，你从加入到现在，HR 变革路演、年会的变革研讨会，再到这次的人才面试，三把火烧得很旺呀！"大佬乐呵呵地打趣安心。

"谢谢老板信任和放手，那我半年的试用期可以顺利通过了吧？"安心接过了大佬的话。

"通过啦！你和 HR 部门这段时间都辛苦了，要注意休息和家庭工作平衡呀！"

安心向大佬汇报了原 DK 位置的招聘进展，之前和大佬见过也报请董事会面试通过的候选人高山下个月中旬就可以到岗了。

"很好！这次人才面试，把公司的人才兜底摸查了一遍，我们还是需要加强人才储备呀！内部人才的快速提升，加上不断有活水进来，我们才有机会保持可持续增长。这次跨部门的人才发展面试就很好，以后要保持下去。"

大佬的肯定和期待给了安心力量和灵感。"我最近在看《原则》这本书，也在研究华为和奈飞公司的人才理念……有不少收获。这次人才发展面试也让我在思考如何建立人才管理的机制。我在想，除了年度高潜力人才评审，以后公司从个人贡献者到经理级别的晋升，还有从经理到总监的晋升，是不是也可以搞类似人才发展面试来保证质量？只不过，这样需要的时间和人力投入都不少……"安心向大佬说出自己的想法。

"我们可以搞个人才发展委员会，一起讨论、批准人才有关的议题和项目，我愿意来做主席！"大佬说。

"太好了，有您的支持，我马上回去做方案！"

安心请人才发展经理用心考虑，这个人才发展委员会希望哪些人参与进来，他们的责任是什么？多久聚一次……用心也很兴奋大佬对人才发展的重视。

那周的HR项目汇报会上，安心向HR同事提到大佬关于建立人才发展委员会的建议，"我们可以把内部晋升、转岗的政策更新拿给人才发展委员会审核、给建议和反馈！"省心马上说。

"对的。根据咱们的项目方案，我和大佬建议了，以后从个人贡献者晋升到带人经理，还有经理到总监的提升，都应该接受内部面试，确保质量。人才发展委员会的同事就可以做面试官，这样我们还是做跨部门的面试。"安心的补充让省心和他的项目团队都鼓掌庆祝。

牧童职业发展路径团队的项目进展也很顺利。薪酬激励经理一心的加入对这个项目是一针强心剂。一心带给大家关于职位体系、工作设计、职级评定、晋升梯级等专业术语的学习，这为项目组在做的员工职业发展手册提供了翔实的内容。大家计划设计一个主角，以故事形式把内容串起来，借主角的口吻帮助员工了解牧童各部门的横向工种和纵向级别；借此宣传职业发展不仅仅是晋升一条路。主角的加入和故事情节会让HR专业词汇

变革心动力

变得更加生动和易于理解。大家头脑风暴后决定用"职场小达"作为故事主角的名字，项目组里的阿敏举手为小达写剧本，编撰员工职业发展手册。

职业发展推广项目也有了不错的进展。项目组建议把每年二月定为"牧童职业发展月"，在那个月里，可以举办多种多样的职业发展活动，包括牧童内部招聘会、职业规划讲座、高管职涯分享、内部工作体验日等等。

安心感谢团队在繁忙的日常工作之余对项目的贡献，她请大家准备在下个月的人才管理委员会启动会上展示项目成果。

安心和用心根据团队建议做出了"人才发展委员会"的提案，建议人才发展委员会指导并参与牧童人才发展工作，确保员工发展和牧童繁荣相辅相成。人员构成建议包含业务和职能部门的高管代表五到七人，占高管人数三分之一到一半；大佬任主席，HR部门的用心作为秘书，热心、省心、关心、一心和信心担任工作人员列席……委员会每季度开一次会，中间可以根据需要增加会议。

这个提案在高管会议上得到了认可，大家建议从这次公司人才盘点得出的60位高潜力人才中选出所有总监级别同事，邀请他们也加入人才发展委员会。"这也可以作为他们的行动学习项目！"研发总监郭明提议。

安心很开心听到郭明的提议。这位原先只在视频会议上见过面的研发总监最近刚从海外进修回来，安心还没来得及和他有更多的沟通，看到他刚回来谈起人才发展就积极参与，安心感觉HR的工作得到了更多的支持。

高管会议结束后，五位高管自荐加入人才发展委员会，其中就包括郭明，再加上安心一共六人；高潜人才名单中有十位总监级别的同事，加上列席的HR同事，这个二十多人的牧童人才发展委员会初具规模。

人才发展委员会启动会议邀请很快发了出去。

31. 人才发展理念和指导原则

牧童人才管理委员会启动会议如期召开。

从高潜人员名单中筛选出来的总监级别同事在之前的领导力训练营、人才发展面试上和安心见过，现在大家有机会在牧童人才发展方面共同合作，安心和团队都觉得备受鼓舞。"这就是我们动员起管理人员力量共同推进 HR 工作的开始！"安心在 HR 的准备会议上和团队说。

大佬先做了发言，他掏出口袋里的 60 人人才名单，欢迎加入委员会的十位总监，并告诉他们，参与到牧童人才发展工作中来对他们每个人来说就是高潜力人才发展计划的一部分："人才发展是牧童业务发展的基石，你们每一位都在牧童高管继任者的名单上，这次我们希望提供给各位站在牧童整个公司高度进行人才培育和发展的机会，希望我们共同的努力可以为牧童的未来打下坚实的人才基础！"

会议日程安排如下：

1. 牧童人才管理委员会的章程和宗旨；
2. 牧童人才发展理念和指导原则；
3. HR 人才发展项目展示及反馈。

讨论章程、宗旨和运营计划方面进展顺利。

关于牧童人才发展理念和指导原则的讨论和达成共识占据了会议大部分的时间，这也符合会议日程安排。

为了帮助大家更好地理解人才发展理念和指导原则这些务虚的说法，安心和大家分享了华为和奈飞两家公司的案例。

华为的"以奋斗者为本"的核心理念把众多部门近 20 万员工凝聚在一起，共同为公司的目标奋斗。《华为基本法》提及："人力资本不断增值的目标优先于财务资本增值的目标"。这个可以看作是人才发展的指导原则之一。安心在网上调出"华为天价招聘天才少年"的消息，和大家探讨华为这个指导原则的含义和具体实践。也有同事分享，他的表妹在非洲为华为工作 10 年后回到总部，个人发展机会随她挑，薪资待遇也上了很高的级别，这是"以奋斗者为本"的真实体现。

讲到奈飞案例，安心邀请大家打开奈飞的网站，下面一段话映入大家眼帘：

Freedom and Responsibility

Our core philosophy is people over process. Our culture has been instrumental to our success and has helped us attract and retain stunning colleagues, making work here more satisfying.

自由和责任

我们的核心理念是人重于流程。我们的文化对我们的成功至关重要，并帮助我们吸引和留住出色的同事，使这里的工作更加令人满意。

大家继续浏览奈飞网站。

Informed Captains

For every significant decision, we identify an informed captain of the ship who is an expert in their area. They are responsible for listening to other people's views and then making a judgment call on the right way forward.

We avoid decisions by committee, which would slow us down and diffuse responsibility. It is sometimes challenging and always important to agree up front who is the informed captain for a project.

知情的船长

对每个重大决定，我们都会选定一名知情的船长，他是所在领域的专家。他们负责倾听他人的意见，然后就正确方向出判断。我们避免由委员会做出决定，这会减缓速度且分散责任。有时候会有挑战，但始终重要的是我们需要一开始就同意谁是项目知情的船长。（来源：www.jobs.netflix.com）

"我看到这段话，想到我们在领导力训练营上大佬说我们都是'船长'！"一位同事突然说。

大家看到"避免由委员会做出决定"都笑了。

"情况不同。要打破之前的竖井式运营，牧童现在需要委员会做决定，尤其是在人才发展方面！"大佬稳定了军心。

奈飞网站上关于文化各个部分的详细描述让大家大开眼界。

"今后我们对牧童整体价值观重塑时还会详细参考奈飞的做法。今天，我们先关注在和人才有关的部分。"

安心借华为和奈飞两个例子，帮助大家对"人才理念"和"指导原则"建立了感性认识。随后的讨论中，大家理解了人才发展核心理念是牧童在人才发展方面的基本信念和愿景，而指导原则是在实际操作中如何落实这些信仰和愿景的具体方法。它们共同构成牧童的人才管理战略，确保员工的发展与公司的愿景和目标相一致。

经过激烈的讨论，团队达成牧童的人才发展理念：人才与牧童齐发展、共成长，相互成就！

这个理念的确需要详细的指导原则帮助经理们在执行中具体落地。安心启发大家把日常工作中处理人际关系时常见的两难情况列出来，很快，大家得出了下面的指导原则：

1. 个人发展机会和公司利益平衡：内部经理以上空缺原则上向所有员工开放（除非有保密要求），优先考虑内部人选。关键岗位内部人选经由人才管理委员会面试通过，合理安排时间后转岗不受任何限制。

2. 公司和个人关于职业发展的担责：公司为所有员工提供职业发展规划辅导，员工对自己的职业发展负责。但高潜力人才是公司重要资产，人才管理委员会将参与高潜力人才发展计划的制定和执行跟踪。

3. 绩效评估结果和行为并重：不仅要达成目标，还要看如何达成目标。高绩效员工的行为必须展现牧童价值观的最高标准。

4. 职位越高、责任越大：评估绩效及行为时，对管理人员秉持更高的标准。同样程度的违规行为，管理人员犯错的纪律处罚比普通员工严重。

5. 奖励卓越：绩效出色和不达标员工的整体薪酬拉开明显距离，差异可达 3—5 倍。

6. 公平透明：评估、晋升和奖励都将参考绩效和能力；人才评估结果和个人坦诚沟通，鼓励动态人才发展观。

7. 工作和生活平衡：个人根据家庭及职业发展目标做出负责任的选择，公司倡导并将提供各种支持保障员工身心健康。

安心邀请大家看着白板上列出的核心理念和七项原则，以手势表达他们认为的清晰度、可操作性，一根手指表示不满意，五根手指表示很满意。

大部分同事伸出四根手指。

"没关系,我们在开发中讲究迭代,这个是我们关于人才理念和原则的产品原型,先试着用起来再更新!"郭明说道。不愧是有研发背景,安心欣赏他用大家熟悉的业务语言形象表达建设性意见。

说实话,今天的会议之前,安心对可能的讨论结果心里也没底,现在看着大家的讨论成果,她试着在心里找出没有被这些原则覆盖到的矛盾场景,一时还真想不出。

接着的 HR 人才发展项目汇报进行得非常顺利。高管们在听取项目进展汇报时,都学会了依据新鲜出炉的人才指导原则提问或给出反馈,各项目负责人也获取了有益的指导。

下次的会议,大家建议就人才面试中高潜力人员的发展计划做深入的探讨。

32. 人才保留计划

一心加入牧童公司后适应得非常快。安心和她建立了每周一次的一对一沟通机制,一方面是因为,面对新的下属,安心希望前一两个月密集的沟通能够确保一心在更换行业和公司后适应起来没有太大困难;另一方面,她发现和一心的沟通总能启发她从不同维度思考问题——这主要归功于一心的批判性思维和她敢于开口和安心"辩论"。在团队会议上,一心虽然是新人,但总是能从容不迫地提出她的看法,即便有时候她的看法和安心或者大家的想法有不同。安心很珍惜这一点。

这一次一对一沟通，安心和一心的话题围绕在牧童员工的离职率上。这半年来，牧童整体员工持续两年的高离职率似乎得到了控制。但是安心留意到，如果以相对人群同比计算离职率（例如高绩效离职员工人数除以总的高绩效员工人数得到的百分比），高绩效员工和在公司较久、职位较高的员工的离职率还是很高，而这些人正是牧童的骨干力量。

针对人才管理委员会讨论得出的"奖励卓越"原则，一心也做了一些内部的数据分析。她发现在牧童，绩效出色的销售人员底薪加提成总收入的中位数和同级别销售人员总收入的中位数差距只有75%，两个人群的平均收入根据级别不同差距则在1.5—2倍之间。她向安心提议，这是一个突破点。

当两人把高绩效、高职位的人群和这次人才评审得出的高潜力人才名单做对比时，发现几个指标下名单的重合率高达70%。也许，可以先从高潜力人才的保留开始？！

两人一拍即合，立刻开始头脑风暴，搭建人才保留计划的框架。

最常见的人才保留手段是从薪资奖金入手。短期的现金奖励、年度的奖金计划、中长期的内部股权或利润分成，这些都可以考虑。年度奖金计划可以在这次的人才指导原则下统一调整得更加激进，奖励绩效超额的所有同事。短期的现金奖励和长期股权激励可以针对高潜力人才做特殊安排。

安心不想这个保留计划太过于强调金钱部分，两人讨论之后想到了以下几个方面：

1. 建立荣誉感和被关怀的感受

• 高管导师项目：高潜力员工接受高管一对一的发展辅导。

·参加高管扩大会议：部分高潜力员工可受邀参加高管扩大会议。

·牧童人才管理委员会委员资格：已经有十位总监级高潜力员工加入人才管委会了。

·来自总裁和董事会的一对一沟通机会：每位高潜员工都有机会。

2. 个人成长学习赞助

·高等学位学习（比如 MBA）赞助：建立审批流程，经人才发展委员会审核，费用由个人和公司各承担一半。

·专业学习费用报销（比如项目管理等）：根据业务相关性申请并审批。

3. 内部行动学习项目

·3—6 个月跨业务或职能变革项目领导机会：高潜力员工将参与牧童公司层面的变革项目作为个人的行动学习内容，并承担项目领导责任。

·两年跨部门发展项目：根据高潜力人才个人发展目标做个性化安排，人才须在两年内实现跨部门锻炼。

4. 物质认可和激励

·感谢奖：高潜员工力可以"报销"孩子的学习课程支出或家庭旅行费用。

·长期利润分成奖励：根据牧童三年财务目标，设定一定比例奖励高潜力员工。

变革心动力

看着这个从个人感受、未来发展、能力提升,到家人感恩和分享牧童成功都被包含在内的计划框架,安心觉得很有成就感。一心承诺会计算费用并拿出第四部分的具体方案;安心和用心沟通,请他做第二、三部分的具体方案出来。

等下个月 HR 的职业发展项目杀青时,这个方案可以和其他项目的计划书一同提交人才管理委员会和高管会议审批了。看起来,HR 在春节前可以给所有员工和高潜人才奉上一个大礼包了!

· · · · · · · · ·

33. 职业发展项目杀青

从上次的项目会到向人才管理委员会汇报,安心知道 HR 团队职业发展的三个项目都进展顺利。今天,由各组向她做项目的最后汇报。

三个项目分别为:

省心领导的牧童晋升、内部转岗政策及流程提升项目。

信心和关心负责的牧童职业发展路径指南项目。

热心和用心负责的职业发展推广项目。

从立项到现在,一眨眼半年时间过去了。团队小伙伴们经历了 HR 部门重组后的工作理念和工作内容调整,参加了年会、人才盘点、成立人才发展委员会等大事,职业发展路径指南项目还经历了项目赞助人 DK 的离职,但他们和来自其他部门的组员们一起克服了种种困难,各自带着项目成果来到了会议室。

164

省心带领的项目组介绍了新的晋升政策和流程。过往牧童遵循一年一度的薪资调整时间做年度晋升，平时根据人员离职情况随时可能会有晋升产生。根据外部市场人才竞争情况，避免内部无序管理，项目组提议的改进主要在几个方面：

1. 统一的晋升时间：每年两次，财年结束时是常规的升职，占全年晋升的70%—80%；年中增加一次晋升，为那些由于内部空缺产生获得提升以及加入公司时间短错过全年晋升机会的同事，从人数上看占全年晋升比例20%—30%。除此之外，各部门不再做个别的升职决定。而且所有晋升由HR沟通部门统一向全公司发放格式统一的通告。这个发放通告的改进看上去微不足道，事实上却把之前HR经理们从低价值的撰写和发放邮件工作中解放了出来。统一发送给所有员工的晋升通告增强了透明度，提升了自豪感，也令所有员工看到人才蓬勃向上的发展。

2. 明确的晋升标准：第二个项目组做的牧童职业发展路径指南中清晰列明了每一职级的具体要求，并将其作为晋升标准理论参考。从个人贡献者升职到带人经理、从高级经理升职到总监，还需要经过公司统一的面试。经理级别的升职面试由人才管理委员会三名成员进行；总监级别升职由高管团队三人进行。升职必须得到两名以上面试成员的支持。

3. 晋升间隔时间：正常情况下，普通员工两次晋升的间隔时间不少于18个月，管理人员不少于24个月。例外情形须经审批。

4. 在转岗的流程部分项目组提出下列措施：

（1）内部空缺及时、公开沟通，并长期在内网更新；

（2）内部申请电子化，在规定时间内回复申请进展；

（3）及时给予面试反馈；

（4）面试通过后转岗需要在一个月内完成，但前三个月转岗人员可以兼任原部门和新部门的工作，双方经理都必须最大限度支持转岗人员顺利过渡；

（5）内部转岗如果牵涉到员工需要搬家，牧童会协助合格的员工减轻搬迁带来的负担，包括提供搬家和一年的房租补贴，一年后员工被视为当地员工不再享受补贴。因为公司业务发展需求被外派的员工则在外派期间一直享受租房补贴。

这些提议的目的是鼓励内部人才流动，简化审批流程，配套的操作指南中特别说明原部门不得无故刁难不放人；转岗不成也不能打击员工等。

项目组在 IT 部门的支持下，还特别设计了内网的信息发布、一键申请，甚至包括自我测评等工具。员工在提交个人申请时，系统也会要求先得到原部门经理的确认，避免了以前员工私下"相亲"，之后才告知原经理转岗的想法，从而让后者感觉到"被背叛"的情况。参与项目的 IT 部门同事提及，项目执行过程中还可以尝试使用微信等更便捷的工具申请以及运用 AI 技术帮助员工模拟面试的可能性。

这些细致、清晰的流程建立、政策改进，包括新技术的支持，都让这个原本显得干巴巴的项目现在变得内容充实且落地性强，大家听完汇报都忍不住鼓掌。

职业发展路径指南项目组展示了他们以"职场小达"的口吻寻求职业发展和 HR 进行对话，并以其作为线索编辑的《牧童职业发展手册》。员工可以在内网上下载电子版本，这本小册子包含了牧童所有部门各个职位体系内各个工种、各个职级的具体要求，部门内部发展的路径以及学习路径等。以 IT 部门为例，员工可以看到 8 个工种的各个职级，以及在知识、经验和能力方面要求的具体描述，还能够参考职业路径和学习成长路径。

让人眼前一亮的是，项目组还以小达这个卡通人物为背景，拍摄了短视频样本，通过小达采访不同部门的同事，分享牧童的职业发展理念和具体工种的要求、发展路径等。

"如果视频样本受到欢迎，我们打算把所有工种都录制下来，一边录制，一边由 HR 沟通部门通过各种渠道和员工分享！"市场部同事的加入为项目的推广带来了出色的创意。安心想象着未来员工每周收到"职场小达"的前方报道，至少要一年多才可以介绍完核心工种呢，这个宣传力量该有多么强大！

接下来是职业发展推广项目组的汇报。

"我们把'职业发展月'的想法进一步充实了。不同于小达主要通过线上宣传提供资料给员工，我们强调的是线下体验。"关心是主讲人。

"我们提议每年二月作为牧童的职业发展月，在总部和各主要分公司举办多种多样的线下活动。一场典型的职业发展活动包含的内容可以很丰富，关于具体做法，我们的建议包括下面几点：

1. "我的职业我做主"：我们设计了半天的工作坊，帮助员工了解做个人职业规划的方法、流程和工具。希望通过我们的引导，授之以渔，以扭转员工依赖公司给出个人发展的想法，履行"员工和牧童共发展"的人才理念。

2. 职业发展辩论赛：让员工们就关于职业发展的种种纠结开展辩论赛，越辩越明。

3. 职业发展大咖说：请高管们现身说法，分享个人职场发展踩过的坑、学到的功课。

4. 职场一日随影行：员工可以申请和其他同事度过职场一天，充分了解感兴趣的工作到底做些什么。

5. 偶像午餐拍卖会：高管拍卖自己的时间，员工竞标和高管一同午餐，一对一深度沟通获取职业发展的辅导和建议。拍卖所得可以捐助公益活动。

6. 内部发展招聘会：各部门摆摊设点，宣传发展机会，开展内部人才良性竞争。

"除了'职业发展月'活动外，我们还建议在牧童建立以下机制或项目，确保职业发展不只是一年一度热闹一次的活动。"热心接过了话筒继续介绍：

1. 职业发展规划会议：在公司的绩效评估体系中加入经理和下属就职业发展的一对一谈话。职业发展谈话可以一年一次或根据需要灵活安排。我们准备了对话模板供经理和员工参考。

2. 职业导师计划：可以在员工间进行匹配。导师分享经验和建议，为员工提供指导和支持，帮助员工在职场道路上取得成功。导师人选是公司甄选出的高潜力人才，这样的匹配可以一举两得，既帮助高潜力人才辅导他人的能力提升，又能够帮助员工职业发展。我们也准备了导师项目框架、工具，HR会定期跟踪计划进展，给予支持和鼓励。

3. 内部晋升和跨部门机会：这个部分省心项目组已经有了明确的提案。

至于我们曾经担心在公司内部推广职业发展理念，讲授职业规划的方法，会不会使员工"不安分"，鼓励其找寻外部机会……这个担心实际上反映了一种相对保守和控制的心态。经理们可能担心人才流失，影响工作效率和团队稳定性，但是我们如果不去谈这些话题，不但忽视了员工个人成长和职业发展的需求，也可能低估了员工个人决策能力。我们相信员工有足够的智慧和能力做出对自己职业发展有利的决策，也相信牧童创造的环境会吸引并留住员工！

听着大家项目汇报，安心的脑海中冒出一个成语——"百花齐放"，这真是此刻她的感受。虽然窗外已是冬日，此刻的会议室里她感受到的则是春意盎然、生机勃勃。当团队的动力被激发，他们的创意是多么丰富而美好！

轮到安心对今天的项目汇报做总结发言了。她感谢了所有项目组成员的努力，也真诚地分享了自己感受到的创意活力，对各个项目的提案她都给予了肯定，并且承诺会和项目组负责人一起尽快获得高管团队和人才发展委员会的批准。

"我们现在就开始给大家准备春节的大礼包吧。不过，今天是西方的感恩节，我们为大家在员工餐厅准备了点心，感谢各位的付出！请大家去享用吧！"安心开心地结束了今天的项目会。

当安心收拾了东西，走进员工餐厅时，音乐响起，所有人唱起了"生日快乐"的祝福歌曲，安心被献上一束鲜花，餐厅中间台子上摆着一个精美的蛋糕，上面插着一根点燃的蜡烛，这是突如其来的惊喜，安心没有告诉过同事她的生日就在今年的感恩节。

闭上眼，吹灭蜡烛时，安心的心里充满感恩。

"感谢大家!"睁开眼,所有人的笑脸深深刻进安心的心底。

34. HR 团队新面貌

从新的 HR 组织架构及任命颁布至今已经近半年的时间了,团队在日常工作之外一同举办了首届领导力训练营、完成了人才发展面试及建立了人才发展委员会,更是通过职业发展项目设计开发了第一批 HR 产品,安心在新年前安排团队开会,一同回顾过往的成就。

员工沟通部门在爱心和公关部以及外包服务供应商的配合下取得了不错的进展。他们设计的牧童员工沟通路径(见下图),提供了清晰的思路和多样的沟通渠道,HR 能够据此定期设计沟通主题并追踪沟通覆盖率、评估沟通效果。

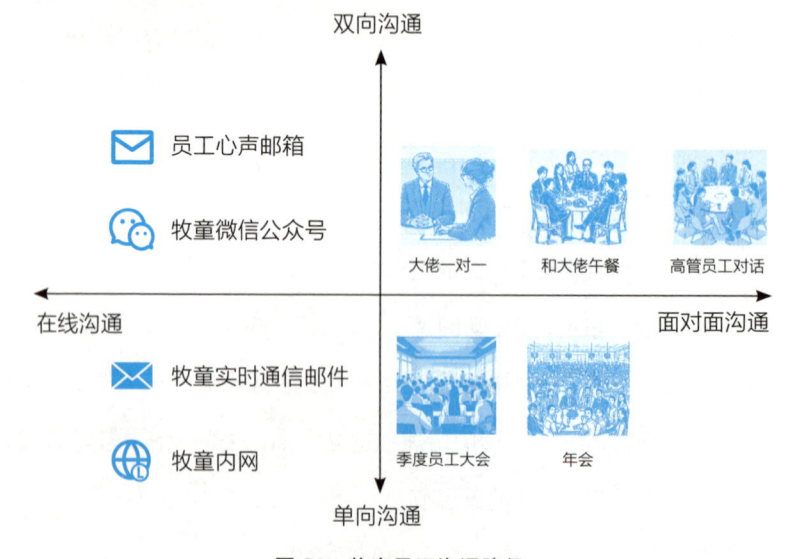

图 24　牧童员工沟通路径

针对各办事处员工缺乏来自公司高管的关注这一问题，员工沟通部门推出了"关爱外地员工"活动。他们推进公司十几个办事处评选出了"办事处主任"。办事处主任由在公司年资较长、表现优异的高潜力员工担任，他们负责定期把各业务部门的同事聚在一起沟通信息并举办团建活动，及时向总部反馈各办事处需要的支持，公司给各办事处主任每月发放职位津贴以感谢他们承担了额外的职责。员工沟通部门同事把高管们和办事处做了"对对配"，每个高管对接一个办事处，定期参加当地的员工活动。高管们出差去各地时也都会和当地员工举行圆桌会议，听取员工的声音。在总部之外的员工们开始觉得他们不再只是看不见的人。

员工服务中心的工作也在稳步进展中。他们签署了新的服务供应商，在员工的社保福利、公司福利（年假、培训津贴、额外医保）及薪资奖金计算发放方面提供统一的管理和查询服务。另外针对员工开具各种证明的需求，他们在总部增设了自助服务机器。针对外地同事建立了微信或网上申请流程。面试和培训的通知、协调工作也都逐步通过系统批量发送信息……外包和自动化服务极大地提高了工作效率和员工感受。

耐心、爱心和细心几位原来的 HR 助理们在这次团队转型中最重要的感受是，她们从原先专注于政策流程执行的工具人，变成了员工体验的筑梦人；从行政事务的操作者，变成了规划资源、把控方向的掌舵者。

除了在新部门承担起规划、统筹、协调和管理的责任外，她们每个人都被安排了一位 HR 的客户战略伙伴作为成长导师。她们可参加导师们参与的业务部门的会议，协助导师们举办工作坊……通过这些学习，她们更好地了解了业务部门对 HR 的需求，在日常服务中做出相应的服务改善；这些经验也为她们未来的职业发展提供了信息和指导。

人才吸纳部门根据信心的规划和方案引进了招聘流程外包服务。外包公司按照牧童的需求，同时派驻了三位驻场招聘人员，信心从原来以招聘为主的活动中解脱出来，开始承担起管理团队的任务。她还需要密切关注招聘费用、质量控制及客户体验，这对她来说是新的挑战，也是积累管理经验的开始，她干得不亦乐乎。

一心的加入对牧童很重要。她除了指导福利外包工作外，还花了大量时间和业务沟通，了解并着手更新牧童目前的激励体系，梳理岗位和薪酬定位。安心也和她配合开始设计高管股权方案，这在以前的牧童属于薄弱的部分——这是安心和大佬沟通后的新举措，一方面牧童需要激励高管们带领团队冲业绩以达成上市目标；另一方面，上市后钱怎么分也是非常实际的问题。在这个过程里，安心也学习了很多知识。

人才发展部门和之前相比有比较大的变化。这个部门之前的工作重心是新员工入职和通用技能的培训方面，但安心希望他们在绩效管理和人才发展方面投放更多的资源。用心也表达了向绩效及人才管理方面转型的希望，安心开始带领用心评估牧童的绩效管理体系，设计并执行人才发展项目。在参加外部 HR 活动时，安心特别留意，并物色到了一位培训方面的人才，在和大佬沟通并请两位高管面试后，最终获得了大佬的批准，团队增加了一位专职负责培训的高级顾问：诚心。

诚心加入后，接手了原先的培训工作，以建立牧童高研院为方向，开始整合新员工入职培训、业务部门销售和技术培训、职能部门专业培训以及通用技能培训。为了保证资源的有效利用和培训课程质量及灵活性，外包仍然是主要的解决方案。诚心的主要职责是了解牧童培训需求并整合内外部资源，根据业务发展预测未来在培训方面的需求并提供资源支持。他提出搭建提供网上学习平台，培养员工持续学习和成长的自驱力，而不是仅仅依据业务需求被动地提供培训，这些想法深得安心的欣赏和支持。

说到新的"大客户战略合作伙伴"团队,几位 HRBP 都干劲十足。大家经历了领导力发展训练营、人才发展面试活动和人才发展委员会的建立后,放下了"换汤不换药"的担心,体会了当 HR 动员起高管和经理们承担起人才发展的责任后,HR 的工作可以既有趣又有价值。在这些工作中,大家得以从埋头做事的服从者变为绽放个人优势的创新者,从各自独立忙碌于帮业务招人、换人的操作事务,到成为 HR 团队合作者,调动管理人员的热情和责任心,并在人才发展方面共同担责……

团队反馈,过往在人才发展方面一个个新的举措给了大家极大的鼓舞,他们见证了当 HR 不再只是被动地接单、提供响应式服务后,个人在工作中迸发出的创意、带给客户的价值以及获得的成长和满足感。

"我们说战略 HR 专注在 OTC 方面,现在在'T'的部分做了这么多事,什么时候在'O'和'C'的部分开始产品设计和推广呀?"热心提问。

"会有机会的!人才的部分可以说是我们最容易摘到的果子,相比较之前,我们最大的变化是通过各种活动调动起了经理们在人才发展方面的积极性,并且开始担责。我们举办的各种活动是亮点,但是策划、组织活动不难,也不是最终目的,我们需要通过活动带来积极的影响,真正为客户提供价值。所以我们还需要继续观察、分析活动的效果和最终价值体现。持续执行也是关键,我们不能只靠创意每次都搞一招鲜,还是需要踏踏实实地交付结果。

"另外,我知道大家在这大半年里都是多任务并行处理,每个人都付出了额外的努力,感谢大家的付出!我相信眼下我们被新的方向、新的工作内容激励而奋斗,但是长此以往难以为继。我们现在还在经历外包和自动化服务方面的磨合期,大家可能感觉到比原来的流程还要付出更多的努力,但是这个部分一旦走顺了很快就会效益最大化,希望大家保持耐心。我也会争取更多的资源，在团队建立人才梯级，解放大家，同时为未来发展做储备。各位在这方面有什么想法也请随时和我沟通。"安心在会议结束前的发言让大家多了思考和期待。

半年时间，看到团队从过往专注在 HR 活动，到现在以客户为中心的思想上的改变，以及实实在在的运营转型，安心很欣慰。在目前有限的资源下，她在用人、招人时的目标很明确：对现有表现出色的人才要尽可能关注他们的职业发展目标，根据个人强项提供发展机会；从外部招人时要选在 HR 专业领域方面的出色人才，尽快提升牧童 HR 的专业能力。

马上就是圣诞和新年了，她和团队都需要喘口气、休息一下，安心决定组织一次部门团建活动。这是在安心加入公司后 HR 团队第一次去外地的团建活动：到长白山滑雪。这次活动的特殊之处在于，大家可以各自携家带口一起飞赴冰雪天地。

35. 放松与反思

匆匆忙忙一年过去了。

去长白山之前，安心特地给自己放了一天假。她习惯在年底前按下暂停键，回顾一年的时光，感受自己的成长与得失。她来到上次和波琳见面的茶室，点了一壶热乎乎的水果茶，在水榭平台座位坐下来。茶室提供了放在脚边取暖的炭炉，安心也穿得很暖和。

虽然已经入冬，这个江南的城市公园里依旧满眼绿色。静谧的湖面平静如镜，夏日残荷梗和茅草根倒映在水面像一幅水墨画，画的背景还有依旧挂着黄叶的银杏和一棵枝干茂密的香樟树，这混合的色彩让安心想起了林风眠的水墨风景画作。

一杯暖茶下肚，安心开始回想加入牧童公司这大半年的经历。

自己的工作量比起之前来说明显增加了不少，因为责任也大了很多。她感觉之前积累的知识和经验，在这里都有了充分的应用和发挥，原先担心的水土不服并没有发生。大佬常常指点方向，也给了自己充分的自由，在关键活动和项目上，他又身先士卒给予有力的支持，为其他高管树立了榜样。波琳作为董事会成员，愿意花时间给自己辅导，安心觉得自己太幸运了。

HR 团队的小伙伴们也让安心觉得温暖，除了离开的忠心，其他各位，包括新加入的一心，都彼此配合得很好。其实安心带着团队做的一切对她来说都是初次尝试，好在大家都和她一样，保持着好奇心，共同摸索，不介意承担额外的责任，安心觉得这种成长思维和好奇心是团队进步的关键。接下来，还是要为团队争取更多的资源，不能指望着所有人都长期超负荷工作呀。

和高管团队的配合还可以再提高。DK 离开后，安心沟通得比较多的是华捷。郭明、有余对自己的工作也都很支持。路畅对 HR 的态度好像改善了不少，安心还需要和其他高管建立更多的联系。她在脑子里过着每个人的名字，想想自己平时忽略了谁，心里对谁的评判先入为主而阻碍了彼此的沟通……

电话响起，安心看到是先生打过来的。他刚才开车送了安心过来，约好下午来接她一起共进晚餐，这是他俩每月一次难得的约会日子。有了孩子之后，经历了忙乱的前两年，安心和丈夫面对过婚姻的挑战，好在彼此愿意沟通，慢慢摸索到了相处之道，加上请了保姆，又有安心妈妈来分担家务，安心觉得这是自己闯事业的最好时期。

先生打来电话并没有什么特别的事情，只是看看安心一个人在公园还好吗。"好得不能再好了！"安心笑眯眯地回答他，这样的电话让她心里欢喜，知道对方想起了她。两人讲了一会儿，并约定好见面的时间后挂断了电话。

想到家庭，安心想起了去年离开的爸爸。那真是一段对全家人来说都异常艰难的日子。爸爸在诊断为肝硬化失代偿期后又坚持了八年，可是前年病情急剧恶化，医生确诊是肝癌晚期，已经无法医治。安心几次飞回故乡，和妈妈一起照顾病重的爸爸，就在她决定离职陪伴爸爸的时候，爸爸永远地离开了。从前安心一想到失去爸爸的可能性就觉得无法呼吸，避免让思绪往那个方向去。可是真的经历了这一切，想起她在爸爸病重的时候每天带着笑给爸爸做好吃的，虽然爸爸几乎吃不下任何东西了；还有爸爸走后她抱着恸哭的妈妈安慰她；冷静地处理爸爸的后事，召开追悼会；后来又把妈妈接到自己身边……安心现在觉得人生没有什么过不去的坎儿，事情发生了，面对就是了。

爸爸生前常以安心为荣，在上一家公司工作期间，安心接受过媒体的采访，登上了一家HR杂志的封面。在安心看来这不算什么，可是爸爸仔细地把采访文章读了又读，又把杂志收藏好。爸爸是个医生，他的追悼会在家乡小镇举办时来了200多人，大多数是他从前治疗过的病人，他们都从四里八乡赶来送别爸爸。爸爸可以说是对安心职业观影响最大的人。

爸爸退休之后，家里还常常有病人上门来请爸爸看诊。妈妈担心爸爸的身体，又担心可能发生的医患矛盾，对爸爸无偿给人看病很有意见——"你让他们去医院看呀，出了问题怎么办！"妈妈曾经常常抱怨。一次安心和爸爸散步时聊起这件事，爸爸告诉安心："你妈妈不懂，病人要找到放心的大夫不容易，很多人也有经济困难。我们做医生的，能帮到病人解决病痛就是最大的满足了。至于风险，我心里有数的……"和爸爸之间这样深入的谈话在安心大学毕业后才开始发生，她很珍惜这些难得的记忆。

眼下，小安已经三岁多了，聪明可爱温暖；妈妈住在身边让她心安，失去亲人的伤痛在慢慢抚平。虽然想起爸爸时仍旧泪水盈眶，但安心已经开始习惯了在心底和爸爸对话，感受着他永远在自己身边。

"那么，我开心吗？"安心问自己。答案是肯定的。之前的公司给了安心学习和快速成长的机会，面对丹这样的老板，安心开始关注自己的感受——她从前太在意是否让老板开心、他人对自己的认可。即便是现在，她也还是会为大佬和波琳的嘉许而心喜，但是她更喜欢可以放开手脚，发挥之前积累的知识和经验，让团队和组织更加美好。这种畅快的感觉就像是在厚厚的积雪下蛰伏、蓄势了一冬的小草，在冰消雪融后舒展腰身，拔节生长！

看看表，已经接近和先生约定的时间。安心起身，结账后慢慢向公园的出口走去。想到自己享受了一个无所事事的甜美下午，安心很满足。

36. 突如其来的裁员

和团队的小伙伴以及各自的家人一同在东北滑雪太开心了，和安心一家一样，很多小伙伴和家人都是第一次滑雪。小安和其他小朋友堆雪人、打雪仗，玩得不亦乐乎。毫无疑问，有机会见到彼此的家人并相处几日，对加强同事间的联系起到了积极作用。

回到公司后就是新年了，安心和高管们分赴各个办事处参加当地部门的新年晚会。安心听到大家说自从 HR 新设了员工沟通部门，他们对公司总部发生的事情增加了很多了解；HR 的员工服务部门提供的很多线上服务和流程的简化，也让大家感觉找 HR 办事容易多了。安心请大家关注近期的沟通信息，还会有更多关于职业发展的好消息和同事们分享。

带着和同事们见面沟通、一同过节的满足回到办公室的安心，没有想到一场挑战正在静静地等待着她和团队。

大佬的助理请安心来大佬办公室开会，安心看到牧童智联业务的总监林建国也在这里。彼此打了招呼，安心注意到建国的表情有些惴惴不安。

牧童近年来不断追求创新和多元化发展，三年前建立了和制造业合作提供物联网（IoT）[1]技术和解决方案的智联业务，建国也是在那时加入牧童的。这个业务发展迅速，销售部门在全国已经有 20 多人的团队，另外研发部门也有几位同事专注在智联技术开发项目上。最近，政府为了保障网络

1　物联网（Internet of Things，IoT）是指通过互联网将各种日常设备和物体连接起来的技术网络。这些设备可以是家用电器、传感器、汽车、医疗设备等，它们通过嵌入式系统，如传感器和软件，能够收集、发送和接收数据。物联网使设备能够相互沟通和交互，实现自动化和更加智能化的操作，从而提高效率、节能减排，并改善人类生活质量。

物联网的应用非常广泛，包括智能家居、智能城市、工业自动化、健康监护、环境监测等领域。随着技术的进步和成本的降低，物联网在日常生活中的应用正变得越来越普遍，对社会各个方面的影响也越来越深远。

本注释由 ChatGPT 生成。

第二章 人才发展实践

服务安全，出台了一系列新政策，限制了特定的 IoT 应用领域，安心听说这些政策对建国领导的业务带来了一些影响，不过政策的变化对牧童所在行业来说也是常见的挑战，安心也在心底揣摩着大佬约他俩来开会的原因。

大佬打完电话来到了会议室。坐下后，大佬开门见山："今天约两位过来是要商议一下裁撤智联业务的决定。董事会最近开会，做了这个艰难决定。"

安心吃了一惊。大佬接着说："本来由于安全、隐私和环境法规要求，公司外包硬件设备的生产成本已经大幅上升，现在政府对特定频谱的使用加强了管制，我们的部分 IoT 设备无法在预期的频段内操作；市场准入更多的限制也增加了销售的复杂性，导致了市场机会的减少……董事会几次开会商讨，最终不得不做出艰难的决策，关闭智联业务部门，相关的研发和销售同事都会受到影响。这个决定对员工和他们的家庭都会带来冲击。我们商量一下怎样执行这个决定……"

"这马上要过春节了，董事会的决定可以节后再公布吗？"安心忍不住脱口而出，建国的脸色也特别难看。

"和员工的沟通可以节后再做。我想先和你俩商议一下具体的操作，安心可能还需要获得相关劳动部门的审批。不过考虑到员工情绪，我们需要严格保密，等节后再和他们做一对一的沟通。"

安心马上从电脑中调出了智联部门的员工数据，在职的员工有 26 人，研发部有 6 位员工支持智联业务，但统一向郭明汇报。

"劳动法规定，一次裁员超过 20 人或者占公司员工人数超过 10% 的，需要提前 30 天向劳动部门备案。我们这种情况，可以尽可能看一下内部是否可以接受一部分同事转岗，争取手续上不需要报备。"安心说。

"公司是否可以考虑比劳动法规定的赔偿更多一些补偿给员工，毕竟，他们在这个部门成立后都特别努力地工作……"可能顾虑到自己前途未卜，担心有利益冲突，建国小心翼翼地开口问。

"我们会采取一切措施帮助受影响的员工，不过，这是牧童创立以来第一次面对裁员情况，我们需要仔细斟酌，小心处理，不要在外部造成不良影响。更重要的是，不要让员工寒心，还要考虑不能开了特例。"大佬指示。

"我想，处理这件事的基本原则应该是合法、合理、合情……我们和员工的坦诚沟通很重要。我这边会马上看一下公司内部招聘需求，调一下所有同事的资料进行比对，看看内部可能吸收多少；补偿方面，HR也可以做不同的方案给大佬和董事会审批。操作流程我会特别考虑，看怎样能更人性化一些，最好可以帮助员工更快地找到新的职业机会。"安心回应。

"好！我可以加入和员工的沟通中。建国，你配合安心看一下每个员工的情况，务必做到每个员工都能妥善安置。记住，这个阶段我们要确保沟通只停留在相关的HR和高管层面，信息先不要泄露。"

就在安心要和建国离开会议室时，大佬让安心去一下他办公室。

"我和你沟通一下对建国的安置。"大佬关上办公室的门后和安心说。

"我特意叫了建国来参加这个会议，想先看一下他的反应。他其实对裁撤这个部门应该有预期的，不过董事会和我都没有事先和他沟通。我们商量的结果是，牧童现在处于快速发展和转型期，亟需管理人才，如果建国能够专业冷静地处理这次的裁员，以大局为重，我们可以调配他担任内部职位。你接下来和他的配合中，观察一下他的态度和能力，再和我沟通。"大佬的这番话解开了安心心里的谜团，今天建国比较安静，安心一直在想他是否事先知晓这个决定，又或者对自己的去向已经有了眉目。

接下来，安心约了建国见面，两人拿着名单讨论了每一位员工的情况。

第二章 人才发展实践

虽然建国位居总监，手下还有南北两个大区销售经理和4个小区经理，每个小区经理手下带6个销售代表，但是安心发现他对每个员工的情况都很熟悉，包括员工的家庭状况、个人的业绩表现等，他也一直克制着没有问安心关于他自己的去向问题。

两人沟通下来，销售业绩在过往三年里一直比较出色的有6位员工，稳定表现的有10位员工，另外10位员工要么来公司时间少过一年，要么业绩连续超过三个季度没有达标，即便排除政策影响，也有5位业绩堪忧。从组织角度来看，业绩出色的6位员工优先保留；业绩表现稳定和新加入的同事15人择优双向考虑，业绩有问题的5位不予保留……两人很快定下了大方向。以牧童目前的规模和成长速度，内部吸收10—15位销售和6位研发员工不会有太大问题。只是内部机会可能和部分员工目前所在城市不一致，另外有些职级可能会有调整——智联在快速发展中提升的大区经理平均每人管理两位小区经理，转到其他大的业务部门，很可能会被调整为小区经理的职级。"我们保证进行透明的沟通，给员工自己选择的机会！"建国提议。

安心同意他的提议。说到沟通，安心建议由建国和自己一起和每一位员工面谈，建国告知发生的情况，安心解释HR相关的安排；另外，面谈当天，公司会邀请两位行业的猎头顾问在旁边的会议室等待，随时接待并和员工沟通行业机会动态。在沟通时，HR会另外为员工准备常用的猎头公司的联系方式，方便他们日后联系。

安心和一心、支持建国的HR战略伙伴关心商讨后明确了沟通流程和补偿方面的考虑：

1.春节假期结束后和员工沟通，给一个月的时间让员工接受其他部门的面试后做决定，但请其他部门优先考虑这些内部员工，毕竟他们已经加入牧童一段时间且业绩稳定。

2. 转岗如果牵涉到异地搬迁，牧童会支持员工第一年的搬家和房租费用，协助员工安置下来。

3. 员工如果选择离开牧童，遣散费用在遵守劳动法规定情况下，另外根据员工服务年限给予每满一年实际工资一个月的补偿，但以6个月实际工资为上限——这样考虑的前提是，劳动法规定的社会平均工资三倍补偿的收入远低于牧童行业的平均收入，而员工受到裁员的影响找寻一份新工作需要时间，牧童希望能让离职员工有大概半年多的稳定收入，找工作时比较从容。牧童所有员工加入时都签署了"竞业限制"条款，拿了额外补偿的员工也必须遵守相关条款。

安心和建国约了郭明讨论研发6位同事的安置问题，大原则上和业务部门的安排一致。

一心和关心在具体的沟通顺序、谈话内容和要签署的相关文件方面都做了详尽的准备，方案在节前得到了大佬的批准。

这个春节因为这件事，安心过节的心情多少受到了一些影响……虽然按照眼下的安排，大概率70%—80%的同事会在牧童内部找到新的机会留下来，可是行业变化带来的这次冲击一定会给个体带来比较大的影响。对牧童的智联业务来说，可能20%—30%的员工丢了工作，可是对这些受影响的个体来说，就是100%受到了打击。

春节后开工上班，HR向员工们沟通内部职业发展机会新政策、分享牧童职业发展指南手册，并举办内部职业发展月。与此同时，建国、郭明、安心以及关心，和受到影响的32位员工每个人都做了一对一的沟通，牧童内部大背景和智联业务个体的悲欢形成了对比——这就是生活吧。

所幸，沟通整体比较顺畅，由高管组成的沟通小组，搭配合法合情合理的薪资补偿、内外部职业机会的支持，牧童创立以来首次面对的裁员挑战顺利完成，最终，18位同事留在了牧童，8人离开。

至于建国，他在自己前途未卜的情况下，专业地完成了所有的沟通工作，顺利通过了大佬的测试，他被安排先担任大佬的特别助理，配合高管团队抓牧童的变革项目工作，等待合适的业务领导机会。

安心和团队复盘这次裁员处理，嘱咐团队把相关的流程、文件等资料存档备案。

"还记得OTC（组织、人才、文化，即'非处方药'）的说法吗？我现在感觉咱们的'非处方药'除了滋补、保养外，还需要清热、败火或是祛毒……不管哪种功效，咱们着手把方子都记录下来，不断测试、优化，可以供以后参考。"安心指导团队开始根据已有的实践建立HR的标准作业程序（Standard Operating Procedure，SOP）（详见本书"附录1"），这些SOP就像一个个药方被放入OTC档案，供整个部门未来参考使用。

37. 职业发展月

春节刚过，HR精心准备已久的职业发展月以内部招聘会的方式拉开了帷幕。

活动地点定在公司总部，以线下方式召开，其他办事处同事在线上参加了开幕式。各部门摆摊设点，介绍自己部门的特色和空缺、未来发展机会。这是牧童第一次对内部空缺进行公开透明的沟通，配合此前通过内部通信和社交媒体方式沟通的内部转岗政策，员工们终于可以心无芥蒂地和用人部门的同事大方且充分地了解信息了。同时发布的牧童职业发展指南则提供给大家整体和系统化的内部职级和要求介绍，员工可以清晰地看到各工种理论上的职业发展路径。这场活动也刚好为所有智联业务的同事提供了自然的机会，以便他们申请自己感兴趣的工作。

根据 HR 职业发展规划项目组的安排，第一次职业发展月的主要活动还包括了"职场一日随影行"和"我的职业我做主"两项活动。

"职场一日随影行"提供给员工对自己好奇的工作进行更进一步了解的机会——员工在线提交想要观摩的工作，HR 负责进行"配对"，对接"好奇宝宝们"和现在任职的同事，他们可以约定时间，一起工作一天。为了帮助"好奇宝宝们"充分利用这个工作陪练的机会，HR 还提供给员工一份指导手册，包括采访指南、观察重点和自我反思几个部分。职场一日随影行活动并不意味着申请的同事就是为了转岗。安心就收到两位在业务部门的同事想了解安心一天工作的要求，她开心地安排了和他们见面的日子，帮助他们亲身体验了 HR 产品的效果。

"我的职业我做主"是 HR 项目组策划的半天工作坊。工作坊的主讲人是安心，她一直对职业发展的话题感兴趣，这些年来整理的大量相关资料这次全都派上了用场。整个二月，每个周五的下午，安心都兴致盎然地和 20 多位报名的同事进行半天的培训和研讨。这个活动本来只计划在第一个周五举办，结果一开张口碑就做起来了，大家踊跃报名，安心索性调整计划把它变成了二月里"相约星期五"的保留内容。

工作坊开场后，安心请同事们依次回答几个问题：

第二章 人才发展实践

1. 周末和朋友聚会，去一个新地方你会做什么准备？
2. 和家人去马尔代夫度假，你会做什么准备？
3. 对你负责或参与的工作项目，你一般会付出怎样的心力？

从日常小事到度假安排、工作项目，大家都兴致勃勃地分享了各自的计划和努力，然后安心问大家："对自己的职业发展，你做了什么准备？"

这个开场暖身活动引出了工作坊的主题：我们每个人的职业发展需要自我担责和提前规划。大多数情况下，我们习惯了规划每日或每月的眼前事，以及需要对他人负责的事，对人生大事以及为自己负责的事却缺乏规划意识和行动。

接下来的时间里，安心带着大家学习了职业发展规划的重要理念，包括公司、经理、个人在职业发展规划中扮演的角色；市场、行业、公司、工作彼此的关系；角色（role）、职位（job）、工作（work）和事业（career）的关系……

很多同事反映，没有去做职业规划是因为不知道从哪儿着手。安心和大家分享了职业规划的步骤，以及过程中可能踩的坑。

职业规划的步骤其实很简单：

1. 了解自己；
2. 了解机会；
3. 制定计划；
4. 采取行动。

吸引同事们踊跃参加的原因有两方面。一方面，安心结合自身经验，做了两个实实在在的分享：一个是一位销售代表如何通过规划自己的职业生涯，最终成长为一家国际知名企业的区域业务总监的故事。另一个是如何做一个包含职业和生活两部分的人生规划，比如年龄在25—35岁的女性在职业上升期可能面临的生育焦虑，35—45岁的同事上有老、下有小又处在职业发展期的中年危机——这些分享带来的理念和工具，把人生设计和职业规划这样的大话题一下子变成了人人都可以通过建立意识去做的事情。另一方面，短短半天的工作坊，安心给大家准备的学员手册里包含了二十多个工具，涵盖了职业规划四个步骤里的每个部分。只要有心，按照四个步骤里的每个工具去做，任何小白都可以做出自己实实在在的人生和职场规划。

安心喜欢用不同的比喻带领职业发展工作坊，几次工作坊，她尝试了每次用不同的意境带领大家体验人生和职业生涯：攀登人生山峰并找寻第二座山；沿着出生时的小溪流经过跌宕起伏的河流，走向波澜壮阔的大洋；登上热气球俯瞰自己的生命旅途经历的各种地貌……这些多样化的尝试让安心的工作坊充满了沉浸式体验，大家都觉得半天的时间太短。而安心在设计工作坊的过程中充分体验了心流感受，这是一种忘却了时间，没有报酬也心甘情愿付出心力且全然享受过程的美好体验。

一个月四次工作坊结束后，安心精疲力尽，但是内心充满了喜悦。最后一场活动结束回到家中，安心晚餐都没有吃就倒头大睡了。半夜她突然从梦中醒来，看看表，正是子夜时分。安心坐起来，回想梦境：安心回家，见到已经去世三年的爸爸，忍不住和他分享自己给同事们做职业发展工作坊的喜悦和成就感，爸爸用他一贯对安心的欣赏眼神慈爱地看着安心，听她眉飞色舞地讲述着。从梦里醒来时，安心似乎还能够感觉到爸爸温暖干燥的手在轻抚自己的面颊和额头……泪水一下充盈了安心的眼眶："爸爸，今夜您来看我，分享我的喜悦了吗？就像以前每一次我有了小小的成绩一样？"

学习思考

思考并回答以下问题：

1. 在你的组织中，人才发展活动是如何设计和实施的？有哪些创新的做法可以提高这些活动的影响力和吸引力？

2. 你所在的组织是否有持续的反馈机制，让员工能够定期向HR或其他相关部门提出改进建议？如果没有，你认为怎样做可以建立这样的机制？

3. 你对其他部门的人才有多少了解？如果有意识地了解和学习其他部门的人才和工作方式，你的个人发展会有怎样的变化？

4. 牧童的人才发展核心理念和七项指导原则是否适用于你的组织，对你有何启发？

5. 在你的组织内，如果要开发人才保留计划，将会专注哪些人群？有什么方法留住他们？物质奖励和其他部分奖励占比如何？

6. 在处理裁员后，组织应如何修复或加强其文化，保持留任员工的士气和忠诚度？

7. 本章内容对你最有启发的是什么？你会如何把这些启发带到目前的工作中去实践？

第三章
组织优化实践

内容概述

主要人物

- 安心：牧童公司的 HR 负责人，负责推动组织优化和人力资源规划
- 大佬：牧童科技的 CEO，支持并指导安心进行组织优化
- 李明华：科创变革咨询公司顾问，帮助牧童针对组织优化目标带领工作坊并提供指导
- 建国：牧童组织优化项目战略小组负责人
- HR 团队成员：一心、省心、信心等，分别在组织优化项目中担任重要角色
- 丽莎、兰波等：牧童高潜力人才，参与组织优化项目沟通计划，提出创意和实施策略

主要事件

- 安心和大佬及外部顾问公司共商牧童组织优化项目，建立战略工作组并和高管沟通达成共识
- 安心带领 HR 团队成员进行组织分析及人力资源规划工作
- 组织优化举措从情境规划工作坊、组织能力规划工作坊开始，高管们统一思想，决定开展组织优化的"大五项目"，以提升组织的整体效能和市场响应速度
- 公司高潜力人才和高管被分配到相应的项目中，大家经历挑战，在大五项目中取得良好进展和不俗的结果
- 除了大五项目外，安心领导的小组另外增加了组织优化项目沟通团队：制定了全面的沟通计划，确保所有员工理解组织优化的目标、原则和实施步骤
- 通过第二届领导力训练营和年会，大五项目得以顺利向全员沟通，取得良好效果

主要矛盾

- 局部利益与整体发展之间的矛盾：高管们更加关注自己部门的利益而可能对变化

持反对态度
- 短期利益与长期发展之间的矛盾：组织优化对公司的长远发展至关重要，但如何有效地沟通、调动高管和员工的积极性，以及如何处理可能的不安和抵触情绪，是变革过程的主要挑战
- 变化与稳定之间的矛盾：组织优化项目带来一系列的变革，打破人们习以为常的做事方法和组织结构，如何平衡各方利益、有效沟通，在变化中保障组织的平稳运营需要特别关注

第三章概要

　　本章聚焦于牧童科技的高管、高潜力人才和HR在组织优化战略小组的带领下，如何通过一系列组织优化措施提升公司的整体运营效率和市场竞争力。通过深入分析组织现状、制定人力资源规划、开展针对性的优化项目，以及有效的沟通和实施策略，安心及其团队支持高管团队和高潜力人才增强了公司的内部凝聚力，也为公司的未来发展奠定了坚实的基础。

变革心动力

38. 萌生新想法

春节刚过，牧童已经进入了第三个财务季度。前两季度公司整体业务和去年相比有了明显的增长，一方面员工们在经历了年会后士气高涨，另一方面这两个季度跨了新年和春节，很多客户在年底盘点当年预算后，纷纷敲定拖了很久的订单。公司的实时通信邮件和微信沟通系统内捷报频传，智联业务的裁撤似乎没有对牧童整体带来太大影响，形势一片大好。

大佬和高管们却不这么看。

在春节之后第一次的高管例会上，财务总监有余提供了各部门财年第一季度的费用情况。在业务增长的情况下，各部门的开支也水涨船高。有余特别展示了这两个季度的内部礼品费用，因为正好赶上过节，各部门在这一块的开销加起来超出运营费用预算的20%！更重要的是，全公司居然用到了超过20家供应商、50个品类的礼品！财务部审核明细时发现，由于部门规模不一，一些定制的礼品数量有限，加上公司的标志和文字后礼品单价往往比市场价格翻了几倍。

大家讨论发现，牧童成立七年以来，陆续建立了各业务部门，每个业务都设置了运营团队协调业务全流程，从业务培训到市场活动、从供应链服务到客户支持，部门内部在配备资源时自行其是，礼品采购都是由各业务的市场部门自行选定供应商。有余提出，财务部会更新公司内部采购流程，加强供应商的审核工作，今后尽可能把各部门的礼品采购集中起来提升公司的议价能力。

安心听在心里，想到了诚心和自己反映的各业务部门内部培训的情况。诚心加入后，除了将 HR 部门负责新员工和通用技能培训方面的工作尽可能转变为线上和外包之外，也着手整合业务部门培训需求。他告诉安心，各个业务部门都有负责销售、产品和技术类培训的同事，培训方面的供应商也五花八门，质量和费用控制都有提高的机会。安心另外想到，自己刚加入不久，运营部门高管们告诉她，牧童内部从研发资源调配到客户服务常常会产生跨部门的矛盾。这些都反映了牧童的业务运营效率问题。改进采购流程或许可以降低礼品采购费用，但安心在思考从组织结构到大家的意识层面，HR 部门还可以做些什么。

大佬在会议上请大家关注有余指出的费用问题，他接着提出，裁撤智联业务给了大家一个信号，提醒我们要居安思危。在当今外部市场复杂且不断变化、面对诸多不明朗的情况下，各部门除了要不断加强产品创新、开拓市场外，还需要提升内部运营效率，要能够做到用更少的资源做更多的事，他用了一句英文短语：Do more with less（以少做多）！他请大家回到各自部门传达这个思想，并积极站在高管角度思考有哪些机会可以帮助整个公司提高运营效率。

回到部门，安心约了一心和省心探讨对牧童组织运营有效性做数据分析和评估（详细见本书"附录 1"中关于"组织评估、组织分析和组织诊断"的内容）的想法。安心之所以找到这两位同事，是因为看重一心的深度思考能力和批判精神、省心的数据分析和洞察能力。

三人探讨可以从不同角度看待组织运营的效率以及跨部门资源的冗余和浪费。省心建议可以先调取数据查看各个部门的人力资源分配：在业务培训、内部采购、运营专员这些工种上，每个部门都有几个人在做。这些数据应该很容易调取。

"可是之前我在做各部门定岗时发现，部门规模有大有小，同样的工种名称下的工作内容还是有蛮大区别的。大部门的市场专员负责市场活动，小一些的部门市场专员还承担了产品培训、采购协调这些事……"一心提出。

"这个方向是对的，不过听上去我们需要做更细的市场调研，分析通用工种的关键工作流程和工作量，了解隐性的人力资源分配信息。"安心回应。

"另外借这个机会，我们也可以看一下各部门的组织层级和带人经理的管理宽度。组织层级可以反映决策的速度和效率，带人经理的管理宽度也能反映经理的效率和效能。"一心接着提议。

"是的，Span and Layers（跨度和层级）是我之前在外企时衡量组织有效性的重要指标！"安心很感谢一心的提醒。

"我们可以先从数据看一下是否有机会整合各部门内部的一些支持工作，带来规模效益，达到节约成本的最终目的。"安心已经开始想象这个工作可能带来的解决方案了。

三人做了分工后约好很快再聚。

39. 人力资源规划

在和一心、省心通过人力资源数据分析组织效率的同时，安心想到了人力资源规划：前者是对从过往至今的人力资源分配做一个评估，而后者则是为将来的需求做预测。

董事会裁撤智联业务一直让安心觉得心有芥蒂，虽然处理的结果还算平稳，但安心一想到和每一个员工面对面沟通时，他们听到消息后从起初的吃惊、愕然，继而变得愤怒、难过的样子，心里仍会隐隐作痛。对公司来说，这还算不上是壮士断腕，至多只是切掉一小节指头，而对受到影响的每一位个体和他们的家人来说，这种影响可能会更加深远。作为 HR，最不喜欢处理的就是这样的事情了。

她和团队复盘裁撤事件时，大家都认为相关政策的变化是主要原因——的确，影响业务发展的因素诸多，无论是这样不得已的裁撤，还是突然的大规模招人，HR 都需要响应业务要求，执行任务。可是从战略角度，要尽可能地避免意外发生，最好的办法就是提前做合理的人力资源规划。人力资源规划是确保合适的人在合适的时间从事合适的工作，这意味着组织应该不会面临人手过多的问题，也不会发生人手不足的情况。

如同家里缺少东西时的做法，企业人力资源短缺时的获取手段也无外乎几种方式：买（Buy，从外部招聘人才）、借（Borrow，利用第三方资源租借人才或服务）、造（Build，内部培养人才）。在快速成长的前面七年，牧童采取的主要是单一的外部招聘方式——买人才，但随着市场竞争加剧，仅靠外部招聘获取高质量人才的难度和费用越来越大。在一些技能要求较低的服务方面，牧童也有零星的外包——借人才，但目前只局限在行政、清洁、员工餐厅服务等方面。如果要拓展到专业性较强的部分，租借人才或服务的质量还是不确定的。至于内部培养，除了随着组织扩大过程中，员工技能提升后自然产生的晋升外，牧童目前没有其他做法。

安心加入后，和负责招聘的信心以及 HR 领导团队谈论过几次关于人才培养的话题，大家形成了初步的想法：在专业人才方面，除了现有的职业发展项目和日常培训外，可以考虑校园招聘；在管理人才培养部分，大家感觉每年的领导力发展训练营在个体发展方面做得还不够，可以根据高潜力人才的个人发展计划更进一步……这些都属于"自己造"的部分。

信心针对校园招聘已经拿出了具体的执行方案，现在和外部顾问公司合作去校园摆摊设点做招聘很容易，但安心一直没有对信心的计划点头，关键就卡在需要更清晰的数据支持：哪些岗位需要通过校园招聘解决？每年需要招多少？这些数据又是从何而来的？安心鼓励信心找寻关于人力资源规划的信息，自学并和 HR 业务代表们探讨，拿出更加详尽的分析预测报告后再来找自己。信心此前领取任务后，约好今天向安心汇报。

"我觉得人力资源规划其实是一个看过去、看现在和看未来的活动！"信心快人快语，坐下来打开电脑先做了这样一个总结。

"那你给我详细说说，你都是怎么看的？"安心笑着回应。

"我先把过去七年牧童的整体人头数变化和业务增长数据做了对比。发现呈正相关模式。第一年、第二年，业务和人头数量的增长都几乎翻倍，可能是因为基数都比较小；中间两年，业务增长从 70% 下降到 50%，人头增长稍微放缓；最近三年，业务的增长保持在 15%—20%，人头增长在 10%—15%，说明业务规模扩大，增长开始稳健；人均年生产力有提升……如果照这个势头发展，未来 3—5 年的整体人头数基本可以按照 8%—10% 来估算，以我们现在的 500 人做基数，明年的人头净增长大概在 40—80 人，如果再考虑到平均 10%—15% 的员工流失率，我们明年的总人数增加大概在 90—160 人！往后三年如果保持这个速度，数据显示都在这儿了。天哪，不算不知道，我还得和 RPO 的供应商要求加人！"

信心讲得很兴奋，安心鼓励她继续。

"我也和 HR 客户代表们做了沟通，了解到不同的业务未来的增长计划不一样，有的会快速发展，有的开始减速，这是明年业务部门的人才需求情况：

表 4　牧童人力资源年度预测表

业务部门	城市规划与设计			智能交通			能源与可持续发展			健康监测			合计		
	实际		预测	实际		预测	实际		预测	实际		预测	实际		预测
年份	去年	今年	明年	去年	今年	明年	去年	今年	明年	去年	今年	明年	去年	今年	明年
营收（¥亿）	4.78	5.36	6.1	2.56	3.07	3.75	1.08	1.16	1.28	0.8	0.96	1.2	9.22	10.55	12.33
营收全公司占比	52%	51%	50%	28%	29%	30%	12%	11%	10%	8%	9%	10%			
营收增长率	12%		14%	20%		22%	7%		10%	20%		25%	14%		17%
销售人员	80	94	108	35	43	55	16	19	20	25	31	45	156	187	228
销售人员占全公司销售比例	51%	50%	47%	23%	23%	24%	10%	10%	9%	16%	17%	20%			
技术人员	40	42	45	18	20	23	6	7	8	10	14	16	74	83	92
市场人员	25	26	29	10	12	14	4	5	6	7	9	10	46	52	59
其他人员	23	24	25	9	10	10	3	4	4	6	7	8	41	45	47
员工合计	168	186	207	72	85	102	29	35	38	48	61	79	317	367	426
人员增长率	11%		11%	18%		20%	21%		9%	27%		30%	16%		16%

安心看了信心的表格说:"这里面有大量的信息呢,比如业务营收占比和人员占比之间的相关性;另外,净增加的人头数并不代表招聘的工作量,因为还需要考虑到员工流失率……哪些人才可能是需求最强劲的部分呢?"

"数量上说是销售代表,不过我做了一张表,大致展示去年业务部门按级别和工种分类的员工的动态,加上了离职带来的影响部分,有一些蛮有意思的发现!"信心打开 Excel 文件里的另一张工作表。

表5 牧童业务部门人员动态表

业务部门及职级	城市规划与设计	智能交通	能源与可持续发展	健康监测	去年1月1日在职人数总计	去年离职率	去年12月31日前入职新员工人数	去年新招填补离职空缺人数	去年12月31日员工总人数
	去年1月1日部门人员数								
二线以上经理人数	5	3	3	5	16	19%	5	3	18
一线带人经理	30	12	5	8	55	30%	20	14	61
销售、技术及市场部员工(个人贡献者)	110	48	15	28	201	25%	86	45	242
其他部门员工	23	9	6	7	45	6%	5	4	46
去年1月1日在职员工总计	168	72	29	48	317	23%	116	66	367
去年离职率	25%	23%	17%	19%	23%				
去年离职人数	42	17	5	9	72				
去年12月31日前入职新员工	54	27	12	23	116				
去年新招填补离职空缺人数	38	15	5	8	66				
去年人头净增长	16	12	7	15	50				
去年12月31日员工总数	184	84	36	63	367				

"你看这张表,我把业务部门员工分成二线经理、一线经理、销售业务个人贡献者、其他人员四个级别,看了一下内部晋升、降级、离职的动态,发现公司离职率最高的其实是一线经理,有30%!这些人内部提拔和外部

招聘各占一半，但是外部招聘进来的第一年的离职率较高；而内部提拔的两年后离职率较高——估计是被竞争对手挖去担任更高职位了。所以我们可能需要做好几件事：1. 提高一线经理外部招聘的质量；2. 招进来后加强他们第一年的适应性；3. 尽可能内部提升一线经理；4. 关注已经在职两年以上的一线经理的保留……"

听到这里，安心忍不住拍了信心的肩膀一下："太棒了，你可以看到这些问题！"

信心得意地向安心眨眨眼："呵呵，学习能力还行吧？"

"相当可以！你的数据还提供了一个直观的信息：去年我们招了 116 个新同事，其中 66 个都是填补离职空缺，我们如果不能降低离职率，就好像放水的速度比进水的速度还快啊！"安心感慨。

"是这样的！我还没来得及和你提到这一点呢。"信心回答。

"那现在看你的校园招聘计划，有没有新想法？"安心问信心。

"有，绝对有！我建议我们分两大类做校园招聘，一类是专业技术人员，可以重点招聘本科生或理工科和硕士研究生；另一类往管理方向发展，我们可以考虑 MBA 学生！我做了另外一张表，包括技术、销售和一线管理人员、中层管理人员未来三到五年的增长数据……"信心接着向安心展示另外的表格。

"非常好！"安心赞叹，同时继续挑战信心，"基于这些分析，你刚才提到了要和 RPO 供应商提出增加人手，具体的想法是怎样？"

"这个部分我还没细想……看了数据就觉得要增加资源了，我可不想招聘部门成为未来公司发展的瓶颈。"

"好，你再规划一下，可以考虑几个方面：现在的规划是基于过往的数据和当下业务的乐观估计，建议你补充最糟和最佳的情境。目前的分析关注在数量，可以再想想如何在分析中反映质量部分。招聘部门现在用RPO有了灵活性，但需要评估供应商根据我们成长的可持续服务能力。再有，我们HR部门也要通过校园招聘补充力量，建议你的数据里面把HR的需求也放进去！"安心指点信心。

"太好了！我这次可是学到太多东西了！安心，谢谢你让我去学习人力资源规划。这段时间我下了功夫在上面，对业务有了更多的了解，更重要的是让我反思了自己的工作方法——加入牧童这些年我感觉一直被业务追着走，每天都是反应式的执行，打广告、找猎头、面试、发录用通知……这次校园招聘我本来觉得就是活动策划，我这边都做好了准备，就等老板你批复，结果你这边不同意往前走，我还有些着急，现在经过了这个分析和预测的过程，我意识到自己还是太敏于行，而疏忽了慎于思的部分。"

安心很开心听到信心的反思："对啊，我们招人进来不难，请人走也不难，但是没有仔细规划地招进来请出去，除了浪费公司资源，贻误商机外，对员工个体伤害太大，也让我们自己工作的意义打了折扣，你说对吗？"信心不住地点头。

"好了，现在有了清晰的数据支持，我们可以准备在下次高管会上汇报，赶得上今年的秋季校园招聘了！"安心肯定了信心的工作。

送走了信心，安心回到座位开始思考，信心的人头规划是基于过往的数据，在对未来的预测和估计方面，目前的做法还是太过于简单粗糙了，这个部分需要更多地和外部市场、业务战略联系起来看……想到这里，安心脑海中灵光一闪，她和部门现在做的组织有效性分析灵感来源于财务提出的费用问题，响应大佬提出的"以少做多"的概念，但是如果分析带来的结果需要高管们放弃一些局部利益以提升牧童效率，HR的"卖点"应该放在支持未来业务的发展而不是纠错上，这样会更能激励大家拥抱变革！

40. 和大佬谈组织优化

安心和一心、省心从人力资源数据入手进行组织分析的工作，这比三人想象的要复杂得多。

起初三人很快达成一致，分析跨业务组织中潜在的共享职能部门的人力资源数据，配合调研，再查看整体组织的上下层级，以及每级管理人员管理人数的宽度，目的是找到整合一些支持部门的工作，带来组织规模效益，节约成本的机会。随着第一层的数据分析结果出炉，就像解锁了数字宝盒，三人发现宝盒内充满了交织复杂的数字线索。

这些数字彼此关联，每一组数据又可能生发，通向更广阔问题的入口。安心感觉这些数据带来了探索组织设计的各种可能性。比如目前公司在核心业务运营及职能部门的资源配比是否需要调整？业务部门内部销售和支持角色之间的配比是否最优？针对不同业务部门特点，销售团队内部的销售代表和高级销售代表之间的资源分配是否合理？对特定业务而言，我们需要的是特种兵还是大部队？这些问题牵涉到了业务模式的优化，安心感觉这已经远不是最初想着把跨业务部门内部可以共享的工作整合起来这么简单了。

经过几轮探讨，一个想法在安心脑海中渐渐成形：牧童在从快速成长的小规模公司蜕变为稳健、长期发展的大公司过程中，她和团队现在正在做的组织有效性分析和未来人力资源规划或许是开启组织优化和组织能力提升的起点。

如果说安心加入牧童第一年专注于 HR 团队的认知转变及结构调整，并在牧童内部推动了人才发展的变革，看起来第二年的工作需要专注于组织优化方面了，这是一个大的决定，安心隐隐地感到兴奋，但更多的是担心——如果走下去，势必会影响到现有已经成形的运作，不但可能动了很多人的"奶酪"，还可能影响到组织整体的正常运营。她决定和大佬沟通，听取他的想法。

在准备好了目前人力资源分配的数据和未来三年的预测后，安心来到了大佬办公室。

安心先给大佬看了几组数据，并在每一组数据后面都放了一些问题：

·牧童目前公司业务部门和其他部门的人头分配数据是 7∶3——这个配比是否最优？

·业务部门内部销售、技术、市场、支持人员的资源比例为 51∶23∶14∶12。市场部和支持人员占了 26%——是否有跨业务整合共享资源的机会？

·业务部门 60% 的带人经理的直接汇报人数少于 3 人——我们是否有太多经理？

·公司一线员工到 CEO 的层级：有些部门高达七到八层——我们的决策是否受层级的影响过于官僚？

·各业务部门一线员工到部门负责人的层级从三级到七级——我们的客户响应速度是否够快？

·未来的人力资源预测是基于目前的业务指标和内部资源分配历史数据——外部市场变化如何纳入考虑？历史数据的合理性是否有存疑的地方？

基于这些分析，我们可能有一些潜在的组织优化机会：

- 资源重新分配以提升公司整体生产力；
- 减少组织层级以确保我们离客户更近；
- 提升经理人员的管理宽度，赋权经理；
- 合并各业务内部可共享的子部门以"瘦身"并提升规模效益。

除了单纯的数据分析，如果对核心业务流程、各级别的销售代表的生产力和资源配比做进一步的调查研究，这个重组、优化过程还可能带来业务流程提升，以及进一步提升生产力的机会。比如目前牧童大部分业务的销售代表被分为三级：初级、中级和高级，缺乏经验的新人加入牧童从初级代表做起，两到三年后升职为中级代表，再有一到三年左右升职为高级代表。针对不同的业务形态和客户特点，每个业务部门应该配比的各级代表比例是否合理？各个业务是需要精兵强将的特种部队，还是要用人海战术以大量底层销售覆盖更广的区域？销售人员花费多少时间在内部行政事务上？有没有机会把他们的时间尽可能多地分配在和客户见面、沟通上而减少行政事务时间？

这里面有太多可以做的事情！

安心一口气展示和说了这么多内容，语气越来越疾，脸也开始有些涨红了，大佬提醒她先喝口水，安心不好意思地笑笑："我一下说了太多，应该多听听您的想法。"

"安心，我很开心你能够看到这些潜在的组织优化提升的机会！这些分析都非常好！我们从数字出发比较容易以理服人，但也要注意了解数字背后的真实情况，存在即是合理，我们如果要挑战现有的'存在'，需要把工作做细致了，从表面的数据到信息，再到结论，一层层的逻辑都要清晰，经得起挑战。如果要做这件事，你现在的部门人手够吗？还是要考虑引入外部顾问？"

安心很高兴大佬提出了资源问题，这也是困扰她的部分：部门已经严重超负荷了，进一步的分析需要更多资源，但是她最担心的是其他部门是否配合，尤其是分析结果清楚后要采取的改进措施……

"这件事牵涉的范围很广，而且需要充足的时间做细致梳理，另外因为会触及一些部门的利益，俗话说，外来的和尚好念经，我们看问题要想得深、想得远一些。"大佬回应安心的想法。

安心感激大佬的谆谆教诲，大佬提醒了她要有公司政治敏锐性（详见本书"附录1"），这可是她在这个位置上必须具备的能力之一。

"我原来的公司每隔一段时间会做业务 Scenario Planning（情境规划），预测外部市场对业务的影响，我们可以考虑外部和内部一起进行分析，这样视野会更广阔也更深入。从智联业务事件发生后，我就在考虑我们可能需要在牧童做这件事。"大佬继续说。

安心在 MBA 课堂上专门学习过情境规划。这个工具最早由壳牌石油公司用于商业实践，成功地应对了世界石油危机事件。她对教授在课堂上分享这个工具的做法记忆犹新。"对啊，这样分析就不仅仅限于内部和历史数据，也不仅仅是人力资源的问题了！"

"这件事一旦开始，后续会有很多工作，会对组织和业务带来冲击。我和董事会也再沟通一下！"

等待大佬和董事会的进一步决策前，安心和她的三人小团队还要继续做他们的分析和调研工作。安心还回想起大佬提醒她第十三个小仙女的故事，有没有什么关键人物需要她提前拜会获取支持的，不过，在大佬告知董事会的意见之前，似乎不合适现在就开始联系其他高管谈论这个敏感话题。

第三章 组织优化实践

41. 成立组织优化战略工作组

大佬很快约了安心继续组织优化的话题，他带回了董事会支持的好消息！这次，他也邀请了 CEO 特别助理林建国。

大佬告诉他俩，董事会内部也多次讨论如何更好地实现牧童未来的可持续发展。事实上，大佬和安心的加入就是牧童从一家小公司往中等及更大规模发展变革的序曲。现在，牧童高管这支乐队需要在大佬的指挥下继续演奏出动人的乐曲。

从去年年会开始，安心带领的 HR 团队以领导力发展工作坊的形式，开始介绍变革的理念，带领组织探索了牧童的使命和愿景，讨论了为实现愿景每一位员工可以做的事情，接着推出了一系列和员工发展相关的项目及新的政策和举措，这一切都从人才角度很好地做了变革的基础工作，也很好地契合了 HR 部门的职能。

这次因为财务费用话题引发的潜在的组织优化和变革，涉及未来业务战略、组织结构、业务流程等诸多方面，要做的工作、需要处理的关系等更加错综复杂，大佬和董事会决定引入外部顾问公司和安心以及一众高管共同努力，推进组织变革工作。

安心很开心听到这个消息。从和一心、省心做数据分析开始，到和大佬沟通想法，安心现在脑海里看到的这个项目已经扩展到好几个方面，她明白仅凭她和团队去推动所有关联的变革是不可能的，能有建国和外部顾问的参与，对安心也是非常好的学习机会。

建国自从被调整到 CEO 特别助理的职位上，一直和大佬奔赴各地拜访客户。在高管会议上，他除了担任大佬助理，记录核心内容并跟进沟通、执行外，还开始参与协调牧童各业务部门的三年战略规划制定工作。他为各部门提供统一的战略规划模板，并协助他们细化内容。经历了过往带兵打仗的将军角色，转为幕僚之后他似乎也安之若素。建国面对挑战时展现出的适应能力和灵活性，笃定、冷静的态度，以及一丝不苟、注重细节的工作风格，这都很让安心佩服。

很快，安心、建国和大佬一起与董事会安排的顾问公司代表见面。

这家叫作"科创变革咨询"的公司，专注于为中小规模快速发展的高科技公司提供组织变革和管理咨询服务。它的首席顾问李明华是一位看上去干练又不失温和，大概40岁出头的中年人，他还带了一位叫弗兰克的助理。

从他们的介绍中安心了解到，李明华是一位经验丰富的组织变革专家，曾任职世界一流顾问公司，以其卓越的业务洞察力和对高科技领域的熟悉而闻名。他通常被请去帮助客户实施战略性的变革，以提高效率和促进创新，确保客户公司在竞争激烈的市场中脱颖而出。弗兰克是海外名校的 MBA 毕业生，通过实习加入科创已经有两年时间，一直担任李明华的助理。

第一次的见面，话题集中在大佬期望通过组织优化达到的目标、变革的范围、时间规划、衡量标准等各方面。大佬谈到了居安思危，希望优化组织结构、提升组织效率，以少做多，保障未来可持续发展的目标。建国介绍了目前牧童整体的三年战略。安心则展示了人力资源数据分析的发现，分享了跨部门支持工作重复、资源分散的状况，并沟通了 HR 在做的人力资源规划工作进展，包括利用变革机会进行领导力发展的期冀……

五人会议谈得很投机，很快达成一致意见，目前的组织变革将关注内部运营有效性的提升方面，暂时不涉及各业务部门的战略方向，比如产品、客户、市场等方面。"先把底子打好，做好内部的准备工作！"大佬给出了方向。

大家同意分三步走，第一步先和高管团队统一思想，做未来情境规划，通过了解外部市场情况推进内部整改的紧迫性，在项目选择上达成一致；接着人才发展委员会分派项目给牧童内部高潜力人才，启动项目；最后是各项目组开始工作，科创和牧童高管们也会密切跟踪项目进展，确保有实质性的交付。

双方约定，建国将作为牧童方面的项目对接人，随时和李明华保持沟通，并协调牧童方面内部跨部门的工作，确保业务战略方向；安心会参加建国和李明华的每一次项目会，从组织和员工的角度提供信息及她的想法。于是大佬作为赞助人，科创和牧童各两人参加的牧童组织变革战略五人小组成立了。

经过和战略小组的梳理工作，安心原先脑海中模糊的想法逐渐变得清晰起来。她很期待和高管团队再次一同学习，并实践情境规划这个工具，她相信和高管们共同规划未来会调动每个人参与进来的积极性，接下来针对组织的变革举措将会变得更容易被接纳。大佬和顾问都同意把相关的变革举措作为公司内部高潜力人才的行动学习机会，安心更是为此兴奋，这样做既增强了员工对牧童变革的知晓度，提高了参与感，又能起到锻炼和发展人才的机会，真是一箭双雕！

顾问的加入和战略小组的建立，也极大程度减轻了安心的心理和工作压力，她还在大佬的支持下又招了一名 HR 客户战略伙伴——放心。放心接手了省心的工作后，省心被调到新成立的 HR 数据分析及项目主管岗位上，这个变化发挥了省心的长处，也符合他的职业发展方向。

有了省心这个一直以来的得力帮手，安心感觉如虎添翼。她和省心约谈了组织变革项目的情况，并邀请他参与到项目中来，随时提供需要的数据。她也争取到了建国的支持，请省心作为项目管理联络人（Project Management Officer，PMO），负责跟进未来的项目管理协调工作。

· · · · · · · · ·

42. 高管动员会

推动组织变革，需要高管们理解、接纳、拥抱，乃至引领变革。

在接下来的高管会议上，大佬和高管们从上次会议谈及的费用问题反映出来的运营有效性说起，和大家沟通了公司打算和科创公司合作，对组织做进一步的诊断、分析后进行组织优化。

"不是说财务部会调整采购流程吗？需不需要搞这么大阵仗啊？"路畅是急性子，说话也比较直接。

"我要谢谢路畅开门见山提出问题……"大佬乐呵呵地说，"以前我们开会大家都是你好我好大家好，一团和气。有什么意见都不直接说出来。路畅今天打破了这个习惯，我喜欢大家有什么想法都说出来，不要藏着掖着。我们一起来辩，真理会越辩越明。"

安心思考再三，决定先开口："最近我和团队同事做了一些人力数据分析，发现一些潜在的资源优化机会。这包括整个公司在业务和非业务方面的资源分配、总部和业务部门内部重复配置的一些职位，比如培训、运营、服务等方面。另外，销售队伍内部高中低级销售代表的搭配，还有带人经理的管理宽度和深度等，都可能有可改进的方面。应该说，上次有余提到的采购费用问题像个钩子，勾出了我们可能错过的规模效益。以前各业务独立运营保障了灵活性和快速反应，现在我们可以探讨一下继续保持业务独立灵活的情况下，后台是否可以利用我们的规模提高效率、节省费用。"

听了她的话，运营和智能部门的高管们纷纷点头。运营总监潘玉开口："大家都知道，你们手下常常为了争资源打架，这次如果可以把总部和业务部门内部运营职责分分清楚也蛮好的。"

高山是新加入牧童接手 DK 管理最大业务部门的副总裁，他也开口了："我加入这段时间跑了不少客户，也和很多销售打过交道。我们部门有近百个销售代表，不过我发现他们很多时间花在内部沟通协调、填表、做报价方面，如果可能的话，我很希望 HR 可以帮助看一下怎么调整这部分，让他们的时间都花在刀刃上。另外，安心提到高中低销售代表的搭配，让我想到了田忌赛马，这倒是个可以探究的话题。"安心感激他切实提出了问题，也支持了自己的发言。

健康监测的业务总监平安说："我不反对公司在这方面找能够增强规模效益的机会。不过我的业务和其他大业务不太一样，我们做的都是小单子，市场资源需求比较高，销售代表的生产率也没法和大业务比，不过我们的销售工资奖金和大业务也都不同，希望做分析时能考虑到这些方面。"

安心发现能源和可持续发展部门的宋长远在高管会议上大部分时候都比较安静，是个性使然，可能也和不温不火的业绩有关。他说："大佬提到的组织优化对牧童的可持续发展很重要，虽然我的部门对公司贡献还比较小，人也最少，我觉得现在做这件事有必要，我没问题。"

"我的业务这两年增长比较快，人手也一直短缺，需要花大力气开拓市场。如果公司要搞组织优化，我希望不要对业务有太大影响，毕竟，开源节流，做好生意、抢占市场才更重要。"路畅也表态了。

等大家都谈了自己的看法之后，大佬开口了："我在这个行业里很多年，看过许多公司的生生死死……创业公司在度过了生存阶段后，最大的挑战就是可持续发展。这个时候公司会面对保持灵活变通，还是扩大规模、稳步发展的决策，这也是我们在高管团队需要一直问自己、不断思辨的话题。今天我们提到探索组织优化的可能性，先从内部运营开始。我们不铺开大摊子，卷到大家各自的业务战略中去，在市场、客户、技术这些方面，各位都是专家，这个项目不会涉及。不过如果我们可以在运营流程、效率、人才的资源分配方面更加优化，每个业务都会受益。这次董事会特别支持我们选了科创公司来和我们做这个项目，在内部我请建国和安心全权领导，大家可以不必担心花太多时间在这项工作上，但是我需要各位承诺，支持顾问公司和项目组的工作。后期开始具体项目时，你们的高潜力人才都会加入，也请大家支持他们在项目上的精力分配。我们最近的季度会上会由科创公司带领大家做两天的工作坊，请大家务必出席。项目执行过程中，大家有什么疑虑，也可以随时来找我沟通。"

大佬的话一锤定音，建国和安心会心地交换了眼神。

• • • • • • • • •

43. 情境规划工作坊

高管动员会之后，安心和建国又约了李明华见面，讨论接下来高管季度会议工作坊的具体安排。大家讨论后同意，第一天学习并运用情境规划工具，第二天专注在组织能力提升规划的方法上。安心虽然在 MBA 课程里学习过情境规划工具，但具体的步骤都记不太清楚了，她对接下来两天的工作坊充满了期待。

工作坊开始了，李明华作为引导师带领大家开始学习。他请大家把这次的学习想象成一次户外登山探索活动。"我们会从山脚开始，经历不同的地貌，体验或轻松或困难的挑战，最后我们会看到山顶的无限风光！"安心喜欢这样的方式，他把本来听上去高大上但似乎太严肃、艰涩的商业理念放在一个有趣的场景下进行。"看来我们一上来就被放在一个情境中了！"她心里暗暗想。

接下来李明华对情境规划的介绍就像是他作为导游，带着大家在开满鲜花的山脚下，为大家介绍要攀登的这座山的过程：

"情境规划的创始者是美国博弈论学家和未来学家赫尔曼·卡恩（Herman Kahn），壳牌石油公司在20世纪70年代将这一方法用于商业实践，成功地应对了世界石油危机事件。壳牌石油公司的做法引起了关注，他们开发的情境规划的流程和方法后来在商业领域被广泛采纳。

"情境规划是对世界在不同假设下可能如何演变的探索。通过探索各种可能的未来背后的假设，管理者们思考企业可能面临的长期挑战和意外事件，演绎假如未来发生某种情境时，公司可以做出的选择，也就是'what……if……'（如果……就……）。这些情境可以和关键的组织流程联系起来，比如战略制定、组织结构和能力规划、领导力发展、风险管理等，能够帮助管理者拓展思维、开阔视野，更全面地制定公司的长期战略。"

大家跟着顾问的指示，从个人思考开始到团队头脑风暴，探寻影响牧童未来发展的各种可能的因素，并对它们进行了分组练习。

这个过程对高管们来说既充满挑战又有趣，因为他们过往习惯于关注在当下环境中实现短期目标。

接下来大家被分成四个小组，每组负责一个分类，设想在自己的这一类驱动力下的两种极端设想。比如技术组得出了下面的两种极端情形：

情境1：技术爆炸式增长

- 人工智能、量子计算等技术快速发展
- 创新竞争激烈，市场充满机会

情境2：技术滞后和稳定

- 技术发展较为缓慢
- 竞争相对平稳，但机会有限

各小组都做出了自己类别下的两种极端情景图示。白板上有了八种情景：

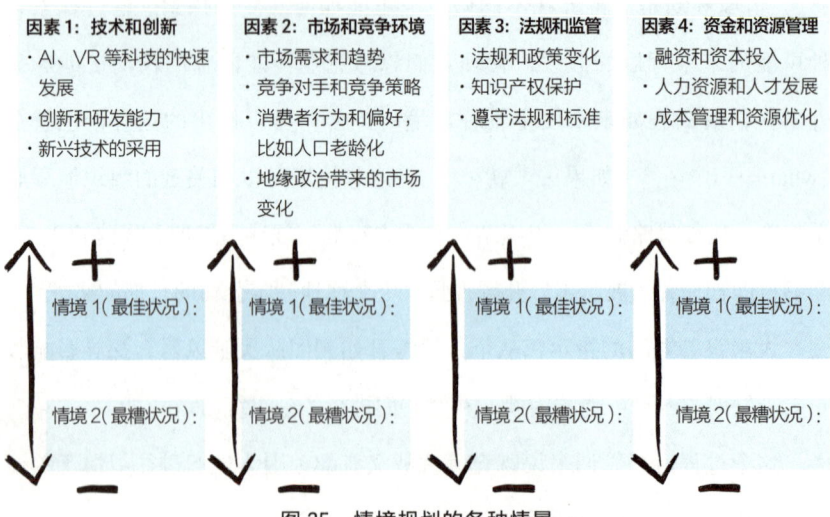

因素1：技术和创新	因素2：市场和竞争环境	因素3：法规和监管	因素4：资金和资源管理
·AI、VR等科技的快速发展 ·创新和研发能力 ·新兴技术的采用	·市场需求和趋势 ·竞争对手和竞争策略 ·消费者行为和偏好，比如人口老龄化 ·地缘政治带来的市场变化	·法规和政策变化 ·知识产权保护 ·遵守法规和标准	·融资和资本投入 ·人力资源和人才发展 ·成本管理和资源优化
↑ + 情境1（最佳状况）： 情境2（最糟状况）： ↓ −	↑ + 情境1（最佳状况）： 情境2（最糟状况）： ↓ −	↑ + 情境1（最佳状况）： 情境2（最糟状况）： ↓ −	↑ + 情境1（最佳状况）： 情境2（最糟状况）： ↓ −

图25　情境规划的各种情景

继续攀登的过程开始越来越有难度，顾问指示大家用不确定性和影响力作为横轴和纵轴，把以上四类因素放到坐标图上观察它们的位置。大家画出了下面的图形：

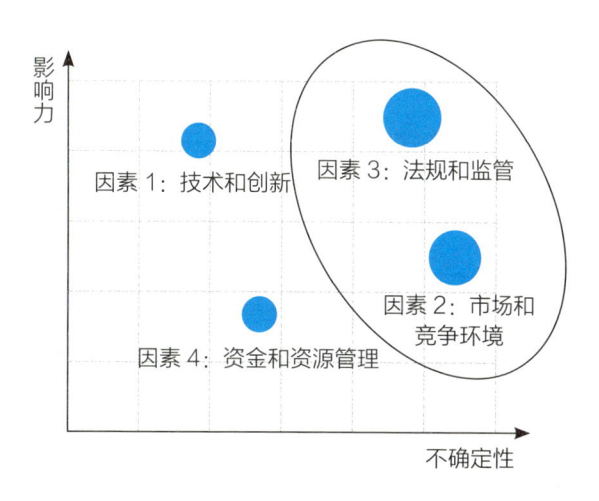

图 26　情境规划的影响因素

（制图参考：《哈佛商业评论》2013 年 4 月 30 日文章《Living in the Futures》）

这个排序帮助高管们识别哪些因素可能对未来发展的不确定性更高，以及哪些因素对牧童的影响力更大。

"接下来让我们选出两个关键因素进行 2×2 的情景呈现，比如我们选择技术和创新、资金和资源管理，这样我们就得出了更加立体的四种情景。分别设想一下各个情境的描述，以及牧童的应对策略。"李明华给大家做了范例后边走边观察大家的做法。

变革心动力

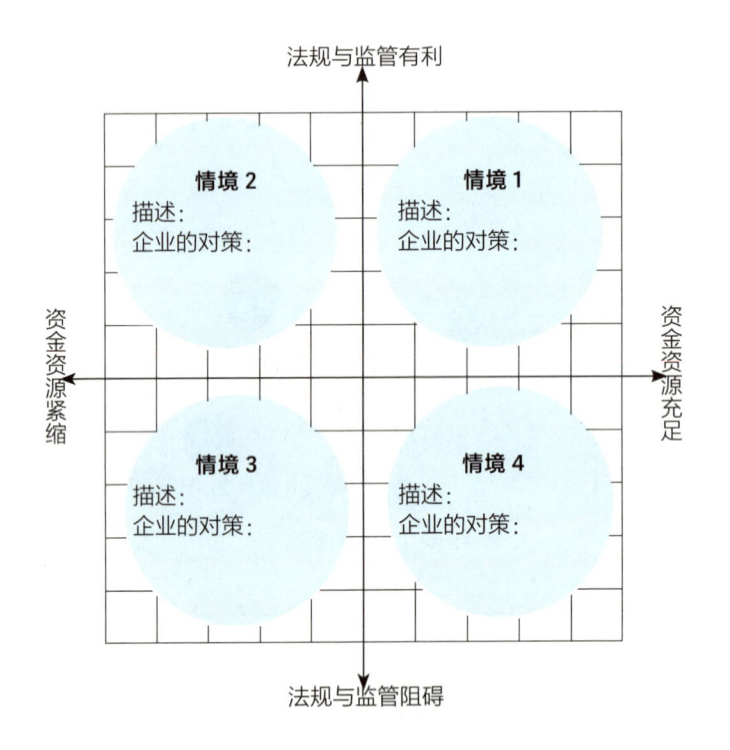

```
                    法规与监管有利
                          ↑
        ┌─────────────────┼─────────────────┐
        │    情境 2        │    情境 1        │
   资   │    描述：        │    描述：        │  资
   金   │    企业的对策：   │    企业的对策：   │  金
   资   │                 │                 │  资
   源   │                 │                 │  源
   紧 ←─┼─────────────────┼─────────────────┼─→ 充
   缩   │                 │                 │  足
        │    情境 3        │    情境 4        │
        │    描述：        │    描述：        │
        │    企业的对策：   │    企业的对策：   │
        └─────────────────┼─────────────────┘
                          ↓
                    法规与监管阻碍
```

图 27　情境规划示意图（1）

　　他鼓励高管们选择不同的因素进行 2×2 的组合。好像山势陡峭，大家的体力也开始下降，安心看到自己和队员们时走时停，不时需要停下来思考或者向顾问咨询。

　　不同因素间的组合带出了更多的场景，有人咨询如果在两个因素之上再加一个因素会怎样。

　　"为什么不自己试一下？"顾问反问道。

　　"试试就试试！"接着大家看到了立体的八个场景。

214

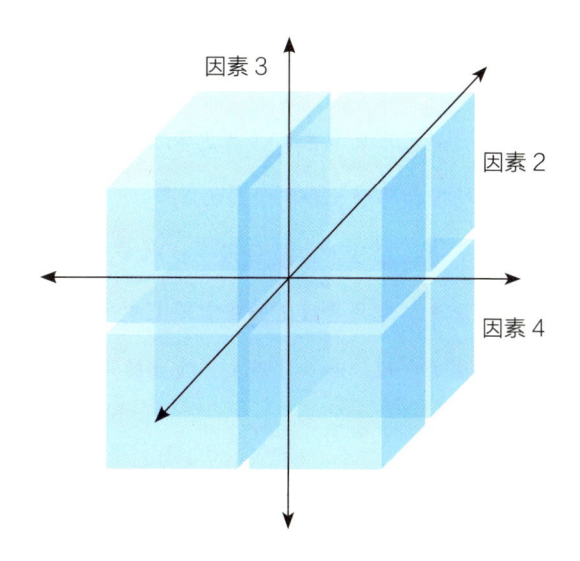

图 28　情境规划示意图（2）

"晕了，晕了！这怎么搞呀？！"有人在哀叹和抱怨……安心好奇地观察着。

正当大家感觉被无数的可能性淹没的当下，李明华要求每个人安静下来，仔细看一圈各个情境，然后每个人投票选出：

- 最乐观的情境；
- 最糟糕的情境；
- 最可能的情境。

这一轮，大家的选择集中在了技术发展、企业的资金及人才供给这两个因素的组合上：

·最好的情境：在高技术发展速度（技术爆炸式增长）的环境中，企业成功获得了足够的资金和人才。这将使企业能够快速采用新技术、创新产品和服务，满足市场需求，并在竞争激烈的市场中蓬勃发展。公司可能会取得市场份额的增长和高盈利的成果。

·最糟糕的情境：在技术进展较慢（技术滞后和稳定）的背景下，同时资金和人才匮乏。这将导致企业难以跟上竞争对手，无法满足市场需求，并可能面临资金短缺和人才流失。企业的市场份额可能下降，利润受到压力，甚至可能导致生存威胁。

·最可能的情境：介于两个极端之间，即技术发展速度适中，而资金和资源的供应相对平稳。企业可能会遇到一些技术挑战，但它们能够适应这些挑战并在竞争中保持竞争力。市场份额和利润可能会有一些增长，但不会像最好的情境那样迅速增加，也不会像最糟糕的情境那样下降。

"情境规划不是预测未来，只是把纷繁复杂的可能性可视化，得出我们的叙事：假如任何一种情况发生，我们将如何应对。大多数情况下，我们选择两个因素，这就是2×2方法。当有三个轴时，你可能发现某些轴的组合可能不合逻辑，或者一些组合产生的很多情境其实非常相似，这种时候我们可以合并多个场景，关键是得出你感觉合乎逻辑的组合。"

听着顾问的解说，一些人露出若有所思的表情，一些人点头同意……

"来，我们继续，还没有结束。大家想一下，对我们选出的情境组合来说，如果要加入一种高度不可预测的因素，我们也可以称之为'黑天鹅事件'，你会选什么？"李明华继续发问。

"就是类似于'9·11'这样的事件吗？"有人问，李明华给予了肯定。

大家讨论得出自然灾害或突发事件相关的因素可能会对企业的运营、

供应链和市场环境造成严重干扰,比如地震、洪水或大规模疫情、战争等;针对牧童所在的行业,还要特别考虑到网络安全、金融危机等;这些都是大家在近年来经历过或在全球范围见证了的事件。

"这些事件会引入额外的不确定性,但是企业难以提前规划或应对这些事件。在情境规划中,考虑这类因素会有助于更全面地应对未来风险和挑战。"李明华对大家的讨论做了总结。

行路至此,安心感觉跟着顾问一步步练习获得的大量信息已经有些难以承载,环顾四周,似乎也有其他同事面露疲态。

"加把油,我们来到今天的最后一步,把我们选出的最可能的情境加上黑天鹅事件的约束,创建牧童的场景叙事。想象你现在站在山顶了,放眼四周,你看到有诸多因素可能影响牧童的未来。在其中,你需要聚焦在两个或三个关键因素上,这些对牧童未来的发展至关重要。聚焦时,想象你通过一个广角的高倍望远镜看向远方,一些很模糊的景象慢慢清晰……请大家在各自的小组里分享你看到的画面。"

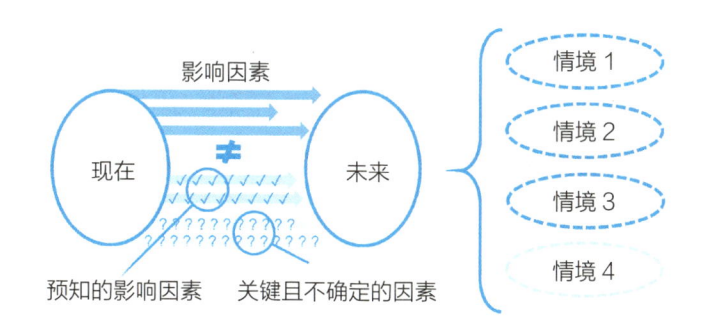

图29 情境规划示意图(3)

会议室安静下来,大家都陷入了沉思,一些人闭目安静地凝思,一些人在纸上写写画画……几分钟后，会议室又像开锅的水在噗突突冒泡泡。

李明华邀请各小组快速做了分享，然后带着大家梳理了今天走过的各个步骤。

"今天我们的行程先到这里。明天我们会一起来看，面对有着大量不确定性的未来，我们现在可以开始做些什么……大家今天都辛苦了，晚上好好休息一下，我们明天见！"

安心觉得有太多需要消化的内容，但是现在，她只想赶紧回家，看到小安的笑脸，和家人一起吃饭，放松自己的神经。

◆ ◆ ◆ ◆ ◆ ◆ ◆ ◆

44．组织能力规划工作坊

第二天的工作坊如期开始，大佬再次强调了他在昨天工作坊开启时讲话的信息："……昨天我们共同创建了未来可能发生的多种情境，并深入分析每个情境对我们业务和组织的潜在影响。这些情境将成为我们决策的依据，让我们能够更加有针对性地制定策略、调整业务模型，并做好组织准备。

"今天我们会关注业务和组织方面，探讨我们可以从现在开始做的事情！相信大家将不再只是依赖对当前状况的理解，而是能够提前洞察潜在的挑战和机遇。这将是我们保持竞争力、创造可持续增长的关键一步。

"我也很欣赏各位昨天的全情投入和深入探讨，我有机会观察到大家的战略思维，也见证了我们的团队合作，对今天的讨论我充满期待！"

第三章 组织优化实践

顾问李明华接过话筒："我邀请大家想象，昨天我们经过一番努力登上了一座小山，放眼望去看到珠穆朗玛峰壮观但朦胧的景象。今天我们要做的是探讨从现在开始要做哪些准备登顶珠峰！"听着他的话，安心脑海中立刻浮现了一队登山运动员在风雪大作的天气里攀登雪山的场景。"希望牧童的未来不至于要在这么艰难的环境里生存啊！"她在心里默默念叨。

"我们首先要做的是审视已有的战略，考虑到未来的不可预测，根据我们做出的情境规划，看是否需要从战略层面做部分调整，或者增加一些防范风险的部分。"李明华接着说。

基于情境规划和当下外部环境的变化，大家对牧童的五年战略从资金、产品和技术、人才、市场几方面进行了重新评估。

牧童成立到成长的第一个七年，正值全国及世界经济快速腾飞的阶段，当前整体社会经济发展放缓，未来5—7年经济环境的预测也不容乐观，大家得出的结论是牧童必须保障充足的现金流以实现可持续发展，从现在开始需要审慎考虑支出并开源节流。

过往的七年，牧童不断推出新产品和服务，一直执行的是以产品为中心的战略，随着市场变化，接下来需要实现以客户为中心的转变。虽然这个转变概念一早就被纳入公司的战略中，并在产品研发部门倡导了很久，但是高管们一致认为需要改变员工，尤其是前线市场营销人员的认知，从而促进行为改变。

谈到员工行为的改变，话题自然地来到确保留住顶尖人才。牧童已经在招募和发展人才方面做出了很多努力，公司一贯的高增长也吸引了很多人才，除了已经在做的人才评估和发展计划外，人才保留方面可以更加细致，及早了解并适时干预人才的动向。

大家也讨论了加速增长的各种可能性，包括扩展到新的行业垂直领域、拓展相邻产品或服务，或者进入新的地理区域，比如出海，或者收购其他公司，等等。这些重要决策一般由董事会拍板，但是现在高管们第一次共同在牧童整体层面思考并规划未来，而不是被季度、年度的指标压着只盯着眼前的数字，安心可以感受到大家思路打开后看得更高也更远了。

说到市场的不确定性，牧童所在的行业受政策影响比较大，高管们需要对市场和政策变化及时了解，并建立有效的反应机制，这方面也促使华捷思考如何能够让部门的工作更有前瞻性。

有同事提问："昨天谈到黑天鹅事件的可能性，我们可以做些什么准备呢？"

李明华调出昨天大家讨论的情形：疫情、自然灾害、网络安全、金融危机等，"这些事件发生的概率不大，不过一旦发生会对企业造成严重冲击，我建议牧童考虑成立危机管理小组"。

法务的陈泽清举手，说他可以和供应链及运营总监潘玉配合，共同制定牧童危机管理计划，评估并加强供应链、物流、库存；同时关注数据备份、网络安全等方面的工作。大家谁都没有想到，这次讨论中最不起眼的这个话题和相应的举措，在不久的将来帮助牧童在突如其来的变化冲击中快速调整、站稳了脚跟。

基于对战略的讨论，大家从业务和组织两个方面具体探索现在可能做的准备，之后得出结论：外部因素不可控，我们能做的只有提升组织抵御外部变化冲击的能力。

讨论至此，之前组织优化战略小组精心策划的主题"组织能力规划"浮出水面。

李明华分享了科创公司关于组织能力规划的工具：这个工具基于对环境因素的分析（情境规划），从战略定位起步，分析组织能力需求，将这些能力分类为战略核心能力和基础合规能力等，探索内部业务（产品）和外部市场（客户）需求之间的联系，确保宏观层面的一致性；然后到微观层面做出组织的选择，这些选择包括了分析并调整工作流程和工作内容，重新设计组织结构，评估并发展人才能力，对组织文化进行干预，加强领导力建设等活动。

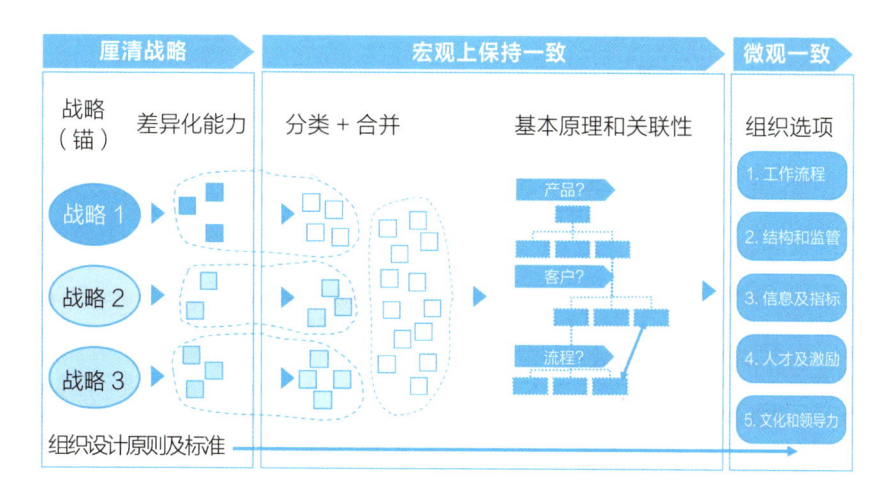

图 30　组织能力规划工具（制图参考：据 Align Org 公司示意图改编）

这个工具乍一看让人觉得眼花缭乱、不明所以，虽然安心大学的专业是管理学，又做了这么多年的 HR，理解起来也还有些困难。安心留意到很多高管脸上的表情，这是比昨天登山最困难处更加茫然的表情，毕竟，昨天的话题还在大家熟悉的市场、业务范畴，今天专注在组织建设层面，这个话题 HR 一般也都涉猎不深，更遑论在外拼杀的业务高管们。

刚好是茶歇时间，安心和建国一同去见李明华，商议如何能够让高管们更容易理解组织能力规划流程。

"别担心，相信我，跟着流程走，我们很快会聚焦在实实在在的项目和行动上！"李明华很有信心地表示，高管们很快就会拨开云雾见天日。建国也说："咱们先走着看！"

接下来的流程果然没有安心担心的太多挑战，当顾问用高管们熟悉的业务语言谈及组织能力、差异化竞争优势、产品和客户需求对接、业务核心流程时，讨论非常顺畅地进行着。

大家的讨论最后集中在组织能力规划的切实项目上。高管们一致同意在以下几个方面立项：

1. 销售资源优化——这是回应高山提出的让销售们时间花在刀刃上的要求；

2. 销售能力优化——对不同级别的销售代表的能力建模并评估个体能力，提升销售有效性；

3. 内部运营优化——评估跨部门协同的可能性，这是从礼品采购费用高的问题引出的机会；

4. 人才流动预测——安心分享了去年招聘的人数一半多都是为了补缺，产生大量隐性浪费；

5. 组织结构优化——评估并提升人力资源分配有效性。

有同事建议把这五个项目叫作"牧童大五项目"（Big 5！）。这个倡议得到了大家的响应。

谈及开展项目需要的资源时，在座的大部分高管都是牧童人才发展委员会的委员，大家一致认为这是将人才发展和牧童的组织需求结合起来的好机会，这些项目将作为公司高潜力人才发展的行动学习计划。

45. 组织优化核心理念和原则

牧童人才发展委员会针对高管工作坊制定的牧童大五项目，对公司目前的高潜力人才做了匹配，开始分头建立自己的项目组。每个项目都有两位高管做赞助人，项目负责人和核心成员由高潜力人才担任，HR领导团队的各位同事也都加入了不同的项目组提供专业支持。人才发展委员会借季度会议的机会，邀请了五个项目组共同参加了牧童大五项目启动会。

启动会上，建国和安心向大家介绍了大五项目产生的背景和高管们的期待。接下来的时间，项目组深入讨论了这次围绕组织优化工作的核心理念和基本原则，这些是指导项目前行的明灯。

核心理念：

· 以战略为起点，以结果为终点：组织结构服务于组织战略；组织设计和重组应该紧密关联组织的战略目标，确保组织结构和流程支持这些目标的实现。

· 以创造客户价值为中心：根据为客户或最终用户提供的价值来构建和安排组织内的流程、团队或活动。

· 以人为本：优先考虑员工的福祉和发展。培养重视多样性、包容性，并赋予个体有意义工作的赋能文化。

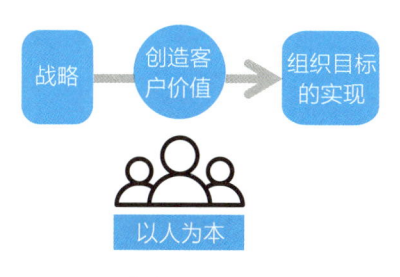

图31　牧童组织规划核心理念

核心理念如同人的价值观，基于这些核心理念，大家很快对以下指导原则达成了共识：

1. 拔高原则：为牧童未来3—5年的发展做能力规划，从组织结构、工作设计到流程、员工能力都要充分考虑到外部环境的变化和牧童的战略目标。

2. 稳定性和灵活性兼备：既要保障组织持续运营的稳固和人心稳定，又能够迅速应对市场快速变化的动态。

3. 鼓励创新、团队协作、分权决策的文化。

4. 迭代和持续改进：组织设计和重组是一个不断演化的过程，应该不断寻求改进和优化。通过建立员工和客户反馈机制，收集内外部信息和反馈，对流程和技术进行优化和迭代。

有了核心理念和指导原则作为框架，省心又引导各项目组运用A3项目管理工具对各自的项目要解决的问题、项目范围、可能遇到的挑战、需要的资源以及项目大致进程做了具体讨论和汇报。

在这样的团队学习过程中，安心总是会被大家的积极互动和集体智慧感动，每个项目小组汇报首次会议讨论时都发挥创意，对原来干巴巴的项目名称做了修改：

1. 销售资源优化——"变形记"；

2. 销售能力优化——"销售达人养成计划"；

3. 内部运营优化——"一比五大"；

4. 人才流动预测——"后视镜还是透视镜？"；

5. 组织结构优化——"牧童塑形记之增肌减脂"。

这些奇怪又抓眼球的项目名称让安心迫不及待想要了解更多。

在启动会收尾的环节，安心带着大家以设计师的视角，从不同角度审视这些项目：它们涵盖了人才、工作角色、工作流程和组织结构这些对组织效能起关键作用的因素，应该是比较全面了。

既然组织优化的核心理念是组织服务于战略，那么这些项目和牧童未来三年的战略规划核心内容的关联性是怎样的呢？大家讨论后得出下面的关系：

战略（锚）	项目和战略关联性	组织优化项目
① 创新驱动：提升产品和服务创新	通过在组织结构、运营和销售方面的创新提升组织运营效率，建立创新文化，推进公司技术创新和产品开发。	·销售资源优化——"变形记" ·销售能力优化——"销售达人养成计划" ·内部运营优化——"一比五大" ·组织结构优化——"牧童塑形记之增肌减脂"
② 客户导向：增强客户关怀和满意度	通过提升销售能力、优化销售流程，提供更符合客户需求的解决方案，实现从产品为中心向客户为中心的转变。	·销售资源优化——"变形记" ·销售能力优化——"销售达人养成计划"
③ 人才导向：关注员工发展和文化	前瞻性预测人才需求并保留人才，满足未来市场和技术变革对人才的需求；积极主动地为人才创造发展成长的环境。	·人才流动预测——"后视镜还是透视镜？" ·销售能力优化——"销售达人养成计划"

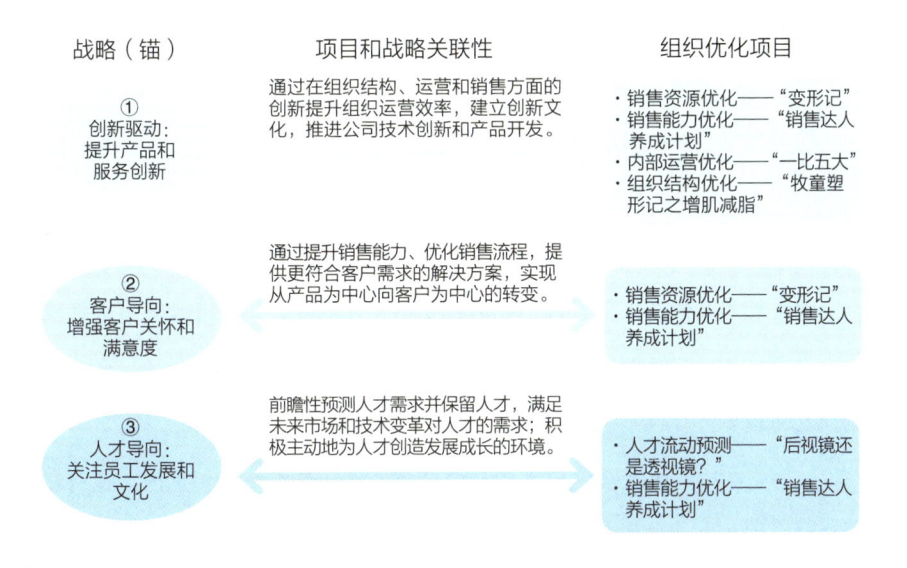

图32　牧童组织规划项目与战略关联性

这个收尾练习呼应了启动会开始时的背景介绍，帮助每一位项目成员建立了全局观。

接下来就是每个项目的具体操作和全程沟通了。由建国作为大五项目负责人，省心作为项目管理员，加上场外的科创咨询公司提供专业顾问指导，还有牧童几十位不同层级高潜力人才的参与，安心很期待看到每个项目的进展和成果。

46．人才流动预测项目：后视镜还是透视镜？

安心被邀请参加的第一个大五项目的进展汇报，是由热心提供支持的人才流动预测项目。

项目背景和目标介绍简单直接：

·背景：留住出色的人才是牧童可持续发展的关键，公司已经在人才发展方面做了大量投入，也取得了不错的成效，但一直没有有效的流程和工具，无法预测现有人才的离职风险，从而采取主动措施，预防潜在的损失。

·目标：建立系统的流程和实用的工具评估人才流失风险，适时提醒并指导经理们采取措施，提前干预，最大限度地留住人才。

项目的第一阶段针对牧童近三年的员工流失数据、内部员工满意度调查结果等做了详尽的分析，得出牧童员工流失的重要原因；同时参考了外部顾问公司提供的保留人才的关注点。

通过离职员工填表和离职面谈得到的数据显示，牧童员工离职主要原因按重要性排序如下：

1. 职业发展机会：离职同事认为自己在牧童未来发展受限；

2. 薪资福利：外部有更好的薪酬福利机会，同时在内部待久后加薪空间有限；

3. 和经理相关：这个部分和离职员工对经理的能力、公平性以及责任感甚至职业操守的负面评判相关；

4. 和工作相关：不喜欢做现在的工作，工作满意度下降；

5. 个人原因：疾病、求学、家庭和工作平衡等。

分析牧童近三年的员工满意度调查和内部文化调研结果，得到的结论符合离职面谈提及的前两项，但对工作流程的效率不满、对绩效评估的公平性不满位居第三。

与此相对应，在提升员工敬业度的驱动力方面，外部顾问公司的数据显示，只要能够在员工离职的首要原因方面努力，员工留任并敬业的可能性就能大幅提升。

第二阶段的进展汇报中，项目组跳出离职人员给出的理由，从外部环境、内部组织和个体统计数据角度做了进一步的分析和关联性研究。

可能影响到员工离职的外部环境因素，包括市场经济状况、总体就业形势、行业发展前景、行业人才供求情况等，这些因素会整体上影响个体的心态，有人可能会犹豫是求稳还是求变。

接下来是个体所在组织的情况，公司和团队业绩状况、公司是否有大的并购发生、是否有领导层的变更、直接经理变化情况、团队内是否有人得到晋升、新人加入或离职、团队内部是否有大的事件发生……这些也都会在一定程度上对个体带来冲击，影响去留决定。

个体统计数据包含了员工个人信息、个体行为和经理的看法几个部分。

个人信息部分包括员工的年龄、性别、受教育程度、通勤距离和便利性、加入公司的时间、在现有职位上的时间、上次获得晋升的时间、目前的职级、纵向和横向发展的职业选择机会、薪资在公司内外的竞争性、家庭状况变化（单身、结婚、是否有子女、子女年龄等）、员工业绩评分等。而行为部分则需要经理的观察：员工最近的工作表现、工作中的主动性和参与度、参加集体活动的积极性、员工和经理及同事的关系等；经理对员工的个人技能在行业市场的竞争性、猎头主动联系员工的可能性的看法等信息也被囊括在内。

听着项目组的分析汇报，一方面安心觉得他们想得很周全，另一方面她忍不住提问并反馈："当把这么多的内外部因素都放在一起考虑时，各个因素的权重该如何分配？""不同因素之间的关联性如何？""在日常工作中如果要经理进行这样全面细致的思考似乎不太现实。"

项目组的同事不慌不忙地接住了安心的问题："所以针对这些分析，我们提出了全面的解决方案，包括经理和员工在一对一沟通中可以使用的一套员工满意度评估卡片，帮助经理了解对每一个员工个人来说，哪些是保留员工的关键因素。基于这套卡片的内容，我们开发了一个经理日常方便使用的员工离职风险评估表。这是这一项目的重磅武器，是IT部门同事运用大数据和机器学习算法开发出的个人离职倾向模型工具。运用这个工具，把刚才提及的各种数据和信息输入系统，工具就会根据建模和算法提供一个实时指标，这些指标代表了员工离职倾向的风险等级。根据风险等级，经理可以采取措施，针对离职风险高、对公司又特别重要难以替代的员工进行主动干预，比如进行关于职业发展的一对一沟通，或是分派项目发挥员工特长、提升员工技能，必要情况下考虑加薪升职等。这样能够增加牧童留住顶尖人才的可能性。"

"所以经理们依据这个预测，可以努力留住人才，或者提前开始搜寻替代人选，以防万一留不住？"安心接着提问。

"的确是这样！我们想在以往总是透过历史数据预测未来的基础上，为经理们提供实时的人才流失预测工具，帮助经理们更主动地行动！这也是为什么我们的项目名称叫作'后视镜还是透视镜？'——历史数据有参考意义，好比'后视镜'；对目前情况实时了解并预测，就好像有了'透视镜'。"项目经理的回复解答了安心之前产生的疑问。

接下来，项目组的同事分别对三个工具做了演示。

员工满意度卡片是项目组经过自己设计和多方搜寻后推荐使用的一套国外人力资源顾问公司开发的工具。这套卡片可以在经理和员工一对一谈话时使用，用于打开话题；也可以是团队会议前的热身小游戏，目的是帮助经理和员工相互更好地了解双方，透过卡片游戏，经理也有机会更深入地了解员工的状况，以及对每一位员工来讲最重要的人才保留因素。

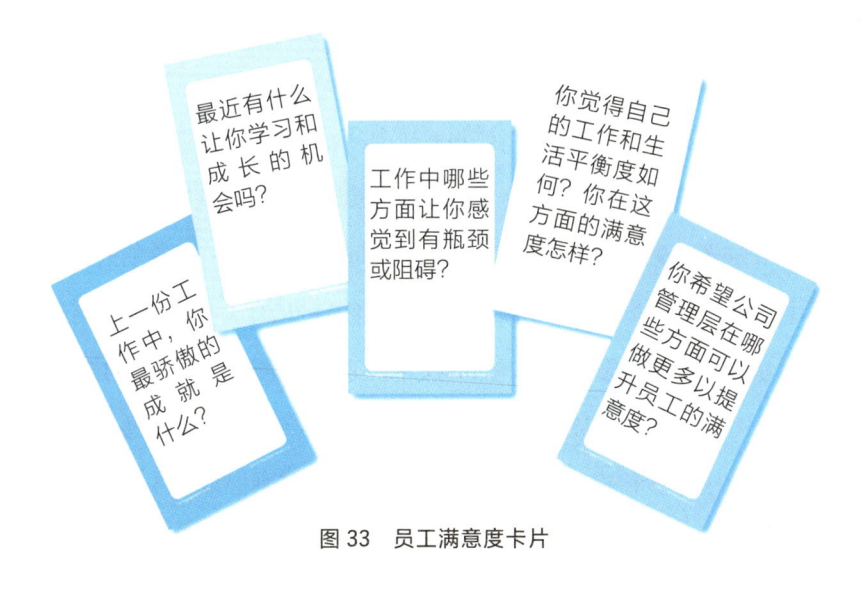

图33 员工满意度卡片

员工离职风险预测表则是一个简单方便的问卷表格。基于日常观察以及和员工的互动，假设经理对下属的情况比较了解的情况下，如果想要预估某位下属的离职风险，经理填写离职风险评估表后就可以看到一个分值，根据分值确定是否需要做更多的干预。这个表格的好处是简单易用，弊端也很明显，就是很大程度上会依赖经理的判断，比较主观。

毫无疑问，基于大数据和机器学习开发的人才离职倾向性模型得到最多关注。牧童IT部门的同事采用了先进的科技，利用逻辑回归、决策树和神经网络等机器学习算法来估计员工在特定时间范围内离职的概率，模型考虑的诸多因素在项目组前端的数据分析中都有涉及。这个模型的价值在于给经理们提醒，防范人才流失给公司带来影响。

目前项目组开发的模型还只是测试版本，初步使用的效果表明工具的估计准确率大概在80%，想要进一步推广使用，还需要对后续的开发成本以及模型的有效性做更多的调研。IT部门同事也提出国外已经有专门的离职预测软件可以购买使用，但是使用牧童自己内部数据开发模型会更加符合牧童的情况。

关于人才流动预测项目组的汇报，建国、安心，以及在场的其他高管都对项目组的工作进行了充分的肯定。安心尤其欣赏项目组跳出传统方法，尝试用卡片这样有趣的方式在日常工作中关注每个人的需求；更高明的是想到运用科技建模分析，预测离职倾向这样难以把握的信息。安心指导项目组进一步提供开发和购买成本信息，同时探寻新工具和牧童目前使用的HR管理软件的兼容性。另外，因为分析数据中也包含大量个人信息及经理的主观判断，所有数据的隐私和经理观点的公平性也是需要特别留意的部分。

预测离职风险是为了更有针对性地采取干预措施，真正留住人才。所以项目组在第三阶段的进展汇报中提供了完整的工具包，其中包含了进一步加强人才发展和文化建设的具体建议、对新晋经理关于人才激励的培训、关键人才保留策略等等。项目组建议 HR 部门定期启动牧童全员流动性预测工作，运用人员离职倾向性模型，定期发送提醒给经理，协助并跟踪经理们的行动，保障最大限度地留住人才。

针对提升全员敬业度方面，项目组提出了很多人性化的小举措，这些对打造牧童以人为本的文化特别有效，包括给员工发送入职周年纪念日、生日庆祝邮件，发送微信祝福和礼物卡，提供员工在牧童的年度成长记录（参加了多少培训、项目、取得了哪些成就）等。这些过往没有想到，或者感觉实施起来很麻烦的事情，通过 IT 部门的帮助实现了自动化，这些举措对提升牧童的全员敬业度起到了积极作用。

通过数据驱动决策，利用科技提升客观性和准确度，结合已有的人才发展和文化建设举措，增强经理们日常管理技能，再加上人性化的关爱，这个原先只关注人才流动预测的项目实际上把牧童的人才建设和文化建设的各个部分都结合在了一起。

47. 销售资源优化项目：变形记

牧童的三大战略之一是，从以产品为中心向以客户为中心转变，为客户创造价值。要实现这一战略，面向客户的销售人员的资源组合、工作流程和角色设计，以及销售代表的行为和能力就格外重要。在确定项目时，组织能力规划工作坊经过激烈的讨论，最终把关于流程、角色设计和结构相关的部分重新立项，即销售资源优化项目，而把提升销售代表能力单独立项。

遵循统一的 A3 项目管理工具，销售资源优化的背景和目标如下：

> 背景情况及具体问题：牧童自成立至今业务种类与日俱增，规模不断扩大，不同业务部门的客户需求有很大差异，但各部门一直沿用传统的销售模式，即销售代表作为客户的单一接触点，需要跟进从最初拜访到方案制定、报价、最终成交的销售全流程，这一模式对销售代表能力要求比较高，同时不能有效满足不同客户群体的需求，导致销售团队生产力低下，而且一有人员变动，公司业务风险就比较高。
>
> 项目目标：通过对销售队伍有效性做诊断和评估，深入了解旧有销售模式存在的问题，根据客户需求，在销售工作流程、角色设计和结构设置方面提供有效的解决方案，提升员工和客户满意度，创造更大价值。

项目组运用多种方式对销售队伍的有效性做了全面的诊断和评估，比如：

> 客户调查和反馈：通过访谈大客户和行业客户，在线收集中小客户及消费者的反馈，项目组得以了解客户的购买体验、需求和期望，以及不同客户群体对牧童销售表现的反馈。
>
> 销售数据分析：对销售数据进行深入分析，包括销售额达成率、客户流失率、奖金发放比例等指标，发现不同业务的销售团队以及不同级别的销售代表的生产力和绩效差异。
>
> 内部各部门协同度评估：针对内部市场部、销售部、售前技术和售后技术、客户服务以及代理商运营、财务部门的合作情况，信息共享频

率等数据，评估内部协同工作的效果。

通过以上方法的综合分析，项目组汇报了现有销售模式存在的具体问题：

1. 销售代表工作满意度低：销售在跟进全流程过程中工作量和压力都比较大，既要拜访客户，又要花费时间做内部协调沟通及报价准备和发送文书等工作，要求具备的知识和能力范围也都比较广。因此全公司销售人员流失率最高，而培养一个合格的销售代表需要耗费很多的时间和精力。

2. 客户满意度不高：由于销售方式的单一性，客户体验缺乏个性化，中小规模客户未能得到足够关注，影响了客户满意度，也流失了很多潜在的业务机会。

3. 内部运营效率低下：现有销售模式服务于大客户和行业客户时，需要销售代表花大量时间做内部运营协调，这导致销售代表工作效率低下，销售、市场和技术及服务部门的协同配合也需要提升。

这些详尽的诊断为制定更科学、灵活的销售团队配置和工作方式提供了有力的数据支持。高山是这个项目的高管赞助人，他根据过往丰富的经验给了项目组明确的方向性指导，一心作为HR代表参与了这个项目，在接下来的工作流程和角色设计方面充分发挥了她的专业知识。

她指导项目组从公司销售代表的日常工作流程开始，了解整个价值链过程中销售代表需要打交道的各个内外部接触点，绘制了销售流程图，在每个价值节点清楚地描述销售的工作内容。下面是针对大客户的销售流程图。

变革心动力

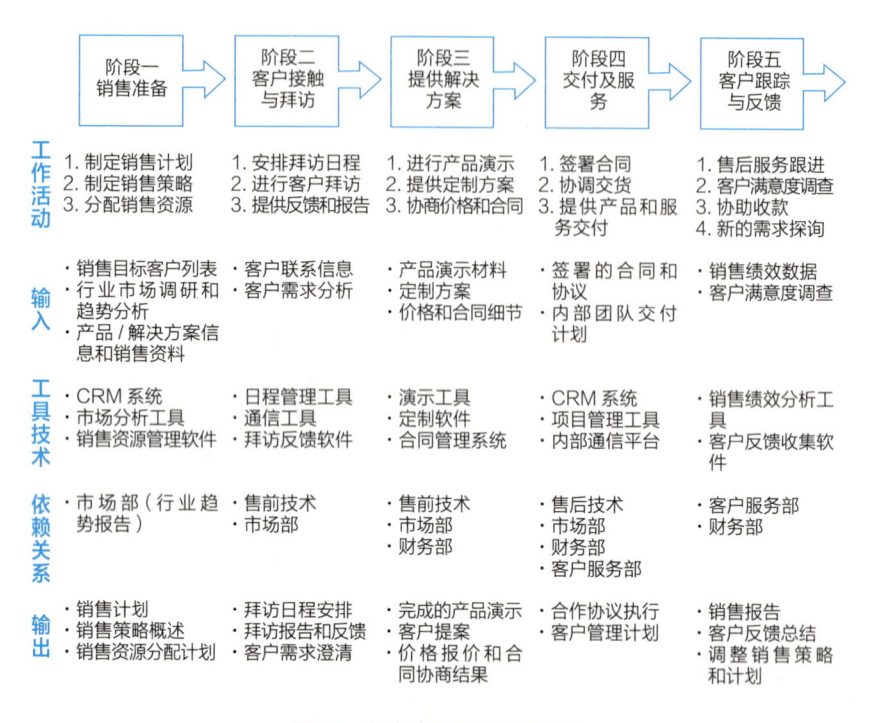

	阶段一 销售准备	阶段二 客户接触与拜访	阶段三 提供解决方案	阶段四 交付及服务	阶段五 客户跟踪与反馈
工作活动	1. 制定销售计划 2. 制定销售策略 3. 分配销售资源	1. 安排拜访日程 2. 进行客户拜访 3. 提供反馈和报告	1. 进行产品演示 2. 提供定制方案 3. 协商价格和合同	1. 签署合同 2. 协调交货 3. 提供产品和服务交付	1. 售后服务跟进 2. 客户满意度调查 3. 协助收款 4. 新的需求探询
输入	·销售目标客户列表 ·行业市场调研和趋势分析 ·产品/解决方案信息和销售资料	·客户联系信息 ·客户需求分析	·产品演示材料 ·定制方案 ·价格和合同细节	·签署的合同和协议 ·内部团队交付计划	·销售绩效数据 ·客户满意度调查
工具技术	·CRM系统 ·市场分析工具 ·销售资源管理软件	·日程管理工具 ·通信工具 ·拜访反馈软件	·演示工具 ·定制软件 ·合同管理系统	·CRM系统 ·项目管理工具 ·内部通信平台	·销售绩效分析工具 ·客户反馈收集软件
依赖关系	·市场部（行业趋势报告）	·售前技术 ·市场部	·售前技术 ·市场部 ·财务部	·售后技术 ·市场部 ·财务部 ·客户服务部	·客户服务部 ·财务部
输出	·销售计划 ·销售策略概述 ·销售资源分配计划	·拜访日程安排 ·拜访报告和反馈 ·客户需求澄清	·完成的产品演示 ·客户提案 ·价格报价和合同协商结果	·合作协议执行 ·客户管理计划	·销售报告 ·客户反馈总结 ·调整销售策略和计划

图34 牧童大客户销售流程图

当项目组对牧童各个不同的业务部门绘制类似的流程图时，大家发现由于客户的不同，销售代表的日常工作有很大的差异性——大客户销售要求建立长久关系，销售代表大部分的时间应该花在客户身上，然而内部协调、方案制定、出报价、改方案这些工作占去销售代表很多时间，尤其是他们多数时间在外面，做这些事情很不方便。同样地，面对中小客户的销售代表也需要在有限时间内拜访尽可能多的客户，然而后台的文案和内部协调工作占据了他们太多的时间和精力……

健康监测部门主打智能消费类产品，面对的是小型零售商和消费者，所有的联系几乎都是通过网络进行，销售流程和对销售人员的能力要求又很不一样。行业客户的需求和大客户类似，但是需要销售代表具备更加强大的项目管理能力,能够在短时间内整合市场、售前技术部和行业专家,针对客户的需求共同制定方案,并进行演示、参与招投标工作。

目前已有的销售工作以经验模式为主,在日常工作中凭借个人经验解决问题,以逐步调整、适应完善。这次项目组在高山和一心的指导下,根据客户需求、销售周期、工作流程和工作活动,科学地梳理出牧童销售队伍的角色配置、行为要求、知识储备、能力标准等,提出了以下解决方案:

客户类型及销售类型	行业客户	大客户	中小企业客户	小微企业及消费者客户
销售代表类型	项目管理型销售（乐队指挥家）	关系型销售（农夫）	开拓型销售（猎人）	在线服务型销售（向导）
销售资源配备	市场部、售前和售后由销售代表调配,形成行业客户项目组,销售代表有相当的决策权	每个大客户销售代表配备一个内部销售代表	每个中小客户销售代表都配备有内部销售代表	每个销售代表配备先进的办公设备随时进入公司销售系统调用信息
内部销售代表工作职责		协助大客户销售制定方案、做报价、随时改动方案和报价;协调销售全流程内部支持及售后服务和回款跟踪等	配合中小客户销售代表提供报价、电话支持等服务;及时在线响应客户咨询	配合市场部随时制定和调整在线促销方案,负责电话和网络销售,在线回答客户咨询
销售资源配比	1+N模式,根据项目需求;一般情况下项目组一个时间段内服务的客户不超过5个	大客户销售代表和内部销售代表1:1比例,服务的客户数量在5-10个	每个内部销售代表支持2-3位外部销售代表;每个外部销售代表负责30-50个客户	一个销售代表支持50-100个客户

表6 牧童销售模型

针对不同类型的销售代表,招聘和培训时对技能和知识的关注点有所区别,由此带来的业绩评估和奖金方案也有非常大的差异。例如行业客户销售代表的工资和奖金比例基本是7:3,大客户销售代表的底薪和奖金在

6：4或5：5，这样的做法能够鼓励他们深耕客户关系，而不必担心收入保障。开拓型销售和在线服务型销售则更多以奖金刺激相对短期的销售行为。

在横向对上述四种类型的销售代表进行区分之后，根据技能、知识和经验的不同，销售代表在纵向上可以分为初级、中级、高级销售代表，这也清晰地列明了销售的发展路径。相比较过往依据产品区分业务部门，或者在同一业务部门单一地纵向划分级别，新的销售队伍角色设定和相应的激励政策产生了新变化，能够帮助销售代表依据自身特点选择合适的销售角色并明确发展路径。

听着项目组详尽的汇报，安心和其他高管们纷纷点头，对他们深入的分析和全面、细致的建议都大加赞赏。

安心想到了项目组为"销售资源优化"加了个有趣的名字——"变形记"，她忍不住提问："我想听听你们对项目名称'变形记'的演绎，估计员工们也都很好奇。"

"我们在项目启动会上确定的这个名字。它源自'阿米巴变形虫'的概念。我们受稻盛和夫写的《阿米巴经营》一书的启发，设想将阿米巴变形虫作为销售组织结构的模型。希望我们的销售队伍像阿米巴变形虫一样，能够根据环境的变化，快速调整自身结构和行为。

"目前的方案中，我们根据客户需求特点，把单一的销售代表角色'分化'成四种销售代表类型：项目型、关系型、开拓型和服务型。同时，针对不同的工作特点，我们又把销售代表分为内部和外部。希望这样能够让我们的销售队伍更精准地服务于不同类型的客户，并在工作流程中实现更高效的协同。当然，现在的建议和稻盛和夫建议的阿米巴经营模式还是不同，所以我们只取了'变形'这个说法。'变形记'也意味着我们不是一下子做改变，而是根据组织特点分步进行变革。"

"了解啦！这个说法可以在后期沟通时讲个不错的故事……"安心点头回应。

"说到分步变革，如果要对目前各业务部门的销售团队做全面的改变，牵动的面的确很广，影响到的人也很多，在方案的沟通执行方面，你们有什么建议吗？"建国提问。

"我们建议分期试点进行。先从城市智能化业务部门的行业客户和大客户开始，因为对销售代表和客户体验来说，销售队伍结构的变化是做加法。不过不能只是单纯地增加内部销售代表资源，我们建议分几步走：先对所有涉及的销售代表进行沟通，告知销售部门的调整措施，帮助每个人了解其必要性和逻辑；然后从业绩表现到个人特点，对现有的销售代表做评估，从组织角度做出资源配置的方案；另外给予每个人选择不同的销售代表角色的机会。整体而言，我们希望变化后的投入、产出呈现两种情形：

1. 在不增加整体投入的情况下，提升销售代表和客户满意度，降低销售代表离职率，增加5%—10%的销售额；

2. 销售人员投入增加20%，主要用于招聘内部销售代表，但是销售额增幅15%—20%。

"针对目前其他业务的销售代表，我们建议可以根据客户情况，在奖金设置的部分进行改动，更好地激励个人的销售动力。在充分沟通变动的情况下，其他业务部门的销售代表也可以有机会申请转岗至城市智能化业务部门，担任内部销售代表的职位。时机成熟时，我们可以对整个公司所有业务的销售队伍做全面的改动。

"此外，在全面推广阶段，我们建议HR为销售代表提供特别设计的培训课程，帮助不同角色的销售代表们更好地理解工作内容，并提升相应的知识和技能。"

项目组的报告内容由不同的同事进行汇报，他们基本上是来自各业务部门的销售或市场管理人员，安心也留意到这一点，看来，选择他们来做这个项目，意味着在后期的执行方面有了成功的保障。因为这是他们自己的提案，推行起来应该不难。

"太好了！我建议你们找机会先和业务老大以及领导层做个项目汇报，再听听他们的反馈，看一下方案中还需要做什么调整。下一期的人才发展委员会季度会议上大家会和其他项目组一起对高管做汇报，希望到时候各业务部门的老大们都已经知晓并且支持我们的解决方案！"安心鼓励并建议项目组。

汇报结束，安心特别认可了一心的工作："有你参与项目组的工作真是太好了！你带着他们做的工作流程和工作分析特别细致到位。最后关于销售奖金的设计方案也很巧妙，刚好把咱俩谈了一段时间的问题也解决了！"

"通过这个项目，我自己也对公司的业务了解了很多，希望接下来执行顺利！"看得出来，一心很珍惜自己在项目组的学习机会，也很开心自己的努力得到了安心的认可。

48. 销售能力优化项目：销售达人养成计划

销售能力优化项目和销售资源优化项目紧密相关，所以这两个项目组在进展过程中密切配合。这个项目的高管赞助人是健康监测业务总监平安，HR人才发展部门的关心也参加了这个项目。

与常规设想的销售能力提升不同的是，该项目没有专注于设计并交付培训课程，而是引入了先进的 AI 技术理念，这在第一次的项目进展汇报中就吸引了所有人的眼球，大家对此感觉新鲜，但又对技术的可靠性存疑，处于观望状态。

项目背景及问题描述：在当今竞争激烈的市场环境中，除了销售团队的组织设计、工作流程、资源配置等方面外，销售人员的能力对最终业绩至关重要。牧童现有销售队伍在面对不同客户和市场挑战时，存在着个体差异，且整体表现不稳定性。传统的培训和辅导方法难以满足个性化的需求，因此需要一种更智能、更具针对性的方法，以帮助销售代表在不同情境下取得更好的销售结果。

项目目的：先运用 AI 技术分析销售行为数据，挖掘最佳销售的共性特征，从而建立最佳销售的行为模型；再依此模型对现有销售代表的行为进行比对，找出差距后，为每一位销售代表提供针对性的培训和辅导方案，以优化销售代表的工作表现。

这个背景和目的描述从理论上听起来很完美，但是项目组提出这个想法后，收到了来自智能交通业务总监路畅的质疑："销售面对的客户情形千变万化，每个个案都有特殊性，怎样才能描绘出真正的最佳销售行为模型呢？另外，如果把最佳销售模型看成一个套子，我们似乎要做的是把每一个销售代表放进这个套子里塑形，销售代表可不像放在模子里长的日本西瓜，可以从圆的变成方的！"

这个方西瓜的比喻把参加项目汇报的在场人员都逗笑了。

项目组邀请了外援——一家叫作鼎新的公司，该公司总部位于新加坡，自称是一家专注于帮助客户提升销售能力的公司。安心之前并没有听说过这家公司，听到他们的汇报，才了解到它的母公司是东南亚知名的游戏公司。鼎新的方向是利用 AI 科技帮助企业在人才发展方面建模，让其了解人才的个性化发展差距，但他们并不参与到具体发展计划的制定和交付中。

针对质疑，鼎新的客户代表从技术角度详细介绍了他们的做法，作为技术小白，安心努力地理解自己听到的内容：

1. 数据收集：首先需要大量的销售行为数据，这包括大客户代表的拜访记录、与客户的互动、销售谈判的关键信息等。这些数据是 AI 模型的基础，它们揭示了销售代表在实际工作中的种种行为。数据可以来自公司的客户关系（CRM）管理系统、销售代表的访谈记录，以及鼎新公司积累的行业销售行为数据等。

2. 数据清洗：在将数据应用于建模之前，需要着手处理缺失数据、清除异常值、统一数据格式，确保数据的准确性和完整性，以便模型能够准确地理解和学习。

3. 特征提取：从海量的数据中提取有意义的特征。这些特征可以是销售代表的工作时长、客户互动频率、成功谈判的关键因素等。提取合适的特征有助于建立更准确的模型。

4. 模型选择：使用机器学习算法，如决策树、支持向量机，或深度学习模型，如神经网络等。选择合适的 AI 模型，模型的选择依赖于数据的性质和想要解决的问题。

5. 训练模型：通过使用历史数据，训练计算机通过观察大量数据来理解何种行为最有可能带来成功的销售，建立牧童最佳销售代表的画像。

6. 验证与优化：训练完成后，需要验证模型的准确性。具体做法是，可以让目前内部表现优异的销售代表在机器上进行模拟销售练习，由计算机对实际销售代表的行为表现打分，观察这些实际工作中的最佳销售行为和模型之间的符合程度。必要时对模型进行优化，以提高其性能。

7. 应用于个性化建议：最终，通过让每位销售代表进行模拟销售，比对他们的实际行为与模型建议的最佳销售画像之间的差距，生成个性化的建议，包括行为改进、沟通技巧、客户关系管理等方面的建议。

看着自己的笔记，安心发现其实这和HR部门帮助业务部门提高销售能力的概念是一致的，后者是建立销售能力模型后请经理评估、员工自评，找到能力差距后通过培训、辅导等方法提升技能。只不过通过AI技术来做这件事，得出的能力模型有海量的数据支持。另外，在对每一位销售代表进行模拟测试时，统一的平台可以使衡量标准统一而且稳定，不会因为经理的不同而导致评定标准不一。同一位经理在不同时间对不同销售代表进行评估时，受个人状态和情绪、偏见等因素影响，产生的结果具有不稳定性和不公平性。再者，通过机器可以批量处理大量的销售代表行为能力测评数据，如果要在日常工作中使用人工不仅耗时长、难度大，而且质量还没有保障。

安心与鼎新的顾问进行了交谈，验证了她的理解。

理解了AI技术的做法和带来的优点后，大家质疑的第一个问题得到了解决。说到第二个问题，即是否让每个销售代表都长成方西瓜的话题，鼎新的顾问只问了一句话："我们眼下的销售能力培训目标不就是尽可能让销售代表朝着公司期待的销售行为方向发展吗？"

鼎新的顾问接着介绍，在公司内部进行数据收集是一个敏感而复杂的过程。公司需要在明确数据类型、技术方法之外，对员工进行沟通和培训，让他们理解数据收集的重要性和好处，以及如何正确地记录和报告相关信息，并鼓励员工提供反馈，以不断改进数据收集过程。

另外，公司应尽可能采用匿名化和聚合的方式处理数据，以降低敏感信息泄露的风险，保护员工的隐私。还需要使用加密技术、访问控制和其他安全措施，以防止未经授权的访问和数据泄露，保障数据安全。

"用这样先进的方法来做这件事费用一定很高吧？"项目组的预算也是大家关心的问题。

因为鼎新处于市场开拓阶段，牧童作为行业里的知名公司，对鼎新打开市场起到重要的示范作用，能够有机会和牧童合作对鼎新来说也是求之不得，所以项目组在请法律部仔细审核了合同条款之后几乎是零费用邀请了鼎新的加入。

这个项目的进展和后期的实施让安心和项目组的同事都有种第一次吃螃蟹的感觉。项目组面临了一系列的困难。

首先是个体差异挑战。销售代表个体差异性极大，涵盖了各种不同的销售风格、沟通方式和工作习惯。试图将这些多样性纳入一个理想模型，项目组面临着个体之间差异性难以统一的挑战。

但是大家回归初心问自己：如果不用AI技术做这件事，我们在面对这些差异时是如何处理的？

牧童的HR部门之前和业务配合，构建了销售人员的能力模型。此次配合销售资源优化（变形记）项目，通过数据分析建立了针对各种类型的销售代表能力模型。以大客户外部销售代表为例，新的销售代表能力模型包括以下七个方面：

第三章　组织优化实践

表7　牧童销售代表能力模型

销售能力	能力描述	行为指标
客户关系建立和维护	建立并维护与大客户的强健关系，理解客户需求和期望	·建立有效的沟通渠道 ·定期进行客户会议 ·积极响应客户反馈
解决问题和创新能力	迅速解决问题、应对挑战，并提供创新性的解决方案	·处理客户投诉 ·提供定制化的解决方案 ·参与制定创新销售策略
团队协作	有效协作，与内部团队合作以提供卓越的客户服务	·参与跨职能团队合作 ·分享客户见解和信息 ·促进良好的内部沟通
销售技巧和谈判能力	具备出色的销售技巧和谈判技能，能够推动销售循环的不同阶段	·成功完成复杂交易 ·实现销售目标 ·灵活运用谈判策略
行业及产品知识	深刻理解公司的产品和行业，能够为客户提供专业的咨询和建议	·持续学习行业动态 ·了解产品特点 ·能够针对客户需求提供有针对性的解决方案
销售数据分析和战略制定	分析销售数据，制定有效的销售战略以满足客户需求	·利用销售数据制定客户发展计划 ·优化销售流程，达成销售目标
客户教育和培训	为客户提供关于产品和服务的培训，帮助客户更好地使用和理解产品	·制定培训计划 ·定期向客户提供有关新产品功能和行业趋势的信息

其实没有AI技术的加持，按照传统做法，公司同样也可以制定出一系列的能力模型，只不过AI技术依靠的海量数据，尤其是鼎新积累的行业数据，对牧童建立完善的销售代表能力模型起到了强有力的支持作用。

其他困难包括数据收集过程中的抵抗和不信任，以及数据质量和可靠性，还有模型的动态更新挑战等，在多方配合下，项目组不断找寻方法逐

243

个击破。

项目实施一年后，公司再次对所有销售代表进行了模拟测试，数据显示经过培训后，有 60% 的销售代表在销售能力的各个方面有了不同程度的提升，更有说服力的数据来自公司的实际销售业绩：销售全员的平均生产力提升幅度达 15%，这里面当然也有销售流程改进、角色重新设定、资源优化的贡献，但是销售人员在员工满意度调查中关于个人学习机会和能力提升的分值整体增加了 5 分，也从另一个数据角度给予项目组认可。

这个项目从立项到规划、实施，以及后期评估与调整历时一年半，是大五项目中耗时最长、遇到挑战最多的项目。但是项目组敢于迎接这些挑战，具有不懈推进项目进展的勇气，并取得了一定的成效，不但在推动销售能力提升方面做了新的尝试，更是展现了牧童不断追求新技术的创新理念。

49. 内部运营优化项目：1 比 5 大

这个项目可以说是最初安心建议做组织优化的初衷。在这次立项后，运营总监潘玉成为高管赞助人，HR 部门的诚心和关心都加入了这个项目。

让安心欣喜的是，这个由各职能部门和业务部门高潜力人才组成的项目组，在调研过程中不但回应了安心的初衷，更是扩展了项目的范围。在经过前期的调查研究后，项目组调整了方向，针对两个可能的跨部门协同合作机会进行可行性研究。

第一个跨部门协同合作的机会来自跨业务支持部门的合并，包括内部采购、市场沟通及活动支持、销售技能培训等部分。

项目组从具体的需求分析着手，详细了解各业务部门内部支持工作的分工、工作流程和角色设定，以确定哪些功能可以整合，并识别潜在的冲突点。

在了解过程中，项目组有很多发现，一些大的部门分工细致，有专门的市场专员、培训专员，而小的业务部门的支持工作则往往由部门助理兼任，因此具体的礼品采购、市场活动的组织安排也各行其是。销售培训职能的实现五花八门，有的部门建立了自己完善的销售技能和产品知识培训兼备的队伍；有的则在技能培训方面，依赖外部供应商或是内部传帮带，产品知识培训由市场部产品经理担任；还有的部门充分依赖 HR 部门提供的技能培训……

项目组分析了现状和需求，并进行精细梳理，各个部门隐性的人力资源配置得以通过数据形式清晰呈现出来，由此带来的费用、服务质量、员工工作满意度等问题都被拿出来讨论。

项目信息收集和方案设计的过程中，各部门的利益相关者，包括管理层和做事的员工也被邀请参与，分享他们的反馈和期望，以确保合并过程中充分考虑到各方的需求。

最终，项目组提出在内部采购、市场活动组织安排方面进行流程整合和优化，诚心加入公司后，继续做销售培训整合工作，并将会配合销售能力提升项目（"销售达人养成计划"）的成果，制定统一的培训计划，统筹内外部资源，为销售代表提供个性化的提升方案。

另外一个跨部门合作机会则是，建立包含 HR、IT 和财务内部员工服务的虚拟共享服务中心。

建立内部员工虚拟共享服务中心的想法来自项目组内部同事的感受。大家留意到，随着公司内部各职能部门的客户意识增强，财务、IT 和 HR

部门都建立了自己的服务热线,在之前的年会上,员工收到的大礼包里面就包含了这三个部门的小礼物:咖啡杯、可以放进钱包的年历卡、鼠标垫……上面都印有各个部门的热线号码,温暖感满满。但是实际的情况是,员工要存三个号码,每个部门都得分配专门的人手接听电话,且电话接听时间限制在工作时间内,这对大部分时间在外拜访客户的员工来说很不友好。再加上,针对电话咨询的各种问题,60%的回答都属于重复且难度很低的操作性指导……虽然各部门也都在公司内网建立了自己的页面和常见问答专区,但是员工的实际访问量很有限,因为查找问题和答复的功能用起来很不方便。

有没有可能像淘宝或者一些银行的在线客服一样,为内部员工提供机器人在线服务呢?

项目组把关注点放在虚拟服务中心的业务范围和技术分析方面,列出了员工最常见的咨询问题:

表8 牧童员工热线常见问题及需求

部门	常见员工问题及需求
财务部热线电话	·差旅报销政策:如何提交差旅报销申请?报销标准是多少?流程需要多久? ·个人报销费用:如何报销个人费用?哪些费用可以报销?报销周期是多久?
HR热线电话	·入职手续:新员工如何完成入职手续?需要提供哪些文件? ·请假流程:如何申请请假?请假期间薪资如何计算? ·培训信息:员工如何获取培训信息?有哪些在线培训课程? ·开证明:格式、手续、盖章、回邮等。
IT热线电话	·账户问题:如何重置密码?账户被锁定怎么办? ·设备故障:电脑或其他办公设备出现故障如何报修? ·软件使用问题:如何安装特定软件?遇到常见软件问题怎么解决?

通过机器学习，所有这些问题都可以由在线虚拟机器人客服和员工对话完成，如果遇到无法解决的问题，员工可以连线到由人工提供的专家热线，或者等待回电。

实际上，牧童健康监测智能产品部的客户服务，两年前就已经为消费者提供这样的虚拟机器人加专线服务了，只是内部员工服务之前从未得到重视，主要的原因还是费用。

说到费用，项目组了解了建立虚拟共享服务中心所需的技术基础，包括信息系统、云服务等，提出了不同费用级别的解决方案。

表9　牧童员工服务中心方案

方案	优点	缺点	费用等级
微信平台	·成本低廉 ·易用 ·可快速实施	·功能受限，专业性不足	低
自建在线服务平台	·定制性强 ·安全性提高	·开发周期长 ·维护成本高	中
智能虚拟助手整合	·智能化服务 ·未来拓展性强 ·全面解决方案	·技术复杂	高

鉴于AI技术开发突飞猛进，新技术不断推出，而且费用呈现降低趋势，项目组建议在牧童现阶段可以尝试使用微信平台试点，随着员工体验的反馈、使用虚拟服务的习惯培养以及员工规模的增长，公司可以考虑更换平台。这体现了组织能力提升的迭代和更新原则。

项目组还分析了建立虚拟服务平台的附加价值，包括在几个部门范围内使用虚拟助手后可能节约的人力，以及提升原先接电话同事的工作满意度、员工从客户角度可以获得的 7×24 小时服务等。

法务总监陈泽清听取了项目汇报后说:"如果这个能做起来,我也想看看是否可以把我们常常接到的电话咨询服务也加入到机器人的回答内容里面!"

当被问到项目名称"1 比 5 大"的意思时,项目组同事解释:"五个手指合并起来,攥成一个拳头,发出的力量远远大于单个手指。在牧童发展过程中,各个业务部门像单个手指一样具有灵活性,而我们的项目着重发掘各部门攥成拳头增强力度的机会,所以叫作'1 比 5 大'!"

建国和安心带领项目组一同回顾了组织规划的核心理念,虽然这个项目的内容并不直接创造客户价值,但它在创新和实现组织目标方面都有贡献,同时体现了以人为本的原则,关注了内部员工的客户体验和工作满意度。

而在践行组织能力规划原则方面,项目组总结了以下方面:

- 拔高原则;
- 稳定性和灵活性兼备;
- 鼓励创新、团队协作、分权决策的文化;
- 迭代和持续改进。

跨部门流程整合和建立多部门共享虚拟中心这两个提议都牵涉到目前资源的重新配置、新的技术投入,以及工作流程再设计后的培训和调适,所以项目组在半年时间里只关注可行性研究方面。他们的探索为未来的组织优化提供了扎实的数据支持和方向选择。

50. 安心项目组卡壳

安心赞助的项目是"组织结构优化",项目启动会上,大家基于 HR 关于组织有效性评估的分析数据信心满满,觉得在整体组织结构、职能和业务部门的资源分配、跨业务资源共享方面可以做很多事情,所以初步提出了"牧童塑形记"的说法。项目组在接下来讨论要解决的问题,以及设定项目边界时遇到了困难,经过几次商讨都无法形成一致意见。

主要的争议在于,目前大五项目中包含的销售资源优化、内部运营优化都和组织结构的变化密不可分,而销售和运营占到公司整体资源的一半以上,若是不考虑这两个部门,只对剩余的部分做组织结构的有效性评估和提升似乎没有太大意义……项目工作一度陷入停顿。

了解项目组的瓶颈后,安心也陷入了思考。她重新回看 HR 团队在做组织有效性评估时的数据分析,回想高管团队工作坊制定项目的背景……整个大五项目的目的是打造能够面对未来外部变化和挑战的组织,保证牧童在市场上的竞争力和高绩效。回顾在组织能力规划工作坊中,顾问提及人才、流程和技术(People, Process and Technology,简称"PPT")构成组织能力的说法,目前的项目在人才和流程方面都有比较多的涉猎,"技术"部分似乎不多,虽然有几个项目都提到运用 AI 技术。

在组织能力规划中的"技术"该如何理解呢?安心检索自己的笔记,还是没有特别清晰的理解。她给顾问李明华发了个微信,约他一起吃个饭。除了请教组织能力规划中"技术"的含义,她也想听听顾问对她赞助的项目的建议。

能约到李明华不容易,他们做咨询顾问的总是在路上。

"最近都在忙什么呢？"两人坐下后，安心好奇地问明华。

"大环境在变化，很多企业都想做数字化转型（详见本书"附录1"），我们手上项目大部分都是这方面的。"

"数字化转型？这个说法我最近在很多地方都看到，感觉蛮虚的，这个具体是什么呀？"

"嗯，让我想想怎么用简单的描述，让你理解这个概念。"明华知道安心一直说自己是"技术小白"。

"企业的数字化转型，是指通过采用数字技术和创新，彻底改变和优化企业的业务和运营模式，以适应数字时代的需求。这包括数字化流程、数据分析、人工智能、云计算等技术的应用。"明华停顿了一下，看看安心的反应。

"那我们的大五项目中运用到AI技术算是数字化吧？"安心发问。

"你们用到了一些AI技术帮助具体的项目，比如销售能力提升和人才流动预测，这些可以理解为工具的提升。在那个IT、HR和财务虚拟共享中心的项目里，新技术会带来这几个部门运营流程的改变，回答员工提问时需要用到机器学习、大数据分析、人工智能和云计算，这些需要这几个部门的员工意识、行为，以及组织结构发生改变，算是数字化转型吧。不过，企业全面的数字化转型往往包含了销售、运营、供应链管理的各个方面，目的是提高效率，用数据驱动决策，更好地了解市场变化，提升企业创新能力，也提升客户体验。"不愧是顾问出身，这些热门的词汇从明华嘴里汩汩流出，自然而流畅。

"听起来这个转型就像是人们从写信、发传真的时代，进步到通过邮件和网络进行联络沟通，意思是我们做人员预测流失时，由Excel表格变成用大数据预测软件吗？"安心表述自己的理解。

"对的对的！"明华点头，无意在这方面做更深的解释。

"这样的话，按照我的理解，你在工作坊里提到的'人才、流程、技术'应该指的是公司运营用到的技术，而不是我们在产品和服务开发方面用到的技术？"安心继续提问。

"你的理解可以说对，也不对。其实两样都包含，只要是能帮助企业提升竞争力的技术，都算组织能力规划范畴里提到的技术。"

"我在微信里和你提到我们的项目遇到了瓶颈，"安心夹了一口菜放进盘子里，"大家感觉其他项目都有比较精准的方向，而我们有些茫然。"

在听取了安心进一步的描述后，明华问安心："现在有这么多的项目同时在进行，你觉得他们之间的联系是怎样的？"

"这些项目从不同角度对组织能力进行提升，或对组织结构进行优化，最终都是为企业未来的发展做准备……这些不就是我们在工作坊时探讨过的吗？"安心有些奇怪明华的问题。

"其实你有没有想过，牧童在做的实际上就是数字化转型的工作。只不过目前从内部运营方面和销售管理的部分开始，还没有涉及供应链、客户管理的 CRM 系统，包括职能部门具体的操作……"明华边想边说。

"你让我想到了'工欲善其事，必先利其器'的说法！我们 HR 部门内部服务中心已经在探索怎样给员工提供更智能的服务了，如果公司各个部门都在这方面深入探索，整体的运营技术就会有更强的竞争力了！"安心兴奋地回应。

"可是，眼下这几个项目已经让大家忙得不可开交了，我们的项目在这个阶段不可能再大规模地推进数字化转型了。"安心皱起了眉头。

"数字化转型是件大事，牵涉的范围广，花费的时间也长，你们现在的大五项目可以是起步，慢慢来！重要的是大家开始有转型意识！"明华强调。

安心觉得这餐饭吃得很有价值，不过，她的项目的事情还悬而未决呢。

"你自己有什么考虑？"明华把皮球踢给了安心。

"其实，在 HR 做组织有效性数据分析时，我就特别注意到，目前公司的组织层级和管理宽度有需要提升的地方，不过因为销售队伍不断壮大改组，我有些犹豫是不是在这部分做文章。"安心回复。

"你刚才提到眼下的项目让大家很忙，你觉得大家突然面对这么多变化的心态会怎样？"明华问安心。

"你提醒了我……这么多项目齐头并进，除了忙碌，可能大家也都有些茫然，很多人会担心项目对自身的影响。我们在整个组织能力规划大方向上需要做更多的沟通……"安心边想边说。

"要讲故事！讲一个'变革的故事'！"明华一边端起茶杯抿了一口茶，一边看着安心说。

"是啊，我们整天忙着变革了，忽略了变革管理！你提到要帮助大家有转型意识，还要讲故事……"安心如醍醐灌顶。

回到公司，安心和建国、省心交流了和明华沟通得到启示，告诉他们自己想和项目组沟通，调整这个项目的范围。"我们允许摸着石头过河吧？"她乐呵呵地和两位说。

"当然！咱们这是贯彻更新迭代的原则呢！"建国给她吃了定心丸。

51. 项目拼图

安心召集项目组开会，和大家沟通了自己的新想法："我们可以把目前的所有项目放在一起，从组织优化变革管理角度帮助所有员工了解我们的变革故事，和每个项目组协调整体组织优化项目，这样员工感受到的不是突然有各种各样的变化，而是有一个通盘的理解。"

"所以你的意见是我们不做具体的组织优化的举措，而是专注在其他项目的沟通和传播上？"有组员提问。

"我现在是这样的想法。大五项目做的是组织方面的一系列变革，变革管理有时候比变革本身更重要。不过，我也想听听大家的意见。"

"我同意变革管理的重要性，实际上，一下子面对这么多的项目，我感觉也有些晕。说起来，我们还参加了启动会，对整体背景和各个项目想要解决的问题都有些了解，但是现在的情况对我自己来说有点像面对一盒拼图卡，可以看到单个的卡片，整体会拼成一幅怎样的画，心里还是没有底。"来自市场部的项目组组员丽莎的描述，让大家都有了画面感，安心看到其他一些组员在点头。

"可是我还是觉得 HR 前期做的组织诊断的数据分析，尤其是组织层级和管理宽度方面的问题值得探究一下，就这么放下总好像缺点啥……"一心开口说。安心欣赏一心敢于说出和自己不一样的想法。

"那我们先试着把各个项目的内容串起来，看一下我们可以讲一个怎样的'故事'，说不定一心提到的内容还是可以包含进来的。"安心回应。

大家说干就干，开始讨论如何从沟通角度讲故事。

有同事提到可以用"WWH——What、Why、How"（是什么、为什么、怎么做）的框架（详见本书"附录1"），大家顺着这个思路，进行头脑风暴，总结需要回答的问题：

我们在做的组织变革是什么？

- 现在的组织状况是怎样的?
- 变化之后的组织会是怎样?
- 为什么要做变化?
- 变化带来什么好处?
- 变化带给我什么影响?
- 我们要怎么做?
- 每一个员工可以怎样参与?
- 怎么衡量变化是否成功?

大家在第一个问题上花了大量时间讨论。"这个问题其实是回答丽莎提出的拼图整体画面是什么,我想我们可以试着把时间维度加进去思考,从现在到未来,我们将经历怎样的变革路径。"安心和大家分享了李明华和她提到的数字化转型的未来趋势。

根据讨论,有同事画出了下面的图示:

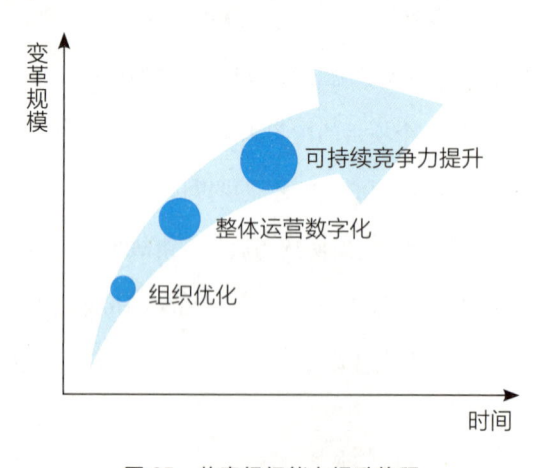

图35 牧童组织能力提升旅程

第三章　组织优化实践

"我们可不可以把现在的各个项目当成拼图，也画出'组织优化'部分的拼图和大图呢？"丽莎提出要求。大家根据项目的影响力、难度及复杂度，把目前的项目放到了如下的坐标中。

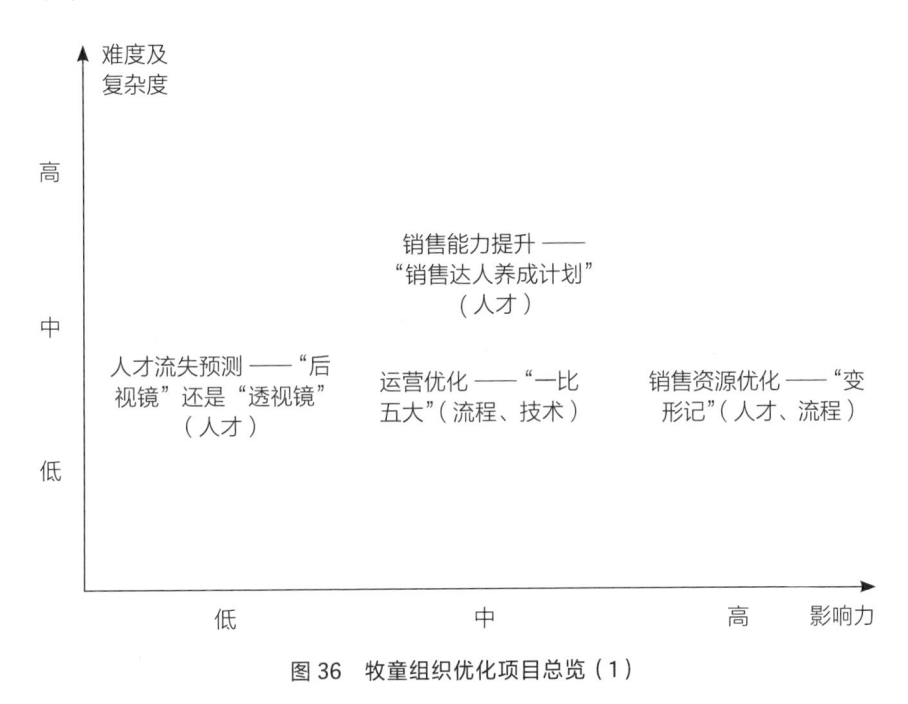

```
难度及
复杂度  ↑
       │
高      │
       │
       │            销售能力提升 ——
       │           "销售达人养成计划"
中      │               （人才）
       │
       │    人才流失预测——"后    运营优化——"一比    销售资源优化——"变
       │    视镜"还是"透视镜"   五大"（流程、技术）   形记"（人才、流程）
低      │        （人才）
       │
       └──────────────────────────────────────→
           低           中              高    影响力
```

图 36　牧童组织优化项目总览（1）

"我的想法是，是否可以把咱们的组织层级和管理宽度校准项目也加到这个拼图里面？"一心锲而不舍地说，"这个项目难度相对比较低，没有太多技术成分，但是我觉得提醒经理和员工关注这两方面对整体组织健康度很重要。"

"我在想，这个拼图可以把运营数字化、文化建设也加进来，虽然这两个部分不在眼下的项目里面，此外还要有咱们的大五沟通项目。"安心被大家的智慧激发，也提出建议。于是，包含了现在和未来项目的整体组织优化项目拼图呈现如下：

255

变革心动力

```
难度及
复杂度
 ↑
高 |                          ┌──────────────┐
   |                          │ 牧童运营数字化 │
   |                          │   （技术）    │
   |          ┌──────────────┐├──────────────┤
中 |          │ 销售能力提升 ──│ 牧童文化建设  │
   |          │"销售达人养成计划"│              │
   |          │   （人才）    │              │
   |┌────────┐├──────────────┤┌──────────────┐
   |│人才流失预测──"│ 运营优化──"一比│ 销售资源优化──"变│
低 |│后视镜"还是"透视│ 五大"（流程、技术）│形记"（人才、流程）│
   |│镜"（人才）│              │              │
   |└────────┘├──────────────┤└──────────────┘
   |          │组织层级及管理宽度│ 牧童大五项目沟通 │
   |          │校准（流程、结构）│              │
   |          └──────────────┘└──────────────┘
   └─────────────────────────────────────────→
        低            中            高      影响力
```

图 37　牧童组织优化项目总览（2）

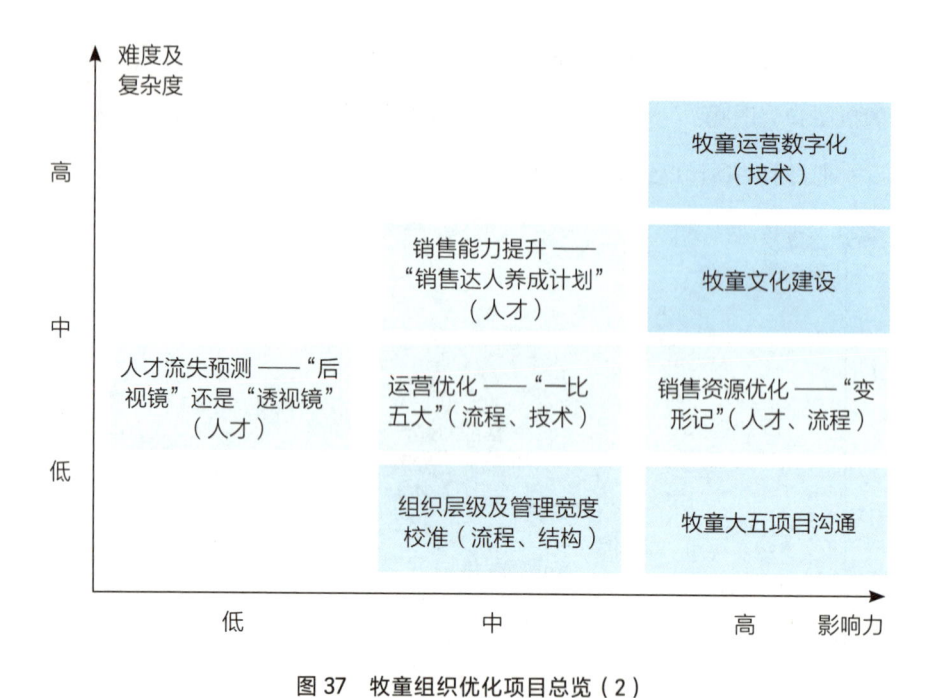

"这样，大家就可以看到每个项目在整个过程中的难易程度和影响力了，是不是拼图的整体画面感清晰很多？"安心看到大家纷纷点头。

"这样好不好：咱们沿着两个方向再深入一些，一个是组织优化项目变革沟通，另一个是组织层级及管理宽度项目，各自再用 A3 工具做细，我建议由丽莎和一心分别带队。我们下周约建国和省心来看一下，是否可以真的拆成两个项目。"

丽莎和一心各自招募了组员，大家在"卡壳"了一段时间后重新找到了方向，虽然是在繁忙工作之外的任务，但是每个人都表现出了兴趣和学习的动力。

52. 组织层级和管理宽度：横竖两相宜

一心带领的团队对组织层级和管理宽度（详见本书"附录1"）的话题做了汇报，他们给自己的项目起名"横竖两相宜"，这个"相宜"的状态听着就让人向往。

负责展示的 IT 部门同事韩宇抱着一个花瓶走上了台前，只见他把花瓶放在面前的桌子上，用手推了一下花瓶，大家心头一紧，还好，花瓶摇了摇晃动一下后稳定下来，没有跌落。

图 38　花瓶隐喻

"大家知道吗？现在的牧童组织结构形态就像这个花瓶，头小、肚大、底座小，稳定性不是最好的！"这个开头吸引了大家的注意力。

韩宇接着展示了牧童组织层级和人员分布形态图（见下图左），目前从最低层级的员工到 CEO 一共有八层，位于中间级别的员工数量比第一级的员工要多。

正当大家对这个组织形态心存疑问时，韩宇接着用一张各部门组织形态示意图（见下图右）向大家解释了形成这样花瓶状组织形态的原因："整个组织由各个部门组成，由于规模不同，小型职能部门的底层占据了组织的中层。比如很多支持部门层级在四到六级以内时，组织大部分员工集中在第五、六层级。而当面向外部客户的销售部门层级更多时，就会看到底部的第七、第八层还有人，数量比中间层少。这个分布形态图不代表实际的职务级别，仅仅显示各部门混合后，从一线员工到 CEO 的层级最多会达到八层，也就是说，在某些部门（一般是业务部门），这样多的层级可能带来决策的迟缓，位于高层的领导想要了解市场情况时可能会经过层层过滤的信息而失真。"

牧童组织层级和人员分布形态

层级	人数
1	
2	12
3	30
4	65
5	100
6	200
7	85
8	50

牧童各部门组织形态示意图

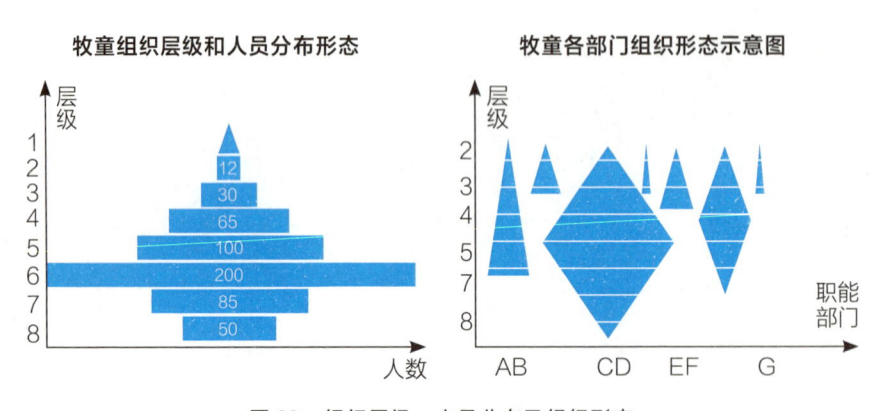

（层级 2–8，职能部门 AB、CD、EF、G）

图 39　组织层级、人员分布及组织形态

接着，韩宇用两张图帮助大家理解组织层级过多可能带来信息失真的主要原因："每个人在组织的层次结构中都有一个自然的 2°可视区域。CEO 在组织中向下可以看到第三级，其他各级别的人相应可以看到自己的上下各两级的范围。在没有帮助的情况下，我们无法看到组织的大部分情况，过滤了的信息加上自己可能的成见有时候和真实情况谬之千里。"

一个人在组织中上上下下可以看到多远？

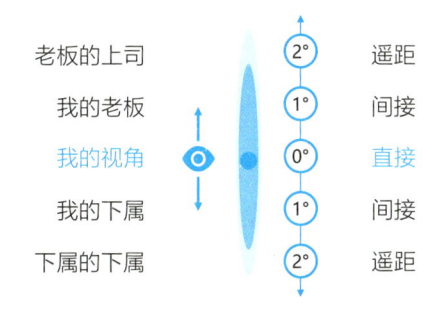

老板的上司　　2°　　遥距
我的老板　　　1°　　间接
我的视角　　　0°　　直接
我的下属　　　1°　　间接
下属的下属　　2°　　遥距

每个人在组织的层次结构中都有一个自然的 2°可视区域。在没有帮助的情况下，我们无法看到组织的大部分情况，过滤了的信息加上我们自己可能的成见有时候和真实情况谬之千里。

组织中不同级别的人可以看到多远？

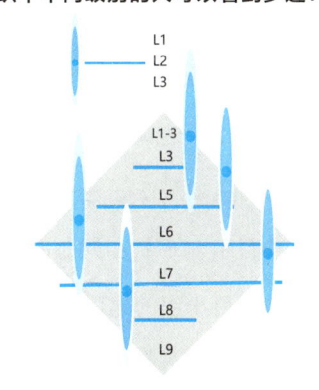

L1
L2
L3
L1-3
L3
L5
L6
L7
L8
L9

CEO 在组织中向下可以看到第三级，其他各级别的人相应可以看到自己的上下各两级的范围。

图 40　组织中的管理深度

安心听着觉得很有趣，层级多带来的决策速度慢或者无效是常识，韩宇的解释第一次从理论角度分析了这个问题形成的原因，很符合他的理工男气质。

讲到管理宽度问题，韩宇单刀直入地说："一个人精力有限，如果管理的人数过多，就会带来给予下属的指导不够及时、到位的问题；而管的人太少，则可能会产生管得太细、工作边界不清晰、下属感觉束手束脚等问题，对组织的影响不单体现在员工感受方面，更会造成资源浪费和效率低下。牧童的主要问题是大业务部门的小区经理手下有 8—10 位销售代表；而有的小业务部门的小区经理只管 2—3 名销售代表。大部分的支持部门也存在分工过细，处在带人经理位置上的人数太多，每个人带的下属却很少的问题，更有一些同事在 HR 部门系统上的头衔是带人经理，实际上是单

259

兵,我们理解这种情况产生的原因多种多样,很多时候是为了激励员工,给了这样的晋升,另外一些情况是要承担项目管理的责任,并不带人。"

韩宇接着提供了行业内其他公司在管理层级和宽度方面的数据,分享了和最佳表现的同行相比,牧童在这方面的确有提升的空间。内部员工满意度调查结果也显示,针对公司内部决策流程复杂的调查,员工连续三年将其评为三项最低分之一。

项目组对现状和问题的剖析给了大家清晰的了解。一心接过话筒,开始讲述项目小组的建议做法:"考虑到目前各个项目齐头并进,尤其是销售队伍正在做内外部销售的分类和改组,我们不建议对各个部门在层级和管理宽度方面做大的改动,而是建议从横竖两个角度带领大家做一次组织形态健康度'扫描'。通过把组织层级和管理宽度的概念分享给所有的部门经理,提供各部门的数据,帮助他们了解自己部门目前的形态、与其他部门的比较,以及其在牧童整体组织中的情形。对存在明显问题的部门,HR可以配合部门领导拿出整改计划。

"针对不带人但是头衔属于带人经理的情况,我们想梳理每一个个案,从HR的角度建立'项目管理'的工作群组和职级,这种情况对研发部门尤其适用,这样员工仍然可以从头衔角度感受到自己的职业发展。当然,在人员发展方面,我们还是需要树立全面的职业发展理念,而不是仅把管理职位当作职业发展机会。

"我们期望,通过这次的'扫描'让大家开始关注层级和宽度的问题。在'变形记'和'指头与拳头'的项目推进过程中,针对新的组织建立合理的横竖标准。"

一心的"指头与拳头"的说法让大家一愣,接着反应过来,她说的是"一比五大——跨部门运营"项目,这个一和五可不就是拳头和指头的关系吗？真是好玩儿！

一心接着说："具体的做法可以分三个阶段：1. HR 和各部门领导开启动会议，介绍方法论；2. 各部门根据 HR 提供的数据和参数做扫描；3. 各部门采取相应的行动计划。针对受到影响的员工，所有信息提前和 HR 沟通后，从公司层面统一方案以避免劳动关系问题或影响士气。"

"这个听上去是比较柔和的做法，我们会如何衡量项目的成效呢？"建国提出了问题。

一心提到："我们会在项目结束时，特别衡量整个牧童组织在下面几个方面的数据表现：

- 从客户到 CEO 的层级数量；
- 有经理头衔但不带人的经理数量；
- 带人经理和员工的比例。

"当然，员工满意度中，关于经理有效性和决策复杂性的结果也可以作为参考，但这两个数据还受其他很多因素影响。"一心接着以销售为例，展示了下面的形态改进前后的示意图："我们想借这次机会，把这个组织形态变化的图像印在经理们的脑海中——金字塔是最为稳定的结构，经过各种优化项目后，希望未来牧童的组织形态从花瓶变成金字塔，从员工到大佬的层级也大大削减！"

变革心动力

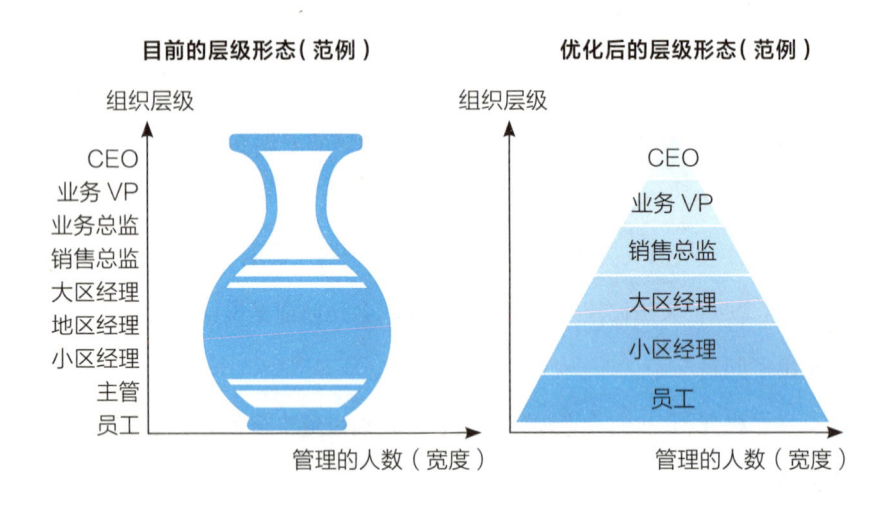

目前的层级形态（范例）

组织层级
- CEO
- 业务 VP
- 业务总监
- 销售总监
- 大区经理
- 地区经理
- 小区经理
- 主管
- 员工

管理的人数（宽度）

优化后的层级形态（范例）

组织层级
- CEO
- 业务 VP
- 销售总监
- 大区经理
- 小区经理
- 员工

管理的人数（宽度）

图 41　优化前后的组织层级形态示意图

一心带领的项目小组在短时间呈现给大家的分析有理有据，阶段性执行计划清晰明了，愿景画面感性直观，安心很是惊讶。

在肯定了项目小组的工作后，安心说："看起来我们的项目小组虽然走了些弯路，和其他项目组比起来进展有点儿慢，但是很有可能弯道超车，变成两个项目了！我们再看一下丽莎小组的汇报吧！"

53. 大船升级——组织优化项目沟通计划

丽莎带领的小组经历了整个项目组的卡壳，在最后关头受到启发，专注于牧童组织优化项目沟通，以制定计划和方案，安心对他们今天会带来怎样的呈现捏把汗。

"我们组的任务其实很简单，就是对大五项目（对了，现在可能是大六项目了）在做的事情，给员工讲故事，让大家明白我们在做什么、为什么和怎么做。我们小组在这周开了几次会，讨论了几个故事方案，今天想和大家汇报，也听听大家的反馈。"丽莎作为项目小组的代表首先发言。

"我们最初很想继续用启动会时定的标题：牧童塑形记。我们很喜欢把牧童形容成有生命的机体；塑形的说法很流行也很形象，直接地反映出组织可能要做的提升能力、裁减冗余的行动……不过大家讨论之后感觉不是很合适。首先，牧童成立七年，我们还在快速成长中，如果以人类生命比喻，牧童最多还是青少年。其次，"塑形"可能会让人联想到增肌减脂，然而增肌减脂可能不是眼下最需要的，而且减脂的说法可能会给大家带来惶恐，事实上我们目前的项目中并没有裁员的计划。

"我们的第二套方案是借用电影《功夫熊猫》，用电影主角阿宝（Po Ping）的成长，比喻牧童经历各个项目变革后，实现组织能力提升的故事。事实上，这个故事很好，我们不但可以把牧童比喻成阿宝，也可以启发每个员工想象自己是阿宝，在牧童经历变革、组织能力提升的过程中，个人可以如何改变认知、提升能力，为牧童的组织能力提升贡献力量，并和牧童共同成长……"丽莎的发言引人入胜，安心等不及想要听下去。

"但是……"丽莎喝了口水，卖了个关子，"有同事反映，我们这些参与项目的人可能年龄偏大，《功夫熊猫》的三部电影在2008—2016年上映，我们的主力销售代表们不一定看过——呵呵，一不小心被提醒我们可能都过时了……"丽莎的话让安心和其他一些80后、70后有了些许感慨，他们还真没想到这个问题。

"后来我们有了新的方案……"丽莎继续卖关子。"当当当当！"伴随着丽莎嘴里发出声音，会议室屏幕上显示出一幅大船航行的画面！

"还记得我们在去年年会上带领所有员工一起做的'大中华区美梦成真愿景之旅'吗？我们项目组讨论时，受到一个同事座位上挂的这幅画的启发。

图 42　牧童大船航海图

"我们想和大家讲一个牧童大船升级为'航空母舰'的故事！"屏幕画面切换，出现了下面的图片：

图 43　航空母舰

会议室里鸦雀无声，大家都在等着丽莎继续讲述。

"这艘航空母舰可以看成牧童业务运营的平台，我们在做的组织优化项目，还有未来可能的运营数字化转型，都可以理解为通过新的结构、流程和技术，为业务部门提供更强大的支持。而我们多样化的各个业务部门，可以看成从这艘母舰上起飞的一架架战机，它们适应灵活多变的外部环境，形成海陆空兼备的方案，满足不同客户的需求。所有牧童员工都在船舰上发挥关键作用，对大船的升级和母舰的运营做出贡献。怎么样，这个故事够有冲击力吧？"丽莎说得很得意。大家忍不住报以掌声。

"这个创意好，和上一年年会的比喻关联起来，容易让员工记住！"建国回应。

"接下来有请兰波给大家讲讲我们计划的故事梗概！"丽莎做出邀请的姿势，研发部今年发掘出的高潜力员工兰波走到会议室前面开始讲述：

"我们想借年会这个机会，对全员做大五项目的沟通。我还是说'大五'吧，比较顺口一些。而且我们的项目本身在大五之外，做的是串线沟通。"兰波的开头解决了大家心目中关于"大五"还是"大六"的疑惑。

"每次年会开场都有各部门对当年业绩的汇报，我们想设计今年年会的开场，让大佬做阅兵，每个业务和职能部门汇报今年的成果。各个部门可以被编成在航空母舰编队中的各个飞机或战舰，以及母舰的核心支持部分。

"阅兵结束后，我们放一段定制的短片，讲述牧童从大船升级到航空母舰的故事。这里我们可以介绍背景、目的，展示现状，简要分享我们要做的升级行动、描绘未来的美好前景、每个员工在船舰上的角色、这个升级对牧童和每个员工带来的好处，然后呼吁所有员工参与到组织优化工作中来。

"根据年会整体内容的安排，我们可以让相关的项目组在全员大会上，或是去不同的业务部门做更加详细的介绍。虽然这部分可能会动用比较多的人力，但是我们的优势在于各个项目的参与者都来自不同部门，大家都动员起来，人力应该不是大问题！"

安心听着介绍，想起去年年会前自己通宵加班编写牧童美好愿景之旅，现在有这么多富有创意的同事共同参与到牧童未来的描绘中，而且以自己编写的故事作为起点被续写，这种感觉太美妙了！

"太棒了！大家都想到今年的年会内容了！刚好可以和年会组委会及时联系，制作录像的费用应该也可以和他们申请！"安心很自然地想到费用问题，毕竟，HR在公司里虽然定位为以业务思维经营，却从不像常规的业务部门一样有充足的预算，总需要四处化缘。

"得令！"丽莎调皮地回应。

"听起来上次开会时讨论的WWH相关的八九个问题都会在这次的录像中回答，对吗？"建国问得很仔细。

"是的，"兰波简洁地回复，"我们这个阶段项目组的任务主要是编写剧本、采访各个项目组，然后制作短片，并和年会组委会协调年会期间的宣传工作。根据和各个项目组的联系和沟通，我们还会看一下是否需要在年会后继续做宣传沟通工作。"

"太好了！现在想到咱们的拼图图片和全景图，有了沟通项目组的计划，感觉员工理解起来容易多了！"安心对丽莎项目组的成果也赞赏有加。

"那么大家是否有信心在接下来的时间里分成两个项目组，各自分头开始工作？"丽莎接着问组员们。

看到大家都点头确认，安心和建国交换了眼神："那就愉快地决定吧！我们给大五项目贡献一个保驾护航的特别沟通小组！"

54. 第二届领导力训练营

日子在每天的忙碌中倏忽而过，眨眼又到了年会。这一次，全体员工齐聚厦门这个美丽的海滨城市。

继"变革突破、成长无限"之后，这一次的年会主题是"团结协作、以少做多"。

遵循去年的做法，经理们参加的第二期"领导力训练营"先于全员年会召开，这期训练营的主题也是围绕"团结协作、以少做多"。考虑到内容安排，这一次有 30 位二线经理和 60 多位一线经理共同参加训练营。

在上一年的变革管理主题规划过程中，安心通宵工作写剧本，并提前培训了引导师带领各组学习。这一次，她和团队经过细致严密的沟通后，决定让所有高管和经理们来自编自导这一期的领导力训练营，

考虑到"团结协作、以少做多"的主题已经在大五项目中充分体现，但是大五项目的参与人员是各部门评选出的高潜力人才，并不是所有的经理都参与其中，而且各项目组对其他项目的具体内容了解有限，所以第二期领导力训练营从大五项目开始对经理们进行汇报，这也相当于将年会上要对全员进行的汇报做彩排。

不同于之前各个项目组分期分批向高管团队做汇报，这一次半天的时间里，每个项目组依次轮流向经理们做项目汇报。汇报开始前，安心团队给所有经理布置了作业：以五人一桌为单元，每个项目结束后各桌需要给予项目点评，提出一个问题和一个建议；所有项目汇报结束后，各桌需要以图画或小品、相声等艺术形式，在五分钟内阐述各自小组对大五项目彼此的关联和最终目标的理解。

感谢现代科技，项目小组利用在线投票工具，让二十桌百位经理的反馈和提问、建议及时有效地呈现在大家面前，关键词提取也非常有效地对核心问题和建议做了分类归纳，每个项目组通过这种方式收集了大量反馈，为年会上对全员的项目展示做了更充足的准备。在各组的展示和反馈、回复过程中，一个上午转瞬即逝。

下午以每桌五分钟的项目关联展示开始，各小组有趣的表现形式带给大家无尽的欢乐，这个环节旨在让经理们充分讨论、理解并表达他们心目中针对大五项目的"why"——为什么要在此刻做这些项目。相比较用语言理性阐述，艺术化的表现方式不但增加了趣味性，更表现出深层的领悟、转化和显现。这个承担了上传下达责任的中间层对牧童的信息传递至关重要，如果他们无法清晰透彻地了解和认识公司的战略和举措，往下的执行则会走样或偏离方向。

轻松欣赏各组表演之后，到了具有挑战性的辩论环节，这个部分在制定年会第一天日程安排时，安心和高管团队曾为此激辩过，即是否要和全员沟通大五项目的内容？

按照传统的管理思路，这些内容要么反映了管理层的担忧（比如人才流失的预测和防范、销售能力提升），要么属于公司机密（比如销售团队的调整和资源配比），还有可能带来对组织的冲击（比如组织结构管理宽度和层级调整、跨部门整合协同），高管们最初的自然反应就是"这些内容不适合对全员做沟通"！

高管团队就是否对全员沟通做了充分的探讨后，有了他们的结论，这个过程给了安心启发，她决定把同样的话题带到公司管理的中坚层，这是一个非常好的转变管理思路的机会。

安心以招募自愿者的方式，很快便选出了辩论双方，一方反对把这些内容做全员沟通，一方认为沟通利大于弊。双方辩论队有半小时的准备时间，接下来在台上面对所有领导力训练营的百位经理们进行辩论。

辩论开始了！台下每一位经理都有自己内心的想法，跟随着辩论双方的观点不时地调整、变化。大家都列举出诸多理由支持各自的观点：

反对沟通方：

1. 竞争保密性：公开所有信息可能泄露公司的战略优势，有些事务需要在内部掌握。揭示公司内部的一些机密信息，尤其是关于销售团队调整和资源配比的信息，可能会让竞争对手获取到有利信息，从而损害公司的竞争力。

2. 专业问题：高潜力项目可能涉及一些专业层面的细节，并非所有员工都有足够的专业知识理解这些信息，公开透明可能导致信息理解不当。

3. 避免不必要的焦虑：有些信息可能导致员工担忧，比如组织结构的调整、管理宽度和层级的变化，这可能引起员工的不安，影响工作积极性，对工作氛围造成负面影响。

主张向所有员工沟通的一方：

1. 建立信任和团队凝聚力：全员沟通可以建立员工对公司的信任感，增强团队凝聚力，让员工感到公司对他们的信任和尊重。

2. 解答疑虑和减轻焦虑：公开透明的沟通可以解答员工心中的疑虑，减轻员工的焦虑感，使得整个组织能够更加平稳地过渡和适应变化。

3.共同目标的认同：全员了解公司的整体战略和目标，有助于员工更好地理解公司的发展方向，从而更好地投入到工作中，共同追求公司的目标。

4.防止谣言的传播：如果公司内部的信息没有得到官方透明的解释，员工可能会听信谣言，这可能导致信息失真，对公司形成不良影响。

最终，主张向所有员工开放、透明沟通的辩论方获胜！

辩论结果和高管讨论的答案一致，不过在中层管理人员之间进行这样的辩论有着重要的意义：

1.意见交流与共识建立：辩论提供了一个平台，让管理人员分享各自的观点和意见。通过辩论，促进了思想交流，达成共识，使得决策更加全面和有深度。

2.团队合作与凝聚力：辩论推进了彼此的合作、相互听取对方意见；即便存在分歧，辩论也能够加强团队凝聚力，促使团队更好地迎接挑战。

3.决策质量提升：辩论暴露了不同观点中的优劣势，帮助大家更全面地考虑问题。

这场辩论让所有经理们看到了开放透明的决策过程，每一位经理都有了强烈的参与感。与此同时，各项目组也根据辩论内容讨论并调整了各自和全员沟通时的内容和方式。

尽管围绕大五项目的全天探讨体现了团结协作精神，也触及了以少做多的方法，但领导力训练营不能只停留在对大五项目的沟通和探讨上。第二天，经理们结合牧童战略，进行了沙盘模拟、角色扮演等一系列活动，并随时进行复盘，帮助每一位经理充分透彻地理解了团队协作和以少做多的意义。

实际上，安排这样的中层领导团队的学习活动，除了探讨本身的内容外，更重要的是让这些平时忙碌在各自岗位上的经理们有机会共处，在思维碰撞中认识和了解彼此，真诚地分享各自的想法和感受，讨论工作中的实际问题和痛点，致力于共同的团队目标，并准备好执行举措，这对于建立一个真正的高绩效团队至关重要。

通过第二届训练营，经理们对年会主题有了充分透彻的了解，这对接下来三天的全员年会和各自部门会议上信息沟通的上传下达、上下一致格外有帮助。

55. 奋斗吧，牧童！

全员年会在领导力训练营后召开。这次的年会开场采纳了安心赞助、丽莎领导的组织优化项目沟通组的创意，以大佬在航空母舰上对各业务及支持部门的阅兵开始，整个上午各个业务部门作为战机和战舰，向大家汇报这一年来的挑战和成果，各职能部门也作为母舰的重要组成部分，分享了上一年的成就及未来的战略规划，其间穿插着各部门对业绩出色员工的奖励。整个会场洋溢着激动人心的乐曲，来自全国各地的牧童员工们深深地体会到牧童作为一家业务多元化的公司的强大。

大佬在上午环节的总结发言特别强调了牧童各业务及职能部门彼此配合、团结协作的重要性：

"一只拳头的力量远远大过五只手指单独的力量，就如同母舰上的战机和它四周的舰队，我们各业务部门和支持部门各司其职，方能齐心协力，以迅雷不及掩耳之势应对挑战。

"我们追求的不仅仅是速度，更是远大的目标。一个人或一个团队或许可以快速前行，但只有在我们共同的努力下，我们才能走得更远。'一个人走得快，一群人才走得远。'我们是一个团队，一个紧密协作的群体，我们的力量不是简单相加，而是相乘。

"在牧童科技，在当前的环境下，我们要充分发扬'以少做多'的精神，充分利用最新的科技，发挥每个人的创意，在有限资源下发挥最大的效益。每一位员工都是这个拳头的一部分，每一份努力都将为公司带来更大的成就。只有这样，我们才有可能创造可持续的成功。

"让我们铭记'团结协作，以少做多'，这是我们达成可持续成功的关键。大家的贡献不论大小，都将推动牧童科技不断超越自我，勇往直前！"

下午的全员年会上，大五项目组分别上台和所有员工分享项目背景、目标及进展。经历了在领导力训练营上的彩排和辩论后，大五项目组对全员的汇报从形式到内容都做了调整。员工们对"团结协作、以少做多"的主题有了真切的认识，也因各个项目从横向打破部门墙，促进跨部门的合作；从纵向思考未来，运用最新的科技，提升日常运营的效率和整体的组织能力而受到鼓舞。

员工们听着这些平时不会有机会了解到的公司管理方面的具体决策和做法，除了知晓公司内部正在发生的事情外，也产生了强烈的参与感——

因为每一个项目汇报结束,所有员工都需要扫码,回答下面两个问题:

1. 这个项目和我有什么关系?
2. 我可以做什么来支持这个项目?

大家的回答实时滚动在大屏上,关键词的抓取让每个个体的思路得到拓展。

安心想到和团队在做员工沟通时的思路框架:只有当所有员工都充分知晓发生的事情,也有机会积极参与到公司的举措中去,组织才有可能发展成为真正的变革拥护者。举办这样耗资巨大的年会,除了提供给大家吃喝玩乐、放松的机会,通过年度总结、未来展望的内容分享,表彰优秀、明确方向、鼓舞士气是主要目标,此外更应该抓住机会,充分沟通公司的举措,并尽力制造全员参与的机会。

看着一个个平时在各自部门和职位上默默工作的同事现在有机会在公司舞台上向大家表现自己,他们为了牧童的未来集思广益、运筹帷幄,每个人都在被充分信任后放开拳脚、大展才华,安心尤为激动。他们积极向上的面貌和展示的内容,对台下几百名同事都带来了积极的影响……安心想起初到牧童时,看到大部分同事们习惯于服从权威、追求短期的成功,现在大家的积极参与和对未来可持续发展的求索,正是安心希望在牧童促进的文化变革。

年会第三天全员大会晚宴上,员工们展示才艺环节发生了一件有趣的事情。公司职能部门同事组成的乐队挑战高管团队在去年演唱的《牧童之歌》,他们带来了激动人心的牧童版"正少年",改编自《奋斗吧,少年!》电视剧主题曲。

表演之前,歌手代表发言:"去年年会高管们演唱的《牧童之歌》铿

273

变革心动力

锵有力，但是说实话有点儿过时了……"台下同事们纷纷鼓掌，"牧童要跟着时代前进，我们建议高管们和我们一起学唱新的牧童之歌——《奋斗吧，牧童》！"歌声响起，观众们都激动地跟着一起唱歌、鼓掌。表演结束，大佬走上台，感谢歌手们的挑战："牧童就是需要这样勇于更新迭代的精神！高管团队都要学习这首歌，等到新年聚餐时表演给大家！"

很快，这首《奋斗吧，牧童》开始在公司传唱：

牧童，奋斗的少年
科技创新的道路上我们踏实向前
时光不负少年，我们拥抱梦想
团结一心，共创未来

从北方到南方，我们并肩前行
科技的火花在我们心中闪亮
每一份努力都在点亮希望
我们用智慧书写着明天的传奇

Oh，牧童啊，牧童啊
飞驰吧，梦想在前方
Oh，牧童啊，牧童啊
不要害怕，用力成长

科技创新的路上
我们正值年少，不负韶华

用拳头和汗水打造梦想

未来在召唤，牧童，奋斗吧

我们的团队，似一颗璀璨的星

每个人都是燃烧的火焰

团结合作，成就无限

共筑辉煌，梦想在前方

Oh，牧童啊，牧童啊

飞驰吧，梦想在前方

Oh，牧童啊，牧童啊

不要害怕，用力成长

科技创新的路上

我们正值年少，不负韶华

将生命演绎成最向往的模样

要勇敢地向前看

我与你共同担负梦想

明天是我们最美的奖赏

Oh，牧童啊，牧童啊，飞驰吧

Oh，牧童啊，牧童啊

不要害怕，有我在身旁

牧童，奋斗的少年

学习思考

思考并回答以下问题：

1. 在跨部门资源整合和优化方面，你认为最大的挑战是什么？如何克服这些挑战以促进团队之间的合作？

2. 你所在的组织在不同阶段，针对不同的人才需求是如何买（Buy）、借（Borrow）和造（Build）的？

3. 你觉得个体在组织内的政治敏锐性重要吗？你会如何评价你的政治敏锐性？

4. 如何将情境规划的概念应用到你的职业发展规划中？你如何为不同的未来职业情景做准备？

5. 在面对潜在的危机和黑天鹅事件时，你的组织有哪些准备措施？如何进一步强化这些措施？

6. 你所在的组织是否在推进数字化转型？主要是哪些方面的变革？

7. 本章内容对你最有启发的是什么？你会如何把这些启发带到目前的工作中去实践？

第四章
HR 团队管理

内容概述

主要人物

- 安心：牧童公司 HR 负责人，面临职业和个人生活的反思和挑战
- 信心：HR 团队成员，寻求新的职业方向
- 关心：因能力不符被 HR 请离的团队成员
- 波琳：安心的导师，提供职业发展建议

主要事件

- HR 团队不断成长壮大，安心调整团队组织结构，增加了数据分析和项目管理部门并招进新人
- 安心经历一些不快后得到波琳辅导，调整个人情绪，开始探索领导力发展
- HR 团队经历信心转岗，关心离职；安心为团队召开职业发展工作坊，学习工作重塑、探讨工作与生活的意义
- 疫情来袭，高管和 HR 团队调整策略应对突变
- 安心经历亲人离世，开始深入思考生命意义

主要矛盾

- 工作场合的情绪管理与专业态度之间的矛盾
- 人际沟通中如何平衡尊重他人需求与善意给予反馈的矛盾
- HR 团队成员面临职业发展和转型的个人选择，与组织需求之间产生矛盾
- 疫情带来的工作方式改变对安心及团队工作生活方式的影响和调整
- 个人对生命意义的探索和选择与工作之间的矛盾

第四章概要

通过展示HR团队的成长变化、面对疫情的挑战以及安心个人的职业生涯反思，本章深入探讨了工作的意义、个人成长和组织发展之间的相互作用。

通过对员工职业路径的探讨，安心和团队致力于创造一个支持个人发展、鼓励自我实现的工作环境。疫情的爆发考验了团队的危机应对能力，同时也加速了远程工作和数字化转型的步伐。安心个人对工作与生活的反思，以及面对亲人离去引发的生命意义探索，展示了职业发展不仅仅是职位的提升，更是个人价值实现和生活质量提升的过程。

变革心动力

56. 成长中的 HR 团队

热热闹闹的年会刚过，智能交通的业务总监路畅就来问安心："今年的人才面试几时举办啊？"

他可是原先曾和大佬抱怨没有时间做 HR 安排给他的工作的人，安心诧异于他的变化，和团队一聊才知道，去年的人才面试活动之后，智能交通业务部空缺了好久的全国销售经理一职调用公司内部人才填补上了，刚好满足了城市规划与建设部对一个高潜力大区经理的发展需求。

安心和团队在一年多的时间里，除了踏踏实实地做好大家眼里的 HR 日常工作，如员工的选、用、育、留外，在人才发展、组织优化方面的一系列举措也带给牧童高管、经理和员工们耳目一新的感受，大家也看到了实实在在的结果，所以才有了路畅这样的态度转变。

安心的 HR 团队从去年至今也发生了不少变化，领导团队有了一心、诚心、放心的加入；省心开始建设新的数据分析和项目管理部门。招聘部门的校招计划得到了高管团队的支持后，信心帮助 HR 团队首次招聘了三名 HR 培训生，他们从上百名应聘者中脱颖而出，都有着非常好的资质。HR 团队商议后决定先把他们都放在共享服务中心开始学习，同时安排了几位 HRBP 分别担任他们的导师。

安心把原先的培训助理耐心调来做 HR 团队的特别助理。这个特别助理角色是提供给 HR 团队一线高潜力员工的轮岗机会。在这个位置上，除了完成基础的行政工作外，特别助理还需要参与定期的 HR 领导团队会议做记录，同时可能被调派去支持 HR 领导团队的任何成员，或参与到公司项目中去。

安心画出新的团队架构图，感觉一下子"兵强马壮"了。不过，相较于完善的 HR 团队结构，未来她希望有机会再建立一个组织发展部门。

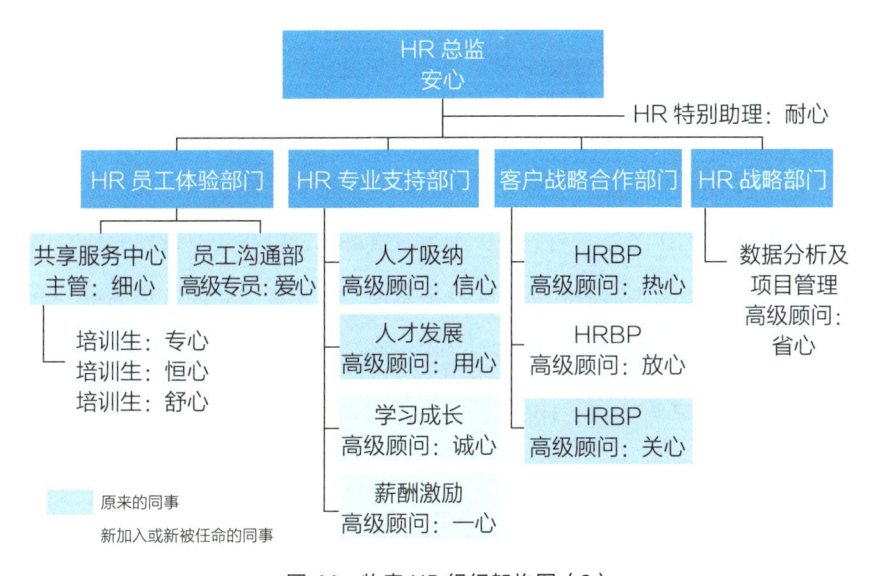

图 44　牧童 HR 组织架构图（2）

这一年多来，通过参与各种项目，团队里每个人的能力都获得了提升。然而，让安心有些意难平的是，HR 团队错过了今年的"最佳团队支持"奖。

这个奖和其他诸多奖项都是一心加入公司后，和 HR 团队沟通，经高管批准设置的牧童年度奖项。除了百名顶尖销售总裁奖之外，公司的最佳团队支持奖和个人奖的评选成为员工关注的焦点。关于这两个奖项，各部门可以先提名，然后需要经过全员投票和高管最终审核，确定 5 个最佳团队和 20 个最佳个人，获奖者将在全员年会晚宴上领奖。

今年 HR 和财务部获得的员工投票数并列第五，位居各业务部门的支持团队、市场团队、供应链、政府事务部门之后，高管团队需要在评审会议上定夺这个奖项最终给 HR 还是财务部门。

安心注意到财务部提交的内容非常具体，即在她的影响下发起的销售报销简化项目，这个项目受到了大多数销售的欢迎，也因此给他们的参赛带来了很多投票。HR 部门的提交没有针对具体的分部门，而是整体描述了 HR 部门以员工为客户的思路转变，和由此开展的一些变革，包括内部组织的调整、人才发展项目等。高管们经讨论后，倾向于选择财务部。

安心有些坐不住了。她觉得团队在自己来了之后做了太多的事情，每个人都在日常工作之外参与到 HR 内部的项目中，也在公司级别的项目中积极参与，如果不能为团队争取到这个奖项，她感觉愧对团队里的每一个小伙伴。

"我想和大家阐述一下 HR 团队这一年来做的事情……"安心开口时已经感觉到喉咙有些发紧，她在以往工作中从未为争取个人利益做过这样的争辩，"另外，我觉得如果我们部门在提交业绩时把内容分开，比如员工职业发展项目或是员工服务中心项目，可能大家理解得更清楚一些，毕竟，我们的很多工作都是幕后完成的。"在讲完了团队的贡献之后，安心又补充道。

"如果这样的话，建议明年 HR 团队在提交时分开项目或细分部门，我觉得今年已经发生的，如果再更改好像不太公平。"财务总监钱有余发言。

有余的话让安心本能地想反驳，但她端起杯子喝了口水后让自己内心平静下来，高管团队陷入一时的沉默，大家好像接受了有余的说法。华捷开口了："我看到今年的个人贡献奖 HR 的提名蛮多的，一会儿我们再通盘考虑一下。"安心不再吭气，在接下来的评选讨论中她选择了安静，不再积极发言。

高管评审会议要求不可以在年会颁奖前透露评审的结果，安心内心对团队的愧疚无处解释，只有协助高管评审会议的一心知道结果，也看到了安心在会议上的争取，她俩在一起也吐槽了一下。

年会颁奖礼上，HR 团队的细心、爱心和信心都获得了最佳个人支持奖，占全公司这个奖项名额的 15%，这多少有些弥补了团队没有获奖的遗憾。安心和团队反思时，大家虽然觉得遗憾，但都表示："我们的很多努力都在幕后，而且需要慢慢渗透才能看到效果，我们继续努力！"

团队的反应让安心感觉好受很多，她细究自己失落和自责的情绪反应：我从来不是在意个人奖项的人，为什么对这次没获奖耿耿于怀呢？答案有二，一来安心做事追求完美和成就感，她把 HR 团队获奖看成了对自己领导有方、能力的认可；二来她的高责任感让她对团队辛勤付出后却没有得到公开的表彰一事不满，感觉有愧于大家……了解了这两点，她对仍旧在意他人认可的自我再度审视后，提醒自己继续修炼得失心；而对团队的愧疚感也在大家继续努力的祈愿下慢慢散去了。

在团队蒸蒸日上、一片祥和之下，安心隐隐感受到，新成员的加入、用心和省心工作内容的调整可能对其他老队员带来冲击。她对关心的业绩表现也不是非常满意，但是想着先给他机会继续观察一下。

57. 安心受挫

为了庆祝热心加入牧童五周年，安心放下手头的工作，特意邀请她一起到公司附近的餐厅吃午饭。

"最近感觉特别忙！我支持的业务部门最近事情比较多，再加上年度绩效评估、调薪，还有眼下的大五项目，感觉真的蛮累的。"热心一边说着，一边往嘴里塞着菜。

"我家小儿常常说：'我要投诉你老板，把你搞得这么忙，我都很少见到妈妈！'"热心说完，爽朗地笑了起来。

安心也跟着笑了笑，说道："除了日常工作还要做项目，的确大家都很忙，不过还是要尽量平衡工作和生活。"

热心点点头，说："我知道，我也一直在努力。不过，我们中年人，上有老、下有小，真是希望自己有三头六臂啊。"

安心接着说："是啊！我在上一家公司时也遇到忙得不可开交的情况。我花时间梳理了一下自己的工作内容，做了一个 Excel 表格，把不同的工作内容按时间花费、重要性排序等列出来……"安心滔滔不绝地说着，希望能帮助热心解决问题。

热心静静地听着，脸上却没有了刚才的笑容。当安心说会把自己以前做过的表格发送给她做参考时，热心终于忍不住了。

"老板，你请我吃饭庆祝我的入职五周年，我特别感激。我其实就是在你面前吐槽一下，没打算让你帮我解决问题。你教我怎么面对这些问题，让我感觉自己好像挺无能的……"热心的语气有些激动，眼眶也有些湿润。

安心的笑容顿时僵在了脸上。她没想到自己的好心分享会得到这样的结果，心里顿时涌起一股委屈和失落。

"对不起，我没想到你会有这样的感觉。可能我做惯姐姐了，总想帮助别人解决问题。"安心有些尴尬地解释道。

热心没有说话，只是低头吃着饭。

接下来的午餐，两人都有些沉默。

午餐回来后，安心的心里总是会回放当时的画面，热心的话也总是在她耳边回响。她开始反思，和热心的对话为什么会变味？

不久后，安心和大佬针对个人绩效评估进行了沟通。

在做自评时，安心尽量用数据说话，把自己来牧童后带领团队所做的事情、取得的成果整理之后输入评价系统。她给自己的整体评分是"超出预期"，虽然她很少为自己争取利益，但是回想这一年的付出，看着自己整理出的数据，她觉得自己还是值得这个评分的。

大佬对安心的年度绩效给予了很高的评价，他认同安心在工作内容方面给自己的"超出预期"评分。讲到需要提升的部分，他跟安心提到："有同事反馈你比较好强，其实，你不必向他人证明你有多么聪明能干，因为你的优秀有目共睹。另外，你还可以在自己的情绪管理方面做些努力，在工作场合以大局为重。"

安心感谢大佬对自己的肯定和建议，结束了和大佬的一对一谈话，她回到自己办公室，情绪非常低落。加入牧童一年半了，她感觉最近好像诸事不顺。工作中启动和参与新项目的激动，敌不过和人交往得到的反馈带给她的困扰。明明她是好心给下属建议却被回怼，为团队争取应得的利益被评价说好强，努力工作却被人说显摆，还说她的情绪管理有待提升，她已经很克制了呀……

内心的委屈和郁闷让她无处排解，她又不想把情绪带回家。安心想到了波琳，前段时间听说波琳回美国忙了一些事情，不知最近回来了没有，安心迫切需要她的帮助。

变革心动力

58. 拨开迷雾，找到方向

安心很幸运，给波琳发了微信后很快收到了她的回复——波琳一周前从美国回来，最近刚好在上海。

"最近在董事会上听到牧童在做的大五项目情况了，有很多有趣的理念呢！你和团队做得很棒！"波琳开场简单的肯定对现在的安心来说格外重要。

"可是，我感觉做人比做事难多了！"安心愁眉苦脸地看着波琳说。

"哈，你这个做'人事'工作的人告诉我做人比做事难？"波琳打趣安心说道，"和我说说，遇到什么困难了？"

安心和波琳聊了最近遇到的各种事情，包括和大佬沟通绩效评估得到需要提升的反馈，以及和热心沟通的感受。她觉得自己的好意被误解，被人评价好强、爱显摆，甚至质疑自己和人交往的能力。

波琳认真倾听安心的倾诉，并通过提问引导她进行自我探索。

"那你现在的感受怎样？"波琳看着安心的眼睛，关切地询问。

安心感受到波琳的真诚和关心，慢慢打开了心扉。

"我觉得挺委屈的，也有些郁闷，还有些难过……"安心边感受边试着描述自己的感觉。

"还有吗？"波琳继续问。

"嗯，我有些怀疑自己和人交往的能力了，有些困惑，也有些觉得被误解的愤怒，最近不太想和同事、团队走得太近……"

"好，我听到了你复杂的情绪感受，有对自己的怀疑，也有不被理解的烦恼，我还看到了你的脆弱和想逃避。这个过程中，让你觉得最受挫的地方是什么？"

"我想是自己的好意被误解吧……"安心说道，"不管是团队评奖还是和热心的交流，或者被别人认为是显摆，这种被误解带来的感觉让我觉得无处解释，好像自己做的事情都没有意义了。"

"如果被理解了会怎样呢？"

"嗯，如果被人正确理解了，我会觉得自己有价值，做的事情有意义吧……"安心迟疑地回答着波琳的问题，却发现自己的价值和做事情的意义依赖于他人对自己意图的理解，这个发现让她有些吃惊和难过。

"可能因为我从小就很乖，努力帮着爸妈分担家里的责任，如果被冤枉了就觉得特别委屈吧。"安心说着，想起来小时候躲在被窝里流眼泪的自己。

"其实我个人成长的功课之一就是摆脱他人的看法给自己带来的束缚，不想总是活在他人的评价中，看来还是需要修行啊！"说出这句话，安心觉得心里一下子敞亮了许多。

"我的意图别人可能看不见，但他们的误解不能否定我的真实意图，也不应该定义我的价值和做事的意义！"安心的语调里明显多了力量。波琳笑眯眯地看着安心点点头。

接下来，两人讨论了如何避免被人误解，安心从波琳和自己的沟通中学习到了倾听、共情的力量，学会在给建议之前先询问对方的需求，尽可能以教练的方式启发和陪伴对方找寻答案，获得对方的许可后再给反馈……这些职场和生活中都通用的情商技能对有效沟通特别重要。

"我还想聊一下情绪管理的话题。那天评奖会上我是有些情绪，不过，同样的情绪反应如果发生在男性领导者身上，大家可能会说他有情有义。我觉得在工作场合，大家很容易对女性有刻板印象，动不动给我们扣感情用事的帽子。"安心说着有些情绪激动。

"这种情况的确存在。对这种刻板印象，你觉得可以做些什么？"波琳问安心。

"我觉得很难。您能给我一些指导吗？您坐到董事会成员这样的位置，一定遇到过很多这样的时候，除了内心强大外，还可以做些什么呢？"安心请教波琳。

"你说的内心强大很重要，我们要了解并接受这种情况客观存在，从自身角度还是有些事情可以去做的，我喜欢用4A法。"

波琳在平时的沟通中很注意尽可能用中文表达，这时候她抱歉地说："这个4A是四个英文单词，我自己比较容易记住。第一个是Awareness，意识到自己的情绪反应和所处的情况；第二个A是Accept，接纳自己的情绪反应，也接纳周围人的反应；第三个A是Adapt，调试，试着深呼吸，需要的话离开当时的环境，给自己调整情绪的空间和时间；最后一个A是Appreciate，感恩，当事情过去，回头来看，你会感恩发生这样的事情给自己成长的机会。"

"我太喜欢你说的4A了，很容易记住。前后也很有逻辑性！"安心感激波琳的分享。

"看起来你今天提到的几个困惑都得到解决了，我还有问题给你，"波琳看向安心说，"我想问你期待自己成为一个什么样的领导。"

"这个问题我感觉好大！让我试着来回答一下，"安心边思考边说，"从专业角度来说，我想不断提升自己的业务能力，另外，在带领团队方面，按照我们的领导能力模型，我还有些具体的能力需要提升，比如沟通的影响力、战略思维能力等，不过，说实话，这些方面能力的提升，我感觉自己除了在工作中磨炼外，好像没有什么有效的办法。读的MBA课程，好像让我在战略思维能力方面有了一些思考的框架，但是真正用到工作中，领导力的提升好像是很虚的事情。不瞒您说，这也是我在高管领导力提升方面的困惑。我需要制定高管的发展计划，然而让他们参加培训或做项目好像都不太有效。您有没有什么建议呢？"

"听说过'纵向领导力'吗？"波琳问安心。

安心摇摇头。

波琳解释说："这是西方这些年来在领导力研究方面提出的理论。我们可以把那些解决技术和任务导向挑战的能力称作'横向领导力'，集中在专业知识和技能方面，而纵向领导力更注重个体内在的成长、洞察力、情商和对领导角色的全面理解，也就是我们平常听到的'认知'或者'思维'的说法。

"举个例子来说，你的苹果手机的内存和操作系统决定了它可以装多少 APP 和储存多少信息。如果内存满了，操作系统不升级，再努力也没办法加载更多信息，还可能会卡顿或死机，这个时候就需要升级操作系统或者扩容。领导力的发展也是一样，如果个人思维和心智不改变，给一个人多少培训或提供多少信息，他的能力提升也有限。所以，你可以理解纵向领导力谈的是管理者思考和认知的深度和成熟度。这方面有些书你可以看一下……"

安心被波琳的一番话深深吸引了。她在手机上搜寻波琳介绍的两本书《领导者的意识进化》和《纵向领导力：关键人才识别与发展》，并立刻下单购买了它们——安心打算好好学习一下纵向领导力的理论。

"我问你这个问题是在想，在你职业发展的这个阶段，专业的技术类培训已经不是发展的关键，你可以在自己的纵向领导力方面多加耕耘。"波琳语重心长地告诉安心。

变革心动力

离开波琳时，安心感觉自己仿佛拨开迷雾，找到了方向。她迫不及待地想更多地学习纵向领导力，寻找个人成长的突破，以及帮助高管团队成长的路径。

• • • • • • • • •

59. 支持信心转岗

安心感受到的暗流涌动很快得到了证实，就在她计划着要和几位队员聊聊职业发展之际，信心来找安心了。

在安心带领团队运用商业模式探讨 HR 运营的过程中，信心的学习和提炼能力给安心留下了深刻印象，战略 HR 的"非处方药 OTC"（组织、人才、文化）的说法就是信心归纳出来的；她也贡献了"HR4U"的口号。安心记得和她聊起 HR 新架构下她的角色，信心很清楚地表明希望在人才吸纳部门建立起 RPO（招聘流程外包）功能后，再看作为业务伙伴的 HR 发展机会。她在过往管理 RPO 团队、进行人力资源规划、开展校招工作方面都做得非常出色。

"我想和你聊聊我在牧童的发展。"信心开门见山地说。

两人沟通后，安心了解到，信心在最近几个月组织并筹划校招工作中和业务部门沟通特别多，一方面业务部门的同事看到 HR 的校招宣传、组织工作做得有条不紊，欣赏之余向她伸出了橄榄枝；另一方面，信心也在听取业务部门给学生们做宣传时被深深打动，希望自己可以做一些"更直接影响生命的事情"。

"你知道,在牧童做 HR,我总感觉我们在一家技术领先的公司里做着边缘的事情。"信心直言不讳地告诉安心她的感受。

"那你现在有什么想法呢?"安心问道。

"我想尝试一下业务部门的机会。健康监测部门在招一位市场经理。我觉得这个部门的产品和业务比起其他部门更容易理解,我自己也蛮喜欢市场方面的工作的。"

安心感谢信心来找自己沟通转岗的想法。她和信心一起回顾了她过往的经验,发现一个有趣的现象:信心之前的工作经验比较多样,她做过自媒体运营,那时候像个"万金油"一样,招聘、文案、宣传什么都做;然后被牧童吸引,转到"大树下面好乘凉",开始专注做招聘方面的工作。

"这次如果转去市场部,你是如何考虑今后的发展的?"安心问信心。

"我还没想得很清楚。不过,看到团队里其他 HR 同事的工作,我感觉自己并没有被深深吸引。我喜欢在市场一线直接和人打交道的工作。而且,对我来说,能体验不同的东西蛮重要的。可能和其他人的职业经历相比,我没有太多的经验上的线性积累,更喜欢尝新。"

安心知道信心一向比较明白自己的需求,了解了她的人生观后,安心也知道信心的确在过往展现出和市场工作有关的创意思维、活动策划与组织、客户沟通方面的能力。加上最近管理 RPO 员工的人员管理经验,信心觉得这是一次可以尝试的机会。

信心是 HR 部门的高潜力人才,如果有机会在牧童找到更适合自己发展的机会,对她和牧童都是一件好事。安心决定支持信心的选择,为她的发展铺路。

"听上去原先你向往的业务伙伴机会也不再吸引你了,想自己直接去做业务啦!我很愿意支持你尝试新的机会,不过,既然是内部机会,我们可以先让你体验一下再决定，避免去了发现不合适。我可以和业务总监平安聊一下，先把这个机会包装成内部人才发展项目，这三个月里我把特别助理耐心调去人才吸纳部门，你试着把目前的工作尽可能交给她；同时开始在平安那边的市场工作。这个阶段可以让你真实体会一下新的工作机会，耐心目前的角色也有灵活性，你觉得怎样？"

信心没有想到安心如此支持自己的发展，激动得小脸通红："嗯，我体验一下，万一不合适，有了真实经验帮他们招人也更容易。我这是'以身试药'呀！"安心被她逗笑了。

接下来的日子里，信心顺利转岗去了业务部门，此事就像一颗石子掉进湖面激起了阵阵涟漪，安心知道大家的心里也开始动荡。安心回顾自己给牧童员工做的职业发展规划，决定和 HR 团队专门做一期职业发展研讨会，毕竟，团队里有在牧童工作多年的老员工，也有新加入的资深 HR 人，还有刚招聘来的培训生，和大家一起充分讨论一下 HR 人的职业发展很有必要。

60. HR 的职业发展

职业发展几乎是职场永恒的话题。安心给所有员工做的为期半天的职业发展规划工作坊也一直受到热烈欢迎。这一次，安心为自己团队做的 HR 的职业发展工作坊，她想来点儿不一样的内容。毕竟，团队成员们大部分都参加过通用的职业发展规划培训。

开始进行工作坊活动之前，安心预先给大家布置了作业，请团队成员们思考各自的人生观和工作观，回答下列问题。

谈谈你的人生观：

1. 你认为你的人生目的或意义是什么？
2. 你希望如何度过自己的一生？
3. 你在生活中最看重的是什么？

谈谈你的工作观：

1. 你对工作的看法是什么？
2. 你希望如何在工作中获得满足感和成就感？
3. 你认为工作在你的生活中扮演什么角色？

研讨会开始，经过破冰热身活动后，安心请大家两两对话，各自分享对上面问题的答案。接着，安心邀请愿意分享的同事向所有人讲述自己的思考。这些形而上的大话题，平时忙碌起来似乎没有人去思考，安心布置的作业和彼此的分享让同事们深潜入内心，思考自己的观点。彼此的分享也拓展了各自的思路。

安心问大家，现在牧童的工作是否符合各自的工作观，又是否反过来影响着各自的人生观？这个问题直击人心，大家对照各自的人生观和工作观，思考牧童的工作多大程度上符合自己对人生、对工作的初心。同事们提到的积极方面包括牧童的价值观、为社会创造的价值；自己工作中能够发挥创意、个人特长的部分、自我价值的实现……在层层推进的探讨下，

变革心动力

大家也坦言现在的工作中有自己不喜欢的部分。

安心接着提供给大家一个工作重塑的工具（详见本书"附录1"），她带领所有同事对各自的工作内容做分解，定义工作角色后分享每个人工作中扮演的多重角色，并根据对公司的重要性，和个人对角色的喜爱和胜任力把各个角色放入四个象限中。下面是安心以自己的角色为例分解出的十几个角色，然后安心和大家分享了自己在四个象限中的策略：

工作角色拆解：
- 战略专家
- 招聘经理
- 培训经理
- 行政大秘
- 工会主席
- 团建专家
- 年会策划
- 心理辅导员
- 教练
- 导师
- 项目经理
- 业务伙伴
- 服务供应商
- 顾问
- 公众演说家

角色对公司的重要性

授权并积极监管	持续精进
充分授权	偶尔客串

个人对角色的喜爱及胜任力

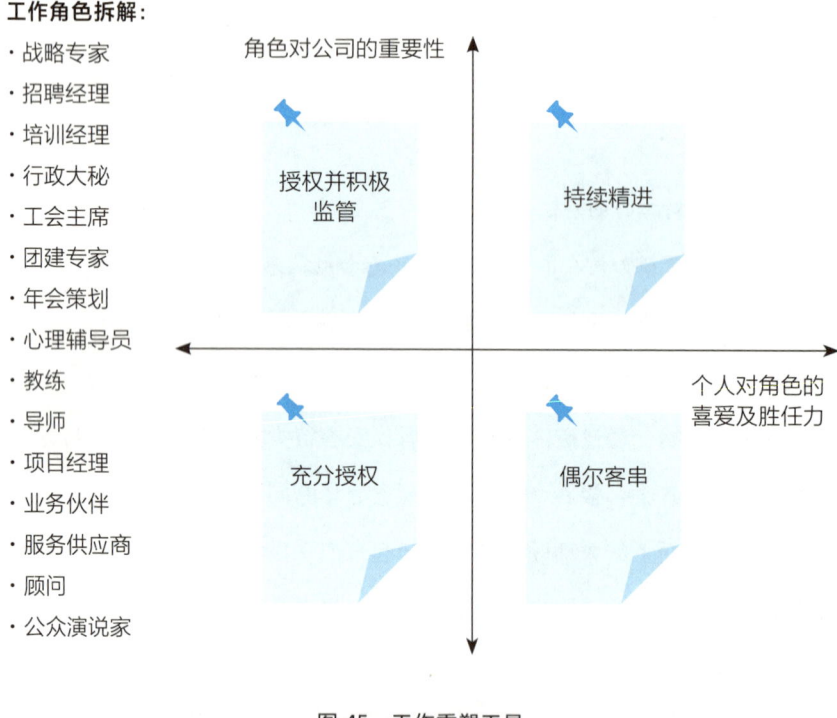

图45　工作重塑工具

工作分解的练习帮助大家梳理了工作内容，了解了对牧童和个人来说，各个角色的重要性。由此，安心鼓励大家展开积极的讨论，看一下彼此之间可以如何就一些工作内容和角色进行重新分配，目的是尽可能多地满足个体的喜爱和胜任力，同时又要保障有人担当牧童重要的角色。这个集体的角色讨论和置换对大家来说太新鲜了——安心把它叫作"工作重塑"的过程。

"在 HR 团队集体要承担的责任和扮演的角色范围内，我们可以设计并定义各自的工作内容，尽可能发挥各自的特长并满足牧童的需求。比如，项目经理的角色原先是我的工作内容，但是我知道自己不擅长，了解到省心有这部分的专长，同时他也很喜欢这项工作，我就把这项工作授权给了他。大家不要以为我在这个位置上有特权就可以做这件事，现在让我们彼此授权，看可以如何互相帮助，共同设计我们的工作！"

安心同时启发大家，工作重塑不是把自己不喜欢、不擅长的角色都丢出去，那些对公司、对自己未来发展重要的短板部分，还是需要不断练习去提升。"有时候你是做了才会擅长，做了才会爱上！"

这个过程让大家了解到彼此喜好的不同——"我之蜜糖，他之砒霜"。大家充分沟通后发现，可以把一些各自需要扮演的角色归纳到一个最擅长也最喜爱扮演这个角色的同事身上。例如 HRBP 们工作中都需要做各种数据分析，但是运用电脑工具进行分析的水平不一，而新招来的培训生专心是计算机专业毕业，他完全可以在省心的辅导下为 HRBP 们专门设计出一整套数据分析的模板，他也很乐意帮助 HRBP 们做分析，提升自己的专业能力。大家还通过这个练习发现了团队中的"文案小精灵"和"活动策划能手"。

工作重塑部分对大家现在的工作内容重新做了梳理，很大程度上缓解了一些在一个岗位工作太久的同事的工作倦怠感。

大半天的时间转瞬即逝，午餐时大家都意犹未尽。在牧童待得比较久的同事都说今天这个工作重塑的练习帮助大家对付了工作上的倦怠感，也看到团队取长补短、共同合作和进步的机会。

午餐后，安心拿出了一副象棋："这些天我家小儿迷上了象棋，我也开始跟着他学下棋，发现挺容易着迷的。有没有人来和我下两局？"

半小时里，安心和几位同事互换着分别杀了几局，却不料这突如其来的下棋其实另有玄机。

下午开场后，安心先和同事分享了最近在网上看到的一篇关于 HR 人职业发展路径的文章。文章来自海外一家 HR 专业培训机构 AIHR 学院，他们分享了 HR 职业发展图谱。这个图谱把 HR 的职能分为服务供应商、方案提供者、顾问、战略专家几个大的角色，提供了一家国际化公司全面的 HR 部门结构下各种工种，并通过不同颜色的线条示例了 HR 发展的几条路径。[1]

接着安心再次拿出棋盘，邀请大家过来看："图谱中提及的各种分工特别细致的 HR 工作可能不是特别适合国内市场，不过，如果从 AIHR 提及的 HR 职能的几大角色思考我们未来的职业发展，结合这副棋盘，大家有什么发现吗？"

大家思忖几分钟，热心开口："我们可否把 HR 的几大角色分别放在棋盘的四个角，就像 AIHR 学院的图谱中四个角落代表了几种角色？然后每一步棋格就像是不同级别的工种？"

"我也注意到了这一点，不过，下棋时每个棋子可以走的路线有规矩，最终的目的是将军，而不是走到棋盘的四个角？"培训生恒心小心翼翼地提出他的看法。

---

[1]　详见《HR 的职业道路：你需要知道的一切》，地址：https://www.aihr.com/blog/hr-career-path

"我们只是拿棋盘来做比喻，不一定非要遵从下棋的规矩。我觉得每一个棋子都可以从不同的角度和路径出发，走向不同的目标。这和我们 HR 职业发展的多样性很相似。"员工沟通部的爱心接着说。

安心很乐意看到团队中年轻的成员积极参与并发表各自的想法。

"我们可不可以把 HR 的几种职业发展角色看成是棋盘上不同的棋子，考虑不同角色需要的特质？"省心开口。大家都期待他继续往下说。

"我试着说一下哦，不一定对……"省心扶一下眼镜接着说，"比如顾问，可以看成是棋盘上的车，可以左右前后移动，顾问需要灵活处理各种问题，提供专业建议……

而战略专家，就好像象棋中的马，虽然走的是'日'字形路线，但它的每一步都充满了策略性，能够翻越障碍，达到更远的目标……"省心停顿了一下。

"那服务提供者可以当作是象棋中的兵，一步一步踏实前进，虽然每步都看似小幅，但也很重要，就像我们员工体验共享服务部门！"细心轻声但坚定地补充。

"HRBP 作为方案提供者，可以比作是象棋中的象，负责覆盖全局，通过斜线的移动方式在不同领域间穿梭，提供全面解决方案啦！"HRBP 老将关心开口。

"我一直不太明白下棋时'象'的作用，你这样一说我觉得还真是，老谋深算，就得是 HRBP 呀！"信心打趣关心，大家都跟着哈哈大笑。

"我觉得拿象棋棋盘比拟 HR 的职业发展，我们可以理解为 HR 的职业路径并不是一条直线，而是可以根据个人的兴趣、优势和企业的需求，选择不同的路线，扮演不同的角色。我们可以从一个角落出发，逐步扩展到棋盘的其他区域，最终找到属于你自己的职业'将军'之路。每一条路径都有独特的价值，每一个角色都有其不可替代的重要性。"一心慢悠悠地最后开口，说出的话却是一贯的有分量。

"HR 职业发展的路径很多，条条大路通罗马，问题是你的'罗马'是什么？"安心继续启发大家思考。线性的发展，一直追求最高的职位，也许并不是每个人都想要追求和能够达到的目标。和他人对比也常常会让人失落，重要的是了解对自己来说，工作的目的和意义是什么。只要在了解了自己的特长、能力、公司的需求、市场的机会之后能够发挥个人价值的工作就是有意义的工作。

"更何况，这张图只是把 HR 的发展局限在 HR 的专业路径上，我们在工作中通过经验获得的可迁移能力才是让自己不断发展的核心武器。有了可迁移的能力，我们的发展不必局限在 HR 部门。信心转岗业务部门就是一个很好的例子。"安心鼓励大家看得更广些。

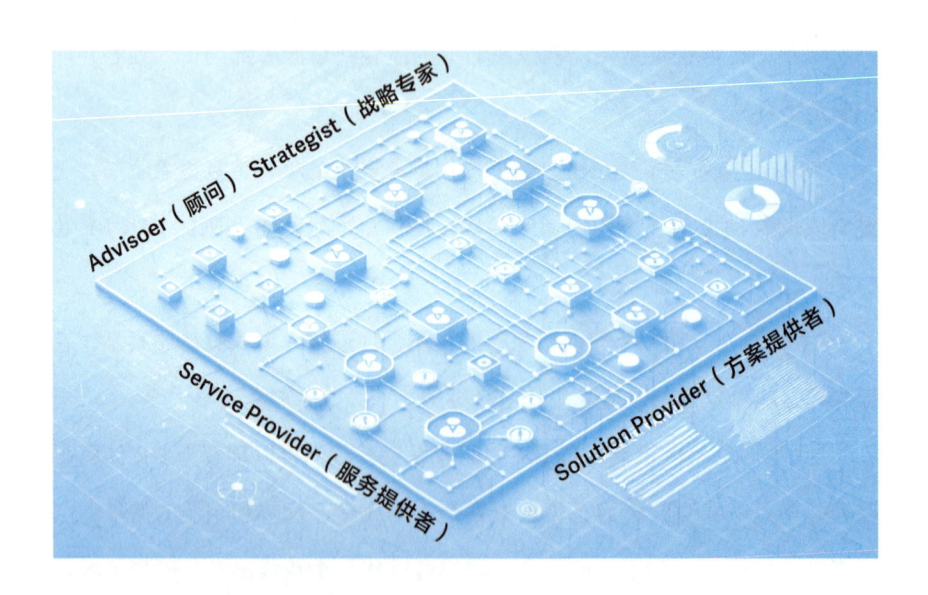

图 46　HR 的多样发展路径（图像由作者设计和用 AI 制作）

实际上，安心在看到了 AIHR 的图谱之后，一直质疑自己未来在 HR 这条路上的发展目标。"我已经做到了牧童这样一家公司的 HR 领导，现在的工作也给了我满足感和意义感。未来，难道是继续找一家更大的公司担任 HR 领导的职位吗？"她当然没有在这个环境下和团队谈论自己的疑惑。和团队分享 AIHR 的工具，是为了帮助年轻的伙伴们更全面地了解 HR 可能的各种方向的发展机会，而棋盘的比喻只是为了让大家更好地理解 HR 发展的多路径特点。

• • • • • • • • • • •

61. 艰难的决定

在和团队举办了职业发展工作坊之后不久，安心下决心和关心谈谈他的业绩问题。

大多数情况下，安心不担心团队成员的业绩，因为他们大部分都努力上进。但随着牧童业务的迅速发展，越来越多公司层面的项目需要 HR 团队成员参与或领导，HR 团队里个人的实力和发展潜力就慢慢显现出来了。安心留意到，转型后的关心似乎在支持客户提供 HR 战略服务方面有些力不从心。

在和关心几次的沟通和辅导之后，安心意识到关心的长处在于和人很快建立热络的关系，他有非常高的情商，能够迅速了解到对方的需求，也很擅长日常沟通，和别人打成一片。但是作为支持业务部门的 HR 战略合作伙伴，要求他具备系统性思维和全面深刻的分析能力。安心留意到，整体思考、运用数字信息决策、为客户提供解决方案对关心来说似乎有挑战性。

上个月在董事会和大佬一起与关心支持的业务部门开会时，关心需要讲述一个HR的议题，安心几乎是手把手地教他准备要讲的内容。对销售业绩和流失率、奖金分配之间的关系，他始终没有办法透彻地描述清楚，最终还是安心帮他绘制了图表、准备了讲稿。开会时，针对大佬提问，关心显得力不从心，还是她数次帮关心补充了他的回答。

在这次对话三个月前，她也特意安排了关心和热心一同负责制定HR今年的战略计划。即使是安心带着大家共同学习了HR战略计划流程，而且随时提供辅导服务，关心似乎还是没法抓住重点，交给他的任务也完成得不尽如人意。

听到安心提及自己在系统性思维和数字分析能力方面的不足，这个大小伙子脸一下红了。

"我知道自己在这方面一直没有满足你的期待，虽然我也找过省心向他请教，不过我的脑袋构成可能和他不一样。"他有些自嘲地说。

"我想看看怎样可以帮到你。目前牧童的HRBP，对系统思考、战略思维和分析能力要求比较高，继续在这个位置上做下去，对你和业务都不是最优解。你有什么想法吗？"安心问关心。

"我可能需要开始找外面的机会了……"关心艰难地开口，"不过，希望可以给我点儿时间，眼下老婆刚怀二胎，我会尽快找工作，希望中间不要有空窗期。"

听着关心的说法，安心难过极了。可是新的HR服务模式下，HRBP的主要服务客户是高管和总监级别的同事，如果能力有限，那么HRBP能够提供的客户价值就打了折扣。

"我希望你能理解，我们做 HR 的讲究把人放在合适的位置上。你在 HR 积累的经验和与人打交道的长处对于一些希望 HR 提供全流程服务且内部分工没这么细致的公司应该会很有价值。如果你愿意，我可以和做猎头的朋友联系，帮你留意外部机会。"安心说。

"好的。我也会积极寻找外面的机会。"关心低着头离开了安心的办公室。

这是安心在工作中最不愿意面对的情形：一起共事了这么久，她不想抛弃任何一个队员。可是在今天的谈话之前，她考虑了团队里其他可能的机会，还是没有想到好的解决办法。

她找到自己熟悉的猎头，发了几条信息，请他们抽出时间和关心见面，帮助关心寻找新的机会。她清楚地向猎头们交代了关心的长处，以及可能适合的工作环境，没有避讳关心离开牧童的原因。这几位猎头很了解她的工作风格，答应在一些开始搭建 HR 团队的创业公司范围内帮关心找寻机会。

不到三个月，关心就收到了一家创新制药公司的聘书，他们原先的 HR 和行政部门一起由财务总监代管，现在希望 HR 独立出来，支持公司的迅速发展。安心仔细了解了新机会，还和关心一起分析了加入新公司后工作的主要内容，支持了关心的离开。

"今后有需要我帮忙的地方，你可以随时和我联系。"和团队一起为关心吃了告别餐后，安心和关心拥抱互道珍重。

送走了关心，安心反思了整件事。关心是她加入牧童以来"请走"的第一位同事，她的心里很不好受。

回想 HR 部门改组时，她没有对当时的 HR 经理们进行能力评估，而是直接把几个 HR 经理都转成了 HRBP，这是今后可以改进的地方。另外，注意到关心的不足后,她虽然给了反馈,却没有制定详细的提升计划,也没有提供足够的辅导。直到和关心一同准备资料才发现差距太大,提升起来不容易。

"如果我可以更早地对他的工作能力多些了解,提供辅导,或者早些在内外部给他找寻机会,也许就不会是眼前的情形了。"安心自责地想。

除了需要尽快填补关心的空缺外,安心还需要思考如何安抚团队,让大家的情绪不要受太大影响。

- - - - - - - - - - -

62. 疫情来袭

眨眼又到春节了,节前安心和同事们筹划好了今年的职业发展月,除了广受欢迎的"职场一日随影行"和"我的职业我做主"职业发展工作坊之外,大家决定今年加上"职业发展辩论赛"和"职业发展大咖说"。团队的小伙伴们个个摩拳擦掌,只等节后大干一场。

没承想,一场史无前例的疫情如乌云压顶,向所有人袭来。谁都没有料到这场突如其来的打击会如此凶猛。

高管团队在接到春节假期被延长的那一刻开始,立即启动了之前在组织能力规划工作坊时讨论过后,由法务主管陈泽清牵头成立的危机管理小组。他们之前做了关于业务、供应链方面的紧急预案,现在经过高管团队共同商讨后,由各位高管牵头,分别成立了四个应急工作小组:

1. 员工安全和健康保障：安心和平安、郭明领导，负责员工健康监测、工作场所清洁和消毒、个人防护装备发放、员工安全信息每日采集汇报等。

2. 业务连续性：高山和路畅、宋长远领导这个小组，快速制定了远程办公政策和计划。他们的任务是确保关键业务流程的持续运作，制定应对万一供应链中断、员工无法出行的积极响应流程和备份计划等。

3. 沟通和危机管理：由华捷和钱有余、林建国领导的沟通小组快速确立了内部和外部沟通渠道，他们和前两个小组紧密配合，在和员工、客户沟通信息，和政府及卫生部门合作方面反应迅速有效。这个小组还和牧童的健康监测部门配合，在疫情期间为社会做出了各种捐赠和支持工作，在社会上树立了牧童良好的企业形象。

4. 供应链和物流管理：潘玉和陈泽清加上吴忧继续之前的工作，实时评估和管理供应链风险，确保及时供应关键物资和服务。他们同时积极协调和供应商及合作伙伴的沟通，确保把对业务的影响降到最小。

安心庆幸高管团队之前做过关于危机处理的讨论和部分预案，这次在大佬的统一指挥下，各个小组的工作井然有序。三人一组的安排让彼此能够有商有量，不同意见可以讨论后达成一致，并能在一人遇到困难之际随时候补。高管们在疫情起始进一步运用情境规划的工具预测最糟糕的情形，并做出了更切实的预案。

最初的忙乱过去之后，高管们预测未来三个月都无法正常拜访客户，大家确立了"修内功"的目标。大五项目经过了前期的可行性研究、方案提交之后得以进入执行阶段。疫情使业务按下了暂停键，让销售资源优化和销售能力优化项目得以深入进行。HR、IT 和财务的共享中心也开始投入建设。

变革心动力

　　HR 团队的同事们在这个阶段也及时调整了工作，除了随时的员工安全监测和信息统计汇报之外，团队组织了"爱心包裹"活动，为总部之外的同事寄去卫生防护用品和爱心巧克力；开通了由第三方主持的专业心理健康咨询热线，帮助员工和家人，为其提供精神支持。HRBP 们在各自支持的业务中，组织开展了各种在线学习讲座、体育比赛和文艺晚会活动……一时间，远在各地的同事之间的关系反而通过网络联结得比之前更加紧密。

　　原先计划的职业发展工作坊在推迟了两个月之后还是举办了，只不过由原先的线下改成了线上。职业发展辩论赛的主题是"职业发展要专还是要广"，大家激烈的辩论带来了丰富的视角和多维思考。大咖们的成长故事分享也让大家受益良多。安心则在之前的讲座内容上不断修修补补，给大家又举办了四场职业发展工作坊。

　　疫情也让安心在工作这么多年来，首次有机会长时间待在家中工作。家里有带小安的阿姨和自己的妈妈帮手，安心和先生大部分时间都待在电脑前忙碌。每天妈妈到点都会来催她去吃饭，小安偶尔过来想要妈妈和她一起玩儿，千头万绪的工作里，她有时候会忍不住发脾气，却又常常内疚，平时陪他们的时间就少，现在怎么还这么不耐心？

· · · · · · ◆ · · · · · ·

63. 生命的意义与追求

　　疫情还在继续，市场情况时松时紧，HR 同行们参考彼此公司的做法，开始推出灵活办公制，安心每周在家工作 2—3 天。

这天安心刚在卧室书桌前开完电话会，就听见客厅里似乎有压抑的哭泣声。

打开门出去，安心看到妈妈坐在沙发上，极力压抑着在呜咽。小安和阿姨应该是出门了。

"妈，你怎么啦？"安心奔过去坐在妈妈身边着急地问。

"你表哥……你大表哥，没有了……"妈妈伤心地断断续续回答。

安心大吃一惊！

等妈妈稍微平静下来，安心才得知妈妈刚才收到表嫂的消息，说安心的大表哥去世了。

大表哥比安心大两岁，是安心自小的玩伴。他是安心大姨的孩子，大姨去世得早，大表哥和另外的表哥、表妹都把安心的妈妈当成自己的妈妈，安心的妈妈也很疼爱他们。大表哥在安心的家乡工作，以前安心回去探亲时，大表哥总是加班工作。由于工作性质，他常常需要喝酒应酬。他前年体检查出肝癌，一家人想尽办法给大表哥做了换肝手术。手术后的这两年，安心听说他一直坚持在吃排异药物，开始注重养生，工作也退居二线了，身体一直恢复得不错。两周前他和妈妈视频电话时，安心还说他看上去红光满面呢。

"他还这么年轻！怎么就这样没了？"妈妈边哭边说。

这个突如其来的消息让安心难过了好多天。这是安心生命中第三次面对至亲的离去。爸爸的弟弟，安心的叔叔也是在40岁出头的年龄因病离开。他对安心影响深远，从安心小时候起，他就和安心爸爸商量如何培养安心和妹妹们，他给孩子们买了很多书，督促他们写日记，也把他们每个人当大人一样尊重，给他们写信……在海外去世的叔叔没有孩子，安心曾在他的墓地发出疑问："人活着到底是为了什么？要留下什么给这个世界？"

安心在叔叔去世后开始求索这两个问题的答案，但也常常忘记问自己，尤其是陷入日常的忙碌中时。她想到自己这些天甚至厌烦妈妈催促吃饭、觉得小安来找她玩儿耽误了她工作，她不禁再一次问自己："我到底是在忙碌些什么？我工作的目的是什么？我想给这个世界留下什么？"

回想去世的三位亲人，叔叔和爸爸留给她至深的影响，让她学会去爱人，让他人生活得更好。对叔叔而言，这个他人是她和妹妹们；对爸爸而言，这个他人还包括他医治的那些病人。大表哥呢？他的工作也会让一些人受益，可是安心看到的是他年轻的妻子、未成年的女儿的悲伤。

安心一直很热爱工作，工作带给她安全感、成就感，工作也给了她不错的物质回报，可以让她和家人过上比较优渥的生活。可是，如果工作占据了她的生活的大部分，以至于她觉得亲人的关心和想亲近都是打扰，她工作的目的和意义又是什么？

她想起最近和一个国外朋友的对话。那位朋友花了三个月听一个老人的人生故事，帮他写了回忆录，老人之后去世了。朋友说他把回忆录的文稿交给了老人的妻子，他的孩子们对他的人生故事不感兴趣。"也许，我们大部分人的人生故事对其他人来讲都没什么有趣的。"朋友有些悲伤地说。

晚饭时，一家人坐在饭桌旁，安心还有些恍恍惚惚。

"爸爸，你喜欢爬山，以后你要是去世了，我会去爬喜马拉雅山来纪念你！"小安稚气的话逗笑了大家。

"那你打算怎么纪念妈妈？"安心打趣小安。

"你嘛，就容易了！我就买个笔记本电脑，去你的墓地烧给你，我也会像你一样努力工作！"小安的话再次让大家哈哈大笑起来。

夜深人静，安心回想小安的话，心里涌起莫名的悲伤，她不想留给小安的记忆就是一个每天抱着笔记本电脑的妈妈。

安心想起她和团队做的工作观和人生观的练习。在那个练习里她说，人生对她而言是一场旅行，沿途的风景和终点没有一同旅行的人重要；而工作，是旅途中载着她从一地到另一地的工具，带给她方便，也让她和旅伴更好地享受风景。

"我好像在交通工具上花了太多的时间和精力，忘记了和旅伴享受在一起的时光，也忘记了享受风景？"

学习思考

思考并回答以下问题：

1. 当你感受到挫折或不被理解时，你通常如何处理自己的情绪？有哪些方法可以帮助你更有效地管理情绪，以保持职业表现和人际关系的稳定？

2. 面对批评或建议，你如何确保既能从中学习又不过度影响自己的情绪和自信？你有哪些策略可以帮助自己从反馈中提炼出积极的改进点？

3. 你如何看待纵向领导力与横向领导力的区别？你认为自己在哪些方面需要提升纵向领导力？有什么具体的计划或方法可以帮助你实现这一目标？

4. 在你的从业经历中，你曾如何支持他人的职业发展？

5. 你会如何用工作重塑的工具对你目前的工作做重塑？

6. 你做过的艰难决策有哪些？回头再看是否有不同的处理方法？

7. 本章内容对你最有启发的是什么？你会如何把这些启发带到目前的工作中去实践？

第五章
文化整合与建设

内容概述

主要人物

- 安心：牧童公司的HR负责人，主导了文化整合工作和领导力训练营的实施
- 大佬：牧童公司的高级管理人员，积极参与并支持文化建设活动
- 郭明：提出建立文化管理委员会的建议，促进了跨部门的文化交流与合作
- 高山、路畅等高管：参与领导力训练营，分享管理经验和文化建设理论

主要事件

- 文化整合活动：在收购A公司后，安心和团队通过系列活动，如"爱上牧童的理由"和"吐槽大会"，促进员工参与文化建设
- 领导力训练营：在线举办的领导力训练营，高管们分享文化管理理论和实践，强化了文化建设的理解和执行
- 文化管理委员会的成立和运作：为了持续推进文化建设，成立了文化管理委员会，负责规划和执行文化建设项目
- 年会和文化峰会：通过线上年会和文化峰会，进一步加深了员工对企业文化的认识和参与

主要矛盾

- 文化融合的挑战：收购A公司后，如何有效融合两家公司的企业文化，保持员工的认同感和归属感，是整个过程中的主要矛盾
- 文化实践与理念的一致性：如何将高层的文化理念转化为员工的日常行为和工作实践，确保文化建设不仅仅停留在口号和理念上

第五章概要

　　本章通过牧童公司的文化整合实践，展现了安心和她领导的 HR 团队如何在面临收购和外部挑战的情况下，通过创新的线上活动、高管的积极参与、跨部门的合作以及持续的文化建设项目，有效地融合了两家公司的文化，提升了员工的满意度和组织的运营效率。通过建立文化管理委员会和实施文化金字塔框架，牧童公司不仅解决了文化融合的矛盾，还强化了组织内的一致性和员工之间的联结，促进了企业的持续发展和文化的深度融合。

变革心动力

64. 新的挑战

牧童公司经历了疫情的考验,业务很快恢复常态。

高管们在此期间彼此守望相助,建立了特殊的友谊。经理和公司的人才们也通过扎实地执行大五项目,实实在在地提升了牧童的运营效率。"变形"后的销售队伍对客户的服务更加到位了,内外销售的配合也让销售队伍资源得到最大化利用。销售能力优化项目运用 AI 技术对每一位销售做了能力评估后,诚心和整合后的销售培训团队为销售人员提供了定制化的在线培训课程。公司最新的员工满意度调查数据显示,公司整体敬业度得到大幅提升,从大佬加入之前的 68% 提高到了现在的 89%!员工流失率也从原先接近 30% 降到 15%。

正当安心觉得可以喘口气稍微休息一下的时候,大佬约她谈话。

大佬对安心说:"疫情对各行业影响都很大。对我们来说,这是个大浪淘沙的机会。董事会最近批复了我们对 A 公司收购的提案,接下来我们需要在尽职调查后进一步行动。我需要建国、有余和你加入目前我们外聘的顾问公司搭建的项目组,开始尽职调查工作。这件事目前需要严格保密。"

安心知道 A 公司,这是一家规模稍小于牧童的企业,业务和牧童刚好形成互补。之前发展也很迅猛,但是听说这次疫情对他们的打击比较大。如果能够成功收购 A 公司,牧童的业务和人员规模都将有大幅提升,更重要的是,整合后的牧童将能够为政府、企业和消费者提供全线产品和服务。

安心之前的工作经历中还没有接触过对其他公司的收购,她有些担心。大佬告诉她,有专门的顾问公司带领他们一起做尽职调查,这会是个很好的学习机会。

"你做得很好，安心！不过，不要把自己的弦绷得太紧，要学会优先排序，另外，也要随时提醒自己多多放松！"离开大佬办公室时，大佬在安心的肩膀上轻轻拍了两下。

接下来的 HR 尽职调查（详见本书"附录1"）没有安心之前想的那么神秘。

合作的顾问公司是业界知名的企业，尽职调查有一套完整的流程和模板。在顾问公司开放给安心的共享平台上，各种文件每天不断地上传过来，安心的任务是配合顾问公司的专员一起阅读这些文件，了解 A 公司的薪酬福利情况、组织架构、人才管理实践、人力资源技术和运营体系、流程等，最主要的目的是从 HR 角度评估 HR 运营方面的合规性，了解未来整合时的协同机会和潜在挑战。

每天淹没在涌进来的文件里，一周后安心意识到，以 A 公司的体量和业绩，这些看得见的文件提供的信息没有太多需要她担心的，真正的挑战将在收购后两个公司的整合过程中。她把注意力重点放在了关注 A 公司的关键人才信息以及公司文化方面。

尽职调查很快结束，收购也顺利地在得到政府批准后很快对外公布，整合工作开始。

65. 收购及整合

在顾问公司的指导下，牧童成立了整合办公室（详见本书"附录1"），全面负责各个部分的整合工作，CEO特别助理建国担任了整合办公室的负责人。

整合的第一步工作是尽快确定新公司的组织结构，并任命核心部门的负责人。由于牧童和A公司的业务基本互补，所以合并后的整体组织结构保留了双方的业务部门，合并了HR、财务、法务、政府事务及IT等部门。整合办公室就非业务部门的整合，给出了三年后费用节约的财务指标。但那些是选定了相应部门高管后他们的职责，眼下的挑战是如何从两套领导班子里选出最终担任这些部门主管的人选，包括安心自己是否会继续担任合并后公司的HR高管也还是个未知数。

安心倒没有很担心这个问题，在前期和A公司HR负责人琳达配合的过程中，她见证了A公司在HR方面的有序管理，所有需要的文件都能够及时提交，文件内容也清晰明了。琳达看上去成熟稳重，她的团队似乎都特别有服从意识。平心而论，安心认为自己的战略和创新思维以及带团队能力优于琳达，如果董事会选中了自己担任整合后公司的HR负责人，她希望琳达会愿意留下来，加强团队在执行方面的能力。如果自己没有被选中呢？她几乎没有花时间在这个选项上思考太多，毕竟手头有太多要做的事情了。

大佬很快给安心吃了定心丸，董事会决定由安心继续担任新公司的HR负责人，琳达带领她的团队并入牧童的HR团队。整合的第一年，HR没有在财务方面节约费用的指标，甚至可以申请关键人才的保留费用，但三年后需要实现部门费用减少30%的目标。实际上，安心最初和大佬谈HR部门转型时就曾经承诺过减少费用的目标。她相信根据目前HR在推进的共享服务中心，以及其他通过AI技术提升服务效率和效益的项目，三年后，随着业务和人员增长，HR的费用相对公司业务占比降低30%甚至更多是可以做到的。

眼下，除了日常的 HR 工作外，安心的优先事务是带领新的 HR 团队开展公司在 HR 运营方方面面的整合工作。安心把 HR 的整合工作分成了战略性和技术性两个部分。技术性的部分包含了人才的选、用、育、留、出各环节的流程、项目、工具全体系的整合，这部分的工作安心请琳达和一心分别负责不同环节，制定了长中短期的计划稳步实施。

安心个人则直接领导了组织结构的重新设计、高管人才挑选及去留的决策沟通，以及文化融合这几个关键部分。

遵循之前在人才及组织发展方面的做法，安心坚持在每一项工作开始前明确核心理念、统一根本原则，这样的做法让她和团队面对纷繁变化的情况时始终不忘初心，能够朝着最终目标努力而避免走偏。

针对新的组织设计，她和高管团队统一了共识。

核心理念（关于新组织设计的总体指导思想）：

1. 组织结构服务于组织战略。
2. 组织结构需要确保有效及快速地执行。

基本原则（实际设计组织结构时需要遵循的具体规则）：

1. 业务整合与互补性：确保新组织结构能够有效整合两家公司的业务，并在互补性方面发挥协同优势。
2. 灵活性与适应性：设计一个灵活的组织结构，以适应市场变化和未来业务需求的快速变化。
3. 沟通与协同：促进跨团队和跨部门的良好沟通与协作，确保信息通畅，避免信息孤岛。

4. 人才发展与流动：创建一个鼓励员工成长和流动的环境，使其能够在不同领域和部门间积累经验。

5. 客户导向：设计组织结构时以客户为中心，确保服务、产品和业务流程对客户需求敏感和有针对性。

收购合并后的人员甄选在整合过程中绝对是个敏感话题，一不小心，公司希望保留的人才可能就会离开，又或者整合后的团队无法有效运作，带来"1+1<2"的后果。安心和大佬及董事会在人员甄选方面达成了如下原则：

1. 业务导向：人员选择服务于组织结构和业务需求而非因人设岗。

2. 绩效为尊：在结果和行为方面双双出色的领导将会被保留。

3. 潜力优选：在新组织内会继续学习和提升的人才优先考虑。

4. 流程透明：人才甄选的标准和流程公开沟通并执行。

5. 领导负责：HR 协助全流程，但高管决定人才的去留。

大佬负责筛选并任命自己的直接汇报团队。为了配合他的工作，安心准备了新的组织架构图下对所有领导层岗位的具体要求，大佬和董事会成员面试了两家公司目前在相应职位上的高管。在业绩和专业能力的评估方面，这些面试和从外部招人填补高管空缺基本类似，但会更多地关注目前人才对新组织未来的想法，目的是了解高管的认知、价值观等，从而评估他们未来发展的潜力以及离职风险、保留时的发力点。另外，还能从组织角度评估相关人才在过渡阶段对组织的关键性、替代的难度等。基于这些

第五章　文化整合与建设

考虑，大佬筛选了他的高管团队。为了与之配合，安心则准备了清晰的沟通计划，包括大佬和现有高管团队每一位领导一对一沟通的时间、地点、会议要传达的关键信息等，以及需要提供给与会者的相关文件，这包括新的任命意向书、保留计划，或者针对需要离职的高管的补偿计划等。这个沟通的顺序需要精心设计以确保环环相扣，不会对组织的平稳过渡带来负面影响。

安心的 HR 领导团队接受了相关培训，遵循同样的流程和原则，支持相应的高管们对下属团队人选做了筛选和沟通。所有合并部门的员工被分成四类：未受影响的、担任全新工作的、工作内容有部分受到影响的、职位取消需要离职的。团队针对每一类别做了具体定义，而沟通计划具体到每一个人。整个组织自上而下完成所有沟通的时间控制在合并后的三个月内，以期把对业务的影响控制在最小范围内。

由于牧童还处在业务快速增长的过程中，最终受到影响的部门真正裁减员工占比小过 15%，其中大部分还是业绩表现较差或平平的员工。

三个月的时间，两家公司合并后体量达到一千多人，裁减人数过百，没有发生一起员工和公司之间的法律纠纷，这不得不说是个奇迹！

对新组织的设计和人员筛选、任命及沟通有着清晰的流程、决策人和决策依据，而且需要在最短时间内有效完成。与之相比，整合后的文化建设则包含了诸多的不明朗，是个相对漫长的过程，它牵涉到公司内部所有人员，对整合的成功与否起着决定性的作用。当安心在数年后回看整合过程的所有工作时，耗时最长但最让她享受并骄傲的是牧童和 A 公司在文化融合方面的过程和取得的成果。

66. 整合后的文化评估

在收购整合过程中，文化的整合至关重要。它在促进员工合作、提高组织效率和绩效、维护员工稳定性、统一管理层，以及塑造一致的品牌形象、增强客户信任方面发挥着积极或消极的作用。文化整合有助于确保收购及整合成功，也将会影响到组织内外的多个关键方面。

安心带领合并后的HR团队先从对两家公司的文化评估开始，评估的目的是了解两家公司在文化方面的相似性和区别，清晰定义能够支持新公司的使命、愿景、价值观和战略的文化，借此机会和领导层共同绘制未来组织的理想图画。

关于文化建设，安心一直很认同前公司HR领导说的一句话："文化若非精心设计，则会默认形成（Culture is either by default or by design）。"任何公司都有其特定的文化，而文化如果不通过有意识地规划和设计来塑造，就会根据组织内部的惯例、传统或随时间发展通过默认的方式自发形成——如同一个家，不做任何设计也会形成其特定的风格。但是，对一家公司来说，组织领导者有目的地制定价值观、愿景和策略，以引导组织文化的发展，对公司的长远发展意义重大。

HR团队带领的文化评估最终将指导新的牧童公司接下来在文化建设方面是需要保留各自的文化，求同存异，还是完全打破后塑造全新的文化。

文化评估工作小组先商议整个流程和要用到的方法。大家决定分六个步骤：

第五章 文化整合与建设

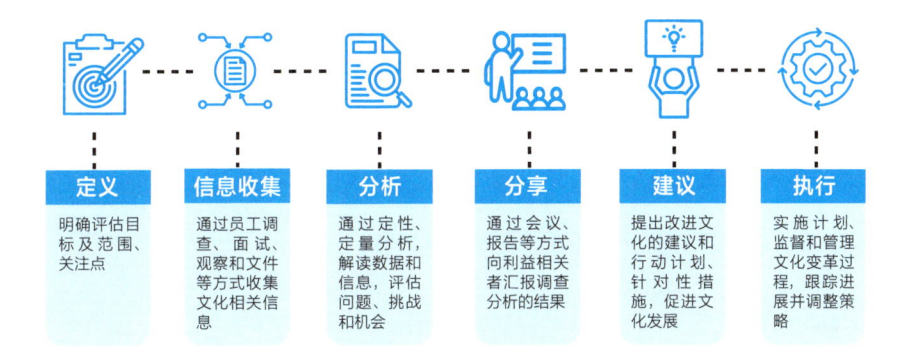

定义：明确评估目标及范围、关注点

信息收集：通过员工调查、面试、观察和文件等方式收集文化相关信息

分析：通过定性、定量分析，解读数据和信息，评估问题、挑战和机会

分享：通过会议、报告等方式向利益相关者汇报调查分析的结果

建议：提出改进文化的建议和行动计划、针对性措施，促进文化发展

执行：实施计划、监督和管理文化变革过程，跟踪进展并调整策略

图 47 文化评估六步骤

在对方法达成一致意见后，工作组先审核了两家公司目前各自的使命和愿景、政策等相关资料。然后通过小组对话、高管访谈、员工问卷调查等各种方式，收集了不同部门、办公地点合计超过 500 位同事的近千条主观性评论（qualitative comments）以及几千条可量化的数据或答案（quantitative responses）。在对这些信息做了归纳分类以及综合分析后，大家发现，依据主观性评论，两家公司的文化呈现出如下特点：

A 公司的文化特点：

1. 强烈的部门亚文化：A 公司各业务和部门有着各自独特的文化特点，这让它能够灵活迅速地实现业务目标。

2. 结果驱动：追求短期结果，注重快速决策和执行，比较符合"抓到老鼠的就是好猫"的说法。

3. 自上而下的决策：内部决策被描述为自上而下，对层级依赖严重。

4. 领导为先：这一方面体现在领导个人负责制上，一旦决策做出，

319

领导必须亲自负责执行；另一方面，领导个人有相当的权威感。

5. 关系挂帅：在公司内部建立强大的关系对个人职业发展至关重要。

6. 跨部门协作困难：在单一业务部门内部协作良好，但跨部门的需求、优先事项和激励存在冲突时协作困难。

而牧童的文化特点：

1. 使命为先：公司使命是将整个组织紧密联系在一起的黄金纽带。

2. 以客户为中心：公司尽力满足客户需求，并为客户的成功故事自豪。

3. 重视质量和流程：公司内部强调既定的流程和政策，对质量精益求精，但也使得公司在应对不断变化的市场时显得不够灵活和迅速。

4. 决策倾向于官僚化和缓慢：比较注重和内部各利益相关者进行磋商和建立共识。

5. 讲求创新和赋能员工：这一点在大佬加入后有很大的改善。员工们对公司事务有强烈的参与感和责任心。

6. 包容性：牧童在过往经历了不同业务部门的收购成长，公司文化比较兼容并蓄。

在通过问卷调查获取的定量数据中，针对下述 10 个方面，两家公司在诸多方面都很相似。通过和高管们的沟通，文化评估小组对新公司在以下方面的定位获得了高管们的共识：

第五章 文化整合与建设

维度	牧童科技	A公司	整合后的新牧童	对立面
客户导向	客户导向	🌀	X A	绩效导向
信息管理	信息严控	A	🌀 X	充分沟通
集权化	中央集权	A 🌀	X	分散管理
团队合作	独立工作	A	X 🌀	协同合作
组织形式	结构清晰	A 🌀	X	创业精神
管理权威	自上而下	A 🌀	X	自下而上
决策	直觉驱动	A 🌀	X	基于事实
组织灵活性	严格遵守流程	🌀 A	X	灵活变通
创新	传统稳健	🌀 A	X	创新先锋
包容度	唯我独尊	A 🌀	X	有容乃大

🌀 牧童科技　　A A公司　　X 整合后的新牧童

图 48　文化评估及定位

文化评估进一步分析了这些结果对公司未来战略规划加速和阻碍方面的潜在影响，并在董事会和高管会议上做了充分的分享。领导层针对新公司的愿景、价值观、文化变革计划等达成了一致，更重要的是，获得了领导层的长期承诺。

实现了领导层对文化现状的了解，并对未来的目标达成一致后，重要的是对员工层面的影响，这是一个润物细无声的过程，需要从领导开始，自上而下，层层推进。最重要的是，文化不仅需要说，更需要通过行动落地，化身为看得见、摸得着的言行。同时，文化还需要融入公司的管理体系、战略规划和运营流程的各个环节，成为灌输组织前进的动力，这样才能生生不息。

67. 员工参与到文化建设中

在了解了双方各自的文化特点，并对未来期待的文化绘制了蓝图后，文化小组就员工对目前文化的了解和反馈做了大量的工作，这是为接下来的改变做铺垫，回答"为什么"的问题。

如果说前期的调查和访谈得出的文化评估结果更多是"把脉"，让高管层对现状有了了解后便于制定方向，接下来的操作则是让近千名员工实实在在地感受到目前的文化，看到并共同决策需要发扬光大和大刀阔斧改革的部分。

文化小组启动了两项活动：1. 征集员工爱上牧童的理由；2. 吐槽大会。

在总部工作的牧童和 A 公司的员工，都熟悉力波啤酒广告歌《喜欢上海的理由》，《爱上牧童的理由》就是仿照这个思路，邀请员工用自己的话来表达各自爱上牧童的理由。对于 A 公司新转入牧童的员工来说，虽然这个过程在个体层面似乎是被动地加入，但牧童在行业里的良好口碑、文化中的包容、友善和使命驱动从整合的第一天开始就打动了大家。而吐槽大会则鼓励员工以创意的方式，表达日常工作中自己头疼、不满的方面。

倡议一经发出就收到了员工们的积极响应。公司还推出了内网网页版和企业微信端的 Vlog、短视频分享，HR 的沟通部门在工作日的午餐时间和周末及时推出最新收到的员工作品。午餐时的茶水间、视频下方的评论区，都成了员工充分抒发对公司管理和运营方方面面反馈的地方。一时间，公司里关于文化的话题沸沸扬扬，好一番热闹景象！根据员工的点赞，十大最佳作品也自然产生了。

排名第一的是一首吐槽公司内部工作系统效率低下的动画片，以《我是一只小小鸟》作为背景音乐,描绘了一个白天奔波在路上,忙于见客户、做方案的销售代表,夜晚回到家里开始填工作汇报表、申请报销。但是公司内网速度缓慢,看着屏幕上不停地转啊转的光标,销售代表趴在桌上睡着了,这则动画获得了几百个点赞……看来大家苦于内部IT系统速度缓慢已久。这对于平时有助理帮着填表报销的高管们来说无疑是一个新发现。进一步调查后了解,这个问题对不在总部工作、尤其是在家办公的销售人员来说非常典型——因为他们要通过个人家庭网络进入公司内网,速度受到很大影响。类似的运营效率问题也在其他对财务和物流部门的投诉视频中体现出来。这些反馈得到了IT、财务和供应链部门的关注和及时纠正。

排在第二位的是一个短视频,采用《喜欢上海的理由》的曲调编排了一首名为《爱上牧童的理由》的歌,配上了大设备部门员工们跋山涉水为客户安装设备、改善通信的画面,讲述了个人健康部门为个人用户的健康保驾护航的故事,还提及了在牧童工作的职业发展机会等诸多方面内容。这个视频也在同事们心中引起了共鸣,有同事倡议把这首歌改为牧童的司歌。

文化小组对于是否如实推送员工对公司吐槽的作品曾有过小小的争议,反对的同事担心这是对相关部门的打脸,但支持的同事则认为这正是创造开放、透明和包容的文化的一部分。大家没有花费太多时间就达成了一致,但项目小组也会在每一个可能带来冲击效果的吐槽视频播放之前,先和视频涉及的相关部门高管打个招呼,让他们有心理预期,并能及时在视频播放后给出反馈。

推行了三个月的活动热热闹闹地结束了,从上到下所有员工都对牧童文化多了实实在在的了解和感受,由此产生了一系列的牧童文化倡议活动。

这些活动包括了高管们轮流每两周一次在内部刊物《桥》上发表关于牧童文化的理解文章,牧童总监级别建立的"文化委员会"及后续的活动等等。

变革心动力

文化的建设绝不是一场一蹴而就的运动，当看到所有员工被动员起来，安心特别开心，她也很欣慰地看到员工们感受到文化带来的益处后积极参与、共同打造牧童文化的盛况，这种情形充分体现在由"文化委员会"倡导并开展的年度活动的"文化峰会"中。

◆ ◆ ◆ ◆ ◆ ◆ ◆

68. 文化委员会和文化峰会

安心带领的 HR 部门在文化评估和引入员工参与文化建设的工作中开了个好头。在一次高管会议上，研发总监郭明提议，可以把公司总监级的同事集合起来，建立一个文化管理委员会，发挥他们在公司文化持久建设方面的作用。这个建议引发了大家思考打破组织结构的约束，建立跨部门的非正式组织，更好地发挥中高层管理者的作用，推进文化变革和建设。毕竟，文化建设如果只停留在 HR 部门内部是无法发挥其持久深远的影响的。

大佬领导的高管团队是在牧童公司董事会之下的最高管理机构，与经常开会沟通的高管团队不同的是，在近年因为业务发展、组织成长而被提拔的二十多位总监分布在各个业务和职能部门，各自向部门主管汇报，缺乏横向联系。他们在牧童领导力训练营、人才发展委员会和其他项目中偶有接触，彼此增进了了解，如果能在公司建设中更好地发挥他们的作用，那么将对牧童的可持续发展具有深远的意义，这也是公司当下倡导的协同合作精神的充分体现。

文化管理委员会建立之后的第一次会议上，二十多位总监在安心和郭

第五章　文化整合与建设

明的引导下，对牧童新公司的文化做了深入的探讨，大家经过头脑风暴、优先排序等各种方法，制定了新牧童公司的文化框架，并对牧童原有的使命、愿景和价值观做了修订，同时确定了持续推进文化建设的机制。

新的文化框架，扩展了人们谈到企业文化时通常提及的使命、愿景、价值观这些比较务虚的内容，增加了和业务关联的具体目标、战略、项目及行为、业绩衡量等可视化的内容，安心把这个文化建设框架称为"牧童文化金字塔"。

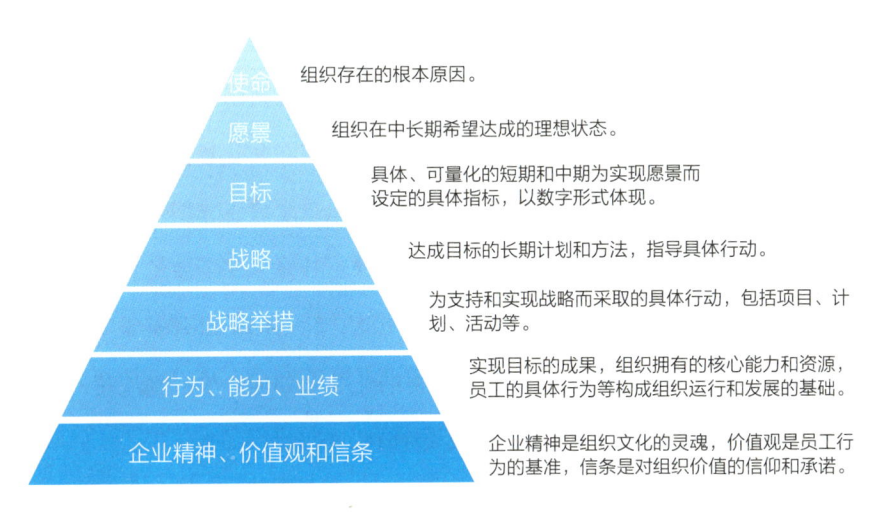

图 49　牧童文化金字塔

这个文化金字塔展现了一个相互关联且有机连接的层次结构，每一层都在紧密联系中构建组织文化的稳固状态。使命作为塔尖为组织提供了根本指导，引领着企业存在的核心目标。愿景则是对未来理想状态的明确描绘，为制定战略和设定目标提供了动力。目标往往以数字的方式呈现，服务于愿景的实现，而战略则针对目标进行规划，为组织提供达成目标的长远路径。

战略举措连接着战略和目标，将高层次的计划转化为具体可执行的步骤，促使整个组织朝着设定的方向迈进。而业绩结果、能力体现和行为则在实施层面反映了组织在执行战略和实现目标时的成果、核心能力以及员工的行为准则。最底层的企业精神、价值观和信条作为基石为整个组织提供了灵魂和方向。各层次可以是自上而下提供指导，又可以自下而上提供支持，它们之间的相互关系构成了一个有机的整体，使得企业文化得以全面而稳固地建设。

以金字塔形式体现的文化建设框架直观清晰，使员工能够一目了然地理解牧童文化的层次结构和关联。这样的框架能够在员工中打造整体一致的文化认知，激发共鸣感，增强透明度，促进大家在文化建设方面的积极参与和行为对齐。安心想到去年年会上，牧童愿景之旅工作坊中其实也是按照这个思路以隐喻的方式一步步引导员工谈论牧童未来需要的变革。现在，将这个框架清晰地从业务角度呈现给员工，让他们了解到基于企业精神、价值观和信条体现的行为，以及取得的业绩是如何一层层地支持并执行牧童的战略，最终实现美好愿景和公司存在的使命意义的。

安心尤其喜欢金字塔本身的寓意：金字塔因为其独特的形状和几何特性，在承受各种力量和压力时能够保持稳定。安心希望牧童的文化金字塔能够支持牧童业务可持续稳定发展。

有了清晰的框架，文化委员会的同事们把具体内容放进每一层级中。在企业精神、价值观和信条部分，大家花了更多的时间，基于两家公司原本的价值观、文化评估得到的结果，在总监层进一步展开了头脑风暴，更新了牧童原有的价值观，将客户至上和发展人才合并为"以人为本"，在诚信的部分增加了赢的精神，同时强调使命驱动、团结协作、有容乃大。对原有的"创新、灵活"赋予了新的内容，更加强调创业者精神和根据市场随时变通的理念。原先镶在镜框里、挂在墙上的文字，也被同事重新设计，融入了前行的航母图形中。

使命宣言
通过技术赋能世界，提供创新解决方案，改变商业和生活。我们致力于突破边界，同时秉承最高的道德标准，培养包容的卓越文化。

愿景
成为科技行业的积极变革者和领先者，通过前沿创新、人才培养和对客户的承诺，我们憧憬一个人人可以通过我们的技术改善生活、促进合作并激发进步的世界。

价值观

创新	诚信	灵活
持续学习	客户至上	发展人才

图 50　原牧童使命愿景价值观

使命宣言
通过技术赋能世界，提供创新解决方案，改变商业和生活。我们致力于突破边界，同时秉承最高的道德标准，兼收并蓄、追求卓越。

愿景
成为科技行业的积极变革者和领先者，通过前沿创新、人才培养和对客户的承诺，我们憧憬并建设一个人人可以通过我们的技术改善生活、促进合作并激发进步的世界。

价值观

创新求变　　团结协作　　兼收并蓄

诚信致胜、以人为本

图 51　新牧童使命愿景价值观

文化从来都不只是挂在嘴上说说而已，而是需要通过实实在在的行为来实现。文化委员会的同事们集思广益，提出了持续推进新牧童文化建设的机制：每年举办文化峰会。

文化峰会由二十多位总监牵头，在整个公司内招募团队，建立 10 个文化建设小组，并进行项目汇报。每年十月，文化峰会项目启动，各小组基于牧童价值观的核心内容，针对日常运营中遇到的问题，提出改进的计划并着手实施。文化委员会的总赞助人是大佬和安心，各总监担任不同项目的负责人，公司安排了统一的项目管理专员，负责项目的推进和跟踪，每个项目组都配备了 HR 的同事作为协调员。

高管团队也被充分调动起来，他们各自被分配了一项牧童的核心价值观，为对应的文化建设小组的项目提供指导，还需要在文化峰会上担任评委，对各项目组的汇报做出评价和指导，并选出最佳项目。

安心利用这个机会给高管们布置了任务，每位高管都将在即将举办的第三期领导力训练营上担任教官，讲授文化建设。

69. 在线领导力训练营和年会

经历了疫情、收购及整合，日子在忙碌中又到了一年的年会。因为整体环境还不确定，牧童新一年的年会改为了线上举办，年会主题是"同心共创，文化启航"。

第三次的领导力训练营照例安排在年会之前。A 公司的加入让训练营的参加者数量一下过百，为期两天的训练营也改为在线举办。

训练营开场，大佬结合个人三十多年企业管理的经验和大家分享了文化建设和管理的重要性。他引用了被称为"组织文化理论之父"埃德加·沙因（Edgar Schein）教授的一句话作为开场讲话的结语：

> 领导者所做的唯一真正重要的事情就是创建和管理文化。如果你不管理文化，文化就会管理你，而你甚至可能没有意识到这种情况正在发生到何种程度。
>
> ——埃德加·沙因（Edgar·Schein）

图 52　沙因文化名言

安心通过之前的精心设计，请各位高管分别针对相关内容预先学习，在两天的训练营中，高管们依次带领经理们学习了文化管理的相关理论知识。

高山带领大家学习了沙因关于文化的荷塘理论[1]和海滩理论[2]，特别强调了领导力、变革和文化的动态互动。

1　荷塘理论：荷塘理论是沙因文化理论的重要组成部分，它为理解组织文化提供了一个有用的框架。这个理论将组织文化比作一个荷塘，分为三个层次：
　1. 表层：水面上的花和叶，代表组织文化中容易观察到的现象，例如员工的行为方式、着装规范、仪式和符号等。表层文化是组织文化中最容易观察和理解的部分，但它往往不是组织文化中最核心的部分。
　2. 中层：水下的茎和梗，代表组织文化中可以被意识到的部分，例如组织结构、规章制度、价值观和信念等。中层文化是组织文化的中介，它将表层文化与深层文化联系起来。
　3. 深层：水底的根，代表组织文化中最深层、最难改变的部分，例如组织的基本假设和潜意识。深层文化是组织文化中最核心、最难改变的部分，它对组织的行为和决策有着深远的影响。

2　海滩理论：参考《沙因文化变革领导力》（天津科学技术出版社 2021 年版）电子书版本第 31-38 页。

路畅则结合德勤公司在企业不同发展阶段可以运用的文化杠杆文章[1]（详见本书"附录1"），和大家系统学习了企业在成立、成长和成熟期可以运用的不同文化元素以打造成功企业的秘诀。他个人的创业经历和在大公司打工的背景让他的分享生动有趣而有说服力。

表10　企业不同发展阶段的文化特点

组织发展阶段	文化的作用	文化建设的重点	文化发展的特点	文化发展的阶段
组织初创	推动成长的强制力量	精炼、发展并清晰表达	创始人和高管的理念和建立的行为和规范将为公司多年的文化奠定基调，成为组织未来发展的关键指导原则	文化创立和早期阶段（澄清、清晰和细化）
组织中期	亚文化成长带来分裂和不统一	选择要保留和摒弃的文化	公司稳定期，创始人面临战略选择：做大（更"同质化"的文化）还是保持多样性和灵活性	文化发展的中期阶段（厘清公司的基本文化假设，决定取舍）
成熟和衰退阶段	文化可能成为阻碍	转型或变革，创造新的文化	员工抱守以前的理念和习惯而不愿改变，深度依赖基本假设	文化的成熟和衰退阶段（转型、变革）

1　德勤文章《组织变革周期中的文化特点》系列简介：德勤发布了一系列文章，探讨了组织在不同变革周期中的文化特点（链接：https://action.deloitte.com/insight/3295/culture-levers-to-consider-during-an-organizations-startup-phase）。该系列文章共包含四篇，分别聚焦于以下四个阶段：
  1. 初创阶段：文章探讨了初创企业文化的特征，以及如何建立适合快速增长和适应变化的文化。
  2. 成长阶段：文章探讨了成长型企业文化的特征，以及如何保持文化活力和创新精神。
  3. 成熟阶段：文章探讨了成熟型企业文化的特征，以及如何应对官僚主义和僵化的风险。
  4. 衰退阶段：文章探讨了衰退型企业文化的特征，以及如何进行文化变革以重振活力。
  说明：本注释部分内容参考 Google.Gemini。

图 53　文化杠杆

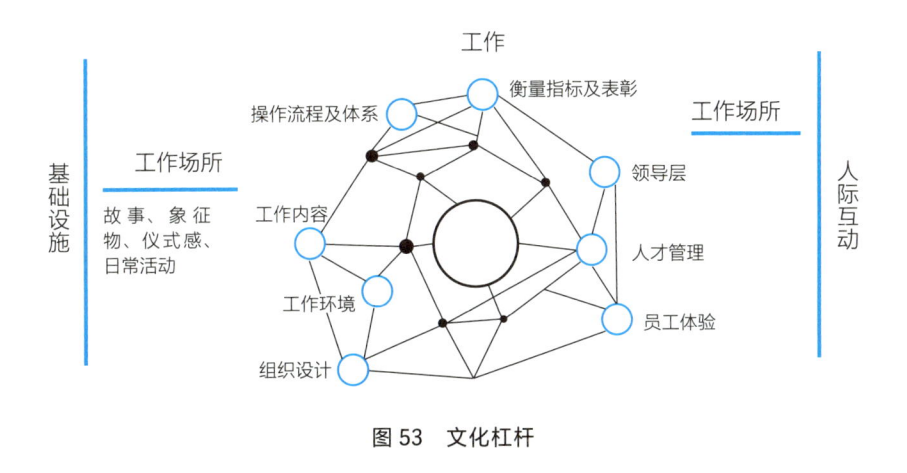

其余几位高管根据安心的设计，依照蜂巢公司（Beehive）网上提供的文化路线图的六个阶段，两两配合，每个阶段由一位高管谈理论，一位带领大家回顾牧童的实践或制定行动计划。这个过程让经理们对牧童目前在文化建设方面的进展得到了真实的了解。借此机会，原先仅限于高管层面分享的文化评估也向所有经理们公开。文化委员会的总监们清晰地向经理们分享了最新的牧童价值观，号召经理们积极参与到未来文化项目和文化峰会活动中。

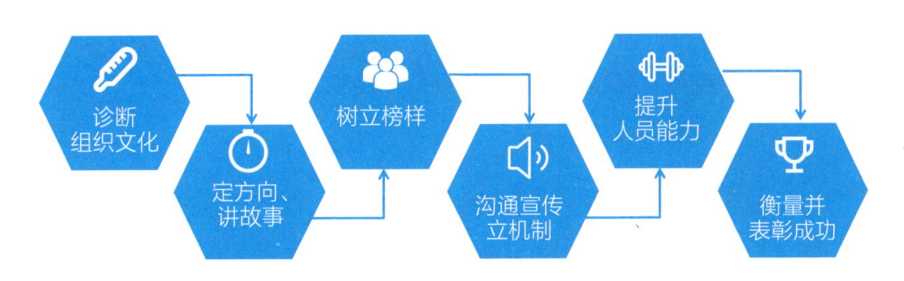

图 54　文化路线六阶段图

高管和经理们统一了各部门年会期间将向所有员工沟通的牧童文化金

331

字塔以及新的价值观。金字塔中目标、战略和战略举措包含牧童组织的信息以及各业务部门和职能部门的具体内容。这样的沟通保障了上传下达的一致性，同时也尊重了多样性。

图 55　牧童文化金字塔及新的使命愿景价值观

相比较线下所有人相聚时的热闹，线上显得冷清了些，安心却很开心所有的高管们在自己负责的内容部分都做得非常出色。从他们的讲述中可以看出每个人都做了认真准备。同样的内容，如果邀请外部顾问或者由HR同事自己来讲，效果都比不上高管们身先士卒、身体力行地宣传效果来得好。

训练营结束前，安心带领大家做了一系列虚拟仪式：

1. 文化建设誓约虚拟签署仪式：在视频会议平台上，包含新牧童使命、愿景、价值观的航空母舰通过画板展现在百位经理的屏幕上。每位经理被邀请在自己的电脑浏览内容后，在画面的空白部分留下自己的签名。

2. 互相承诺：经理们被分成 25 个小组，在小组内依次分享自己对文化建设的承诺，并互相交换这些承诺。

3. 集体宣誓：所有人回到主会议室后，大佬邀请所有经理们一起宣读文化建设誓约。

4. 虚拟碰杯：最后，安心邀请每个人举起自己的杯子或手，与屏幕对面的同事们一起碰杯，表达对彼此的支持并共同庆祝。

两天的活动带给经理们一场深刻的文化建设体验，经过前期文化整合的活动，加上两天的训练营，文化这个平时容易感到虚无的概念开始变得明朗，每位经理都对自己的责任和行动有了更加清晰的认识。

一周后，新牧童近千人的年会也在线上举办了。在华捷团队的内容安排和牧童本身的科技加持下，全员线上年会依旧办得热热闹闹。在保留了过往以业务为单元进行介绍和表演的做法之外，今年各个办事处在各自分派的高管的赞助和支持下，展现了各地员工的风貌。A 公司的员工们虽然是第一次参加牧童年会，却都感受到了欢迎和被接纳。年会上关于新牧童的使命、愿景、价值观的分享，各部门结合牧童和各自的战略、项目、行为要求的传达，本身就成为收购后文化融合的一部分。

新的牧童越来越像一个温暖的大家庭了。

70. 文化建设成果

这次年会向所有员工正式宣布了文化委员会的成立，委员会的总监们也开始公开招募文化项目和队员。很快，10 个项目小组成立并开始运行。

文化委员会运行第一年，针对日常报销、公司合同审批流程、商务用车费用降低、跨部门业务推荐联络等涉及内部效率和业务推广等诸多方面的实际问题，项目小组就提出了富有创意和卓有成效的改进方案。高管引领、赋能员工，将文化融入牧童运营系统、业务计划和工作流程中解决实际问题的做法，让员工切身感受到文化带来的活力和动力。推动文化建设一年后的员工满意度调查结果显示，公司运营效率和员工体验相关项目的积极得分平均上升了40%！

在牧童的文化委员会实践取得成功之后，安心有机会看到美国咨询公司高德纳（Gartner）关于文化建设的一篇报告[1]。这篇报告中提出，建设成功的企业文化的两个基本关键点是建立一致性，并创建联结（Connectedness）。

· 建立一致性意味着确保员工在理解和追求组织的共同目标、价值观和使命方面达成一致，这包括使员工对企业文化的各个方面有共同的理解，并在其日常工作中对这些共同目标进行努力。

· 创建联结意味着促进员工之间和员工与组织之间的紧密联系。这涉及团队合作、沟通渠道的畅通、领导者与员工之间的互动等方面。建立联结有助于形成积极的工作关系和员工对组织的认同感。

1　Gartner 的"2024年首席人力资源官领导力愿景"报告概述了未来一年影响首席人力资源官（CHRO）的关键趋势及如何应对趋势的建议。链接：https://www.gartner.com/en/human-resources/trends/leadership-vision-chief-hr-officer

第五章　文化整合与建设

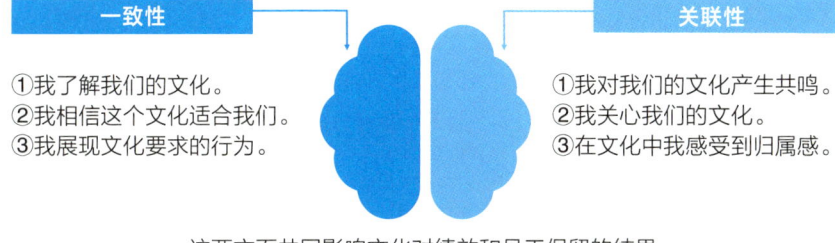

一致性
①我了解我们的文化。
②我相信这个文化适合我们。
③我展现文化要求的行为。

关联性
①我对我们的文化产生共鸣。
②我关心我们的文化。
③在文化中我感受到归属感。

这两方面共同影响文化对绩效和员工保留的结果

图 56　文化成功的两项基本要素

安心回顾牧童整合之后的文化建设工作，发现正是通过文化委员会这个核心的非正式组织，把高管和员工联系起来，通过牧童文化金字塔框架，在牧童的使命、愿景、价值观以及业务目标、战略、项目及业绩衡量、行为标准方面达成了一致的理解，并通过文化建设项目小组的各项工作和文化峰会把大家有机地联系起来，让高大上而务虚的文化建设落地成为实实在在的每个人都能参与且受益的行为和结果。

《转变之书》的作者威廉·布里奇斯（William Bridges）[1]说："改变一天就发生了，但转变与转型可能会花很久时间"。随着收购整合的发生，新的公司、新的战略重点、新的文化环境、新的架构、新的职位、新的工作方式等，这些外在环境的变化可以很快发生，但转变（Change）与转型（Transition）是被改变所影响的人们在适应新形势时所经历的内在情绪及心理过程……在这个过程中，创建一致性，强化员工彼此间以及员工和组织之间的了解、融合、互信与互依对企业的成功至关重要。文化委员会所做的一切并非简单的项目，而是以使命愿景为牵引，构建了利益共创共享平台，这才是企业文化建设的目的所在。

1　威廉·布里奇斯是一位美国作家、顾问和演讲者，他以其在变革管理领域的著作而闻名，著作包括《转变之书》《管理转型》等。

学习思考

思考并回答以下问题：

1. 你会如何描述所在公司的文化？

2. 如果把自己想象成一家公司，你会从哪些方面以及如何描述这家公司的文化？

3. 你所在的组织在提高员工对文化建设的积极性方面做了什么？还有哪些因素能最有效地激发员工参与文化建设的热情？

4. 你会如何评价你所在组织在开放反馈方面的成效？组织是否建立了支持性和建设性的环境，让所有员工都感到被尊重和听见？

5. 你在组织的文化建设中承担了哪些角色和责任？还可以做些什么？

6. 你所在的组织目前在哪个发展阶段？文化建设有什么特点？目前文化建设的重点是什么？

7. 本章内容对你最有启发的是什么？你会如何把这些启发带到目前的工作中去实践？

第六章
高管团队领导力发展

内容概述

主要人物

- 安心：牧童公司的 HR 负责人，负责推动公司文化和领导力发展
- 大佬：牧童公司的高层领导，对公司文化和领导力发展提供支持
- 波琳：为牧童公司高管团队领导力发展提供专业指导和支持的董事会成员
- 百灵公司顾问：参与牧童高管团队学习和实践变革免疫地图的外部专家

主要事件

- 高管团队在莫干山的"XIN 动力"工作坊：通过个人内心探索活动，建立深度信任和理解
- 学习和实践变革免疫地图：帮助高管团队识别和克服内在心理阻碍，推动个人成长
- 纵向领导力发展学习：高管团队通过学习纵向发展理论，提升了对复杂变化环境的适应能力
- 通过《千里江山图》触发的领导力思考：利用这幅画作作为隐喻，促进团队成员对领导力的深层反思

主要矛盾

- 个人成长与组织需求的平衡：高管团队成员在个人发展目标与公司发展需求之间寻找平衡点
- 内在心理阻碍与领导力提升：高管团队需要识别并克服内在的心理阻碍，以实现领导力的提升
- 传统培训与纵向发展需求：随着环境的复杂性增加，传统的横向发展培训已不能完全满足领导力的发展需求，需要通过纵向发展来提升认知和思维模式

第六章概要

　　本章围绕牧童公司高管团队的领导力发展展开，通过一系列精心设计的活动和学习过程，包括在莫干山的内心探索工作坊、学习和实践变革免疫地图以及纵向领导力发展理论，帮助团队成员提升了个人领导力，增强了团队协作和相互理解。通过这些活动，高管团队不仅在个人层面实现了成长，也为牧童公司的文化和领导力发展提供了新的动力和方向，展示了个人转变与组织发展紧密相连，强调了领导力发展的重要性以及对内在心理模式的深入理解和改变的必要性。

变革心动力

71. 和董事会谈高管发展

并购整合和文化建设的过程仿佛大浪淘沙，把那些具备根据环境随时调整自己的思维和行为，且能够保持稳定状态能力的领导者们推到了高管人才的聚光灯下，而个别曾经风光无限的领导者却在这波变化的浪潮中要么选择抽身而退，要么偃旗息鼓、默默无闻。

安心接到一个任务：需要主持下周和大佬、董事会一起做的高管人才评估活动。这是董事会首次邀请安心参加这个活动，她需要准备每一位高管的人才档案卡，拟定整个人才评估活动的流程。

她整理了每一位高管的个人资料：重点关注年龄、在牧童工作的时长、现任职位的时长、个人家庭状况、过往业绩评分及提升反馈……这些基于事实和文档资料的收集和做一般的人才评审时关注的内容没有大的区别。安心把每位高管的基本资料整理之后，制作成 PDF 文件及二维码，方便会议中谈及每位高管时大家可以随时查阅。

高管人才评审会的重点在于小范围地谈人才。为了让会议更有成效，安心事先准备了一份如表 11 的高管人才热度表（详见本书"附录 1"），让各董事会成员填写。这份人才热度表的横轴和纵轴分别是每一位董事会成员和每一位高管的名字，董事会成员们收到这张表后，需要针对自己对每一位高管的了解程度，选择蓝色、浅蓝色和灰色中的一种颜色，并标注出来。蓝色、浅蓝色和灰色分别代表不了解、有一些了解和比较了解。这张表直观地呈现了董事会对高管团队目前的了解程度，同时一定程度上反映了各位高管的曝光度。有了这张表，一方面，安心在会前可以做到心中有数，到大家谈论某位高管时可能从哪些领导处获得信息；另一方面，在评审会之后的跟进活动中，还可以特别安排董事会成员和自己不熟悉的高管建立联系。

表 11　高管人才热度表

高管团队人才	高管人才1	高管人才2	高管人才3	高管人才4	高管人才5	高管人才6	高管人才7	高管人才8	高管人才9	高管人才10
董事会领导 1										
董事会领导 2										
董事会领导 3										
董事会领导 4										
董事会领导 5										
董事会领导 6										

颜色说明：

1. 蓝色＝对此人的表现、优势和发展需求、潜力、职业抱负的有限互动和/或过时的了解。
2. 浅蓝色＝与此人有过一些互动，对当前的表现、潜力、优势和发展需求以及职业抱负有大致的了解。
3. 灰色＝与此人有过多次互动，对此人的表现、优势、发展需求、潜力、兴趣及职业抱负有充分的了解和看法。

实际使用中，建议使用"红黄绿（交通灯）"色彩做区分，此处因为印刷缘故选择蓝色、浅蓝和灰色示意。

这是两家公司合并后第一次开展高管人才评审会。牧童过往的人才评估是依据内部开发的胜任力模型，按照人才的级别（个人贡献者、经理级别和高管级别）对各项胜任力打分。这一次，安心除了依旧准备好高管胜任力模型每一条的定义说明外，还准备了一份特殊的参考资料。

她把自己阅读过的纵向领导力有关的书籍中，关于领导者在各个发展阶段的主要特点（详见本书"附录1"）整理出来，为每一位董事打印了一份作为参考，她打算运用纵向领导力的理念，邀请董事会成员们对高管个

变革心动力

体的领导力阶段进行评估。

对每位高管的评估，她准备了如下核心问题：

1. 过去一年内，该高管在公司取得成功的具体例子是什么？请分享关键成就。

2. 能否提供一项反映该高管卓越领导力的实际情境，尤其是在团队合作和推动变革方面？

3. 请分享您对该高管在实现公司目标方面的具体观察，包括如何达成目标和推动结果。

4. 有哪些具体的行为或决策显示该高管在面对挑战和不确定性时的果断和应对能力？

5. 针对公司文化，该高管是否展现了对核心价值观的积极支持，或者有哪些具体行为与文化相悖？

6. 在过去一年内，该高管的领导风格如何影响了团队的创新和效率？请提供相关例子。

7. 能否分享一些突出的贡献，表明该高管对公司战略方向的理解和推动作用？

8. 该高管在协作和沟通方面有何特别之处，可以通过具体实例来说明吗？

9. 是否注意到该高管在个人发展方面有何追求，以及是否有具体建议来支持其职业成长？

10. 在对该高管的整体表现进行评价时，是否可以指明一两个关键的成功经验和需要改进的领域？

11. 这位高管最突出的优点是什么？对公司的最大价值是什么？个人发展的短板会在哪些方面？

12. 这位高管的留任风险如何？

13. 这位高管对公司的关键程度如何？可替代性及市场受欢迎度如何？

14. 这位高管在公司未来的发展机会如何？发展动力在哪些方面？如何可以留任并持续发挥价值？

15. 这位高管如果离职，我们是否随时有继任者？对公司风险如何？继任者的准备程度如何？

16. 对这位高管的领导力发展有什么建议的方式？

会议中，不是每一位高管都需要被问及所有问题，但安心希望她的问题尽可能全面，但又不会过于限制董事们的发挥。

会议当天，安心前期全面的准备对会议很有帮助，大家在谈论每一位高管时都很积极。安心一方面投入地聆听、发问、澄清、记录；另一方面，又时时抽离出来观看会议室内正在发生的事情。她时而被各位董事们对人才的了解和支持而欢欣鼓舞，时而需要及时引导讨论集中在具体事例，而非讨论个人感受和情绪，避免墙倒众人推，重复讨论某一位高管的某一项明显的短处（董事们并不像她原先想象的那样高尚，有时候也还蛮八卦）。一天的讨论下来，她有种把每个高管都切了片放在放大镜下观察的感受……她不确定这种感受是好是坏，站在公司角度，充分了解每个人对公司的价值并加以利用很正常，可是她很明白自己不愿意这么被人讨论和分析。

抛开个人隐约的不适感，她对评审会的结果还是很满意的。这次高管人才评审会让董事们对并购后的牧童高管人才表现、潜力和储备情况有了全面的认识，通过这次的讨论，董事们对各位高管的了解都增加了不少。但是仅凭各自的反馈还是容易留下不够客观的印象，雾里看花可能美化，也可能雾化，所以她在评审会结束前的"下一步行动"环节，很快要到了每一位董事在接下来的三个月里想要见面沟通了解的两位高管的名字。

最让安心高兴的是，她提供的纵向领导力发展各阶段的描述工具被董事们广泛接受，并希望进一步推广，大家都很认同领导力纵向发展的理念，认为在当前模糊、不确定、不稳定且复杂的环境下，能够随时根据环境调整自己的认知和行为，具备高适应力的领导者才是牧童真正需要的。

在行动环节，大家也很快达成了一致，针对两位高潜力（可能考虑作为大佬继任者培养）的高管，董事会同意为他们各自配备高管教练，进行特殊培养。对一些一直在固定岗位上表现稳定的高管，公司将派驻他们到有挑战性的任务上继续历练：有开疆辟土经验的高管转去带大团队；一直岁月静好、适合守业的高管，被放出去开发新业务——牧童需要打造的是放在不同环境下能够多次成功的"皮实"的领导者。

有了过往数年彼此合作完成项目、面对疫情、共建组织和文化的经历，高管们彼此间建立了远比之前紧密的合作关系，董事会还是期望大佬和安心可以进一步提升高管团队的深切联系，发挥团队领导力。

72. 安心探索高管团队领导力发展模式

不同于一般的创业公司，牧童自成立之初就赶上了中国经济快速增长的周期，业务发展一路顺利，公司迅速成长。最初的投资人也颇具眼光，从一开始就坚持雇用职业经理人，这避免了国内很多以家庭和朋友作为合伙人和管理人员不可避免的一些挑战，但也造就了牧童高管间独特的关系。

第六章　高管团队领导力发展

组织文化理论的重要奠基人埃德加·沙因教授父子曾经共著了《谦逊领导力：关系、开放与信任的力量》一书，书中提及了组织内部的四级关系。按此理论，安心认为目前牧童高管之间属于典型的"一级关系"。

- 负一级关系：人们互相排斥、互相怨恨、互相欺压。
- 一级关系：交易型的、官僚化的、"职业性"的关系。
- 二级关系：把对方当做一个完整的人，彼此间是个人化、合作性、信任的关系，就像朋友和高效团队中的同事关系。
- 三级关系：亲密、依恋、友谊和爱，主要是家庭内的关系。

安心很喜欢这本书的译者徐中博士在译者序中说的："真正成功的领导力需要在高度开放、信任的团队环境中发展出来。这是今天以知识员工为主体的创新组织充满活力和创造力的源泉。"

虽然大部分的中国企业过于在意人和人之间的私人关系，反而可能忽略了职业性，以外企职业背景为主的安心却对职业化的关系非常熟悉并感到自在。安心长期在人力资源部门供职，每天和一个个活生生的人打交道，然而因为职业要求常常提醒自己"专业化、职业化"，她近年来感受到自己内心里的一个声音越来越强烈：不但要把人力作为一种资源，探究如何发挥其对组织的最大价值，也要看到组织是由一个个活生生的人组成的，这些人就像亚马逊森林里各有特点的树木花草和藤蔓，他们作为人自身都有被了解和尊重的需求。成功的人力资源领导应该能将每一个个体和组织相联结，创造出具有活力和生命力的美好组织。

在牧童所有员工之间实现这样一种彼此了解、尊重、相互学习、扶持的文化，是安心作为牧童人力资源领导的愿景，而且要想实现也需要漫长的过程。在高管团队践行创造二级关系的理念是第一步，也是极为重要的一步。它将提升高管团队的活力和创造力，也能让所有高管在亲身体验这个过程后，心甘情愿地在自己的组织内创造这样的关系。

领导力发展本质上需要满足个人和组织发展的共同需求。牧童组织发展的需求在清晰的使命愿景和目标战略下，组织能力规划、人才建设和文化建设都在有条不紊地进行中，这些也都成为联结各位高管的外在动力，换言之，牧童是特定阶段下高管们的事业共同体。在这个特定阶段中，如果能了解个人的独特性，增进彼此的了解和信任，从而相互支持，则可以塑造内在的动力。从这个角度出发，安心拓展了原先制定的"牧童文化金字塔"，把个体和组织各层的需求对应起来：

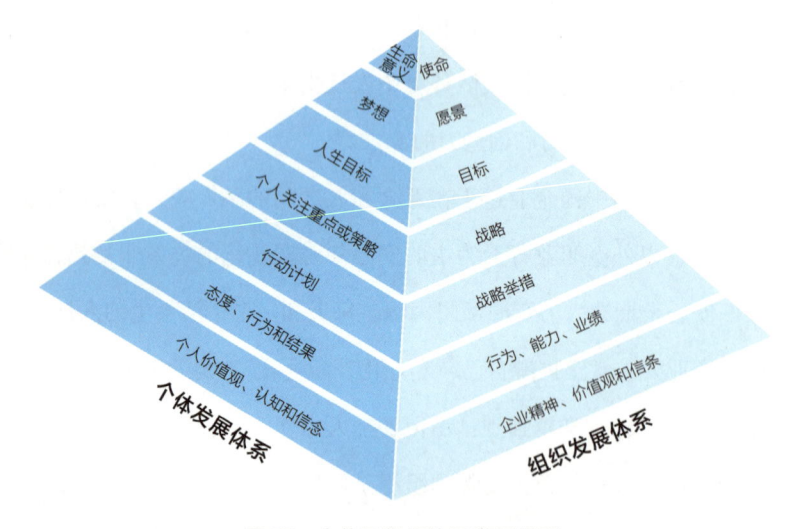

图57　个体及组织协同发展模型

做出这个模型的时刻，安心有种发自内心的喜悦，感觉自己找到了持续提升牧童成长动力的人力秘方！如果组织可以帮助每一位员工在各个层级找到彼此协调一致的部分，个体的工作意义感增强、动力持续稳定，组织的持续发展就有了保障，由个体构成的组织也会成为具有生命力的有机体。

从员工角度看，这个模型也让安心找到了自己对日复一日的职场生活倦怠时重新产生动力的源泉：如果可以建立"我"和工作的组织之间在各个层次的联系和协同，工作就成为实现"我"的人生目标和生命意义的方式！"我"不再觉得自己因为衣食住行的实际需求而不得不被组织压榨，而是心甘情愿地感激有机会践行个人使命，并不断追求为实现个人和他人的目标创造更好的环境。

基于这个模型，安心经全面思考后，做出了一整套牧童高管团队领导力发展计划草案。这个方案的构思完全基于她的个人学习和经验，但要有效实施必须有外部的帮手——外来的和尚好念经，更何况，她也是高管团队的一员，角色身份不合适之外，她也不想错过自己全身心投入体验学习的机会。

好在她有波琳和大佬这两位坚定地支持她的"贵人"。安心和他俩数次沟通，统一了方向和目标，对方案的具体内容不断调整，也在相关内容方面对接了外部资源。波琳更是决定为这个伟大计划的启动来"站台"，主持首次高管领导力工作坊。

73. 围炉夜话

首次高管领导力工作坊安排在距离上海不远的莫干山的一座法式风格的别墅里。忙碌了一周的同事们在周五下午陆续到达别墅，山野间的清新、静谧立刻让人放松下来。这个占地 2000 多平方米的庭院有八间客房，刚好容纳了牧童的高管团队，只是每间房都需要合住。这是团队第一次在这样私密的环境相聚，也是整合后的高管团队第一次外出团聚。

在枝形水晶吊灯的温馨灯光照耀下，丰盛的晚宴在一张长方形餐桌上拉开序幕，大家说说笑笑，气氛轻松愉快。别墅有一个酒窖，存货来自国内外知名酒庄。众人都有些微醺之时，餐厅的壁炉燃起，安心打开了投影，伴随着怀旧音乐，屏幕上显现出一张张孩童的面孔。有穿着朴素甚至有些简陋的黑白照片，有抱着洋娃娃额前头发微卷的小女生，还有神气地穿着西装和皮鞋的小绅士……这些有着年代气息的照片一下吸引了大家的注意力，仔细看，这不就是身边的一个个人嘛！大家开始嘻嘻哈哈地说笑起来："这个是你！"猜中的同事得意，被猜到的同事呵呵一笑，每个人都变成了孩子。

这些对过去某个成长节点的定格在每个人心中掀起了小小的涟漪：我身边这个看上去挥斥方遒的商场硬汉原来曾经是个玩泥巴的农村小子；看上去刀枪不入的铁娘子小时候抱着洋娃娃的样子真乖……时光雕刻了我们每个人——之前安心向大家收集小时候的照片，原来是用在这里！

波琳适时地开口说："我们平时在工作中会相互合作，看到的可能只是彼此很有限的部分。'三岁看大、七岁看老'，大家从这些同事小时候的照片里看到了些什么？有哪些气质让你吃惊？有哪些又让你觉得很熟悉？"

大家再看一遍投影，这一次看得仔细认真，没有评价和分享，每个人在细细端详照片的时候，也在心里和身边的人做了比对，工作场合里的"×总""玛丽""乔治"现在似乎变得更加丰富立体了些。

"我小的时候，父亲是个建筑工人，家里很穷，经常吃不饱饭。建筑工人盖好一栋房子后，都会有场'庆功宴'，那时候我父亲就会让我和弟弟拿了碗到他的工地附近玩儿。他吃饭的中间会走出来找我们，带给我们一些吃的。我小时候最爱吃的是烤乳猪……"大佬开口说。安心从未想到这个在行业里叱咤风云的大佬居然成长在这样一个贫穷的家庭里。

"父亲对我的影响最大,他一直努力养家,虽然自己是建筑工人,却坚持要我和弟弟学业有成。他也总是教育我们要踏实、努力……"大佬深情的叙述描绘了他的成长轨迹,安心开始明白大佬的睿智、决断之外,那份让她放松的朴实、谦逊从何而来了。

大佬的真诚分享带动了每个人开始讲述自己的成长历程,有的同事分享三次高考失利最终从18线小镇走出来的经历,有的讲述自己身边的某个人如何影响了对自己生命的看法。

"我是个遗腹子,出生就没有见到自己的爸爸。外婆把我带大,在幼儿园别人都说自己的爸爸、妈妈,我一直觉得自卑,就努力地唱歌、表演,要让大家佩服我……"壁炉火光映射着酒后稍有酡红的面庞,上面没有悲伤,讲述的人眼睛看着手里还有1/3红酒的杯子在灯下微微倾斜,似乎在欣赏灯光透过酒杯投射的红宝石的光芒,众人安静倾听……讲话的是供应链部门的潘玉,安心听着她的讲述,一方面心疼那个小小的孤独自卑的孩子,一方面开始理解为什么团队有人反馈说潘玉在工作里好胜、爱抢头功——她心里还住着那个希望被看见的小女孩啊!

同事的讲述自然地勾起安心对自己童年的记忆。她谈了对她生命影响最大的两个人:"父亲和叔叔。从医一辈子的父亲教会了她与人为善、竭力助人;而43岁就离世无儿无女的叔叔带给安心对生命意义的思考——'飞鸟无痕',重要的不是留下什么,而是自己经历了什么、体验了什么。"

正当安心以为每个人都已经分享了的时候,法律部的陈泽清开口了。

"我其实有两个孩子……"安心注意到众人表情有些愕然,"他不是要忏悔有小三儿吧?这个,呃……不知道是不是有些太私密了?"安心在心里嘀咕。

泽清平时一直话不多，神情比较落寞有些拒人千里之外的样子，安心认为这是律师的惜字如金，以及和别人保持疏离感的个性。

"这是十年前的事了。当时我和太太还在美国。我在投行上班，那天太太有事情要去办，让我送孩子去日托中心（Day Care Center）。我就把孩子放在车后座，先回公司去拿个文件，想着很快回来，把孩子留在车里。结果接了个电话，又和同事讨论了一个案子，回来时……"自责和悲伤让泽清说不下去了。安心捂住了自己的嘴，这个曾经只在小说里看到的故事就发生在自己身边同事身上！

壁炉里的火发出轻微的哔啵声，有人给泽清倒了杯水，泽清旁边的男同事揽住了伏案呜咽的他……

安心和其他几个女同事都开始抹眼泪，作为一个妈妈，安心难以想象泽清和他的妻子如何面对这样的悲剧。房间里悲伤压抑的气氛让人喘不过气来。泽清停止了无声的呜咽，坐起身来取下眼镜用纸巾捂住眼睛。大佬走到泽清身边，轻轻拍了拍他的肩膀。波琳起身打开了通往阳台的落地门，窗外夜风吹拂，送来松涛吹动的声音和户外清新的空气。

"我们一起来做一段静思吧。"在大家开始走动，房间里重新上了水果和茶后，波琳提议。

"每个人都找到舒适的座位坐下。我们一起来跟着音乐，闭上眼睛，关注呼吸，全然放松自己。不必拘泥你的思绪，也不必压制你的情绪，任它们像一波波的海浪，来了又走……你就是那个坐在岸边观看潮汐涌动的人，全然地接纳所有发生的一切……"

在波琳舒缓的讲述和水流一般的音乐声中，安心的心境慢慢地平复下来。

夜已深，这是安心第一次感觉和这个团队走得如此近、联结得如此深。

・・・・・・・・・・・・

74."XIN 动力"之心动力

第二天一早，安心被室外啾啾的鸟鸣声吵醒，她才留意到同住一室的波琳已经穿着晨练的衣服神采奕奕地回来了。

"真羡慕你们年轻人的好睡眠！不过外面空气很好，值得出去走走！"波琳对刚起身的安心说。

安心有些不好意思地抓紧洗漱，她知道今明两天，波琳会带着大家一起做探寻个人生命意义的工作坊。在和大佬、波琳前期的沟通中，方案里的"个人和组织协同发展模型"得到了他们的认同，这个工作坊就是基于这个模型开发出来的，旨在帮助每一位高管探寻个人发展的七层内容，并和牧童的七层内容做对照和关联。虽然是以安心开发的模型作为主体，但波琳在每个部分的内容开发上都花了时间。安心等不及地想要体验波琳的引导。

在工作坊开始时，波琳向大家介绍了这个为期一天半的工作坊的目的：带领大家梳理生命旅程的过去、立足现在、探寻未来；从个人价值观、人生观和工作观，到人生梦想、生命意义逐一进行探索和思考；找到每个人的生活和在牧童的工作之间在发展模型的每个层次之间的联系，激发来自内心的新动力和行动力。

"心动力"、"新动力"和"行动力"，这几个词构成了这次工作坊的主题和结构，所以安心和波琳商议后把题目定为"XIN 动力，有觉知地生活"。

这是牧童第一次在工作环境下进行这种个人内心探索的学习——过往这么多年，公司举办的各种培训都是围绕着业务或者个人知识、技能的发展需求，这次的学习大家都觉得很新鲜也很好奇。

波琳的教练风格非常独特，她先带着大家拆解了中文的"忙"字：

"忙＝心亡。我们每个人都习惯地说自己忙，请自问，当你每天忙忙碌碌的时候，你的心是不是没有了感受？"

波琳的发问把每个人带入了眼下的困顿，接着，波琳引导大家进行"心脏健康"的自检，然后她邀请大家各自进入山间漫步，回放并反思个人的生命历程，绘制成长地图……

安心绘制的生命地图是一条蜿蜒流淌的河流，从林间潺潺小溪开始，逐渐成为欢快奔涌的小河，汇入平坦开阔的大江，但是又陡遇险滩受阻后冲出困顿，始终朝着大海的方向奔腾……这里面藏着安心经历的故事，说不上惊心动魄，但细细回想时依然有着个人生命里的荡气回肠。

散步归来后，波琳让大家两两组队彼此分享生命历程和成长故事。

虽然安心很想，但是她缺乏和泽清组队的勇气，作为一个母亲，以现在的年龄，她感觉自己还接不住泽清那厚重的生命故事带来的悲伤……她举目四望，眼神和潘玉自然对接上了，彼此笑意盈盈地走向对方。

有了前一晚的围炉夜话，这次的组队似乎特别自然，无论是惺惺相惜还是好奇使然，安心注意到大家彼此走近时似乎都带着默契。两个人之间的深度分享成为彼此的小秘密，聆听的一方带着问题和任务，帮助对方探寻对生命的基本认知和假设（价值观、生命观、工作观……）。职场忙碌这么多年，这是安心第一次认真审视自己的生命历程、曾经遇到的人、经历的事……潘玉的聆听、发问和反馈让安心看到自己更深层的意识和他人眼中的自己……安心也在根据昨晚潘玉的故事形成的假设之上更深更广地了解了她。

上午的时间很快过去，午餐之后，波琳带领大家做了有趣的"你是谁"的练习（详见本书"附录1"）。这个彼此轮流发问"你是谁"的练习，用一轮轮的灵魂拷问让大家剥掉一层层的外壳，逐步走近没有了头衔、身份、角色后的自己……如果说这样的发问是从开始的嘻嘻哈哈到越来越有挑战的相互注视、和他人压力渐增的对话，接下来波琳设计的练习则引导大家和自然接触慢慢放松后和自己的内心对话。

波琳给大家的指示是：走出户外，在大自然中漫步，关注周围的花草树木，感受自己被天地自然包围、吸引的感觉。看着周围的生物，不断想象"如果我是……"，让自己站在自然的立场上，感受天地万物，继续重复这个过程。最后选择一个在自然中存在的生物，坐在靠近它的地方，使用意图和力量，想象一下，尽可能多地把自己和这个生命联系起来，问自己："作为这个生物，我能够给世界的礼物是……我想告诉这个世界的是……"

这个看上去有点儿无厘头的活动让安心生出了好奇心，大家走出庭院很快消失在了山林里。

起初毫无目标的安心试着和小鸟打招呼、和小草对话，当一只蓝色的蝴蝶在她周围翻飞的时候，她以为会上演一出蝴蝶驻足肩头的凝视，结果发现是自己多情了……当她因为刻意无果而有些沮丧，在溪流边一块石头上坐下，抬头望向天空和远方时，却被头顶的树荫和远处形态各异的树木所吸引！

"如果我是一棵树……"安心开始凝神静思，"我会对人们说：

变革心动力

"来这里享受我的荫凉

累了就靠在我身上

跟我说说你的秘密

和你的爱人依偎在我身边

让我成为传播知识的书

把我塑造成展现美丽的艺术品

带我进入绘画，摄影，写作，分享你的信息

为你的爱人做一件装饰品吧

在我这儿办派对

摘取我的果实享受甜蜜或苦涩

拿我的叶子来装饰你或空间

采集它们治疗人类或喂养动物

拿我来烧火取暖

把我的树枝砍下来搭建篱笆

拿我的身体造船渡人

制作家具，乐器，家居用品，任何你需要的东西

用我盖的房子为人遮风挡雨

你甚至可以

在生命的终点躺在我的身体里

尊重如我一样的每一个生命，无论它们多么平凡或渺小

接受并感激我和他人的付出

相信你重建自我的能力，如同我能重生。"

安心边想边在纸上飞快地写下自己的想法，稍加整理，居然成了一首诗！安心从来都觉得写诗是一件很酷但很难的事情，这可是她的第一首抒情诗！

安心雀跃地回到课堂，大家被分成五人小组分享各自的体验。安心吃惊地听到看起来外向善辩、冲劲无限的路畅关注到一朵雏菊默默生长、任他人来人往我自盛开；财务总监有余说他欣赏崖壁磐石千年的稳定……及至于安心的分享时，她有些不好意思地读出了她的诗，每个人都安静入神地聆听。

"我想到树木的时候就痛恨人们的乱砍滥伐！"安心结束后，泽清的发言逗笑了大家。

波琳让大家只是用心听，去感受同事的分享而不予评判，可以思考自己找到的生物、说的话反映自己的内心所想……这个关于"我是谁"的投射让安心有机会借外物更好地看清自己——自小从父母身上习得和自己作为长女的角色里培养出的利他和奉献、牺牲精神，从这里清晰地呈现出来，而树木，作为无言且不能逃遁的物种，需要避免被伤害和保护自身。

下午的其他环节依旧有趣而深刻，波琳带着大家共同探讨了每个人追求的幸福到底是什么，对纷繁复杂的各种需求如何排序，工作和幸福的关系是什么，当下内心最期待达成的生活目标是什么，生命的终极意义是什么……

当另一场活动——"我的葬礼"（详见本书"附录1"）举办的那一刻，大家"灵魂出窍"看向平躺的自己，每个人都感受到内心涌动的情绪。

晚上在别墅平台上的篝火烧烤和卡拉OK让大家得到适当放松。当大

变革心动力

佬主唱，波琳伴歌的《我的路》（"My Way"）[1]歌声响起，安心忍不住思考：我想用什么样的方式走完我的人生之路？

And now, the end is near;

现在，我的末日将近，

And so I face the final curtain.

面临人生的最后落幕，

My friend, I'll say it clear,

我的朋友，我要说个清楚，

I'll state my case, of which I'm certain.

向你讲述我的人生之路。

I've lived a life that's full.

我活过一个充实的人生，

I've traveled each and every highway;

我经历过每一段路途，

And more, much more than this,

---

[1] "My Way"是一首经典的流行歌曲，最为人熟知的版本由弗兰克·辛纳特拉（Frank Sinatra）在1969年演唱。这首歌的曲调原本来自法国歌曲"Comme d'habitude"，后由保罗·安卡（Paul Anka）改编歌词，专门为辛纳特拉量身定做，歌词讲述了一个人回顾自己一生的经历，无论顺境还是逆境，都坚持按自己的方式去生活。
"My Way"迅速成为辛纳特拉的标志性歌曲之一，象征着个人自主和坚持自我原则的精神。这首歌不仅广受好评，也在全球范围内获得了巨大的成功，成为许多人生活和职业生涯的励志歌曲。同时，它也被许多其他艺术家翻唱过，成为跨越时间和文化的经典之作。
本注释由 ChatGPT 生成。

而更重要的是,

I did it my way.

我用自己的方式。

Regrets, I've had a few;

遗憾,也有一些吧,

But then again, too few to mention.

算不上多,不值一提。

I did what I had to do

我做了该做的一切,

And saw it through without exemption.

洞悉世事,不求赦免。

I planned each charted course;

我规划过每一段人生,

Each careful step along the by way,

每一个细微的脚步,

and more, much more than this,

而更重要的是,

I did it my way.

我用自己的方式。

Yes, there were times, I'm sure you knew

是的,你知道有些时候,

When I bit off more than I could chew.

我曾背负不能承受之重,

But through it all, when there was doubt,

变革心动力

但自始至终，就算充满疑惑，

I ate it up and spit it out.

我还是克服困难战胜了它。

I faced it all and I stood tall;

我挺直身躯，勇敢面对，

And did it my way.

用我自己的方式。

I've loved, I've laughed and cried.

我曾经爱过，笑过，哭过，

I've had my fill; my share of losing.

我曾经满足，也曾经失落，

And now, as tears subside,

现在，当泪水慢慢沉淀，

I find it all so amusing.

我发现原来可以一笑置之。

To think I did all that;

想到我所做过的一切，

And may I say – not in a shy way,

我可以说，毫不羞愧地说，

No, oh no not me,

我没有虚度，

I did it my way.

我用自己的方式。

For what is a man, what has he got?

男人究竟是什么，拥有什么？

If not himself, then he has naught.

除了自己，我们一无所有。

To say the things he truly feels;

说出心里最真实的感受，

And not the words of one who kneels.

而不是那些身不由己的话。

The record shows I took the blows –

时间证明，我经受住了磨难，

And did it my way!

用我自己的方式！

Yes, it was my way.

没错，这就是我的方式。

◆◆◆◆◆◆◆◆◆◆

75. "XIN 动力"之新动力

经过了两晚一天的走心活动，安心再看一起共事近两年的同事们，感觉每个人都像卸下了面具的孩子般真实可爱……

第三天早上，波琳带领大家根据前一天个人反思过去和现在所得，拟定了各自"生命意义宣言"的初稿。"这是我们的1.0版本。探寻生命意义是一个动态的过程，我们还会有不断的修改和调整，但是这个1.0版本就像我们每个人的指路明灯,可以照亮前行的路。"

安心做出的生命意义 1.0 的内容是:"联结组织及个人以实现共赢"。她对这个使命宣言还不是很满意,但是基于波琳说的动态迭代过程,她没有苛求自己。

安心喜欢这样的生命探索过程,虽然她自忖很擅长和同事讲解个人职业发展规划,但她意识到过往的介绍过于关注外部环境:如何得到不同的机会、如何获取他人的认可……这一次,在波琳的带领下,她有机会探寻自己的内心,了解个人生命的丰盈及内心想要实现的目标,这个部分清晰后,工作作为实现梦想的形式,可以有多种不同的呈现方式。

跟随波琳的指示,大家把个人的生命意义、梦想和人生观与牧童的使命、愿景、价值观放在一起比较,找寻彼此间的联系……这个过程走心又走脑,根本的目的在于找寻能够更好地激发个人天赋、热情,以及和个人生命意义相关的工作内容部分,也了解让自己疲惫厌倦力竭的部分。

做到这个部分的时候,安心想到了之前她带领 HR 团队做过的工作重塑活动。她举手征得波琳的同意后和大家分享了曾经的做法。

波琳赞许了安心的分享,接着说:"Job 和 Work 的中文意思都是工作,但本身有着不同的含义……安心分享的对现在的工作进行分解重组的方法,就是把日常习惯的一项项任务——Job,变成能够发挥我们天赋特长,表达生命意义的工作——Work,就像 Work 在英文里还有'作品'的含义一样。"波琳带着大家理解了 Job 和 Work 的区别。她接着介绍了"工作组合"(Work Portfolio)的概念。

"如同投资常用的 Portfolio 的概念,当我们面对工作(Work)时,如果也能够根据个人兴趣、天赋等建立组合,我们的人生就会有趣得多。这个,就是大家流行说的'斜杠青年'吧?大家都知道达·芬奇(Da Vinci)

吧？他可以说是出了名的斜杠青年啦！"波琳的说法逗笑了大家。

图 58　达·芬奇的斜杠人生（作者制图）

"在不影响自己日常工作的情况下，我鼓励大家都争当像达·芬奇一样的斜杠青年，活出自己丰富充盈的一生！"

这些话出自牧童的董事之口，这在职场环境中是多么难得！

午餐之后，大家要准备启程返回红尘世界了。"我们的 XIN 动力工作坊才刚刚开始，通过向回看追溯我们的生命，向内看找寻个人的价值观、天赋特长和生命意义，我们专注于来自内心的动力，这些会成为我们继续前进的新的动力，但是我们还需要行动力。接下来的三个月，我们会一起开始行动力的学习和实践。"波琳在午餐结束时告诉大家。

这场远离尘嚣、触摸彼此内心的活动在安心的职场经历里是第一次，看得出对牧童高管团队的每个人而言，这也是绝对新鲜独特的体验。波琳高超自在的引领、大佬真诚的分享、每个人的投入带给大家难忘的记忆。最为重要的是，牧童高管团队的相互了解和信任似乎变得更加深厚了。

变革心动力

76. 高管行动力

回到公司后的日子一如既往，但安心觉得和高管团队同事们的合作又有了不一样的感觉。无论是共同面对业务的挑战，还是谈论某个员工的表现，大家似乎多了默契和了解。

业务在继续，合并后的牧童业务范围比之前更广，团队面临的挑战也更加复杂。

根据安心和大佬、波琳之前的设计方案，专注于领导力发展的百灵公司参加了牧童高管团队从莫干山回来后的第一次季度会议。在这次会议上，百灵公司的顾问带领高管们学习了一个名为"变革免疫地图"（Immunity to Change Map）的工具，这个工具是由哈佛大学的罗伯特·基根（Robert Kegan）和丽莎·拉希（Lisa Lahey）在合著的《心智突围——改变为什么这么难》（*Immunity to Change*）[1]一书中提出。这本书的精髓是：个人和组织在面对变革时会表现出一种"对变革的免疫性"（Immunity to Change，简称ITC）的现象，这种情况并非因为不愿意改变，而是因为存在一些深层次的心理阻碍和信仰系统。这些阻碍可能根植于我们的内心，让我们对变化形成了一种"免疫性"，所以才会出现"道理明明都知道，可是臣妾做不到啊！"的现象。书中通过简单有效的四个步骤，帮助大家挖掘在面对目标或挑战时个人行为背后的假设，构建变革免疫地图（详见本书"附录1"），接着通过设计并实施试验来破除思维的局限，建立新的假设，从而帮助领导者从当前

---

[1] 《心智突围》提供了一套实用的框架和工具，帮助读者实现真正的个人成长和组织变革。基根和拉希在书中强调了心理发展水平对于理解和克服改变中的挑战的重要性，为读者提供了一种全新的视角，以及达成变化的具体方法。

的困顿中走出来，提升个人认知和相应的领导力行为与能力。

在第一个步骤时，大家被要求提出一个自己目前面对的挑战，以及因此迫切需要提升的能力，这个能力无法通过传统的培训得到改进，同时个人想要提升的愿望非常强烈。安心列出了"提升接受负面反馈的能力"这个目标。安心认为自己在收到反馈后，内心的冲突和情绪反应对她未来的发展形成了障碍，她迫切希望能够改变这种情形。

第二个步骤是识别达成目标的潜在抵抗力。跟随百灵公司顾问的指导，安心列出自己和实现这个目标背道而驰的一些行为：

1. 回避反馈会话：虽然身为 HR，安心常常和员工及团队强调反馈和接受反馈的重要性，在内心深处，她知道自己并不喜欢反馈的环节。如同她最近刚参加的高管人才评审活动，她认为每个人都被放在放大镜、显微镜下，这让她有种很不舒服的感觉——这是安心的小秘密，之前她从未面对过。

2. 内在情绪反应：她发现自己面对批评或和自己意见不一的想法时，容易产生情绪反应，虽然她一般会压抑自己的愤怒和沮丧，尽可能专业地回应反馈，但内心的崩溃和压抑除了自己不爽，其他人似乎也会感应到。安心不明白，也不喜欢自己这么玻璃心。

3. 频繁自我辩护：安心的前老板曾提过，安心在某些特定场合下容易变得固执，不断重复解释自己的意图，强调个人的正面行为。

4. 过于自我批评：有意思的是，安心发现自己常常自我批评，似乎在别人说自己不好前自己先说自己不好更让她好受些。

列出这些和自己的目标背道而驰的行为体现时，安心还是很吃惊的：

"明明我知道接受反馈很重要，为什么我做的这些事都是远离这个目标的呢？"

练习的第三步，安心被要求写出自己如果不做上面这些行为的话有什么担忧？这些担忧背后隐藏的承诺是什么？而内心的假设（限制性信念）又是什么？安心得出了下表：

表12 限制性理念

个人的担忧和恐惧	隐藏的承诺	内心的假设（限制性信念）陈述
害怕负面评价	我承诺要做到完美。	"如果我犯错或被批评，就意味着我是一个失败者。" "我的价值取决于别人对我的评价。"
害怕失去权威和影响力	我承诺对我负责的一切了如指掌。	"我必须对所有事情都了如指掌，否则我就会被视为一个不合格的领导者。承认自己有不足意味着我将失去领导地位和影响力。"
害怕失败	我承诺一定要成功，不能失败。	"我必须在所有事情上都取得成功，否则我将一文不值。"
害怕自己在别人眼里是脆弱无能的	我承诺要永远坚强独立。	"如果我承认自己有不足之处，别人会觉得我软弱和无能，我将失去团队成员的尊重。"
害怕他人对自己的期望下降	我承诺要努力工作，满足他人的期待。	"如果我展示出需要改进的一面，别人就不会再寄予高期望于我，我会失去他们的信任。"

写下这些陈述对安心来说真是个痛苦的过程！这是把自己的想法切片放大了看，看出自己内在隐藏的担忧和怯懦，就好像鲁迅在《一件小事》

里提及的"皮袍下的小"[1]来！

顾问说，每一个害怕和恐惧都曾经帮助个人成长和成功，但一直以来形成的假设也可能在不同情境下变成束缚个人继续成长的障碍。安心回想自己一路的成长经历，在家时做惯了姐姐、害怕让爸妈失望；求学时多数时候担任班干部，害怕让老师失望的心态让她一直都很努力和勤奋，她也因此习惯了被认可和表彰，"看来面对反馈的不舒服"还是因为自己输不起啊！

安心想起自己曾在收到反馈的不爽后找到波琳，在波琳教练的辅导下安心找到了几种调试自己的方法：

1. 告诉自己"他们的理解不能否定我的真实意图，也不应该定义我的价值和做事的意义"——这是让自己忽视别人的反馈，

2. 运用"4A"法（见本书第288页相关内容），意识到自己的情绪、接受情绪、调试心态和行为、感激他人的反馈……这些方法在处理当下的情绪问题时都有帮助。但是今天的"挖根"活动让安心看到更深层的自己内在的恐惧和认知，这些似乎和成长过程中的创伤有关。

这个伤口被扒拉出来了该怎么办呢？百灵公司的顾问继续带着大家走到了第四步：设计实验并实践。先从上面的所有假设里找出自己感受最深

---

[1] "皮袍下的小"：源于鲁迅短文《一件小事》。写"我"坐一个车夫的车外出时，车夫撞到了一个老人，"我"叫车夫快走，车夫却把老人扶进了警察局。这句话就是这时说的。意为在车夫面前，"我"的品行是如此渺小，尽管穿的比车夫好，地位比车夫高。本篇引用这个说法是想说安心经此过程看到自己头脑中的不高尚甚至丑陋的部分。

的一个"大假设"。

安心选择了"害怕自己在别人眼里是脆弱无能的"这一条。自小，作为家中长女，她被教育要"独立自强"，这个似乎成了她血液里的一部分，有的时候，她发现自己甚至不允许自己流泪。

"哭有什么用？！"她想不起这个声音的出处了……

"你要坚强，要成为妹妹们的榜样；不能让别人家看不起我们家只有几个女儿没有儿子！"这是爸爸妈妈的声音。

"如果我承认自己有不足之处，别人会觉得我软弱和无能，我将失去团队成员的尊重。"这是安心的大假设。她被要求根据这个假设设计两次实验，看看如果自己当众承认不足之处，是否会失去团队的尊重。

百灵公司带领的团队学习帮助每个人设计了自己的实验。接下来的一个月，高管们被分成三人一个小组，小组成员每周见面一次，彼此沟通各自的实验进展和结果。

安心参加的小组里，一位同事将授权作为自己的提升目标，一位把向上领导作为挑战……大家在这样的小组中袒露了自己的担忧和恐惧，彼此分享了实验的进展和学习收获……安心和小组分享，她在自己的 HR 团队里尝试和大家分享在处理家庭关系问题时自己的沮丧和挫败感。本来她很担心大家会觉得她无能，结果没想到她的分享引发了大家的讨论，大家纷纷头脑风暴帮她想办法，那一刻她知道大家都把她当成了要保护的小妹妹。而做惯了姐姐的她发现被人保护的感觉很温暖，这些并没有影响她在结束个人想法后，接着和团队讨论项目进展时的智慧和影响力。她也重温了自己在大五项目中的卡顿，以及坦率告知团队在困境后收获的支持和团队一同的进步。

"既然暴露自己的脆弱和无能不会影响我的形象和影响力，我为什么还要对反馈保持回避，并常有激烈的负面情绪呢？"安心问自己，她知道，当潜藏心底的恐惧被太阳晒到的那一刻,恐惧就消失了。

ITC(Immunity to Change)工具的运用让高管们挖掘自己的潜意识层面,了解平时无法看到的关键信念和价值取向,从而为清除内在障碍,展现更好的自我做好准备。

抛开战略思维、沟通影响力等个人能力的提升,高管们在学习过程中首先统一了想法,都希望自己能够具备一系列优秀价值观,如谦卑、正直、人性化、公平、有责任心、有担当、冒险、奉献、同情、放松、安全、开放、创新、勇气、变革、远见等。

一个月后高管们再聚,每个人都汇报了自己的成长挑战目标,各自有了不同程度的进步。

伴随着这份进步,后面的两个月里,大家在百灵公司的帮助下,提出了牧童高管团队的挑战目标。这一次,大家运用变革免疫地图,找出了团队的恐惧担忧和限制性信念,也步步为营,设计并进行了实验,一点点地驱散了团队的心魔。

整个过程中,牧童的使命、愿景一次次被提及、强化,共同的目标和策略也被大家深深领悟并践行,更重要的是,高管们在彼此展现脆弱并相互帮助后不仅获得了成长,还建立了深厚的友谊。安心看到了打破个人心智的局限,提升认知的作用,体会到了大家的成长和高管团队的力量。

业务模式的变革始于每一个人内在的转变,个人转变是一个人认知改变带来的行为变化,仅靠增加知识或信息是不够的。牧童经历了组织能力提升的变革、收购整合带来的挑战,从莫干山开始的心动力带来新动力,而学习并运用变革免疫地图又给团队带来了行动力,当公司的高管每一个人以及整个高管团队的认知发生变化的时候,整体组织的发展就更进了一步。

变革心动力

77.《千里江山图》与高管领导力

春晚上一场爆红的舞蹈诗剧《只此青绿》激发了人们对中国传统文化美的热情，北宋名画《千里江山图》作为《只此青绿》的创作灵感来源，也引发了更多人的关注。

经历了学习和运用变革免疫地图的三个月，牧童高管再次相聚时，波琳带来了《千里江山图》长卷的复制品。

图 59 《千里江山图》(局部)

波琳的开场简短而清晰："过往三个月，我们通过共同学习和实践变革免疫地图，往自己的内心走，了解我们每个人在面对变化产生抵抗时的潜在心理阻碍和信仰系统，大家都对自己的认知和行为进行了深刻的反思，我们也开始看到很多行为上的改变。今天，我想要和大家一起换个视角，站在高处，看周围、看远方，理解我们在个体心智模式发生变化后，如何领导团队在纷繁变化的世界里发展成长。

"请大家到《千里江山图》长卷这里来。我邀请各位仔细看一下这幅长卷，想象你在画面中看到了什么？如果要和牧童、团队、领导力这些因素联系起来，你想到了什么？五分钟之后，我们一起来做个分享。"

大家开始在画卷前或踱步，或驻足沉思。

安心也是借春晚才知道《千里江山图》，此前她也在网上看过一些基本的介绍。这次有机会看到完整的长卷，还是深深地被整个画面的磅礴气势所震撼。她先是站在远处一览整幅画面，画面上千山万壑争雄竞秀，江河交错，烟波浩渺，气势雄伟壮丽。走近了细细端详，山间巉岩飞泉，瓦房茅舍，苍松修竹，绿柳红花点缀其间。山与溪水、江湖之间，渔村野渡、水榭长桥，应有尽有，令人目不暇接，万顷碧波上渔舟游船荡漾其间……安心闭目，想象自己荡舟而行，脑海中冒出了"轻舟已过万重山"的诗句。

睁开眼，大家已经开始围站在波琳的周围了。

"我想象自己站在这座山顶。"大佬先开口，安心跟着他手指的方向望去，这是整幅画面里最高峰的位置，大概在画面右侧超过中间的位置。

"站在这里可以一览无余。我看到很多座山峦、广阔的江面、各种建筑，还有渔船和打鱼的人们……如果要和牧童联系起来，我想到的是我们大家一起在登山，我们每个人可能都已经翻过很多座山，看过不同的风景，现在走到一起，共同攀登一座高山，'会当凌绝顶，一览众山小'，希望我们可以一起看到最美的风景！"安心知道大佬第一个开口是想打破大家的拘谨。

"我留意到的是这座山的山腰部分，瀑布后面有几个玩耍的小孩！"政府事务部的华捷接着大佬的话，大家仔细观察才发现，果然，几个小孩子在瀑布后面戏水，人们纷纷惊叹华捷看得仔细。

"虽然在牧童面对严酷的市场竞争，我还是想把这些当作人生游戏的一部分，带着享受的心态和大家一起投入。"华捷的视角和解读深得安心的认同。

有同事留意到了"桥"和"船"，虽然形态不一，大家不约而同地想到作为领导者渡人的作用。

有同事看到飞鸟虽轻轻一点，却具翱翔之势："我希望可以有飞鸟的自由！"

也有同事吟出"远上寒山石径斜"的诗句，引得大家注意到了山间崎岖的小路看不见尽头。"只在此山中，云深不知处……这像不像我们面对的VUCA环境[1]呀？"

"大家看到了山、船、桥、鸟和路，我注意到了水。这幅画里有好多

---

[1] VUCA：VUCA 是一个缩写词，源自美国军事用语，并在 21 世纪广泛应用于商业、教育及其他领域，用以描述组织或个体所面临的一种复杂多变的环境特征。VUCA 具体包含四个维度：
  1. 不稳定性 (Volatility)：指的是环境变化的速度和程度，强调突发性、不可预测的变化特性。在 VUCA 环境中，情况可能迅速改变，要求快速适应。
  2. 不确定性 (Uncertainty)：指缺乏可预测性和确定性，意味着未来的发展趋势、事件结果或数据的解释存在多种可能，难以准确预知。
  3. 复杂性 (Complexity)：涉及众多相互依赖的因素和动态关系，这些因素交织在一起，使得问题难以简单化处理或理解。在复杂环境中，即使小的变化也可能引发连锁反应。
  4. 模糊性 (Ambiguity)：指的是信息的不清晰或解释的多样性，导致情境理解困难，决策时可能基于不完全或矛盾的信息。

VUCA 概念帮助领导者和组织意识到他们所处环境的挑战，并鼓励采用更加灵活、包容和创新的策略来应对这些挑战。在 VUCA 环境下，传统的线性规划和静态策略可能不足以应对快速变化的情况，因此，增强适应性、培养持续学习和创新能力成为关键。

本注释由 ChatGPT 生成。

组山峦，水面也占了很大一部分。水和山和谐相依，水遇山则绕行，有时候水又以瀑布形式下落，我想到了作为领导者的适应能力……在复杂不明朗、不确定也不稳定的环境下，领导者需要根据环境适时调整自己，可上可下。"安心谈了自己的想法。

波琳接过安心的发言回应道："今天我们要在之前学习 ITC 的基础上，进一步了解'纵向领导力发展'的理论，帮助大家更好地定位个人领导力发展的阶段、层级和未来的方向、目标。之所以带大家欣赏这幅《千里江山图》，是希望借这个大气磅礴的全景图，作为我们所处的时代和市场背景的隐喻，相信我们每个人都可以在图上找到自己现在所处的位置，也都会找到想去的地方。"

"纵向领导力发展"对大部分的同事来说都是个全新的概念，所以波琳花时间向大家介绍了领导力发展的两种类型——横向发展和纵向发展。

"横向发展是指培养新的技能、能力和行为，属于技术学习，适用于有明确的问题和特定解决方案的情境。比如说在牧童我们常常给员工提供专业培训，帮助他们提升技术能力或销售技巧。而纵向发展则是帮助人们提升认知水平，有一个时髦的词叫作'意识进化'"。

波琳用了水杯做比喻：横向发展就像把水倒入空杯里面，容器中水不断增多（就像学到更多知识和技巧），但超出杯子容量后水就会溢出；而纵向发展则是扩大容器的体积，比如换成桶，这样能够装进更多水，从杯子到桶的变化可以理解成个体的思维更加广阔，能够吸纳的知识和技能就会更多。

企业传统的培训是将大量的时间投入到基于领导胜任力模型开发的课程或制定的项目中，这种横向的发展对知识的积累、经验的学习有帮助，常常用于解决已知的问题和挑战。但随着我们所处环境的复杂性和不确定性增强、未来的不可预知，领导力所需的技能也发生了变化——需要更复杂和更具适应性的思维能力。横向能力的发展仍然很重要，但若领导者纵向能力发展的速度不够迅速，或发展方式不正确，就无法适应新环境的需要。

纵向领导力发展基于发展心理学的研究成果，关注认知拓展，研究我们如何看待这个世界。当看待事情的想法发生了意识上的转变时，人的行为也会发生改变。

根据认知和行为的格局，纵向领导力发展分成了不同的阶段，包括了投机者、遵从者、运筹者、成就者、重构者、转型者、整合者等阶段。

波琳接着带大家一起学习了各个阶段看待世界的思维，以及相应的行为特点，高管们在内心对自己现在所处的阶段对号入座。虽然安心已经完整地读过与纵向领导力发展相关的书籍，但这次和高管团队一起学习还是有不同的感受。从小组的对话里她听到，大家似乎对自己不同发展阶段的一些行为表现感到迷茫，同时，她见证了个人很容易夸大和美化自己的行为表现，这提醒了她收集反馈的重要性——经过了前期ITC学习过程，了解自己对反馈的心智模式，今天的探讨又一次让她对这个话题产生了新的认识：经过他人的提醒看到自己的盲点并非对个体过往的否定，而是为了未来的清明和进步。

波琳继续带领大家更好地了解个体在达到更高的领导力发展阶段后，如何应对变化的环境采取不同的应对方法。"组织的不同发展阶段，适配各种不同的环境与任务需求，每个阶段都有其独特的价值所在，我们要能做到'见山开路、遇水搭桥，可上可下、纵横自如'。"波琳描述了领导力的理想境界。

安心忍不住提出了自己的疑问："这不是我们从小被告知要摒弃的'见

人说人话、见鬼说鬼话'的墙头草行为吗？"

"很好的问题。根据环境有意识地调试自己的应对方式，这种高层领导力能力的核心在于'有意识'。这个意识是指明白自己的短期行为和长期目标之间的关系，清楚地知道自己的动机而做出的选择。领导者的认知与心智，必须与当下及未来组织内外部环境的复杂性、模糊性、极速变化性相当，甚至高出一筹。更高层的领导力发展并不比其他级别更'高级'，但是领导者如果发展到了领导力的更高层次，则可以在深思熟虑后根据情境需要满足特定情况下的业务需求。有些时候，你需要'降维'以满足情境的需求，换言之，你可以说'我知道我在苟且'……"

波琳的话逗笑了大家。安心一下子领悟到自己身上来自家庭的率真和善良，也意识到在职场曾经带给她的伤痛和由此形成的"我不善于办公室政治"的想法并非牢不可破。她需要重新思考和看待"率真和善良"在不同场合下的使用——看来又找到一个可以发展提升的方面，也需要挖掘自己意识深处的假设，根据不同情境调整行为。

波琳继续说道："随着领导力纵向发展逐步走向更高层次，领导者越来越自主、自尊和自由，防御性越来越减轻，对差异、不确定和模糊性越来越开放和包容，与他人和环境越来越能联结和对话，互动越来越灵活，影响力越来越广泛。领导者的心智格局阶段，决定了一个团队的发展上限，高级管理团队的整体格局阶段，决定了一个组织的发展上限。也就是说我们大家一起决定了牧童天花板的高度！"

活动结尾，大家又重新聚在《千里江山图》前，波琳提示大家根据前面每个人从图画中关注的部分，思考自己通过画面投射出的纵向领导力发展层次，以及各自希望继续精进的领导力。有同事忍不住说："大佬毕竟是大佬，站得高、看得远，充分体现了转型者的大画面和使命感！"这个马屁拍得大家心服口服。

"看来我的格局还得提升，只注意到了玩耍的孩子，还说要有游戏的心态……"华捷忍不住自嘲。

"你的这种举重若轻的心态和对人的关注对领导者来说也非常重要呢！"波琳及时地给予华捷肯定。

安心默默看着自己的笔记，听着大家七嘴八舌的分享，她觉得波琳借《千里江山图》和纵向领导力学习，启发大家思考作为领导者的全局观、系统性思维、战略性思维、协同合作及领导变革及适应不确定性的能力的做法真的很精妙。她意识到自己还在运筹者（专家型）和成就者的阶段，偶尔会有明显的遵从者的行为体现，同时她也看到自己时不时地会体现出重构者的好奇和创意、对意义的追求，但是在带领更大的团队充满信心地面对变化和不确定性，包容多样性，并引领大家描绘愿景、重构目标和路径方面还需要不断地努力和提升。

安心的思绪一会儿在自己身上，一会儿又被其他同事的自我剖析吸引，波琳招呼大家陆续回到了座位。

"冬去春来，我们共同经历了莫干山的 XIN 动力活动，然后学习用变革免疫地图工具了解自己的心智模式，今天又学习了纵向领导力发展理论……牧童系统组织的集体学习从工作坊角度来说，接下来会告一段落，领导力的发展是自我的成长和发展，希望大家继续在日常工作中积极实践所学理论，我也期待大家把所学带回你的团队，传播你的学习和认知，培养更多的领导者！"大佬的一番话结束了这次的学习。

安心回想加入牧童以来，和这些同事中的大部分在人才发展、组织能力提升及收购整合后文化变革方面共同的合作，彼此有了基本的了解。最近的一年里，从在莫干山建立深度信任、彼此看见，到运用变革免疫地图工具挖掘内在的心智模式，相互支持，然后学习并运用纵向领导力发展理论，安心和大家一同体验了在集体学习环境下的自我发展和自我成长。她真切地感受到高管团队从最初关注各自部门利益到现在的全局协同，从完成业务目标导向到共同关注人才发展，从彼此客气地保持距离、回避冲突到现在的深度信任、包容接纳……这个过程中有太多的感悟和个人成长，安心尤为自豪的是，自己有机会和大佬、波琳一起作为这场高管团队领导力发展变革幕后的导演之一。

变革心动力

学习思考

思考并回答以下问题：

1. 对照纵向领导力发展阶段的特点，看看你自己、你的老板分别体现出哪个阶段的主要特质。

2. 根据埃德加·沙因的理论，你所在的团队的内部关系在哪一级？

3. 你可以根据个体和组织发展协同模型，写出组织和你个人在各个层级的内容吗？

4. 你是否经历过和团队之间的情感共鸣时刻，它是如何影响你和团队的？

5. 你有自己的"工作组合"吗？其中哪些是真正让你感到满足和充实的？这些工作是如何与你的生命意义相连的？

6. 试着用工具提供的ITC（变革免疫地图）示例，做一下你自己希望克服的一项挑战吧！

6. 本章内容对你最有启发的是什么？你会如何把这些启发带到目前的工作中去实践？

尾声
安心的"XIN 动力"

内容概述

主要人物

- 安心：牧童公司的 HR 负责人，经历了职业生涯的深刻反思，决定寻找新的生活和职业路径
- 波琳：安心的导师和牧童的董事之一，对安心的决定给予了理解和支持
- 大佬：牧童公司 CEO，对安心的工作表现给予高度评价，同时对她的决定表示理解和支持
- 先生和小安：安心的家庭成员，她在做决定过程中考虑的重要人物

主要事件

- 安心通过阅读《设计你的人生》及进行一系列自我探索活动，开始对自己的职业和生活路径进行深刻反思
- 安心与波琳和大佬进行了深入的交流，表达了她关于未来可能改变职业路径的想法
- 安心在自我探索的过程中，明确了她对未来生活的期待，包括更多的自由时间和从事她真正热爱的事业
- 安心做出了离开牧童、寻求新生活和职业道路的决定，并与家人、同事分享了这一决定

主要矛盾

- 安心在现有的职业成功和对未来生活的渴望之间的内心挣扎
- 安心面对未来不确定性的恐惧与对变革的渴望之间的矛盾

尾声概要

　　安心在经过深刻的职业和生活反思后，决定离开现有的职位，寻找新的生活和职业道路。通过与导师、家人的交流，以及个人的内省和规划，安心确认了她

对未来的期望：一种更加自由、能够深度参与家庭生活，同时也能追求个人兴趣和成长的生活方式。这个过程中，她面临了内心的矛盾和挑战，最终做出了勇敢的选择。故事展现了个人成长和职业转变的过程，强调了自我认知、家庭价值和个人愿景对职业决策的重要性。

变革心动力

78. 成就彼此梦想

在和高管团队共同学习、提升领导力的过程中，安心努力践行个人所学。当她开发出"个人和组织协同发展模型"，并和大佬、波琳一同设计了高管领导力发展系列课程的同时，偶然读到的一本小书启发她在自己的 HR 团队尝试帮助大家实现梦想。

这本《梦想管理》（*The Dream Manager*）是由马修·凯利（Matthew Kelly）撰写的一本故事书，讲述了一个焦头烂额的清洁公司的老板雇用了一位"梦想经理"，帮助员工识别和追逐他们的梦想。这位梦想经理通过与员工建立关系，了解他们的愿望和目标，并帮助他们制定计划。书中描述了一系列员工如何通过梦想管理的实践，成功实现了他们的个人和职业目标，包括改变职业方向、提升技能、改善家庭生活等方面的故事。

这本书启发安心结合她开发的"个人及组织协同发展模型"去实践，创造帮助团队成员实现梦想的可能性。

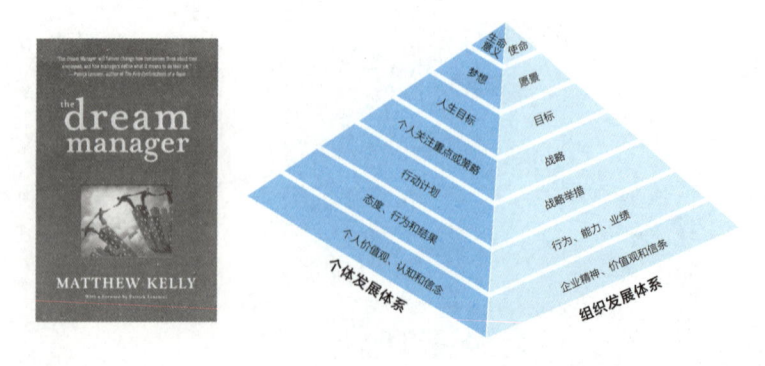

图 60 《梦想管理》与"个体与组织协同发展模型"

尾声 安心的"XIN 动力"

当安心带着为管理团队每个成员精心准备的"梦想日记本",开始一次季度会议后的团建活动时,大家既吃惊又好奇。安心开门见山,邀请每个人在本子上写下自己的梦想:梦想可以涉及工作、生活的方方面面,写得越多越好。

接着,安心邀请大家在写出来的梦想中,找出三条现在最希望实现的梦想写在卡片上,供大家传阅。当一个人的梦想都被其他同事看到之后,梦想的主人就被邀请和大家分享实现这些梦想的可能性和困难,同事们一同出主意帮助彼此美梦成真。

从开始的吃惊好奇,到凝神思考,落笔写下梦想,安心看到同事们的神情越来越认真。当描述梦想时,每个人的眼中都闪着光,但一讲到实现的困难时,梦想主人的落寞和无奈也都写在脸上,大家最大的困难是没有时间……

一番讨论后,大家选出了三个同事的梦想,决定一同努力帮助他们实现。

年轻的爱心提出她今年夏天想和朋友去欧洲旅游,可是担心工作太忙没法脱身。大家了解了她和朋友计划的大致时间和她手头的项目,约定分担她的工作帮助她达成两周的欧洲游愿望。后来,当爱心在朋友圈里分享她在塞纳河边陶醉在夕阳下的美照时,看着图片上配的文字"感激让我美梦成真的小伙伴们!",在此岸加班一同吃午餐的同事们会心一笑。

来自西北的省心的梦想是回家乡陪伴生病的妈妈三个月,带着她一同调整饮食、锻炼身体。他说妈妈最近被查出来有糖尿病,可是他的家乡以面食为主,长久养成的生活习惯让妈妈一下子不知道该如何调整饮食,又听人说糖尿病比较麻烦,思想负担特别重。他每天都打电话回家叮嘱妈妈注意饮食起居,可妈妈还是特别失落。

变革心动力

"要不我做你在这边的'影子'吧？"一心提出来。她的工作是薪酬福利部分，日常已经很忙，但愿意分担省心的工作。"反正你的工作有很多可以在线完成，我也可以借这个机会更多地了解我们的项目。"两人商量好了及时联系，需要现场提供服务的工作由一心来做，而省心也提出可以分担一心日常工作中能够在后台完成的部分。

"或者我们可以考虑在休假方面制定一些特别的计划？"安心想到省心的需求可能有一定的共性：很多员工是家里的独生子女，这些年人才的流动又让大部分的员工远离了父母，人到中年，上有老下有小，公司如果在机制方面做些调整会让员工的心理负担减轻不少。

一心接了任务，很快和团队拟定了两项休假方案：一个是亲人生病时的陪护假，可以有两周的带薪假期和长达六周的异地工作福利；另外一项是针对在牧童服务超过五年的同事，可以申请三个月的无薪假期但保留福利和工作——"这个在海外叫作'Sabbatical Leave'（带薪休假）[1]，可以用来休养或充电"，一心解释。这两项休假方案很快得到了高管团队的同意批复。

---

[1] "Sabbatical Leave"（带薪休假）最初源于学术界，指的是教师或学者在一段时间内，通常每七年获得一次，从日常教学和行政工作中脱身，以专注于个人发展、研究或其他学术活动。这种休假的目的是让教师有机会充电、更新知识和技能，进而提高教学和研究质量。

随着时间推移，许多非学术机构，如企业和非营利组织，也开始实施类似的休假政策。在这些环境中，带薪休假可能用于专业发展、志愿服务、旅行、创意项目或个人兴趣的深入研究。无论是在学术界还是其他行业，Sabbatical Leave 通常都被视为员工福利的一部分，旨在提高员工满意度，防止职业倦怠，并促进长期的职业成长和创新。

本注释由 ChatGPT 生成。

尾声　安心的"XIN 动力"

　　而团队里的第三个梦想主人刚好享受到了这项福利。热心在分享梦想时说，她特别向往能去英国乡间度假兼带学习英语，但是之前觉得根本不可能离开自己的工作三个月的时间。新的休假福利政策颁布一段时间后的一次 HR 部门会议上，热心提出虽然有这项福利，还是担心自己离开期间的工作……"那我们就当你离职了，这三个月的空缺还是要想办法顶上啊！"安心回复热心。团队商议了如何调整工作，帮助热心实现梦想。

　　三个月后，热心回来了，她的状态和气色明显改善了许多。她分享说，在英国乡间的日子里，她不仅体验到了前所未有的心灵放松，还感受到了身体上的显著变化。长期以来的一些小毛病，在那里似乎都找到了自然而然的缓解。她说，这段时间就像给自己的身心做了一次全面的"重启"，不仅让她重新焕发了活力，也让她对生活和工作有了更多的热情和期待。

　　团队留意到，虽然有这几个小伙伴的缺席，但团队的业绩似乎并没有受到影响，其他部门的同事了解了 HR 团队的做法后特别羡慕。而美梦成真后回来的小伙伴们干劲似乎更高了，他们也积极地分担着团队其他同事的工作，在跨部门的项目中更是身先士卒。

　　在带领大家探索个人梦想，并帮助彼此实现梦想的过程中，安心也列出了自己的梦想清单：她希望可以有更多的时间陪伴就要上小学的小安；可以分出心力来多和妈妈沟通，听她讲讲她和爸爸年轻时的故事，动手书写关于爸爸的回忆录；她还希望有机会多学习一下专业的教练技术——和波琳几次的沟通让她对进一步学习这项能够帮助人的技术心生向往。只是，在目前忙碌的工作中似乎这些都是奢望。

79. 成长壮大的 HR 团队

收购、整合 A 公司后，安心带领的 HR 团队规模也得到了进一步扩大。合并产生了人员重叠，在经过内部评估调整后，关心离开的空缺得以填补，除了业务部门增加，HRBP 团队多了两位同事外，安心也在 HR 专业服务部分增加了"员工关系部"，这个部门从 HRBP 的日常工作中又分离出了违规员工处理、员工精神健康支持、员工乐业活动策划等工作，HRBP 们可以更加专注于和高管在 HR 的 OTC 战略方面进行商讨和执行。

诚心领导牧童学习成长部门，在加入的一年多里体现了出色的组织规划能力。评估了 A 公司 HR 团队负责培训的匠心之后，安心把诚心转入了 HR 战略部门的新职能：组织和文化发展部门。

A 公司的 HR 总监琳达在两家公司整合六个月后提出了离职。安心了解到她从个人职业发展考虑，打算加入一家外企担任 HR 总监，在感谢了她的无私付出后，团队给她开了欢送会。

安心另外做得比较大的结构改变是，把原先向她汇报的员工体验部门（包含共享服务中心和员工沟通部门）转到了向一心汇报，新成立的员工关系部门也放在一心手下，一心被提升为总监级别。

尾声 安心的"XIN动力"

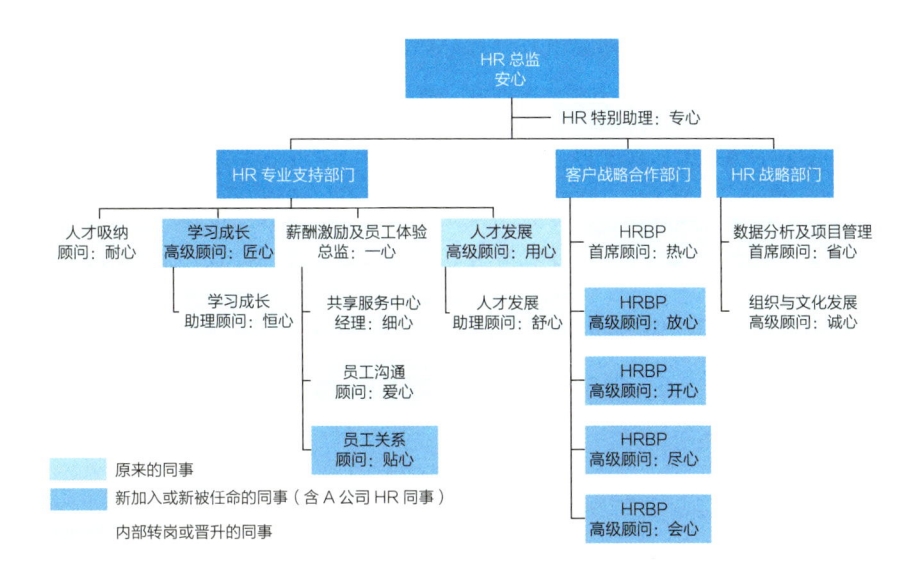

图61 牧童HR新的组织结构图

除了新的排兵布阵外，安心开始把年度HR战略规划的任务交给一心来做；她也开始带着一心出入行业里的HR总监聚会，积极介绍她和同行认识。

做这个安排的主要原因是，安心开始有意发展一心作为自己的继任者，这不仅仅是董事会在做高管发展评估之后的要求，也是安心有意为之。从她带领团队做职业发展规划、疫情期间经历表哥离世，到最近的高管XIN动力学习中探索生命意义、思考个人梦想，她感觉自己心中的想法越来越清晰：牧童是她旅程中的一段经历，在牧童的工作如果以交通工具比喻，她感觉是坐着急速行驶的磁悬浮列车。她希望自己能够慢下来……虽然还不清楚将来具体会做什么，但她很清楚自己要开始做准备了。

安心偶尔想起三年前自己加入牧童的时候，那个不到十人的HR团队现在已经在人数上翻倍了——牧童的员工数量和营业收入也因为业务成长和收购几乎翻倍。回想最初和团队小伙伴们探索 HR 的商业模式，一次次的探讨、一步步的摸索感觉有点儿恍如隔世……在牧童的经历比起她之前在外企要辛苦许多，没有既定的模式可以遵循，也不再只是按总部要求执行任务，但是这段经历对她个人来说是无比宝贵的体验。她喜欢这个无边的舞台给她的空间和自由，大佬和波琳的信任、支持和欣赏，高管团队的合作和奋斗，团队小伙伴们的好学和努力，所有这些，都让她深深感恩。

80. 组织人才规划迪士尼游园会

一、缘起

又到组织规划今年的人才评审活动的时节了。

从去年开始，安心就带领团队对原先的人才发展面试做了些调整，一方面延续了只有高管们参加的人才讨论会议，并结合组织能力规划探讨人才储备；另一方面，把原先一年一度的人才发展面试改为由人才发展委员会负责，通过每年两次的内部提升，对新晋经理和总监人选进行面试筛选和发展规划，授权人才发展委员会及时响应人才发展需求，这样更符合公司规模扩大之后，高管们在人才发展方面的战略作用。原先的人才发展评审会也改成了年度组织人才规划会。

这会儿，安心和她的 HR 领导团队们在讨论今年的组织人才规划会该

尾声　安心的"XIN 动力"

如何举办。

"根据我们现在的规模，如果按照标准流程，高管们需要在会议室坐一整天，会不会感觉太沉闷？"安心问团队。

"你有什么期待吗？"一心反问安心。

安心回答："我期望用创新的方法，让高管们觉得好玩儿，在轻松、活泼而不是古板、沉闷的气氛中做这件事……"

"如果说好玩儿、轻松，我想到了昨天我家小儿还嚷嚷着让我带他去迪士尼乐园！"热心说。

"那我们就用'迪士尼'做'随机词'，看看它和人才规划的联系吧！"诚心接上话——最近三个月每次团队开会时都会花10分钟，用之前学习的"水平思考法"[1]（详见本书"附录1"）做暖场，"随机词联

---

[1] 水平思考法是一种思考方式，旨在超越传统的垂直思考，从更广泛、更全面的角度来审视问题。水平思考法强调从多个方面和角度来思考问题，而不是仅仅专注于一个特定方面。这种方法有助于打破传统思维模式的束缚，促使人们更加创新地解决问题。
水平思考法的关键特点包括：
1. 综合性思考：将不同领域、不同层面的知识和信息进行整合，以获得更全面的理解。
2. 跨学科思考：结合不同学科的方法和观点来探索问题，从而产生更富创造性的解决方案。
3. 多视角思考：从不同的角度和利益相关者的立场出发，审视问题，以更全面的方式理解问题的本质和影响。
4. 开放性思考：鼓励接受新想法和不同观点，避免局限于已有的框架和假设。
5. 创新性思考：激发创造力，寻找新的解决方案和可能性，而不是固守传统的解决模式。
通过水平思考法，人们可以更好地应对复杂多变的问题，发现新的机遇，并更有效地解决挑战。

变革心动力

想"[1](详见本书"附录1")是大家都很喜欢的游戏。

本来被困住的思路像打开了阀门的水一样,各种想法都冒了出来……有同事索性打开手机上迪士尼乐园地图开始研究,大家都有些许兴奋。

"这样吧,我们都回去想想。下周五大家调整工作,我们索性去迪士尼玩一天,看看对咱们的讨论有什么发现,刚好也是一次团队活动!"安心的提议换来大家的雀跃。

下一个周五秋高气爽,天气晴朗。团队在迪士尼乐园门口碰头,一帮人像小学生秋游一样开心地玩了一天。在接下来的组织人才规划工作会议上,大家非常迅速地形成了四个小组,明确了分工,各自分头准备。

---

1 随机词联想是一种创造性的思维练习,旨在将随机选择的词语联系在一起,激发想象力和创造力。这个游戏的核心是将一组看似毫不相关的词语联系在一起,然后尝试想象或构建一个故事、场景或概念,其中包含这些词语,并尽可能地展开它们之间的关联。
以下是玩随机词联想的一种简单方法:
1. 准备词池:准备一个词池,里面包含各种各样的词语,这些词语最好是多样化的,可以是名词、动词、形容词等。你可以自己准备,也可以使用在线随机词生成器。
2. 随机选择词语:从词池中随机选择若干个词语。你可以选择2个、3个或更多,具体取决于你想要挑战的难度和你想要创造的内容复杂程度。
3. 联想和创作:将选中的词语联系在一起,尝试构建一个故事情节、场景描述或概念。你可以自由发挥,尽可能展开这些词语之间的关联,让你的想象力自由驰骋。
4. 分享和讨论:如果你在团队或朋友中进行这个游戏,可以分享你的创作,并讨论各自的联想过程和创意。这有助于激发更多的创意和思维交流。
这种游戏不仅可以增强你的创造力和想象力,还可以促进灵活思维和联想能力的发展。它也是一个有趣的团队活动,可以在团队建设和创新工作中使用。

二、筹备

亲身经历了游园,小伙伴们都有了更加具体的主意。根据迪士尼乐园地形图,团队决定在公司内部搭建四个景点,按以下顺序在各个景点"游玩",分别对应组织人才规划的内容:

表13　迪士尼景点与组织人才规划

	经典	组织人才规划内容
1	探险岛: ·翱翔　飞越地平线 ·雷鸣山漂流 ·古迹营探索	·外部市场环境(顺风、逆风因素) ·公司战略举措进展及资源分布 ·各部门组织能力评估 ·业务增长及组织能力带来对人才的期待
2	宝藏湾: ·船奇戏水滩 ·杰克船长之惊天特技 ·沉落宝藏之战	·普及公司人才发展理念 ·各部门介绍高潜力人才(宝藏)
3	明日世界: ·美国队长 ·雷神 ·蜘蛛侠 ·翠丝	·人才梯队及继任者计划
4	创能补给站: ·雷神锤 ·钢铁侠面具 ·美国队长盾牌 ·神盾局盾牌	·人才发展资源:70:20:10 ·定制化人才发展计划

以此为基础,牧童组织的人才迪士尼游园图示如下:

变革心动力

图 62　牧童组织人才迪士尼游园图

每个景点都有相应的小组负责人，HR 团队里每个成员都被动员起来——大家的目标是要为高管们设计一场别开生面的组织人才迪士尼游园会！

安心所在的"探险岛"小组给每个人分配了任务：有同事紧锣密鼓地准备公司业务面临的市场挑战；有人归纳整理公司 15 项战略举措的具体内容和改进；还有同事对各业务和职能部门的组织能力设计了 18 个子项目，用数字体现各部门的组织健康程度。所有小伙伴一起参与的活动是做手工：大家用网上买来的材料，动手布置了"探险岛"的地貌，假山、树

图 63　小组制作探险岛模型

尾声　安心的"XIN 动力"

木、草地、湖水……玩得不亦乐乎！

其他各小组也都发挥创意，结合组织人才规划的内容设计各种活动，并制作相应的材料道具。除了用到的物料外，恒心还担任音响师，组合迪士尼音乐配合各部分的活动内容。HR 团队已经提前玩得很嗨了。

三、游园会当天

当天，公司高管们带着对惯常组织人才规划做法的期待走出电梯，发现平时的会议室门口站立着欢迎他们的米奇，房间里播放着"我们一起欢乐无限……"的乐曲，当高管们被戴上头饰、分发气球时，他们的脸上写满了愕然，但他们随后就展现了孩童般的天性释放。

这场"组织人才规划之旅"从探险岛开始。HR 同事们邀请所有的高管乘坐直升飞机（安心从家里拿来了小安的电动飞机），开始了飞越地平线的活动，俯瞰整个地貌（行业态势及宏观政策），思考并探讨影响牧童业务的各项因素及对策。

雷鸣山漂流中，高管们审视了公司的 15 项业务举措。所有高管从重要性、紧急度、项目表现、项目小组能力、预算情况等各方面对所有项目做了交叉评估。评估结果清晰地显示了公司需要做资源的再分配以突出重点。

探险岛的活动高潮在"古迹营探索"，这展示了公司所有业务和职能部门从组织、人才和文化三大方面通过 18 项指标的具体数据，旨在展现各部门的组织健康度。这些指标包括常见的员工流失率、销售生产率、员工满意度等，也有特殊的指标，比如业务部门内销售、市场和支持人员配比，部门层级、经理和员工配比等数据……当整个公司各个部门的数据被放在一起呈现在所有高管面前时，整体组织的强弱部分一目了然，很多信息不

变革心动力

言自明。

如果说上午的内容结束得略显严肃和沉重的话，午餐之后开始的三场游园活动都围绕着人才的话题，则让大家轻松许多。

宝藏湾的任务是组织高管们回顾公司的人才标准，以及由各部门展示各自的人才宝藏。负责这个部分的 HR 小伙伴们通过知识竞赛、设立奖金和高管互动，把本来需要大量文字和列表解释的各类人才定义和行为标准介绍做得生动有趣。

他们还富有创意地在宝藏的每一块拼图后面隐藏了各类人才，高管们需要动脑筋才能看到完整的寻宝图。在这个环节的重点人才展示部分，每个人才头像扫码后各自的详细资料就会展现在手机上——比起 PPT 展示或打印资料方便又环保。

图 64　人才寻宝图

尾声 安心的"XIN动力"

接下来的景点是明日世界。在这里，各高管岗位被分成几个电影角色，每一个岗位的领导梯队部分，可以由各高管根据在宝藏湾获取的信息，在相应岗位下根据人才准备度填写高潜力人才的名字。这时候，抢手的人才和缺乏人才储备的高管岗位也一目了然。

图 65 人才梯队

创能补给站，顾名思义，是为人才补充能量的部分。在这里，高管们对选出来的梯队人才进行个性化的发展规划。

人才发展资源按照 70∶20∶10 做了分类，类比电影角色中的各项神器。高管们以浏览画廊的方式了解所有的发展资源，包括牧童总部和各部门项目、教练资源、外部学历课程、内部人脉网、培训课程和各类在线教育资源等等。

高管们在此对第一梯队人才的发展做出详尽的规划。

变革心动力

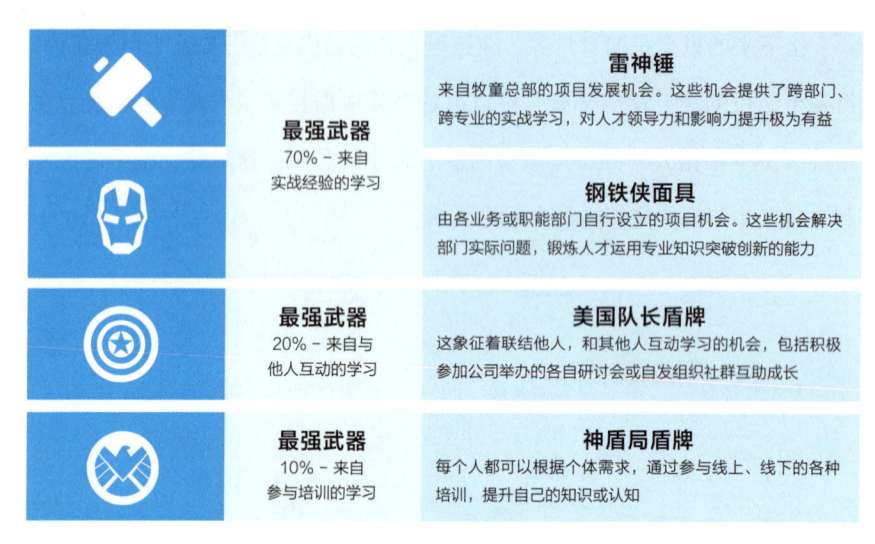

🔨	**最强武器** 70% - 来自 实战经验的学习	**雷神锤** 来自牧童总部的项目发展机会。这些机会提供了跨部门、跨专业的实战学习，对人才领导力和影响力提升极为有益
🦾		**钢铁侠面具** 由各业务或职能部门自行设立的项目机会。这些机会解决部门实际问题，锻炼人才运用专业知识突破创新的能力
🛡️	**最强武器** 20% - 来自与 他人互动的学习	**美国队长盾牌** 这象征着联结他人，和其他人互动学习的机会，包括积极参加公司举办的各自研讨会或自发组织社群互助成长
🛡️	**最强武器** 10% - 来自 参与培训的学习	**神盾局盾牌** 每个人都可以根据个体需求，通过参与线上、线下的各种培训，提升自己的知识或认知

图 66 人才发展资源

一天的游园会很快就在欢乐的气氛中结束了。别开生面的迪士尼游园活动，让高管们在繁忙的工作间隙以轻松快乐的方式，对牧童面临的整体业务挑战、组织能力和人才储备有了全面的了解。

HR 的小伙伴们意犹未尽——过往一个多月在日常工作之余发挥创意策划的各项活动今天进展顺利，各小组也第一次有机会深入观摩彼此的做法，大家在自豪、兴奋之余多了满满的收获。

"今天这场活动太有意思啦！你们找顾问公司设计花了不少费用吧？"一边脱下头上的米奇老鼠头饰，一边走出会议室的路畅问安心。

"我们没有花顾问费，全是 HR 团队自己策划的呀！"安心自豪兴奋地告诉路畅。

平时严肃认真的高管们，今天都穿上了迪士尼图案的 T 恤，每个人选了自己喜欢的头饰，在布置成迪士尼乐园的会议室里开心地玩了一天，还完成了组织人才规划要求的所有内容，开心、快乐而且高效！

81. 收获的季节

又一年的绩效评估结束，大佬在高管会议上宣布：安心、钱有余、华捷和路畅均得到董事会批准，晋升到副总裁职位。

"职位越高，责任越大！"大佬在和其他高管一同恭贺了几位之后，提醒他们继续努力。

是啊，伴随着晋升消息一同向高管公布的还有另外一个重磅消息，经过了一年多的形式审查、问询和上市聆讯后，牧童在港股科创板的上市申请已经得到证监会的批准，可以在港股上市并挂牌招股了！这也意味着，作为牧童副总裁的他们，今后收入的 60% 将来自股票价值的回报，而牧童的业绩表现将直接影响股价的涨跌。

听到这两个好消息的当天，安心很兴奋，回到家里向先生、妈妈和小安分享了喜讯。

"妈妈，升到副总裁有什么好呀？"小安不解地问安心。

"嗯，妈妈的工资涨了，可以给小安买更多的玩具了！你开心吗？"安心问孩子。

"家里玩具够多了。我只想妈妈多陪我玩儿！"小安倚在安心怀里撒娇。安心突然意识到，要把沉甸甸的小安抱起来已经不太容易了，他的个头不知不觉中蹿到与自己齐胸的位置了。

"对啊，升到副总裁有什么好？"安心问自己。"职位越高，责任越大"，大佬的话又回响在耳边。

"这是我想要的吗？然后呢？"晚上睡觉前安心的脑子里又冒出这个问题。

虽说古人云："福无双至"，牧童的好消息却是接踵而至。先是大佬被评为"行业风云人物"，接着牧童获得"行业最佳雇主"奖项——这个奖项有长达半年多的评审过程，员工沟通部门承担了对接外部评审机构、提交资料的工作，大佬和安心也都接受了访谈。

出乎意料地，安心接着又收到了科技行业 HR 协会颁发的"年度人力资源领导奖"。这个奖项的到来完全是意外，据颁奖人介绍，安心之前积极在行业协会做的"HR OTC 战略和落地实践"分享得到一致好评；而牧童有目共睹的业绩表现、发展员工和留任，加上令人瞩目的整合成功案例，这些诸多因素加在一起，让评委们把这个只有三个名额的奖项给了安心一份。

新一年的年会也如期而至。大佬和高管们商议这次年会的主题，大家对之前在大五项目中用到 AI 等数字技术的部分印象深刻，郭明和被新提升到高管团队的 IT 总监都提出了在牧童全面推进数字化变革的举措，所以高管们很快就达成了一致意见，这次年会主题为"数字科技，再创佳绩"。

数字化是安心在一年多前就和李明华讨论过的话题，也被安心放在牧童项目拼图上。经历了 AI 科技在大五项目的运用，安心知道数字化变革是牧童在奠定了 OTC 基础、提升了高管团队领导力之后，要保持可持续发展的必经之路。它将对牧童从研发到供应链、销售和服务的各个环节产生深远的影响，切实提升牧童的效率和竞争力。

"这又会带来新一轮的文化和组织的建设，只是，我还想继续这个游戏吗？"安心意识到自己脑子里冒出了"游戏"这个词，是的，在梳理自己的人生观时，除了"人生是一场旅行"的比喻外，安心想到的另一个比喻是"游戏"。她觉得，自己每天去上班，其实本质上和小安每天去幼儿园玩游戏是一样的。不同的是，小安有老师设计并带着孩子们玩游戏，职场里，安心需要和同事们一起讨论并设计大的游戏和小的游戏，这样想，上班对她来说变得有趣很多。实际上，无论是 OTC 的规划、领导力训练营的设计和组织，包括最近刚完成的组织人才规划迪士尼游园会，都是安心主持或参与的一场场游戏。

在牧童这个大游乐场，安心这几年来玩得很爽。

这不，眼下年会的游戏又要来了，这一次，近千人会一起玩几天！

82. 我还是曾经那个少年

这一次年会前的领导力训练营，安心选择放手让诚心和匠心负责。经过了前面几年的努力，大家已经熟知训练营的流程。只是根据之前的 HR 三年战略规划，涵盖了 OTC（组织、人才、文化）方面的大话题都已经做过了一遍。另外，现在的带人经理加在一起接近 200 人，需要把高级经理和总监以及一线经理分开来，分别给他们提供更贴合的内容。

换言之，对于一线经理，安心偏向横向的技术性培训，比如绩效管理辅导、反馈谈话和员工违纪处理等能力的培养；而对于二线经理，包括总监，则以纵向领导力包含的领导力发展不同阶段的心智、认知等作为培训重点——安心看到这一年多来，自己和 HR 领导团队分享并共读纵向领导力相关的书籍已经为团队的认知带来了影响，甚觉欣慰。

所以这次年会最后的方案是，先把公司的高级经理和总监们集聚在一起，回顾过往的话题、梳理公司在 OTC 方面的运行机制和举措，听取经理们在个人和组织发展方面的需求反馈……然后据此制定新的三年计划。安心认为这是明智的做法：经历了收购整合后的牧童，规模和人员都发生了变化，更何况接下来上市后还会面对更多资本和市场的冲击，数字化变革对经理们也会有更多的需求，是时候调整节奏了。

线下年会已经沉寂一年，再加上几乎翻倍的人数，今年年会比往年更加热闹。公司成为最佳雇主、港股上市的消息，更是让员工们的自豪感倍增，对牧童的未来也充满了期冀。

而让安心格外开心的是，HR团队终于赢得了员工投票，被选为最佳团队——大家把这支团队叫作"心之队"，肯定了每个人用心做事，为牧童所有员工打造了梦工场！

取代了以往的全员军训，这一次的全员户外活动是运动会。年会所在地位于珠海，在海滨运动场上，大家抛洒汗水，也留下了一张张笑脸。

晚宴表演上，当高管团队演唱了前年被挑战迭代的《正少年》歌曲，感觉良好之际，之前那个乐队走上台来，他们带来了一曲《我们是新的牧童还是少年》。此歌根据歌曲《少年》改编，演唱时掀起了晚会的高潮。演唱结束，乐队主唱拿过话筒："对不起，我们又迭代了！"

是啊，在这个行业内、在这个舞台上，迭代和更新，每一天、每一分钟、每一秒都在发生。看着台上台下的喧闹，安心告诉自己："我也需要迭代，先在HR团队把自己迭代了，然后迭代自己的工作内容！"

"我还是曾经那个少年，没有一丝丝改变"，这几句歌词和曲调，安心还是从小安和玩伴一起哼唱时听到的，看来，在流行歌曲方面安心已经远远落后了。

她找来了牧童乐队改编的歌词，努力地跟着哼唱——她感觉自己在跟跄跟跄。

尾声 安心的"XIN 动力"

壮丽篇章开启 牧童的盛会

两家心连心 创造更美的明天

合二为一 从此更加坚强

困难过去 我们一同前行

昔日的差异融入了一体

共同的目标 前途充满信心

未来在望 奋斗不止期待

我们同行 在一起

我们是新的牧童还是少年

文化融合 不改初心

曲折过去 成就现在

美好生活我们共同创造

这个新时代的牧童

以客为尊使命必达

面对困境不言退

Say never never give up like a fire

共同迎接 新的时代

一起携手 创造奇迹

不忘初心 我们在一起

变革心动力

未来已来 更加值得期待

砥砺前行 我们要一起
携手共度 征途漫漫 Come on
征途漫漫 唯有奋斗 Come on

我们是新的牧童还是少年
文化融合 不改初心
曲折过去 成就现在
美好生活我们共同创造

这个新时代的牧童
以客为尊使命必达
面对困境不言退
Say never never give up like a fire

共同迎接 新的时代
一起携手 创造奇迹
不忘初心 我们在一起
未来已来 更加值得期待

我们是新的牧童还是少年
我们是新的牧童还是少年

83. 倾听内心的声音

当内心那个声音一次次跳出来，越来越频繁地向安心发问时，她决定静下来，仔细倾听。

她安排了和家人一起飞去三亚度假，希望在温暖的南方、风景优美的海边梳理自己的思绪。

仿佛冥冥中自有安排，整理行李时，安心随手从书架上抽了一本不知何时买的英文书，打算在几个小时的航班上等小安睡着后打发时间。

在飞机座位上从包里拿出书时，她才注意到这本书的书名是《设计你的人生》(Designing Your Life)[1]——可能是几年前还在上一家公司时去海外出差买的。忙碌的日子里，她有限的阅读都是定向的，这几年读的书都是波琳推荐的。

---

[1] 《设计你的人生》(Designing Your Life) 是一本由比尔·伯内特 (Bill Burnett) 和戴夫·埃文斯 (Dave Evans) 合著的书籍。这本书基于斯坦福大学非常受欢迎的同名课程，提供了一种新颖的方法来思考生活和工作的设计。它鼓励读者运用设计思维——一种通常应用于产品和服务创新的方法——来构建和改善自己的生活。核心理念包括：
　1. 同理心：了解自己真正的需求和欲望。
　2. 定义：明确你想要解决的生活问题。
　3. 发散思维：创造多种生活可能性的方案。
　4. 原型设计：实际测试这些方案，通过尝试和调整来探索可能的生活道路。
　5. 测试和迭代：基于反馈不断调整方案，优化生活设计。
这本书不仅仅是关于职业规划，还涉及如何活出充实、有意义和快乐。通过一系列实用的练习和思考题，作者引导读者走出传统思维的限制，鼓励他们以创新的思维方式设计和追求自己理想的生活路径。
本注释由 ChatGPT 生成。

安心没有想到这本书她一开始读就不舍得放下了，她从来没有试过如此流畅地阅读英文书。在飞机上，她大概阅读了一半，到酒店安顿下来后，她催着先生和妈妈带小安出去玩儿，自己一口气读到深夜，完成了第一遍阅读。

接下来的几天，安心提笔开始跟着书里的指导做练习。她做的第一个练习是"记录心流时刻"（详见本书"附录1"）。她把一个个心流时刻记录下来，包括设计职业发展工作坊、设计并主持领导力训练营、策划高管领导力发展、领导组织人才规划游园这些让她享受到忘记时间、不计名利的时刻，一个清晰的画面呈现在她的面前：我喜欢而且有天赋的工作是创造和分享，并对他人带来影响。

安心意识到，在责任心的驱使下，她做事格外努力，这保障她在现在的位置上能够高质量地完成大部分的工作，但代价是她夜以继日地付出，忽略了家人的需求和自己对工作以外生活的关注。一个例子是，前段时间她忙碌疲倦，一次出差时带的运动鞋走路磨脚，匆忙中她忍着痛，只当是鞋子不合脚。周末回到家整理时她才发现是因为鞋带绑得太紧，当时忙着开会、见人、打电话，只是踩进去提上鞋就立马出门了。后来她耐心地放松鞋带后，发现这双她差点儿扔掉的鞋子居然是最舒适的一双鞋！

在公司环境里，安心面对大佬和波琳这样欣赏她、信任她、支持她的人时，恨不得把自己的心掏出来做事，颇有士为知己者死的付出；而对那些不是太好相处的人，安心需要付出额外的心力去维护关系，很多时候她忍不住觉得自己笨，内心里责怪自己愚钝；她也因为不知如何拒绝他人而让自己委屈、忙碌……

像她这样一个人，在企业里发展的天花板好像很明显——她如果无法做到在人情世故方面长袖善舞，遇到丹那样欺负人的老板就只能隐忍，这

尾声 安心的"XIN动力"

样看来,她在牧童的成功似乎更大程度是倚赖大佬和波琳的善待。

安心明白这样的想法也是她的一个限制性信念……不过,工作这些年来的经历让她明白,要突破的话不知需要付出怎样的心力才行。

更重要的是,她再次梳理了自己的人生观。在波琳曾经给她分享的4A基础上,增加了4L、4E和4D,然后她用"LEAD"(领导)这个单词构成了自己的生活意愿和原则:

- Live Life Lively with Love and Learn(带着爱和学习有生机地生活);
- Explore, Experience, Enjoy and Express(去探索, 体验, 享受而且表达);
- Aware, Accept, Adapt and Appreciate(去感知, 接纳, 调整, 然后感恩);
- Do, Define, Develop and Devote(去做, 然后定义, 发展, 奉献)

看着写在纸上的"LEAD",安心知道她想"LEAD"(领导)自己的生活、生命。她问自己是否在"生机勃勃地生活",答案是"没有"——连脚被磨痛都因为工作而忍着,她的生机何在?!

她问自己有没有去Explore——去探索自己未曾尝试过的生活;去Aware——去感知自己内在的情绪而不是做一个工作的机器;有没有去Do——做自己想做的事而不是应做的工作……答案统统都是——"没有"。

她开始明白那些声音从哪里来了……貌似她很享受在牧童每一天的忙碌和成就,在那些做事情让自己显得很重要的时间里,她失去了对生活的感知;在自己熟悉的领域,整合各种资源完成工作带给她的成就感和回报,让她根本没有想过出去探索未知的世界……当天性里的创造面对未来可能

变革心动力

的重复游戏时，内在的灵性开始提醒她：游戏可能会重复了，还玩儿吗？宇宙也在借小安的声音告诉她：我们，你的亲人，你的人生旅伴，期待你的陪伴，一起来玩耍……

回想英年早逝的叔叔和大表哥，还有去世的爸爸，安心再一次思考：我想要什么样的人生？

答案已经有了，安心想要"LEAD"的人生。只是，她现在该做什么呢？

• • • • • • • ◆ • • • • •

84. 安心的选择

跟着《设计你的人生》的指导，安心继续一步步做着各个练习。

有的时候，她内心会冒出另一个声音："你好像身在福中不知福，有多少人想要你现在的生活，你却在自找苦吃！"当这样的声音冒出来的时候，面对迷茫的未来，她会心生直面深渊似的恐惧："从工作以来，我几乎没有断过任何一段职业经历，如果下个月起没有了工资会怎样？"

类似的恐惧在看到父母日渐衰老、想象有一天生命中没有了他们的日子，在拿到爸爸的诊断书，听到医生对他生存期的判断时都有过……安心想起，爸爸病重住院时，她反而镇定了下来，每天积极地为他调配饮食，和他说笑——看来，那只靴子掉了下来，人反而安心了。

她为自己的人生做了"奥德赛计划"（详见本书"附录1"），三个选择：

尾声 安心的"XIN动力"

1. 现在已经在做的事情；

2. 如果突然无法从事正在做的工作，还想做什么？

3. 在不考虑金钱和形象的前提下，最想做的事和想过的生活是什么？

按照书中的指导，她试图去想，每个选择下她会住在哪里？会获得什么经验？和谁在一起？她将这些选择按照资源、喜爱程度、自信心和价值观的一致性来打分……当她将评估的标准增加了安全感、回报、财务这些项目后，继续现在的工作或者换一份类似的工作，这些指标的分数始终是最高的；可是这一项的"兴奋度"却是最低的。

受书中的启发，她还做了"生命中对我最重要的人"的排序练习（详见本书"附录1"），毫无疑问，小安和母亲这一老一小现在是她生命中最重要的人，她质疑自己把先生排在了后面，又想到和母亲、小安在一起的亲密时光是有限的；她还质疑把自己放在哪儿了？这真是她的"利他、奉献"的价值观和"爱自己才能尽情体验人生"理念的冲突时刻……

当她创意性地把自己的奥德赛计划和生命中对自己重要的人放在一起，再考虑到母亲和小安的年龄变化时，答案似乎慢慢显现出来：她希望一份能让她有放松的心情陪伴妈妈变老、参与小安成长，同时又能够让她发挥个人长处，享受心流时刻的工作。现在的工作给了她不少的心流时刻，但是那种时时刻刻追着跑，或者被市场变化、公司需求推着跑的感觉让她觉得筋疲力尽。虽然她很幸运没有再遇到刁难忽视她的老板和同事，但那些不在她的掌控范围内。

在回答第二个问题（如果突然无法从事正在做的工作，还想做什么？）时，安心想到的是做自由职业者，做自己喜欢的发挥创意、分享、助人的

405

变革心动力

工作。

面对第三个问题（在不考虑金钱和形象的前提下，最想做的事和想过的生活是什么？），安心的答案是拿出专门的时间去学习、继续深造。

无论怎样选择，安心意识到，她最想要的是更多可以自由支配的时间，以及尽可能自由选择要做的事情。

在这个自我探寻的过程中，安心看到了一张海报：

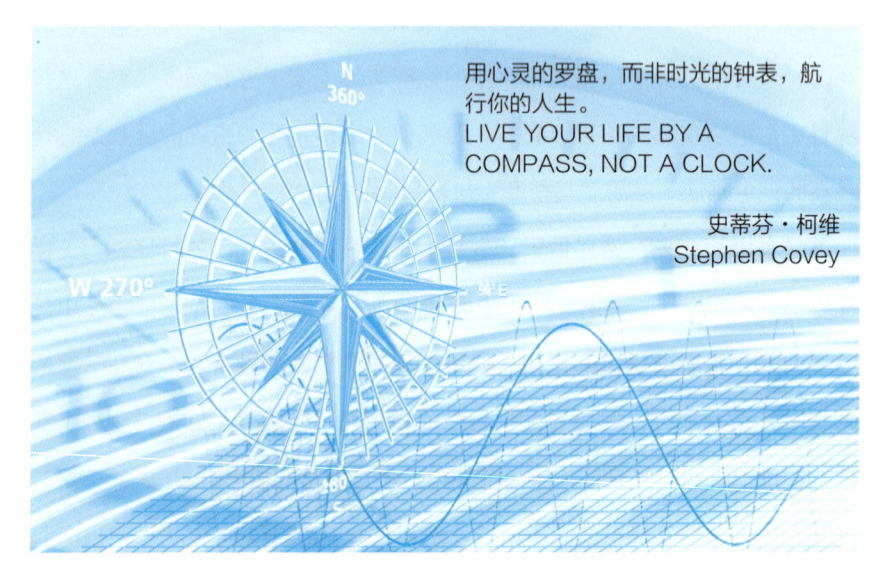

图 67　心灵罗盘（图片由 Canvas 制作）

"用心灵的罗盘，而非时光的钟表，航行你的人生"——海报上的话直击心灵。不过，安心觉得钟表她也需要。心灵的罗盘让她想最大限度地发挥自己的长处去创作和分享，激励和鼓舞他人；而时光的钟表提醒她，亲人们在身边朝夕相伴的时光有限。

当她受其他的阅读启发，做出了下面的对比后，安心更加明确了自己的所求：

尾声 安心的"XIN 动力"

上班

Money（金钱）
Resign（辞职）
Chance（机会）
Passenger（乘客）

生活即工作
工作即生活

Meaning（意义）
Redesign（重新设计）
Choice（选择）
Pilot（飞行员）

图 68 "上班"与"工作"

她找来了所有可能的各种测试，对自己的价值观、天赋、性格等各方面做了评估，试图运用这些第三方的数据信息对照自评，确认自己的天赋、优势和短板。

她还看了眼下可能的选择：个人成长及组织赋能讲座、管理及领导力培训内容开发、人力资源战略顾问、职场导师或教练、写作……这些都是她曾经在工作拆分中显示自己喜欢并擅长的部分，至于如何在离开企业环境后转化为价值，也让她能有财务回报，这就需要她去尝试了——自己把那只靴子扔下来了！大不了，需要面对一段没有收入的日子，实在不行，还可以回头进入公司上班！

于是她静下来整理了自己的财务情况。她和先生都不是大手大脚的人，房贷已经还清，目前手头的积蓄支持整个家庭三年的正常开支没有问题……当这些数字摆在眼前时，安心舒了一口气。安心在早期成长过程中，家里财务情况一直比较紧张，这部分的安全感有了，让安心踏实不少。

她和先生沟通："如果我辞职选择自由职业，或者先去读个书怎样？"

先生很平静地表示了支持："之前看你那么拼命工作，也很享受工作，我没有说。如果有机会多陪陪妈妈和小安蛮好的，你自己也可以休息一下，人不是要一直上班的。不上班，你还可以做自己喜欢的事，也叫工作！"安心没有想到，先生自然地把"上班"和"工作"这两件事区分得很清楚，这可是她在波琳的指导下才去思考的概念。

那么，接下来就是和大佬还有波琳沟通自己的想法了。

· · · · · · · · ·

85．带着祝福前行

还是在和波琳初次见面时的那个茶室，眨眼间几年时光过去了，公园里水塘、残荷、银杏、香樟依旧，只是安心的心情略有不同了。当初的自己忐忑地请教波琳该如何准备领导力训练营的内容，现在，她已经很笃定地希望今后能够借开发、教授此类课程给自己带来心流体验和财务回报。

和波琳坐在室外水榭的椅子上，冬日的暖阳照着两人。安心在波琳的悉心聆听下，一点点讲述了自己的心路历程。

"你现在和我分享这个决定，自己的感受如何？"波琳看着安心问她。

"我会有点儿舍不得……不过，更多的是对未来的期待。虽然还不知道自己要走的这条路会看到怎样的风景，不过可以想象会和我一直走过的打工路不一样。什么都要靠自己了，以前如果是坐着磁悬浮，今后估计就是两条腿走路，最多骑个自行车啦！"安心打趣自己，她和波琳分享了自己认为工作就是交通工具的观点。

"乘坐磁悬浮可以最快速度到达目的地；如果走路或者骑车，速度没法

尾声　安心的"XIN 动力"

比，不过你是司机，想快想慢由着自己，还可以好好欣赏风景对吗？"安心觉得波琳说出了自己心中所想。

"从牧童董事角度想，我会很遗憾失去你这样一个出色的 HR 领导。从个人追求来看，我支持你在深思熟虑后的个人选择。人生苦短，做让自己有激情的事情，和自己爱的人相处，这样你才有真正的自由和享受。你选择了一条没那么多人会走的路。以后，有什么需要我帮助的时候，随时都可以来找我！"波琳的理解、鼓励和支持让安心觉得温暖而感动。

安心来到大佬的办公室。

"我常常把你当自己的女儿看待，你和我的女儿年龄差不多。工作中，一方面我很欣赏你的努力和聪慧；另一方面，我也常常想，如果你是我的女儿，看着你那样拼命，作为父亲我会骄傲又心疼……"大佬的话让安心几乎落泪。

"如果自己已经全面考虑过，不是因为在这里做得不开心而离开，而是想做一些自己觉得更有趣的事情，能够多陪伴家人，我会支持你！我自己这些年在外奔波，照顾家人不多，心里常常有遗憾。最近我看到一句话：你不知道意外和明天哪一个会先到来，这句话也让我更多地思考我还要在职场待多久……"

听着大佬的话，安心知道，和大佬这样的老板共事将会是她离开牧童后最想念的场景之一。

两人接着讨论了后续的安排，包括对继任者一心的考核和任命，和高管团队、HR 团队以及全员的沟通……

在安心的生日过后，感受着圣诞、新年的祝福节奏，安心吃了一场场的告别餐，和生命中这些同行了几年的伙伴们一一道别，收获了无数的祝福。

变革心动力

"安心，以后请你给我们做顾问，设计好玩的活动！"路畅还是那样直接，安心道谢。

离开前一周，恰逢牧童受邀参加最佳雇主晚宴，并将在晚宴上做最佳实践分享。安心请一心代表牧童上台分享。坐在台下，看着一心在聚光灯下侃侃而谈，出色的分享获得了阵阵掌声，安心问自己，是否会想念这样聚光灯下的荣耀。答案是否定的，那一刻，安心知道，自己会轻松前行。

妈妈得知安心的决定，摸着她的头发说："原来和你爸爸住在党校家属区，我就羡慕那些女老师下了课就没啥事了，一年有两个假期，一直心疼你工作得太辛苦。现在不做了也好，妈妈的退休金还可以供你们吃饱饭。"

小安应该是最开心的人了："妈妈，我知道，你不再继续做这份工作是因为做得太久了，就好像我在幼儿园玩同一个游戏，玩得久了没意思了一样。你会再找好玩的事情做，对吧？"

哈，看来又是一个懂自己心思的亲人！

安心还想起了离开上一份工作前，劳伦斯教授的教诲："Never leave for bad reason, always go for better"（不要因为坏的原因而离开，永远要奔赴更好的机会）。

前路漫漫，祸福难料。但是安心做出了有觉知的选择，她知道自己会去做、去调整、去享受、去生机勃勃地体验这属于她的生命，带着爱与感恩，去学习、去奉献！

学习思考

思考并回答以下问题：

1. 列出你最渴望实现的 5 个梦想吧！

2. 在你的职业旅程中，有哪些人或事件对你的成长产生了最大的影响？你从这些经历中学到了什么？

3. 你在自己的组织中是否常常引入创新思维？有典型案例吗？

4. 在你的职业生涯中，是否遇到过个人的成长（成功）欲望与工作和生活之间的冲突？你是如何处理的？

5. 当面对组织变革或个人生涯的重要决策时，你通常采用什么策略来确保你的选择与你的内心价值观相符？

6. 在你的生活中，有哪些"心流时刻"让你感到完全投入和满足？这些时刻对你意味着什么？

7. 本章内容对你最有启发的是什么？你会如何把这些启发带到目前的工作中去实践？

附录1
知识点、工具及练习

恭喜你翻阅到《变革心动力——个人、团队和组织成长指南》的附录部分。无论是已经详细阅读了全书，还是首次浏览到这里，本附录都将为你提供极大的附加价值。

如果说正文的阅读带给你看故事书的体验，但时不时激发你进一步了解相关理论或急于实践某些做法的愿望，仔细阅读并使用附录内容则会帮助你实现这些愿望。

附录作为正文的补充，旨在加深你对书中讨论的核心概念和知识点的理解，并通过具体的工具和练习，帮助你将理论应用于实践。这里不仅阐述了关键理论，还按照正文章节顺序整合了相关的工具和练习。

你可以单独阅读附录；为更好地理解相关概念，特别是工具（练习）的使用场景，你也可以回看正文，与相关章节结合起来理解。下页提供的附录目录方便你及时查阅到相关章节。

鉴于目前网络内容搜索的便利性，对通用知识点的说明没有另外提供扩展阅读的在线链接；但对特定内容的出处都提供了具体的网络链接，以尊重原出处并协助你进一步学习。

书中提供的各种工具及练习，无论是特别标明出处还是作者原创，都经过实践验证，希望能够帮助你在日常工作和生活中方便使用。

最好的成长来自实践，强烈建议你在阅读本书及附录之后，积极尝试将这些理念、知识和工具应用于日常工作，以实现知识的有效转化。通过这种方式，本书和附录不仅可以增强你的理论知识，更为你提供了应对组织和个人挑战的实际工具。

请通过自序（第14页）中的联系方式联系作者。你可以获取包含各节内容摘要和练习问题的更详细的电子练习手册，以支持你的持续学习和成长。期待这些资源成为你职业生涯中的重要助力，引导你和你的组织走向更加繁荣和成功的未来。

知识点、工具及练习目录

	知识点及工具、练习	相关章节
1	高管入职计划	5. 初见大佬
2	新领导融合座谈会	5. 初见大佬
3	HR 的产品归纳	9. "非处方药"
4	商业模式画布	16. HR 商业模式路演
5	客户体验地图	18. 客户体验地图
6	A3 项目管理工具	19. 项目启动会
7	教练式提问	21. 初识教练，接受波琳辅导
8	看图学习法	23. 紧张的排练和准备
		24. 首届领导力训练营
9	组织变革的八个步骤	25. 变革的冰山之旅
10	人才发展面试相关工具	29. 人才发展面试
11	人才发展核心理念和指导原则	31. 人才发展理念和指导原则
12	标准作业程序（SOP）	36. 突如其来的裁员
13	组织分析、组织评估和组织诊断	38. 萌生新想法
14	政治敏锐性	40. 和大佬谈组织优化
15	数字化转型	50. 安心项目组卡壳
16	"WWH" 沟通框架	51. 项目拼图
17	管理宽度	52. 组织层级和管理宽度：横竖两相宜
18	工作重塑练习	60. HR 的职业发展
19	收购过程中的 HR 尽职调查	64. 新的挑战
20	整合办公室（IMO）	65. 收购及整合
21	文化评估中的信息收集	66. 整合后的文化评估
22	组织发展不同时期文化建设的重点	69. 在线领导力训练营和年会

变革心动力

（续表）

知识点及工具、练习	相关章节
23 人才热度表	71. 和董事会谈高管发展
24 纵向领导力发展阶段的主要特点	71. 和董事会谈高管发展
25 "你是谁"三轮练习	74. XIN 动力之心动力
26 "我的葬礼"练习	74. XIN 动力之心动力
27 "变革免疫地图"	76. 高管行动力
28 水平思考法和随机词联想	80. 组织人才规划迪士尼游园会
29 心流时刻	84. 安心的选择
30 "奥德赛计划"	84. 安心的选择
31 "生命中对我重要的人"	84. 安心的选择

1. 高管入职计划

在任何组织中，新上任高管的成功过渡对于公司的稳定和发展至关重要。"高管入职计划"工具旨在帮助 HR 专业人士和管理团队确保新高管的平稳入职和快速适应。该工具不仅涵盖了全面的准备和规划，还考虑到了与关键利益相关者的有效互动，确保新高管能够迅速融入公司文化，明确角色定位，并有效推动业务目标的实现。

工具内容

1. 按内容分类的高管入职准备清单：详尽列出新高管入职前所需了解和准备的所有关键信息，以便他们能全面掌握公司的基本情况和业务重点。

2. 按时间线排序的高管入职计划：提供从接受职位邀请到入职第一天、第一周、前三十天、三个月、六个月到一年的详细时间线下，需要关注的核心内容和优先事项提醒。

3. 高管利益相关者分类表：包括高管入职核心支持团队、核心人脉名单及合作伙伴人脉关系表。此表帮助新高管识别并优先建立与关键利益相关者的联系。

4. 高管主要活动计划表：涵盖关键会议清单和未来三个月的建议差旅计划，确保新高管能够在关键时刻在合适的地点，与合适的人进行沟通。

使用场景

1. 此工具特别适用于中到大型企业中新任高管的入职过程。HR 部门可以通过此工具为新高管提供定制化的入职支持，同时帮助他们构建必要的内部和外部联系网络，快速上手并发挥作用。

2. 通过实施这一入职计划，组织不仅能够加快高管的适应过程，还能促进高效的领导力转换和团队协同，从而提升整个组织的执行力和竞争力。

附表1 按内容分类的入职准备清单（此表供 HR 及高管助理使用）

	目的	内容	负责人	进度
1	了解公司	·公司历史、使命、愿景和核心价值观 ·组织结构和关键团队成员介绍 ·主要产品、服务和客户群体 ·行业地位、竞争对手和市场趋势		
2	融入文化	·公司文化、工作环境和员工行为守则 ·团队建设活动和公司传统		
3	理解业务	·公司短期和长期的战略目标 ·关键业务挑战和机会 ·各部门情况		
4	详解职责	·具体岗位职责和期望成果 ·关键绩效指标（KPIs）和评估标准 ·短期和长期的个人目标设定		
5	搭建人脉	·安排与关键内部团队的会面，包括直接下属、同事及其他部门负责人 ·安排与重要外部利益相关者的会面，如客户、供应商和合作伙伴		
6	熟悉流程	·重要的公司操作流程和管理系统 ·IT 和安全政策，包括数据保护和隐私 ·特定岗位的技能和工具培训		
7	管理绩效	·绩效管理流程和评估周期 ·个人发展计划，包括领导力培训和职业发展机会 ·定期反馈和绩效回顾会议的安排		
8	行政手续	·座位、手机、电脑、福利安排等		

附表2 按时间线排序的入职计划

时间	目的	核心内容及优先事项	进度
入职前	确保新高管对公司有基础了解，减少入职初期的不确定感	·确认入职日期和行程 ·提供行业和公司基本资料 ·完成所有必要的行政手续	
入职第一天	让新高管感受到欢迎，了解公司文化和工作环境	·与董事会/CEO 和关键团队成员的介绍性会面 ·办公室、设施和安全导览 ·获取必要的安全和 IT 访问权限 ·安排办公室和工作设备	

附录1 知识点、工具及练习

（续表）

时间	目的	核心内容及优先事项	进度
入职第一周	深入了解公司运营、产品和服务	·参加关键部门的介绍和会议 ·开始关键流程和系统培训 ·确定初期学习目标和计划 ·安排与直接下属的初次会面	
入职前30天	加深对公司战略的理解，开始建立人际网络	·参与战略规划和业务回顾会议 ·开始与关键外部利益相关者接触 ·明确短期和长期的工作目标 ·建立关键内外部联系 ·安排和团队成员的"新领导融入座谈会"	
入职前3个月	在关键项目上取得初步进展，加强团队建设	·定期与团队和直接下属进行进度及回顾会议 ·参与绩效管理和个人发展计划制定 ·在关键项目上实现早期胜利 ·加强领导力和团队凝聚力	
入职前6个月	对业务有深入的理解和影响，确立领导地位	·审视和调整战略目标和计划 ·完成初期关键绩效指标（KPIs）的评估 ·评估并调整团队结构和资源分配 ·与管理团队共同审视业务成果和学习点	
入职第一年	评估首年的绩效，为下一阶段规划	·完成年度绩效评估 ·规划下一年度的关键战略目标 ·评估目前团队结构的有效性和公司未来计划的匹配性 ·确定个人和团队的发展需求 ·确立和调整长期战略方向	

附表3 利益相关者分类表（1）高管入职核心支持团队

角色	姓名	职务	对你的支持角色
直线经理			你的拥护者、业务专家、战略制定者、你需要放在优先级的关注者
团队中的辅导者			有经验的同伴，关于各种问题、公司内不成文的规则、公司文化、内部结构的复杂性、需要特别关注的人和事等你都可以向他咨询
其他部门同级辅导伙伴			了解在公司内部作为高管成功秘诀的可靠资源，他能回答你的问题、分享公司文化和要求等

419

变革心动力

(续表)

角色	姓名	职务	对你的支持角色
人力资源合作伙伴			帮你了解团队、薪酬福利、人员管理的日常,并配合你在团队的文化、人才、组织有效性方面制定战略并实施
行政助理			为你提供所有需要的日常行政服务
外部教练			中立方,将扮演你的陪伴者、问责伙伴,帮助你顺利入职

在高管的成功过程中,核心人脉是最关键的参与者。他们包括但不限于:高管的直属团队、平级同事、合作伙伴和专业人士。他们将帮助高管了解与业务有关的方方面面。

附表4 利益相关者分类表(2)核心人脉名单

角色	姓名	职务	主要职责+工作地点	联系的目的
同事1				
同事2				
同事3				
同事4				
直接下属1				
直接下属2				
直接下属3				
直接下属4				
财务部联系人				
质量部联系人				
法务部联系人				
IT联系人				
其他联系人				

合作伙伴将为高管的学习和适应做出贡献。他们包括但不限于:公司在人力资源、财务、运营、质量、销售、法务等各方面的联系人,公司各区域、办事处的负责人、主要客户、供应商、代理商等。他们会为高管提供有关业务、团队、市场等有关的详细信息。

附表 5　合作伙伴人脉关系表

姓名	职务	主要职责 + 工作地点	联系的目的

关键会议是高管需要留意的会议，包括但不限于：高管经理召开的部门会议、高管的部门会议、项目会议、职能部门的会议、业务会议等……具体信息将在高管的日历中反映。

附表 6　主要活动计划表——关键会议清单

会议	参加者	负责人	会议目的和频次
经理部门会议			
你的部门会议			
项目会议			
本部门季度业务会议			
CEO 季度全员大会			
公司季度业务会议			
其他会议			

附表 7　未来三个月建议差旅清单

出差地点	主要目的	联系人

2. 新领导融合座谈会

"新领导融合座谈会"（New Leader Assimilation Session）是一个旨在帮助新领导快速融入组织、建立有效团队关系和沟通的过程。这个过程不仅有助于新领导理解团队的期望和担忧，也帮助团队成员了解新领导的工作风格、期望和目标。通过这种方式，可以加速建立信任，促进开放的沟通，并缩短新领导的适应期，使其能够更快地产生影响。通常新领导融合座谈会最好在高管入职后一个月左右进行，这时候领导和团队双方都已经有了基础的了解。

这个过程一般包含以下几个步骤：

一、准备阶段

新领导与人力资源或组织发展团队会面，了解过程细节，决定由内部或外部人员帮助主持座谈会。

确定参与人员，通常包括新领导的直接下属和关键团队成员。

安排和计划座谈会的时间和地点。

二、信息收集

通过调查问卷或会议，收集团队成员对新领导的问题、期望、担忧和建议。

可以匿名收集信息，以鼓励坦率和开放的反馈。

三、融合会议

在一个非正式的设置中组织会议，新领导不在场，让团队成员能够自由地表达他们的想法和感受。

由中立的第三方（如 HR 代表）主持，总结团队的反馈和问题。

四、反馈分享和讨论

新领导加入会议，第三方主持人分享团队的反馈。

新领导回应团队的问题和担忧，分享自己的工作风格、期望和目标。

开放讨论，促进双方理解和沟通。

五、行动计划

基于会议的讨论，制定行动计划，解决提出的问题和担忧。

确定后续跟进的步骤和定期检查点，以监控进展情况。

六、持续沟通和评估

在接下来的几周和几个月时间里，定期检查团队的沟通和合作情况。

根据需要调整行动计划，并解决新出现的问题。

新领导融合过程强调的是双向沟通和理解，通过这个过程，新领导和团队能够建立起更强的工作关系，为未来的成功奠定基础。

3. HR 的产品归纳

附表 8　HR 的产品归纳

产品类别	操作运营服务类	设计整合战术类	战略规划发展类
简要描述	HR 部门负责并执行，可能外包给服务商操作，是一般短期见效的产品	HR 根据客户需求，设计并整合资源、跟踪效果，是中短期见效的产品	HR 和管理人员一起以组织和员工为客户塑造的无形且长期见效的产品
产品及服务内容举例	·协调面试、出聘任书 ·开证明、定政策以及监管政策执行 ·制定并颁布福利计划 ·举办年会、团建、家庭日等活动	·协助经理招聘人才 ·制定并交付培训计划 ·建立绩效评估体系 ·制定奖金及激励计划	·对组织结构、能力和流程等进行评估、规划、设计和改造 ·对人才需求进行预测、对现有人才能力进行评估，并实施人才及领导力发展项目等 ·设计并建设企业文化 ·推动或引领企业变革等
HR 的角色	沟通、协调、服务、操作	设计、整合、交付或监督、跟踪、评估	设计、评估、引导、推动、赋能

(续表)

产品类别	操作运营服务类	设计整合战术类	战略规划发展类
输出	·有形的文件、政策或活动 ·无形的员工体验	·有形的人才培训内容、绩效体系和激励计划 ·无形的员工体验和能力提升	·有形的评估报告、发展计划 ·无形的组织能力、人才能力提升及员工归属感、企业形象
提供产品或服务的人员	HR或外部服务商	HR、外部服务商、经理	HR、经理及外部合作伙伴
用户	员工	员工和管理人员	HR、其他员工、管理人员、组织
体验直接度及见效时间	直接体验，短期见效	立刻或延迟体验，中短期（一般6—12个月）见效	延迟体验，长期（一般1—3年以上）见效
衡量标准	·HR服务效率 ·成本 ·员工体验（满意度）	·员工体验 ·员工业绩 ·个人生产力等	·员工归属感、士气（关乎员工流失率） ·企业长期业绩、企业形象（雇主品牌） ·企业适应变化的能力等

4. 商业模式画布

在当今快速变化的商业环境中，清晰地理解和规划企业的商业模式至关重要。"商业模式画布"工具通过结构化的视图，帮助用户全面审视和优化商业模式。

典型的商业模式画布内容包括：

1. 价值主张：明确公司提供的独特价值和解决客户问题的方式。
2. 客户细分：识别并描述公司服务的主要客户群体。
3. 渠道：列出公司用来接触客户并提供价值主张的主要方式。
4. 客户关系：定义公司与不同客户群体建立和维持关系的策略。
5. 收入来源：明确公司通过各种价值主张如何创造收入。
6. 关键资源：标识执行公司商业模式所需的最重要的资源。

附录1 知识点、工具及练习

7. 关键活动：描述实现商业模式所需的关键业务活动。

8. 关键合作伙伴：指出与公司合作，帮助降低风险和增强商业模式关键方面的外部组织或个人。

9. 成本结构：分析实施商业模式所需的主要成本元素。

使用场景

"商业模式画布"工具特别适用于启动新业务、评估现有业务的战略调整或进入新市场的企业。管理团队和战略规划者可以使用此画布作为一个动态的规划工具，帮助团队清晰地理解商业活动的各个组成部分，确保所有元素协同工作，以创造最大的客户价值和企业利润。它还可用作向投资者和外部利益相关者展示公司战略方向。

基于原始商业模式画布的模板，已发展出多种版本，以满足不同领域和特定需求的精确要求。商业模式画布的多功能性和适应性，使其成为一个极具价值的工具，不仅适用于企业战略层面，也适用于更广泛的应用场景，包括组织内部各业务部门，以及个人职业的发展规划。

在此为大家提供三套商业模式画布工具，分业务、HR和个人参考。三套工具都来源于网络公开资料，你也可以上网自行查询使用。

HR 客户细分 ❶ HR Customer Segment	价值主张 ❷ Value Proposition	渠道通路 ❸ Channel	关键业务 ❹ Key Activity	核心资源 ❺ Key Resource
		客户关系 ❹ Customer Relation		重要伙伴 ❽ Key Partner
收入来源 ❺ Revenue Stream			成本结构 ❾ Cost Structure	

附图1 商业模式画布（图片由百度 AI 图片助手绘制）

变革心动力

① **HR 客户细分** HR Customer Segment
- 我们在为谁创造价值？
- 谁是我们最重要的外部客户？
- 谁是我们最重要的内部客户？

② **HR 价值主张** HR Value Proposition
- 作为一个职能部门，我们的客户群体对我们的期望是什么？
- 人力资源部门对每个客户群的主要贡献是什么？
- 我们正在帮助解决哪些客户问题？
- 我们正在满足客户的哪些需求？
- 我们为每个客户群提供哪些产品和服务？

③ **HR 运营模式** HR Operating Model
- 我们如何塑造人力资源的运营模式？
- 我们如何接触和服务我们的客户群？
- 我们如何进行合作？
- 我们如何确保卓越运营和战略附加值？
- 我们是否有人力资源服务评估程序？

④ **客户关系** Customer Relationships
- 我们的每个客户群希望我们与他们建立和维持什么样的关系？
- 我们是否在维护正确的关系？
- 我们是否不断提供额外的价值？

⑥ **HR 核心活动** HR Key Activities
- 我们的价值主张需要哪些活动？
- 我们如何在战略上区别于竞争对手？
- 哪些战略能力有助于我们实现我们的价值主张？

⑦ **核心资源和能力** Key Resources Competences
- 我们的价值主张需要哪些物质、人力和财政资源？
- 哪些能力使我们能交付我们的价值主张和人力资源活动？
- 哪些能力能使我们推动更多的价值？
- 部门经理需要哪些能力来实现人力资源的价值主张？

⑧ **关键合作伙伴** Key Partners
- 谁是你的关键合作伙伴和供应商？
- 我们从合作伙伴那里获得了哪些服务和资源？

⑤ **HR 价值驱动因素** HR Value Drivers
- 哪些是企业愿意支付溢价的人力资源活动？
- 人力资源如何为企业带来价值？
- 我们如何建立独特的能力并为战略优势作出贡献？
- 企业最欣赏什么价值？
- 我们所提供的哪些战略能力有助于企业在市场上获胜？

⑨ **HR 成本驱动因素** HR Cost Drivers
- 哪些关键活动是最昂贵的？
- 在我们的人力资源价值主张中，哪些是最重要的固有成本？
- 哪些合作伙伴是最昂贵的？
- 哪些是数字化和自动化的最大机会？
- 人力资源是被视为成本驱动（关注成本效率）还是价值驱动（关注价值创造）？

附图 2　HR 服务模式画布（图片参考 https://www.aihr.com/blog/hr-canvas/ 改编）

重要合作	关键业务	价值服务	客户关系	客户群体
谁可以帮我	我要做什么	我怎样帮助他人	怎样和对方打交道	我能帮助谁
	核心资源 我是谁，我拥有什么		**渠道通路** 怎样宣传自己和交付服务	

成本结构	收入来源
我要付出什么	我能得到什么

附图 3　个人商业画布（图片来源：https://bbs.pinggu.org/thread-10570521-1-1.html。读者也可阅读《商业模式新生代（个人篇）》一书了解更加具体的使用及案例说明。）

5. 客户体验地图

运用产品思维方式制作"客户体验地图"（Customer Journey Map）是一种深入理解客户互动过程中的每一步体验的方法。它帮助团队从客户的角度出发，识别各个接触点（touchpoints）的体验，以及这些接触点如何共同影响客户的整体满意度和忠诚度。此方法不仅适用于产品设计和市场营销领域，HR 部门也可以借鉴这一方法来优化员工体验和提升员工参与度。

制作客户体验地图的方法和流程

一、定义目标和范围
1. 明确你想通过体验地图解决的问题或目标。
2. 确定地图的范围，比如特定的客户群体、产品线或服务流程。

二、研究和数据收集
通过访谈、调查问卷、观察和数据分析等方式，收集有关客户行为、偏好、感受和反馈的数据。

三、确定客户行程的阶段
根据客户实现目标的过程，将整个体验分解为不同的阶段，如"意识""考虑""决定""使用"和"评价"。

四、识别接触点和体验
明确客户在每个阶段会经历哪些接触点，以及在每个接触点上的体验是什么。

五、分析和洞察
分析客户在各个接触点的体验，识别痛点和高光时刻。
从中提炼洞察，识别需要改进的领域。

六、制作和共享体验地图
将收集到的信息和分析结果可视化，制作成体验地图。
与团队共享，用作沟通和决策的工具。

变革心动力

制作及使用客户体验地图的意义

1. 增强同理心：帮助团队从客户（或员工）的视角看问题，增强对其体验的同理心。
2. 识别改进点：明确哪些接触点需要改进，优化整体体验。
3. 促进跨部门协作：作为一个共享的视角，促进不同部门之间为提升客户体验（或员工体验）而协作。

6. A3 项目管理工具

A3 项目管理工具是一种项目管理和问题解决的工具，它源自丰田生产系统（Toyota Production System, TPS）和精益生产（Lean Manufacturing）的哲学。A3 工具得名于它通常使用的纸张大小——A3（约等于 11 英寸 ×17 英寸或 297 毫米 ×420 毫米），这种大小既便于携带又足够大，可以在单页纸上清晰地展示所有必要的信息。

A3 工具的核心目的是通过一个标准化的流程来促进问题的明确、深入分析和有效解决。它通过视觉化的方式促进沟通和协作，同时限制在单页纸上工作迫使人们凝练思想，清晰、简洁地表达问题、分析和解决方案。

A3 报告一般包括以下几个部分：

1. 背景：描述问题的背景，为什么需要关注这个问题。
2. 现状：详细说明当前问题的状态，包括相关数据和事实。
3. 问题陈述：明确地定义问题是什么。
4. 目标：设定解决问题后希望达到的状态或目标。
5. 根本原因分析：使用工具如 5 问分析法[1]分析，深入挖掘问题的根本原因。
6. 改善策略：基于根本原因，提出解决问题的策略和措施。

1　5 问分析法（5 Whys Analysis）是一种简单但有效的根因分析工具，常用于解决问题和改进流程。它由丰田佐吉提出，后经丰田生产系统（Toyota Production System）的创始人之一大野耐一完善。该工具旨在通过不断追问"为什么"，找到问题的根本原因。

7. 实施计划：详细的行动计划，包括谁、什么时候、如何执行这些措施。

8. 效果评估：如何衡量解决方案的效果，包括关键指标和跟踪计划。

9. 反思和学习：项目结束后的反思，包括成功的因素、存在的问题和未来的改进点。

A3 工具的意义

1. 促进沟通：提供了一个共同的框架，帮助团队成员理解问题、方案和进度。

2. 鼓励批判性思维：强迫团队深入分析问题，而不是仅仅停留在表面或提供暂时的解决方案。

3. 提升问题解决能力：通过系统化的方法来识别并解决问题，提高了解决问题的效率和效果。

4. 文化建设：培养团队的持续改进和精益思维文化。

在项目管理中，A3工具不仅适用于生产和制造领域，也可以被广泛应用于其他任何需要解决复杂问题的领域。通过这种方法，项目团队能够更有效地识别问题、分析原因、实施解决方案，并进行持续改进。

附表9 A3 项目管理工具模板

项目名称：							
问题陈述及背景：				项目团队： 负责人： 组员：			
项目目标：				资源需求：			
核心交付内容：				潜在障碍：			
行动计划	进展图示	计划阶段	实施阶段	如期完成	提前完成	延迟	若有延迟，跟进行动
	月份	1	2	3	4	5	6	

如何做好 A3 项目管理中的问题陈述？

在 A3 项目管理工具中，问题陈述部分是至关重要的，因为它为整个问题的解决过程设定了基调和方向。一个好的问题陈述应该是清晰、准确、具体的，能够简洁明了地概括出需要解决的核心问题。以下是制作好的问题陈述的一些关键要点：

1. 明确且具体

问题陈述应该明确指出问题是什么，避免使用模糊或广泛的术语。它应该具体到能够让所有参与者清楚理解所面临的挑战是什么。

2. 焦点集中

好的问题陈述应集中于一个主要问题，而不是试图解决多个问题。如果存在多个问题，考虑将它们拆分为不同的 A3 报告。

3. 包含关键信息

问题陈述应包含足够的背景信息，使读者能够理解问题的上下文和重要性。这可能包括问题影响的范围、涉及的人员或部门，以及问题已经存在的时间。

4. 描述影响

清楚地描述问题对组织、客户或项目的影响。这有助于强调解决问题的紧迫性和重要性。

5. 避免解决方案

问题陈述应专注于问题本身，而不是提出可能的解决方案，包含解决方案可能会限制思维范围，阻碍创新的解决思路。

7. 教练式提问

"教练式提问"是一种用于促进对话、自我反思、个人成长和解决问题的提问技巧。这种提问方式源于教练（Coaching）领域，特别是在高管教练（Executive Coaching）、生活教练（Life Coaching）和业务教练（Business Coaching）等领域中广泛应用。教练式提问的核心目的是通过开放式的、探究性的问题帮助个人或团队深入探索自身的想法、感受、信念和行为模式，从而增强自我意识、发现潜能、明确目标和克服挑战。

教练式提问的特点

1. 开放式提问：通常以"怎样""什么""在哪里""何时"和"谁"开头的问题，避免是非或单一答案的闭环问题。

2. 无指导性：提问时避免引导被问者向特定答案或方向思考，而是鼓励他们自由探索和表达。

3. 深入探究：通过连续的、深层次的提问，帮助被问者深挖自己的想法和感受，探索问题的本质。

4. 反馈和镜像：教练可能会使用被问者的话语进行总结或反馈，帮助他们更清晰地了解自己的想法和感受。

5. 激发自我反思：鼓励被问者从新的角度看问题，对自己的行为模式和假设进行反思。

教练式提问的应用

1. 个人发展：帮助个人识别和实现个人目标，增强自我管理和自我实现的能力。

2. 团队建设：促进团队成员之间的理解和沟通，提高团队的协作和绩效。

3. 冲突解决：帮助个人或团队识别和解决冲突的根本原因，找到有效的解决策略。

4. 职业规划：引导个人探索自己的职业兴趣、价值观和潜力，制定职业发展计划。

5. 通过教练式提问，教练不是提供答案，而是作为一个引导者，通过问题激发被教练者（Coachee）自我发现和解决问题的能力，从而促进其个人或职业生涯的成长和发展。

8. 看图学习法

本书第 24 节内容中，安心带领大家进行的"牧童愿景成真研讨会"使用的是 2021 年 4 月被 Accenture 公司收购的 Root 公司开发的"看图学习"（Map Learning）的独特方法。

Root 公司是一家咨询公司，专注于帮助组织通过创新方法实现变革和提升员工参与度。Root 的看图学习法是一种独特且有效的学习和沟通工具，旨在促进组织内的知识共享、

变革心动力

理解深化和行动启动。看图学习法通过视觉化的图片来展示复杂信息和概念，使之更易于理解和记忆。

看图学习法的特点和优势

1. 视觉化学习：看图学习法通过丰富的视觉元素（如图形、符号和文字）展示信息，帮助学习者以直观的方式理解复杂的概念或流程。

2. 参与性：这种方法鼓励学习者积极参与，通过团队讨论、角色扮演和互动式活动深入探索地图内容，促进更深层次的理解和记忆。

3. 沟通桥梁：看图学习法为一种沟通工具，帮助不同背景和层级的员工围绕组织的关键信息、策略和目标进行有效对话。

4. 共识建立：通过共同的学习体验，帮助团队成员建立共同的理解基础，为实现组织目标和变革打下坚实的基础。

看图学习法的应用场景

1. 战略沟通：帮助组织成员理解和拥抱新的战略方向。

2. 变革管理：展示变革过程，明确变革对每个人的意义和作用。

3. 团队建设和领导力发展：促进领导者和团队成员之间的理解和信任。

4. 客户体验和服务设计：通过客户旅程地图深入了解客户体验，识别改进点。

看图学习法的实施步骤

1. 定制地图内容：根据组织的具体需求和学习目标，设计定制化的学习地图。

2. 互动式学习活动：通过讲解、团队讨论、案例分析等多种互动形式，让参与者深入探索地图内容。

3. 行动计划：鼓励参与者基于地图学习的洞察，制定个人或团队的行动计划，将学习转化为实践。

9. 组织变革的八个步骤

《冰山在融化》是一本通过企鹅的寓言故事来讲述变革过程的书。书中的主要内容围绕着一群企鹅发现它们的冰山正在融化，并且必须采取行动以避免灾难。作者利用这个故事来阐释组织变革的八个步骤，旨在帮助组织和个人成功地实施重大变革。

以下是书中描述的变革的八个步骤简要概述：

1. 建立紧迫感：认识到变革的必要性并建立起推动变革的动力。

2. 组建指导团队：形成一个强大的领导群体，来引领和支持变革的过程。

3. 创建愿景和战略：明确变革的方向和目标，以及如何到达那里的策略。

4. 传达愿景：通过各种渠道和方法，广泛传达变革的愿景和战略，以确保所有相关人员的理解和支持。

5. 授权广泛行动：移除障碍，使得更多人能够参与并支持变革，鼓励风险承担和非传统思维。

6. 产生短期胜利：设定短期目标，早期实现一些明显的成功，以增强信心和动力。

7. 巩固改进并产生更多变革：利用早期的成功经验，推动更深入和广泛的变革活动。

8. 将新的做法固化为文化：确保变革的成果得到长期维持，将新的做法和思维方式融入组织文化。

这八个步骤为组织提供了一个清晰的框架，从识别需要改变的紧迫性开始，直至将新的方法和行为固化到组织文化中，确保变革的持久性。

10. 人才发展面试

在快速变化的商业环境中，对人才的持续发展与评估尤为关键。人才发展面试是一个专为加强和优化人才管理而设计的实践，旨在通过面试形式全面评估和促进高潜力员工的个人成长及职业发展。这一做法除了实现对公司内部高潜力人才评估的目的外，更能促进跨部门交流和理解，有效解决传统人才评估方法中存在的局限性和偏见。

变革心动力

工具内容

1. 小组面试时间表：安排面试官和人才之间的会面，确保每位人才都有机会在45—60分钟的面试中展示自己的能力和潜力。面试结束后，面试官团队将花费15分钟共同讨论并记录面试感受和建议。

2. 员工发展访谈反馈报告：在面试和随后的讨论基础上形成的反馈报告，详细记录了面试官对人才的观察、评价以及发展建议。这份报告将作为制定个性化人才发展计划的基础，确保每位员工的成长路径与公司目标和个人职业目标相符合。

应用场景

人才发展面试特别适用于中、大型企业，尤其是那些希望在有标准化流程的同时，保持个性化发展支持的组织。此工具使 HR 团队能够：

1. 统一人才评估标准，确保各部门人才评审的一致性和公正性。

2. 增加跨部门的合作和资源共享，通过面试过程让不同部门的高管直接参与到人才评估和发展计划的制定中。

3. 直接从人才本身获取反馈，使评估过程更加透明和公开，从而提高员工的满意度和保留率。

此外，通过引入高管和 HR 的联合面试，不仅加深了管理层对人才能力的理解，也促进了组织内部对才能的正确评价和利用。

附表10　小组面试时间表模板

小组	面试官				时间表				地点
	业务领导A	业务领导B	职能高管	HR代表	9:00—9:45	10:00—10:45	11:00—11:45	14:00—14:45	
1					员工1	员工2	员工3	员工4	
2					员工5	员工6	员工7	员工8	
3					员工9	员工10	员工11	员工12	
4					员工13	员工14	员工15	员工16	
5					员工17	员工18	员工19	员工20	
6					员工21	员工22	员工23	员工24	

附表 11 员工发展访谈反馈报告

| 员工姓名： | | 所在部门： | | 访谈日期： | |

重要声明：本报告仅基于公司管理层和人力资源部同事在有限的时间里和被访谈员工之间进行的沟通，所得出的判断性描述和结论可能并不完全符合员工实际表现出的能力或潜在能力，因此提出的发展和提高建议仅供员工及其经理参考。在制定员工个人发展计划时，还应考虑到员工的自我评估、经理的日常观察及反馈、其他途径获取的反馈结合实际的工作表现行为和结果综合规划。

以下内容基于员工和管理层及人力资源部同事的访谈：

考察项目	综合评分（1—5，低到高）	能力细则描述	员工优势	需要提升的方面	建议提升的方法和行动
举例：思考能力	判断力				
	战略思维				
	商业敏锐度				
	创新				

建议下一步的职业发展目标：

11. 人才发展核心理念和指导原则

人才发展核心理念和指导原则是一套指导组织人才发展的思想和行动准则，它们对于组织的人才发展工作具有重要的指导意义，能够帮助组织：

变革心动力

1. 明确人才发展方向，提升人才发展工作的战略性；

2. 统一人才发展目标，确保人才发展工作的有效性；

3. 规范人才发展行为，提升人才发展工作的效率。

附表12　核心理念和指导原则的区别

区别	核心理念	指导原则
性质	思想指导	行动指南
层次	战略层面	战术层面
内容	价值观、信条、思想	目标、内容、方法和评价
作用	方向指引	具体实施

本书第31节对牧童公司的人才发展核心理念和指导原则内容如下：

牧童的人才发展理念：人才与牧童齐发展、共成长，相互成就！

牧童的人才发展指导原则：

1. 个人发展机会和牧童利益平衡：内部经理以上空缺原则上向所有员工沟通（除非有保密要求），优先考虑内部人选。关键岗位内部人选经由人才管理委员会面试通过，合理安排时间后转岗不受任何限制。

2. 公司和个人关于职业发展的担责：公司为所有员工提供职业发展规划辅导，员工对自己的职业发展负责。但高潜力人才是公司重要资产，人才管理委员会将参与高潜人才发展计划的制定和执行跟踪。

3. 绩效评估结果和行为并重：不仅要达成目标，还要看如何达成目标。高绩效员工的行为必须展现牧童价值观的最高标准。

4. 职位越高、责任越大：评估绩效及行为时，对管理人员秉持更高的标准。同样程度的违规行为，管理人员犯错的纪律处罚比普通员工严重。

5. 奖励卓越：绩效出色的员工和不达标员工的整体薪酬拉开明显距离，差异可达3—5倍。

6. 公平透明：评估、晋升和奖励都将参考绩效和能力；人才评估结果和个人坦诚沟通，但鼓励动态人才发展观。

7. 工作和生活平衡：个人根据家庭及职业发展目标做出负责任的选择，公司倡导并将提供各种支持保障员工身心健康。

12. 标准作业程序

标准作业程序（SOP）是指为确保工作流程一致、高效和安全而制定的书面文件。它详细描述了完成特定任务或流程所需的步骤、操作和要求。

标准作业程序有以下好处：

1. 提高效率和生产力：帮助员工快速了解并执行工作，减少错误和返工，提高效率和生产力。
2. 提高质量和一致性：确保工作按照统一的标准进行，提高产品或服务的质量和一致性。
3. 减少风险和事故：帮助员工识别并避免潜在的风险和事故，提高工作安全性。
4. 改善沟通和协作：可以帮助不同部门和团队之间更好地沟通和协作，提高工作效率。
5. 便于培训和到岗：可以作为培训新员工的有效工具，帮助他们快速上手并胜任工作。

人力资源部门可以建立多种标准操作流程来确保组织内的人力资源管理既高效又一致。

附表13　一些关键的人力资源 SOP 示例

招聘和选拔 SOP	·定义职位需求和发布职位广告的步骤 ·简历筛选和初步面试流程 ·背景调查和参考检查程序 ·最终面试、选择和录用流程 ·新员工报到和入职流程
员工培训和发展 SOP	·确定培训需求和规划年度培训计划的过程 ·实施内部或外部培训活动的步骤 ·跟踪和评估培训效果的方法
绩效管理 SOP	·设定、沟通绩效目标的流程 ·中期和年终绩效评估的执行步骤 ·绩效改进计划的制定和跟进
员工福利管理 SOP	·福利计划的选择、实施和沟通流程 ·福利申领、变更和更新的步骤 ·离职员工福利处理程序
员工关系管理 SOP	·解决工作场所冲突和投诉的程序 ·处理纪律问题和解雇的流程 ·促进员工参与和满意度的策略

（续表）

薪酬管理 SOP	·薪资结构的设计和定期更新流程 ·薪酬审计和比较分析的方法 ·员工薪酬调整和晋升的处理流程
健康和安全 SOP	·工作场所健康安全标准的实施和监督 ·应对紧急情况和事故的流程 ·定期健康安全培训和意识提升活动
员工离职 SOP	·离职面谈和退职手续的执行步骤 ·离职员工最终薪酬和福利的结算 ·离职知识和信息交接流程

13. 组织分析、组织评估和组织诊断

组织分析、组织评估和组织诊断是几个不同的概念，它们在目的和方法上有所重叠，但各自侧重点不同，它们之间的区别可参考下表：

附表 14　组织分析、组织评估和组织诊断的区别

概念及特征	组织分析 Organization Analysis	组织评估 Organization Assessment	组织诊断 Organization Diagnosis
从 HR 角度的定义	通常指的是对组织的结构、流程、人力资源配置等进行系统性的研究，以识别组织的优势、弱点和改进机会。	通常聚焦于评价组织在实现其目标和使命方面的效果，包括评估组织文化、员工满意度、领导力效能等。	侧重于识别和解决组织面临的特定问题或挑战，通过系统地收集和分析数据来诊断组织的"病症"，并提出解决方案。
焦点和目的	整体组织系统的深入研究，支持整体战略制定和改进总体绩效。	特定方面或问题的评估，以获取特定信息，支持在特定领域的改进和优化。	通过系统性的分析和评估，诊断出组织的问题、挑战和机会，为解决问题提供建议。

（续表）

概念及特征	组织分析 Organization Analysis	组织评估 Organization Assessment	组织诊断 Organization Diagnosis
时间跨度和深度	可能是一个长期的项目，对整个组织的多个方面进行深入的、系统性的研究。	可能是相对较短期的项目，侧重于解决或改进特定问题。	通常涉及对组织的深入且系统性的诊断，但时间跨度可以因问题的紧迫性而有所变化。
应用和结果	结果用于指导整体战略制定和长期发展规划。	结果用于在特定领域或问题上做出改进和调整。	结果用于指导解决特定问题、优化特定方面，并为组织的整体发展提供建议。
举例	A公司准备扩张业务范围，HR部门进行组织分析来确定现有人力资源是否能支撑新的业务目标。通过分析，HR发现虽然现有员工具备相关的技能基础，但在特定领域如数字营销和数据分析上缺乏深度专长。因此，HR提出招聘计划和员工培训方案，以确保组织能够成功扩张。	为了提高员工满意度和降低离职率，HR部门进行了一次全公司的组织评估。通过问卷调查、焦点小组讨论和一对一访谈，评估了员工对于公司文化的认同、对领导的信任度，以及对个人职业发展机会的满意度。基于评估结果，HR部门制定一系列措施，包括改善领导力培训、优化职业发展路径和增强内部沟通。	B公司面临生产效率低下的问题，HR部门参与了跨部门的组织诊断项目。通过诊断，发现问题根源在于生产和设计部门之间的沟通不畅导致重复工作和延误。HR建议实施一套新的跨部门协作流程，并引入团队建设活动和沟通技巧培训，以增强跨部门合作。

14. 政治敏锐性

政治敏锐性指的是个人或团队识别、理解并恰当应对组织内部政治动态的能力。这种能力涉及识别关键利益相关者的需求和目标、预测不同决策可能引发的反应，以及策略影响或引导这些内部动态以达到特定目的。政治敏锐性在组织内非常重要，主要有以下原因：

1. 帮助构建关系：了解和应对内部政治能促进与同事和上级之间的良好关系，增强合作。

2. 促进事业发展：具备政治敏锐性的员工面对职场人际关系挑战更能够游刃有余，得到更加快速的职业发展。

变革心动力

3. 影响力和决策：通过对情境的判断和决策，个人或团队能更有效地影响决策过程，推进自己的项目和想法。

4. 风险管理：识别并应对组织内的政治风险，可以帮助避免潜在的冲突和问题，保护项目和个人利益。

提升政治敏锐性的办法

1. 增强观察力：仔细观察组织内的人际关系、权力结构和决策过程，理解不同团队和个人的动机和目标。

2. 建立人际网络：积极与组织内不同层级和部门的人建立联系，这可以提供更广泛的视角和信息。

3. 培养同理心：试着站在他人的角度思考，理解他们的需求和担忧，这有助于预测和应对他们的反应。

4. 学会倾听和沟通：有效的沟通技巧可以帮助你更好地传达自己的想法并理解他人，减少误解和冲突。

5. 策略性思维：在推进决策或项目时考虑到组织政治的影响，制定既符合自己目标又能够被组织内其他人接受的策略。

15. 数字化转型

数字化转型是指利用数字技术彻底改变一个组织的业务模式和运营方式，以适应数字经济的需求和挑战，提高企业的效率、增加灵活性、创新产品和服务，从而获得竞争优势。数字化转型不仅涉及技术的引入和应用，还包括组织文化、运营流程、客户体验等方面的根本变革。

一家中等规模的科技公司，提升数字化转型通常包含以下内容：

1. 业务流程的数字化和自动化：通过引入先进的软件和工具（如 ERP、CRM 系统），使传统的手工流程自动化，提高工作效率和准确性。

2. 数据驱动决策：建立数据分析平台，利用大数据、人工智能（AI）等技术对收集的数据进行分析，支持基于数据的决策制定，提高决策的效率和准确性。

3. 客户体验的数字化：利用数字技术优化客户接触点，通过网站、移动应用、社交媒体等数字渠道提升客户体验，实现个性化的客户服务和互动。

4. 新产品和服务的数字创新：开发和推出基于数字技术的新产品和服务，满足市场和客户的新需求，开拓新的业务模式。

5. 组织文化和结构的调整：推动组织文化向更加开放、灵活的方向转变，优化组织结构以支持快速决策和创新。

6. 人才和技能的培养：培养员工的数字技能和思维方式，包括数据分析、数字营销、软件使用等，同时吸引数字化转型所需的新型人才。

7. 技术基础设施的升级：投资于云计算、移动技术、物联网（IoT）等现代 IT 基础设施，为数字化转型提供技术支撑。

8. 安全与合规：随着数字化程度的提高，加强对数据和网络安全的投入，确保企业信息安全和符合相关法律法规。

16. "WWH" 沟通框架

"WWH" 沟通框架是一种结构化的思考和沟通方法，它帮助人们以简洁明了的方式表达思想、规划项目或解释复杂的概念。这个框架包含三个基本的问题——"What"（是什么）、"Why"（为什么）和 "How"（怎么做），通过回答这三个问题，可以更有效地传达信息，确保听众理解沟通的目的、背景和执行方案。

What（是什么）

定义和描述——明确沟通的主题或项目是什么，包括要解决的问题、要达成的目标或要实现的变化等。这是建立共同理解的基础，确保所有人对沟通内容有一个清晰的概念。

变革心动力

Why（为什么）

背景和原因——解释为什么需要进行沟通的主题或项目，包括它的背景、动机和期望解决的问题。这可以帮助听众理解项目或变革的重要性和紧迫性，激发他们的兴趣和参与。

How（怎么做）

执行方案和方法——详细说明实现目标的步骤、策略和方法，包括所需的资源、时间安排、责任分配和预期的挑战及应对策略，这部分旨在为听众提供一个清晰的行动路线图。

- - - - - - - - - - - - - -

17. 管理宽度

管理宽度对企业运营效率和员工满意度有直接影响。

法国管理顾问格拉丘纳斯（V. A. Graicunas）在 1933 年首次发表的一篇论文中，分析了上下级之间可能存在的关系，并提出了一个用来计算在任何管理宽度下，可能存在的人际关系数的数学模型。

格拉丘纳斯的理论把上下级关系分为三种类型：

1. 直接的单一关系：指上级直接地、个别地与其直属下级发生联系。
2. 直接的组合关系：存在于上级与其下属人员的各种可能组合之间的联系。
3. 交叉关系：即下属彼此打交道的联系。

格拉丘纳斯认为，在管理宽度的算术级数增加时，主管人员和下属间可能存在的互相交往的人际关系数几乎将以几何级数增加。他提出了一个经验公式来计算上下级人际关系数目：

$$C=n[2^{n-1}+(n-1)]$$

其中，C 代表各种可能存在的联系人际关系总数，即关系数；n 代表一个管理者直接控制的下属人数，即管理幅度。

这个理论的应用主要体现在帮助管理者理解和预测随着管理幅度的增加，管理的复杂性如何增加。根据格拉丘纳斯的理论，随着下属人数的增加，需要管理的人际关系数量急剧上升，这是基于心理学中的"注意力跨度"概念：人的头脑只能够同时处理数量有限的独立因素。格拉丘纳斯通过数学工具证明得出结论：一位管理者的控制跨度应该被限制在3—7 名下属。

然而，格拉丘纳斯的公式并没有考虑上下级关系发生的频次和密度，这些因素也是在确定下属人数时需要考虑的重要因素。因此，虽然这个理论提供了一个基础框架，但在实际应用中，管理者还需要结合其他因素，如团队的沟通效率、组织文化等，来确定最佳的管理幅度。

理想的下属人数取决于多种因素，包括组织的性质、任务的复杂性、管理者的能力和经验等。通常，一个管理者如果只有一个下属，可能会导致资源和管理能力的不充分利用，同时也可能限制下属的发展空间，因为他们接触的观点和指导较为单一。

组织和管理学通常认为，一个管理者直接管理的下属人数在 5—8 人之间最为理想，这能保证管理者有足够的时间和精力来有效地管理每一个下属，同时也能维持团队的合作和沟通效率。然而，这些数字更多是经验性的，实际应用时需要根据具体情况进行调整。例如，在高度专业化的领域或者需要高度协作的团队中，直接下属的人数可能需要减少以确保高质量的交流和管理；如果下属的工作相似度高、任务标准化程度高、有良好的沟通渠道和授权机制，管理宽度可以更大一些。

18. 工作重塑练习

工作重塑练习是一种旨在改善工作角色和任务的方法，以提升员工的工作满意度、提高效率，并增强工作的意义和参与感。它涉及对现有工作内容的重新评估和调整，使之更好地符合员工的能力、兴趣和职业发展目标，同时也满足组织的需求。

员工通过重新设计和调整工作内容，发现新的成长机会和激情点，提高工作满意度和效率。通过将工作内容拆解为不同的角色，并根据角色的特点制定应对策略，员工能更深入地理解自己的工作，并主动塑造更符合个人职业发展目标的工作角色。

变革心动力

工作重塑练习步骤

1. 拆解工作内容：将你的工作内容拆解为若干不同的角色。例如，销售总监的工作可能包括带人经理、谈判专家、客服、冲突处理专家等角色。识别并列出这些角色所包含的具体任务和职责。

2. 角色定位：准备一张二维坐标图，横轴表示个人对角色的喜爱及专业程度（低到高），纵轴表示工作角色对组织目标的重要性（低到高）。根据每个角色的特点和贡献，将它们放置到适当的象限中。

3. 制定应对策略：对于每个象限的角色，制定个人的应对策略。策略应涵盖如何优化和增强该角色的表现，如何提高角色的个人和组织价值，以及如何解决或缓解与该角色相关的挑战和困难。见下图示例：

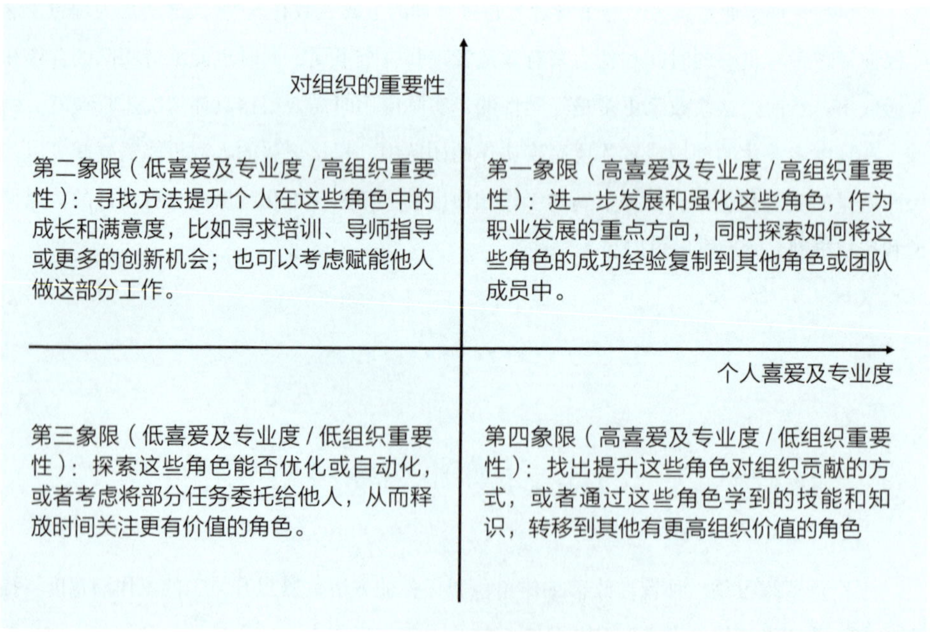

对组织的重要性

第二象限（低喜爱及专业度/高组织重要性）：寻找方法提升个人在这些角色中的成长和满意度，比如寻求培训、导师指导或更多的创新机会；也可以考虑赋能他人做这部分工作。

第一象限（高喜爱及专业度/高组织重要性）：进一步发展和强化这些角色，作为职业发展的重点方向，同时探索如何将这些角色的成功经验复制到其他角色或团队成员中。

个人喜爱及专业度

第三象限（低喜爱及专业度/低组织重要性）：探索这些角色能否优化或自动化，或者考虑将部分任务委托给他人，从而释放时间关注更有价值的角色。

第四象限（高喜爱及专业度/低组织重要性）：找出提升这些角色对组织贡献的方式，或者通过这些角色学到的技能和知识，转移到其他有更高组织价值的角色

附图4　工作重塑练习

19. 收购过程中的 HR 尽职调查

收购尽职调查：尽职调查是收购过程中的关键步骤，涉及评估被收购目标公司的业务运营、财务状况、人力资源等多个方面，以确保收购成功。

收购过程中的 HR 尽职调查：在收购过程中，人力资源的尽职调查是评估目标公司的关键环节之一，旨在理解目标公司的员工结构、文化、潜在的人力资源问题及整合的可能性。通过尽职调查，收购方可以全面了解目标公司的人力资源状况，识别交易中的人力资源风险，并制定相应的应对措施，从而提高收购交易的成功率。这一过程涉及多个方面，主要包括：

一、员工信息和结构
1. 员工名单、职位、工资水平、年资、工作地点等；
2. 高级管理层和关键员工的信息。

二、薪酬福利
1. 现有的薪酬结构、福利计划（如健康保险、退休金计划、股票期权等）；
2. 任何悬而未决的薪酬调整或福利变更计划。

三、劳动合同和协议
1. 关键员工的劳动合同、非竞争协议和保密协议；
2. 集体劳动协议或工会合同及其对合并潜在影响。

四、人力资源政策和程序
1. 招聘、培训、评估、晋升、奖惩政策和程序；
2. 人力资源手册和员工守则。

五、法律遵从性和诉讼
1. 劳动法遵从性，包括工资和小时数法规、健康和安全法规等；
2. 任何与员工相关的诉讼或法律争议。

六、人才管理和绩效

1. 人才管理实践、绩效评估体系；

2. 关键人才和高潜力员工的识别、发展和保留策略。

七、公司文化和员工满意度

1. 公司文化的评估，包括工作环境、领导风格、员工参与度等；

2. 员工满意度调查和员工流失率数据。

八、整合计划和挑战

1. 评估两家公司的 HR 政策和文化的相容性；

2. 预测合并后可能面临的人力资源整合挑战，如文化差异、重组和裁员等。

HR 的尽职调查可以分为以下几个阶段：

一、准备阶段

1. 确定尽职调查目标和范围；

2. 制定尽职调查计划；

3. 准备尽职调查问卷和访谈提纲。

二、信息收集阶段

1. 收集目标公司人力资源相关资料；

2. 对目标公司员工进行访谈；

3. 对目标公司人力资源管理人员进行访谈。

三、分析评估阶段

1. 分析评估目标公司人力资源状况；

2. 识别收购交易中的人力资源风险。

四、报告阶段

1. 撰写尽职调查报告；

2.向收购决策层提出建议。

20. 整合办公室（IMO）

"整合办公室"（Integration Management Office，简称 IMO）是确保收购后整合顺利进行的关键策略。整合办公室负责规划、执行和监督整个收购后整合的各项活动，以实现双方预定的战略目标。IMO 一般在以下方面发挥作用：

1.统一指挥与协调：收购整合是一个复杂的过程，涉及公司的各个层面和部门。整合办公室提供了一个统一的指挥和协调中心，确保所有整合活动都朝着共同的目标前进。

2.保障实现战略目标：通过监控整合进度和性能指标，整合办公室确保整合活动能够实现收购及整合的战略目标，比如成本节约、市场扩张、业务互补等。

3.有效管理风险：整合办公室能够识别和管理整合过程中的风险，及时调整计划以应对出现的问题和挑战，减少对业务运营的影响。

4.规范流程和制度：整合办公室可以制定收购后整合的流程和制度，规范操作，确保整合工作规范化、标准化。

5.集中力量分配资源：确保整合过程中的资源得到有效分配和利用，包括财务资源、人力资源和技术资源。

6.有效沟通与协作：作为内外沟通的桥梁，整合办公室确保收购双方的信息流畅通，包括向员工、客户、供应商和其他利益相关者传达一致的信息，消除信息壁垒，促进各部门和人员之间的沟通协作，减少误解和冲突。

7.HR 整合的策略：通过战略性和技术性两个方面全面推进 HR 整合，包括人才管理和文化融合。

21. 文化评估中的信息收集

在企业文化评估中，信息收集是一个关键步骤。有效的信息收集方法有助于揭示组织文化的多维度特征，为后续的文化整合或变革提供准确的基础数据。常见的信息收集方法包括：

1. 问卷调查：设计包含定量问题（如选择题）和定性问题（如开放式问题）的问卷，能够从广大员工中收集到关于组织文化的感知和看法。

2. 深度访谈：通过一对一或小组访谈的形式，与组织内的关键成员（包括不同级别的管理层和普通员工）进行深入对话，挖掘更为深层次的文化要素和个人见解。

3. 焦点小组：组织由不同部门、不同层级员工构成的小组，讨论特定的文化主题或问题。这种方法有助于激发更多元化的视角和讨论。

4. 观察法：通过对组织内部的日常行为、仪式、会议等进行观察，了解文化是如何在日常工作中体现和传播的。

5. 文档分析：分析组织内部的官方文档和材料，如使命宣言、价值观声明、员工手册、年度报告等，以识别组织宣称的文化和价值观。

6. 案例研究：通过分析组织中发生的具体事件或案例（如冲突解决、成功项目），探究这些情况如何反映组织的文化特征。

7. 社会网络分析：利用社会网络分析工具，了解组织内部的关系网络、信息流动和社交圈子，揭示非正式的组织结构和文化动态。

8. 员工故事和传说：收集和分析员工之间流传的故事、笑话和传说，这些通常能够反映组织的内在价值观和信念。

22. 组织发展不同时期文化建设的重点

文化建设可以作为"杠杆"，对组织的发展起促进作用。

组织在不同发展阶段，文化的作用和建设重点会有所不同。

附表15　组织发展不同时期文化建设的重点

组织发展阶段	文化的作用	文化建设的重点	文化发展的特点	文化发展的阶段
组织初创	推动成长的强制力量	精炼、发展并清晰表达	创始人和高管的理念和建立的行为和规范将为公司多年的文化奠定基调，成为组织未来发展的关键指导原则	文化创立和早期阶段（澄清、清晰和细化）
组织中期	亚文化成长带来分裂和不统一	选择要保留和摒弃的文化	公司稳定期，创始人面临战略选择：做大（更"同质化"的文化）还是保持多样性和灵活性	文化发展的中期阶段（厘清公司的基本文化假设，决定取舍）
成熟和衰退阶段	文化可能成为阻碍	转型或变革，创造新的文化	员工抱守以前的理念和习惯而不愿改变，深度依赖基本假设	文化的成熟和衰退阶段（转型、变革）

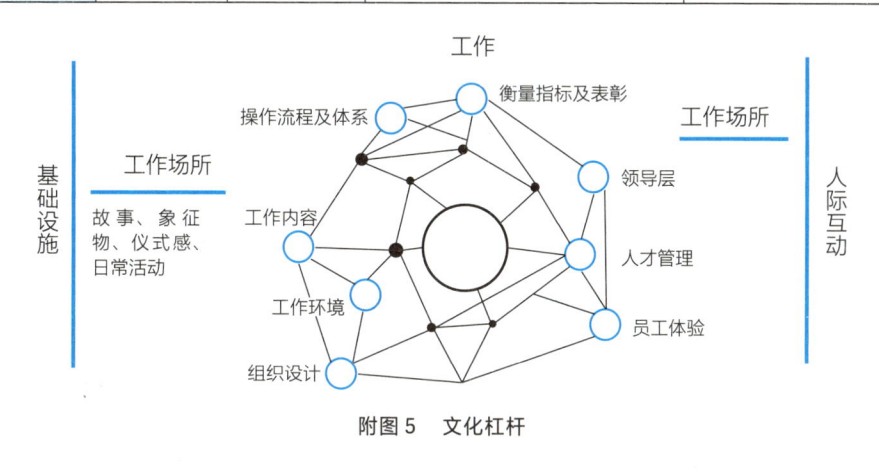

附图5　文化杠杆

23. 人才热度表

在企业中，对人才的了解程度直接影响决策的质量和领导力的发展，"人才热度表"工具旨在显著提高领导团队成员对公司人才的认识水平，并促进人才的适当曝光，确保人才管理和发展决策的透明度和公正性。

变革心动力

"人才热度表"采用简单直观的颜色编码系统,通过蓝色、浅蓝色和灰色标注来表示领导团队成员对人才的了解程度。人才热度表的横轴和纵轴分别列出了领导和人才名字,形成一个互动矩阵。通过这种方式,每位领导对每个人才的了解程度会直观地呈现出来,基于这些信息,公司内部在做人才评审分享时可以有效收集信息和反馈;而在提高领导层对人才的了解方面,也可以有清晰的计划和资源分配。

使用场景

人才热度表尤其适用于大型企业或任何具有多层管理结构的组织,其中高管团队的表现和能力对公司的整体成功至关重要。此工具的应用场景包括:

1. 人才评审会:在会议前,通过填写人才热度表,领导们可以提前准备并了解自己对各高管的认识程度,使讨论更有针对性和高效。

2. 提升内部人才在领导层的曝光度:HR部门可以使用热度表有针对性地安排领导层,与他们不太熟悉的人才进行交流和互动,增强人才的曝光度,并有效提升领导层对全体人才的了解。

高管人才热度表示例

附表16 高管人才热度表

高管团队人才	高管人才1	高管人才2	高管人才3	高管人才4	高管人才5	高管人才6	高管人才7	高管人才8	高管人才9	高管人才10
董事会领导1	蓝色	浅蓝	灰色	灰色	灰色	灰色	灰色	蓝色	浅蓝	灰色
董事会领导2	灰色	灰色	蓝色	灰色	灰色	灰色	灰色	灰色	浅蓝	灰色
董事会领导3	灰色	灰色	灰色	浅蓝	蓝色	灰色	灰色	灰色	蓝色	灰色
董事会领导4	灰色	灰色	灰色	灰色	灰色	灰色	灰色	蓝色	灰色	灰色
董事会领导5	浅蓝	灰色	灰色	灰色	灰色	灰色	灰色	灰色	灰色	浅蓝
董事会领导6	蓝色	灰色	灰色	灰色	灰色	灰色	灰色	灰色	灰色	灰色

颜色说明:

1. 蓝色 = 对此人的表现、优势和发展需求、潜力、职业抱负的有限互动和/或过时的了解。

2. 浅蓝色 = 与此人有过一些互动,对当前的表现、潜力、优势和发展需求以及职业抱负有大致的了解。

3. 灰色 = 与此人有过多次互动,对此人的表现、优势、发展需求、潜力、兴趣及职业抱负有充分的了解和看法。

实际使用中，建议使用"红黄绿（交通灯）"色彩做区分，此处因为印刷缘故选择蓝色、浅蓝和灰色示意。

24. 纵向领导力发展阶段的主要特点

附表17　领导者在各个发展阶段的行为表现

发展阶段	简要描述	关键词	主要认知和行为特点
I 投机者 Opportunist	想方设法为自己获益	自我 利益 机会	・以自我为中心 ・当下和短期利益导向，善于抓住并利用运气和机会 ・精明，灵活机动，善于见机行事和临场反应，善于应对紧急情况 ・不喜欢被规则约束，富有冒险精神；打破和利用规则 ・利用和操纵他人 ・想法简单、片面，非黑即白，看不到全貌 ・推卸责任，以牙还牙 ・"我要赢""成王败寇"
II 遵从者 Conformist	寻求归属感、认可和尊重	他人 规则 期望	・忠于和迎合群体、努力达到群体标准与规范，具备集体荣誉 ・希望被群体融入和接纳，追求归属、认可、尊重、安全，在群体中寻找自我 ・遵守规则、顺从，按章办事，偏好常规和重复性工作 ・避免内在和外在冲突，追求和谐相处 ・不露锋芒、随和圆融、八面玲珑，常讲套话；注重礼节和仪表仪容 ・可能压抑自我需求，成为其他人想看到的形象 ・缺少主见，难以独立决策 ・区分"我们"和"他们"

变革心动力

（续表）

发展阶段	简要描述	关键词	主要认知和行为特点
III 运筹者 Logistician	注重专业和逻辑	专业 效率 自主	·专业视角/科学精神看世界 ·尊重、相信本领域权威 ·注重数据、逻辑、道理、步骤等细节和局部，工匠精神 ·思维清晰，业务能手、技术精通，喜欢和善于解决具体问题 ·追根究底，钻研精神；希望脱颖而出、好胜，对人对己均严格要求和挑剔；追求高效率，注重品质与精确，完美主义 ·可能因教条主义而固执己见，认为和需要自己是"对"的 ·用自己的标准与想法评估和要求他人，同理心和包容性弱，对转型不够高的人缺乏尊重 ·觉得没必要，也难以与他人进行人际探索、谈论个人问题和关系、披露感受和脆弱
IV 成就者 Achiever	致力于实现目标和创造价值	结果 群体 成就	·以结果和有效性为导向 ·目标明确，有主见、自信、果断、雷厉风行，强调务实落地、注重交付 ·利用团队完成工作，强强联手 ·具备战略意识、关注中长期目标、未雨绸缪，持续追求更大成就 ·从大局和长远目标出发，灵活使用各种方式与路径（白猫黑猫） ·争分夺秒、多任务；有责任心、说到做到；愈战愈勇，斗志昂扬 ·可能过度努力而失去平衡 ·可能看不到自己的缺点，可能不屑于放慢节奏做反思 ·自我加压，没有达到目标时可能会愧疚和自责 ·可能会抑制创新思维、缺乏未来想象
V 重构者 Reframing	以自己独特的方式理解世界	创新 愿景 相对	·不断审视自己，跟随自己的内心，同时积极听取反馈 ·拥有自知之明和独立主张 ·富有好奇心、敏锐度、创意和想象力 ·质疑权威，打破常规和传统 ·被变化、复杂性，以及不确定性和新的可能性吸引 ·寻求意义，充满希望和期待，较少规避风险 ·畅想和生动描绘愿景、重构目标与路径，并产生创新性影响 ·认识到每件事、每个理念都是相对的，取决于个人的背景与立场 ·同理、包容差异和多元性 ·善于跨域协作、具备双赢理念 ·可能变得特立独行，感觉孤独 ·可能因质疑权威和规则等而得罪他人或被排斥 ·可能因为兼顾差异性而情绪波动、优柔寡断，想的多做的少，行动力弱

附录 1　知识点、工具及练习

（续表）

发展阶段	简要描述	关键词	主要认知和行为特点
VI 转型者 Transforming	理解并促进自我、他人、社会及世界之间的关系	系统转型矛盾	・具有系统意识、辩证思维，树立独特甚至颠覆的市场地位 ・强调协作与多赢，致力于在错综复杂的行业和社会网络中建立新型相互关系 ・撬动更大系统或多个跨域系统，进行具有创造性和转型性的变革与突破 ・善用多系统和长周期视角洞察趋势，运筹帷幄，顺势而为，抓住特殊的历史机遇 ・具备自我突破和革新能力，时常修正自己的信念、价值观、想法和行为 ・重视自我个性、成长、自我实现和使命召唤，内在笃定和自我掌控感强，刚柔并济，春风化雨 ・意识到和接纳自己与他人的光明面与阴暗面、善与恶并存 ・勇于揭示张力，善于处理矛盾与悖论，将困境和矛盾转化为生成性体验和转型机会 ・可能高度追求和迷恋权力、自大和自我膨胀
VII 整合者 Integrated	探索世界的本质和意义。	整合认同过程	・天人合一，整合视角，万物相连；拥抱各种复杂的人性，兼容并蓄；看得到并连接自身与世界的光明和黑暗、秩序和混沌 ・关注对人类社会的长期影响、创造社会认同（身份认同、信仰认同等），领导社会性变革 ・打破世俗思想和行为的范式 ・探索自我、世界、自然、时间、空间、现实与虚幻等等的本质与关系，关注人类与环境是如何时时刻刻重新定义彼此的 ・关注思维、情感、行动与外部世界之间相互影响、相互作用的过程 ・关注意识重于关注原则、行动及结果 ・关注追求精神世界的自由，可能脱离世俗世界

注：纵向领导力发展阶段及主要特点内容，来源于国际教练联盟大师级教练（ICF MCC）吴雁燕老师带领的"卓越高管教练共修圈"课程，以及她领导编著的《成就卓越——领导者的第一本高管教练书》。

变革心动力

25. "你是谁？"三轮练习

"你是谁？"三轮练习旨在通过不同的视角探索个人身份，帮助参与者更深入地理解自我、认识到他人对自己的看法，以及反思自己在社会中扮演的角色。练习的目的是增进自我认知，理解个人如何在不同情境下呈现自己，以及这些呈现背后的原因和情感。

此练习适用于小组环境，将参与者分成小组进行，小组中的每个人都将经历三轮不同的"你是谁？"探询，旨在从内在、外在和表象三个层面深度挖掘个人身份的多重维度。练习结束后，组内成员将共同讨论和反思他们的体验和发现。

练习步骤

一、准备

分组：参与者两两分组，互为对方的听众和分享者（A 和 B）。

时间：为每轮问题设定两分钟时间（每人一分钟）进行回答。

二、三轮练习

第一轮：你是谁？

指导：在这一轮，参与者被邀请分享自己认为的自我身份。可以包括但不限于个人的角色、特质、兴趣、价值观等。

进行：A 先开始，用一分钟时间回答"你是谁？"，接着 B 回答同一个问题。

第二轮：别人认为你是谁？

指导：在这一轮，参与者思考并分享他人通常如何看待他们。这包括家人、朋友、同事等他人对自己的普遍印象或描述。

进行：交换角色，B 先开始，然后是 A。

第三轮：你假装是谁？

指导：这一轮让参与者探讨自己在某些情况下可能会如何表现不真实的自我，以及为什么会这样做。

进行：A 先开始分享，随后 B 分享。

反思和讨论

个人反思：每个人花几分钟时间独自反思这三轮练习的体验。

小组讨论：回到原来的小组中，分享各自的体验和发现，特别是以下几个问题：

1. 你在练习中的感受如何？
2. 你最难回答的问题是什么？
3. 你是否注意到您的回答之间有任何重叠？
4. 你和你的搭档有很多共同点吗？

26. "我的葬礼"练习

此练习旨在帮助参与者深入思考自己的人生价值、影响和留给这个世界的"遗产"。通过想象参加自己的葬礼的场景，参与者将被引导去思考以下问题：

1. 他们对这个世界和身边人的影响是什么？
2. 他们希望人们如何记住自己？
3. 在他们的生命中哪些关系最为重要？
4. 他们希望留下怎样的遗产？

练习说明

此练习适合小团体进行，可以在安静、舒适的环境中进行，确保每个人都有足够的空间和时间去思考和表达。练习前，组织者应确保所有参与者对练习的目的和步骤有充分的理解，并愿意在舒适的范围内分享个人感受。

练习步骤

一、引入和准备

开场：简要介绍练习的目的和步骤。强调这是一个安全、尊重的空间，鼓励真诚和开放的分享。

变革心动力

冥想：进行一段简短的冥想或深呼吸练习，帮助大家放松并准备好深入思考。

二、想象葬礼场景

葬礼设想：请每位参与者闭上眼睛，想象自己的葬礼正在进行。设想场景的细节：葬礼在哪里举行？谁来了？周围的环境是怎样的？

哀悼词听取：想象在葬礼上的不同人物（家人、朋友、同事等）依次上前发言，他们是怎么描述你的？他们提到了哪些记忆、故事或影响？

写作反思：睁开眼睛后，每个人写下想象中葬礼的场景和听到的哀悼词内容。重点反思以下几个问题：

你希望别人怎样记住你？

你生命中哪些关系最重要？为什么？

你想留给这个世界什么遗产？

三、小组分享

轮流分享：在小团体中，每个人轮流分享自己的葬礼设想和写作中的反思。分享可以是整体的或者聚焦于特别的洞察或感受。

共同探讨：在分享结束后，开放讨论，鼓励彼此间的问题和反馈。探讨如何将这些反思转化为现实生活中的行动。

四、结束和行动计划

让每个人思考他们想从今天开始做出什么改变，以确保自己的人生朝着所希望的方向发展，可以是修复或加强某个关系，也可以是开始或结束某个项目。

27. 变革免疫地图

在组织变革和个人发展的过程中，经常会遇到看似无法解决的障碍。这些障碍往往源于深层、未被识别的心理抗拒，即所谓的"变革免疫"。"变革免疫地图"基于心理学原理，帮助用户显化那些隐藏的、阻碍进步的信念和假设，从而有效推动持久的变革。

"变革免疫地图"工具通过一系列结构化的步骤，引导用户从表面的承诺到深层的抗拒逐步深入，具体内容包括：

1. 确定改变目标：明确个人或团队希望实现的变革目标，这些目标应是具体、可度量的。

2. 行为识别：记录当前与目标相悖的行为，即实际行为与期望目标之间的差异。

3. 隐性承诺揭示：探索和识别那些表面行为背后的隐性承诺，这些通常是无意识的自我保护机制。

4. 根本假设检验：确定支撑这些隐性承诺的根本假设，揭示它们是如何形成的，以及它们对行为的影响。

通过将这些元素体现在一张地图上，用户可以更清晰地看到自己在实现变革过程中的内在障碍，并开始探索如何突破这些障碍。

使用场景

"变革免疫地图"工具适用于多种场景，特别是在以下情况下极为有效：

1. 个人发展：帮助个人识别并克服职业发展中的心理障碍，特别是那些看似合理但实际上限制成长的内在信念。

2. 团队建设和组织发展：在团队和组织层面，通过集体活动揭示共同的隐性承诺和根本假设，促进团队协作和组织文化的正向发展。

3. 领导力培训：指导领导者理解并解决在推动团队和组织变革时遇到的个人和集体抗拒因素。

"变革免疫地图"是一个强大的工具，它不仅帮助用户识别和解决阻碍变革的隐性心理障碍，还提供了一种方法学，通过自我反思和团队互动促进深刻的学习和持续改进。此工具的实施能够显著提升变革的成功率，无论是在个人层面还是在组织层面。

附表 18 提供的"变革免疫地图"案例来自"Mind@Work"公司培训资料，附表 19 的空白工具参考案例制作。

变革心动力

附表 18 "变革免疫地图"（ITC）示例

1. 承诺（发展目标）	2. 要做的 / 不做的（VS#1）	3. 竞争性承诺	4. 大假设
我承诺在"深度倾听"方面做得更好；即使在人们表达痛苦的感受时，也能够真正地"坐在旁边"，并"将心比心"（而不是逃到"行动模式"帮助其脱离困境"或"提供解决方案"） 重要性（1—5，低到高）：	・我在精神上只关注自己以及我将如何表达（vs. 他人以及他们的感受/想法） ・我过早地提供建议、说得太多、"指手画脚""好为人师" ・我告诉别人他们应该如何思考和感受（而不是设身处地为他们着想） ・我引导他们摆脱困境（而不是"陪伴""理解"和"探索"）	担心：我会显得愚钝、我会失控、我不重要、我感到无助、我将不得不面对自己和他人的缺点 我还承诺： ・不要显得愚钝或失去控制 ・不要特别关照/与众不同/异乎寻常 ・不要体验无助感（不管是别人的还是我自己的） ・不必面对缺点（看到对方最弱的一面） ・不要被"压一头"或陷入别人的痛苦或无助中 ・要保持"强悍"	・我认为自己的整个"价值主张"都取决于我被视为： （a）"百科全书"和"万能法宝" （b）强悍 （c）理智 ・我认为不"强悍"的女人会被轻视并被呼来喝去。 ・如果我没有上述（a）、（b）和（c）的形象，我就会身份尽毁

附表 19 空白的变革免疫地图

步骤 1： 设定个人提升目标	步骤 2： 反向行为库	步骤 3： 担忧及隐形承诺	步骤 4： 我的假设
我承诺要提升…… 重要性（1—5，低到高）：	我目前在做或没有做的，和第一项目标背道而驰的行为：	我的担忧： 我承诺绝不：	

附表 20　设计变革免疫实验

我的大假设是：	所以我会（这样改变我的行为）……	收集以下数据：	为了验证或推翻我的大假设
（在这里输入你的大假设）	我可以创建怎样的场景以便我能收集到实验需要的数据： 这个实验对我来说安全吗？可操作性如何： 要增加我收集到否定性数据的机会，我还可以做什么：	哪些数据或信息可能会和我的大假设相抵触： 对我来说最有效和高质量的数据（与信息）是什么： 有谁可以是我能交流此事并邀请事后反馈的人：	根据我收集到的数据（和信息），基于我的大假设，我得出的结论是：

28. 水平思考法和随机词联想

水平思考法

水平思考法是一种思考方式，旨在超越传统的垂直思考，从更广泛、更全面的角度来审视问题。水平思考法强调从多个方面和角度来思考问题，而不是仅仅专注于一个特定方面。这种方法有助于打破传统思维模式的束缚，促使人们更加创新地解决问题。

变革心动力

随机词联想

随机词联想是一种创造性的思维练习，旨在通过将随机选择的词语联系在一起，来激发想象力和创造力。这个游戏的核心是将一组看似毫不相关的词语联系在一起，然后尝试想象或构建一个故事、场景或概念，其中包含这些词语，并尽可能地展开它们之间的关联。

水平思考法和随机词联想小练习

目的：通过这个练习，你将能够打破常规思维模式，激发创造力，并从不同角度探索问题的可能解决方案。

材料：纸笔、计时器（手机中的计时应用亦可）。

练习步骤：

1. 选定主题：选择一个你目前正在面对的问题或想要创新的领域。例如，"如何提高工作效率？"或"如何创造一个舒适的工作环境？"。

2. 生成随机词：在纸上随机写下10个名词，这些名词可以完全无关，如"苹果""图书馆""恐龙"等。

3. 设定时间：为自己设定一个时间限制，比如5分钟，限时完成接下来的步骤。

4. 联想与应用：从你列出的随机词中选一个词，尝试将其与你的主题关联。不要担心是否有实际意义，关键是让思维自由奔放。例如，如果你选择的是"苹果"，可以思考"苹果"如何启发你解决工作效率问题，是不是可以从"苹果"落地的重力启示，考虑减少工作中的重复性任务，利用自动化工具。

5. 记录想法：将所有通过这种方法产生的想法记录下来，不论这些想法看起来多么荒谬或不切实际。

6. 评估与实施：时间结束后，回顾你的想法清单，评估哪些想法是可行的，甚至可能启发你找到创新的解决方案。选择至少一个想法，计划如何在现实中尝试或实施。

反思问题：

1. 在这个练习中，哪一个随机词产生的联想对你来说最有创意？为什么？

2. 与平时的思维模式相比，你发现通过这种方式思考问题有何不同？这种变化带来了哪些新的观点或解决方案？

3. 在未来面对问题时，你会如何应用水平思考法来增强你的创造力和问题解决能力？

29. 心流时刻

在《设计你的人生》这本书中，关于"记录心流时刻"的练习是基于米哈里·契克森米哈赖（Mihaly Csikszentmihalyi）的心流理论。心流是一种在完全投入某项活动时产生的感觉，此时人会感到充满能量、高度专注，且在活动中得到极大的满足和快乐。这个状态通常出现在个人能力与挑战之间达到平衡的活动中。

这项练习的目的是帮助读者识别出哪些活动能够让他们进入心流状态，从而更清楚地了解自己的兴趣和激情所在，以及什么类型的工作和生活方式最能使他们满意和快乐。

练习步骤如下：

1. 准备记录工具：准备一个笔记本或电子设备，用于记录接下来几周内的心流时刻。

2. 识别心流活动：在日常生活中留意那些使你完全投入，忘记时间流逝的活动。它可以是工作中的某项任务、爱好、体育活动，或是任何让你感到充实和快乐的事情。

3. 记录细节：每次你发现自己进入心流状态时，过后尽可能详细地记录下来当时的一切，包括你在做什么、为什么选择做这件事、进行这项活动时的感受，以及这种感受持续了多久等。

4. 分析和反思：在记录了足够的心流时刻后，回过头来分析这些活动有什么共同点。这些活动是如何激发你的兴趣和热情的？它们对你的意义和价值是什么？通过这些问题的回答，你可以开始思考如何将更多的心流活动融入你的工作和生活中，以提升满意度和幸福感。

5. 制定计划：最后，基于你的发现和反思，设计一些实验，尝试将更多能够产生心流的活动整合进你的生活和工作中。设置一些小目标，比如每周参与一次特定的心流活动，观察这些变化如何影响你的整体幸福感和生活质量。

通过这个练习，读者不仅可以发现让自己心流的活动，还可以深入了解自己的价值观和生活目标，进而设计出更加符合个人愿景的生活和职业路径。

在你完成这个练习后，可以参考如下表格，进一步了解自己心流时刻的特点，获取更加深入的信息。

变革心动力

附表 21　了解你的心流时刻的特点

	项目/任务 Project/Task	意义 Purpose	权力、能力 Power	人 People	地点 Place	流程 Process
	你喜欢的 项目或任务	对你的意义	工作中你用到的 优势和技能	你喜欢一起 工作的人	你喜欢的 工作场所	你喜欢的 工作方式
问自己	你喜欢解决哪些问题？ 你觉得最投入的项目类型是什么？ 你最期待/最喜欢做的任务是什么？ 你最引以为傲的项目是什么？ 你不喜欢什么任务/项目？	这个活动的主题是什么？ 做这件事对你有什么意义？ 这件事的哪些方面和你的人生价值观很契合？	你经常在哪些方面得到同事的称赞？ 同事最常向你寻求哪些信息、指导或建议？ 你认为你的哪些优势在工作中最有价值？ 你学到并喜欢在工作中使用的技能是什么？	你会如何描述你理想的同事？ 你更愿意在什么样的经理手下工作？ 你最喜欢与你一起工作的人的哪些积极性格特征？ 你最不喜欢与你一起工作的人的哪些消极性格特征？	你理想的物理工作环境是什么样的？ 你更喜欢在办公室、在家还是混合办公？ 你愿意为大型组织工作还是为小型公司工作？ 你理想的工作空间是什么样的？ 你愿意花多长时间前往工作地点？	你更喜欢工作有计划和清晰的时间表，还是更随性？ 你喜欢独自工作、偶尔与他人合作还是团队合作？ 你更喜欢熟悉的常规任务还是更多样化的任务？ 你更喜欢分析性任务还是创造性任务？ 你喜欢什么级别的责任？
1						
2						
3						
4						
5						
6						
7						

30. 奥德赛计划

《设计你的人生》中提到的"奥德赛计划"是一种工具，用来帮助人们探索生活中的多种可能性，不仅限于职业规划，还包括个人生活、发展兴趣等方面。这个练习鼓励你设计三个完全不同的未来生活版本，即使其中一些可能看起来不那么实际。这种方法可以帮助人们打破思维定式，探索不同的生活路径，从而发现新的兴趣、激情和可能的职业方向。

奥德赛计划的做法

1. 创建三个不同的未来生活路径：这三个版本应该反映不同的方向和选择。例如，第一个计划可以基于当前的生活轨迹，第二个计划可能是完全不同的职业选择，而第三个计划则是你心中的野心或梦想，不考虑任何现实的限制。

2. 为每个计划细化内容：对于每个生活路径，描述你将如何实现这个计划，包括你会做什么工作、生活在哪里、你的日常生活是怎样的，以及这个生活路径会带给你哪些满足感和挑战。

3. 评估每个计划：考虑每个计划的可行性、你对其的兴趣程度、它对你现有技能的利用程度，以及它与你的价值观和生活目标的契合度。

4. 制作视觉化展示：为每个生活路径创建一个视觉化的板块，可以使用绘图、杂志剪贴或数字工具来完成。这有助于使每个计划更加具体和生动。

5. 分享和反馈：如果可能，与你信任的朋友、家人或导师分享你的奥德赛计划，他们的反馈可能会给你新的启发和见解。

奥德赛计划的目的

1. 增加灵活性：通过考虑不同的生活和职业路径，你可以对未来保持开放的态度，增加对变化的适应能力。

2. 激发创造力：这个过程鼓励你思考通常不会考虑的选项，从而激发创造力和发现新的兴趣。

3. 提高决策能力：通过评估不同的生活路径，你可以更清楚地了解自己的价值观和优先级，这有助于在面对人生选择时做出更明智的决定。

奥德赛计划是一个强大的工具，用于自我发现和规划未来，无论你是在职业生涯的十字路口，还是仅仅想要探索不同的生活可能性。

建议读者自行参考《设计你的人生》原版书籍详细内容学习并实践"奥德赛计划"的方法。

31. 生命中对我重要的人

在我们的生活中，与他人的关系对我们的幸福感和生活质量有着深远的影响。"生命中对我最重要的人"排序练习工具提供了一个结构化的方式来审视和评估这些关系的重要性、亲密度，以及它们在个人生活中的作用，帮助使用者考虑如何优化和提升人际关系。

为帮助你厘清并深化真正有意义的人际关系，建议做此练习时，选择的对你重要的人不超过 15 人。

工具内容

1.重要性等级（1—5，低到高）：这一列用于评估每个人在你生活中的重要程度。评级越高，表示此人在你生活中的重要性越大。

2.和我的关系：这一列描述了你与列表中每个人的关系类型（亲人、亲戚、挚友、朋友、同事、其他）。

3.姓名：列出每个人的姓名，以便识别和参考。

4.目前和我的亲密度（1—5，低到高）：反映了你当前与这个人的亲密程度，亲密度越高，关系越紧密。

5.这段关系对我最重要的是什么：在这一列中，你需要描述这个人在你生活中的意义或他们带给你的独特价值。

6.我能为对方做什么：反思你可以如何维护或改善这段关系，以及你可以为对方提供什么支持或价值。

附表 22　生命中对我最重要的人排序

重要性等级（1—5，低到高）	和我的关系（亲人、挚友、朋友、同事、其他）	姓名	目前和我的亲密度（1—5，低到高）	这段关系对我最重要的是什么	我能为对方做什么

设计目的

1. 自我反思：通过分析和评价重要的人际关系，鼓励个人内省和自我认识的深化。

2. 关系优化：识别和强化那些对个人幸福感贡献最大的关系，同时发现并改善那些可能需要额外关注的联系。

3. 增强人际互动：通过具体的行动计划，提升与重要人物的互动质量，增强亲密度和相互支持。

4. 情感投资的优先排序：帮助确定在人际关系上的投资优先级，确保时间和精力的分配更加符合个人的情感和生活目标。

使用场景

此工具适用于任何希望提升个人人际关系质量的人，无论是希望加深与家人、朋友还是与同事之间的联系。它尤其对那些经历生活转变（如搬家、换工作、经历重大生活事件）的人们有极大帮助，因为这些变化常常需要我们重新评估并调整我们的人际网络。

通过完成这个练习，使用者不仅能够更清晰地看到自己的人际关系图谱，还能具体了解如何更有效地投资于每一段关系中，从而实现个人的情感满足和社交生活的优化。

附录 2

《变革心动力》故事线索漫画

变革心动力

安心的成长与觉醒

Scene 1：困惑与挑战
"走还是留？"
"努力工作，支持老板"

满足他人期望，努力工作，维护和期待认可，避免冲突的安心

Scene 2：启发与学习
"焦虑、烦躁、接纳、然后息息"
"要记得不要忘了15个小时"
"永远不要因为外部的原因达择升职，而是要奔着更爱的机会"

接受点拨，指导和教练，学习战略思维，关注内心世界

Scene 3：实践与历练
- HR团队变革
- 领导力训练营
- 人才发展项目
- 组织优化举措
- 整合文化建设
- 高管领导力提升

知识付诸实践，经历挑战，积累了信心和经验

Scene 4：阅读与成长
《谁动了我的奶酪》
《沐浴在副作》
《IA的领导力》
《领导者都是这样炼出来的》
《设计你的人生》
……

个人成长，探索内在价值，实现个体的深化和转变

Scene 5：情感与反思
"怎么办？"

亲人离世，孩子的渴望促使安心情感觉醒，重新评估生活优先级

Scene 6：勇气与决定

追随内心所求，整合职业和生活，勇敢面对风险和不确定性的安心

468

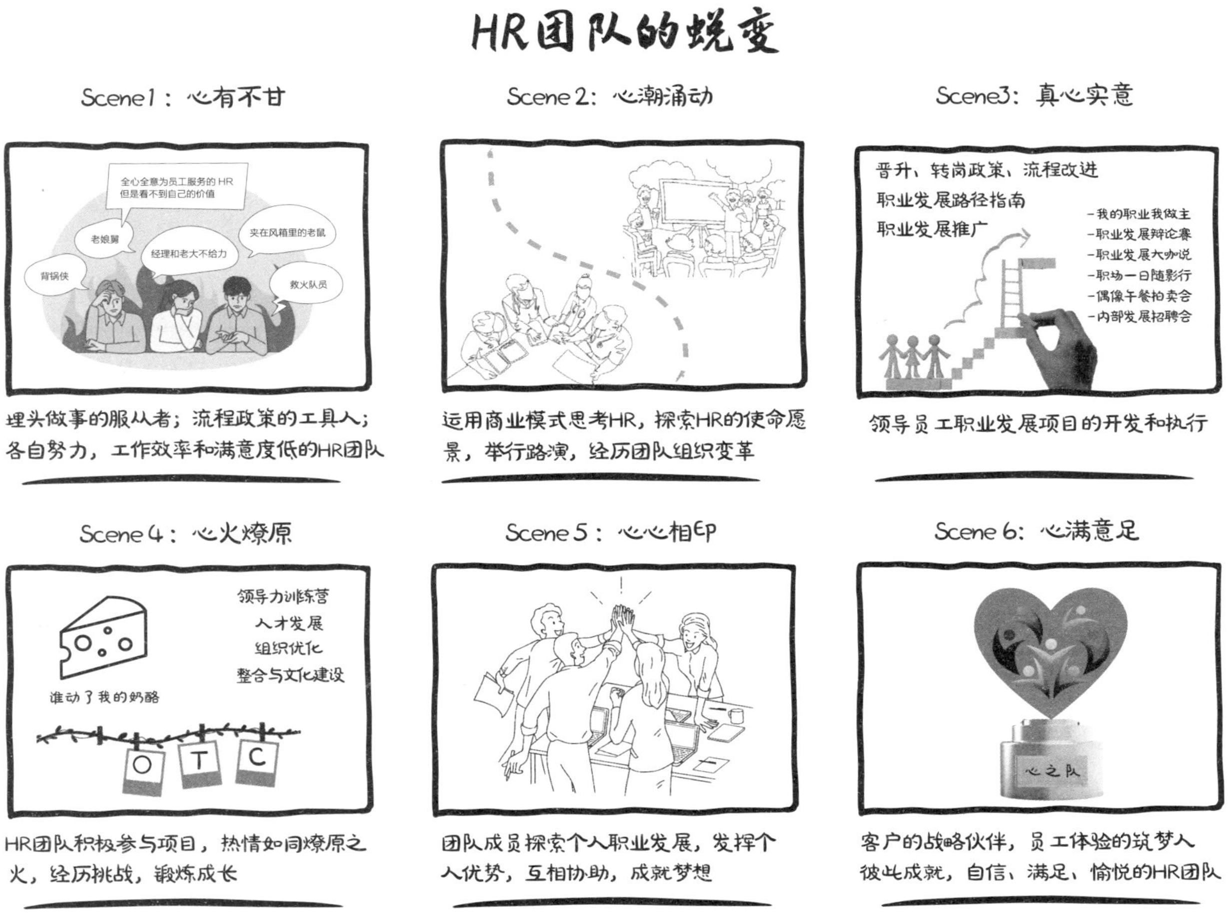

附录 2 《变革心动力》故事线索漫画

HR团队的蜕变

Scene 1：心有不甘

埋头做事的服从者；流程政策的工具人；各自努力，工作效率和满意度低的HR团队

Scene 2：心潮涌动

运用商业模式思考HR，探索HR的使命愿景，举行路演，经历团队组织变革

Scene 3：真心实意

晋升、转岗政策，流程改进
职业发展路径指南
职业发展推广
- 我的职业我做主
- 职业发展大小说
- 职业动一日随影行
- 职场午餐和实习
- 内部发展招聘会

领导员工职业发展项目的开发和执行

Scene 4：心火燎原

领导力训练营
人才发展
组织优化
整合与文化建设

进动了我的奶酪

HR团队积极参与项目，热情如同燎原之火，经历挑战，锻炼成长

Scene 5：心心相印

团队成员探索个人职业发展，发挥个人优势，互相协助，成就梦想

Scene 6：心满意足

客户的战略伙伴，员工体验的筑梦人
彼此成长，自信、满足、愉悦的HR团队

变革心动力

高管领导力变奏曲

Scene 2：全景指挥家 
新任CEO和HR推动高管们参与并带领组织，人和文化项目，建立全局观

Scene 3：未来畅想曲 
情境规划引导高管们思考未来及防范意外，未雨绸缪

Scene 1：熟悉的陌生人
他们被一根绳子所系，彼此紧密而疏离，表面和谐，关注局部利益和短期业绩

Scene 4：心灵共鸣 
心动力工作坊帮助高管们彼此敞开心扉，呈现脆弱，建立信任和理解

Scene 5：领导力重塑 
ITC和纵向领导力深究内在限制，改变认知，定位发展方向并开始行动

Scene 6：交响合奏 
具备了全局观、未来观、发展人才，建设文化，彼此信任互助的高管团队

附录 2 《变革心动力》故事线索漫画

牧童组织变革航程

Scene 1：险滩启航

牧童组织在快速发展后陷入低迷，业务各自为营；员工流失率高，士气低落

Scene 2：扬帆——调动并激励船员

职业发展项目　　领导力训练营
人才保留计划　　人才、组织、文化项目

新任CEO和HR、高管们通过一系列职业发展、能力提升举措，激励并保留员工

Scene 3：船体加固、动力更新

"大五项目"激发员工创新，优化结构和流程，提升效率，加强组织能力

Scene 4：齐聚共航：文化启航

同心协作　成长无限

年会、领导力发展活动提升员工凝聚力，员工了解并关心、参与日担当

Scene 5：灯塔、罗盘和锚

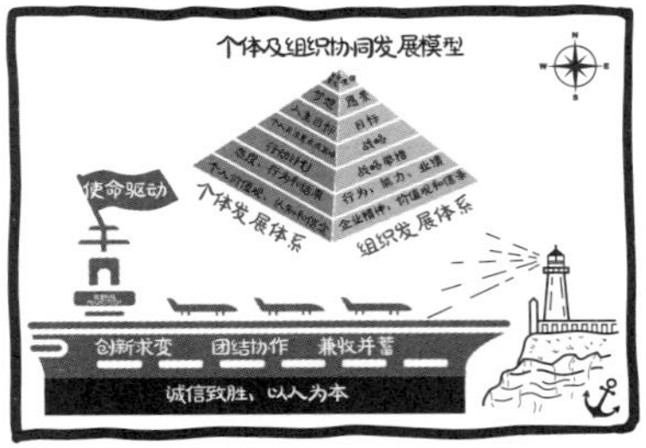

重塑文化，更新使命、愿景、价值观，建立核心理念和原则，个体与组织协同发展

Scene 6：破浪远航

经历挑战，收购、上市，新牧童强化部门协同，更新原则共识，创新导向，实现使命驱动

471

变革心动力

个体、团队和组织变革的英雄之旅
安心的成长与觉醒

Scene 1：困顿与挑战
满足他人期望，努力工作，维护和期待认可，避免冲突的安心

Scene 2：启发与学习
接受点拨、指导和教练，学习战略思维，关注内心世界

Scene 3：实践与历练
知识付诸实践，经历挑战，积累了信心和经验

Scene 4：阅读与成长
个人成长，探索内在价值，实现个体的深化和转变

Scene 5：情感与反思
亲人离世、孩子的渴望促使安心情感觉醒，重新评估生活优先级

Scene 6：勇气与决定
追随内心所求，整合职业和生活，勇敢面对风险和不确定性的安心

HR团队的蜕变

Scene 1：心有不甘
埋头做事的服从者；流程政策的工具人；各自努力，工作效率和满意度低的HR团队

Scene 2：心潮涌动
运用商业模式思考HR，探索HR的使命愿景，举行路演，经历团队组织变革

Scene 3：真心实意
领导员工职业发展项目的开发和执行

Scene 4：心火燎原
HR团队积极参与项目，热情如同燎原之火，经历挑战，锻炼成长

Scene 5：心心相印
团队成员探索个人职业发展，发挥个人优势，互相协助，成就梦想

Scene 6：心满意足
客户的战略伙伴，员工体验的筑梦人，彼此成就，自信、满足、愉悦的HR团队

附录 2 《变革心动力》故事线索漫画

高管领导力变奏曲

Scene 1：熟悉的陌生人 
他们被一根绳子所系，彼此客气而疏离，表面和谐，关注局部利益和短期业绩

Scene 2：全景指挥家 
新任CEO和HR推动高管们参与并带领组织、人才和文化项目，建立全局观

Scene 3：未来畅想曲 
情境规划引导高管们思考未来及防范意外，未雨绸缪

Scene 4：心弦共鸣 
心动力工作坊帮助高管们彼此打开心扉，呈现脆弱，建立信任和理解

Scene 5：领导力重塑 
ITC和纵向领导力探究内在限制，改变认知，定位发展方向并开始行动

Scene 6：交响合奏 
具备了全局观、未来观、发展人才、建设文化，彼此信任互助的高管团队

牧童组织变革航程

Scene 1：险滩启航 
牧童组织在快速发展后陷入低迷，业务各自为营；员工流失率高，士气低落

Scene 2：扬帆——调动并激励船员 
新任CEO和HR、高管们通过一系列职业发展、能力提升举措，激励并保留员工

Scene 3：船体加固、动力更新 
"大五项目"激发员工创新，优化结构和流程，提升效率，加强组织能力

Scene 4：齐聚共航 
年会、领导力发展活动提升员工凝聚力，员工了解并关心、参与且担当

Scene 5：灯塔、罗盘和锚 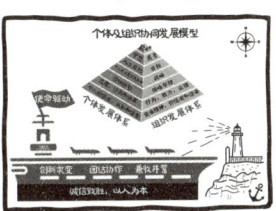
重塑文化，更新使命、愿景、价值观，建立核心理念和原则，个体与组织协同发展

Scene 6：破浪远航 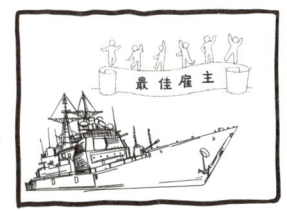
经历挑战，收购、上市，新牧童强化部门协同，更新原则共识，创新导向，实现使命驱动

473

后记
愿做船尾的灯,照亮你前行的路

我的写作之旅始于初中，当年创作的一篇《童年的四季歌》在《绿洲》杂志上发表，给我带来了第一笔稿费。这笔钱不仅为父亲添置了新衣，也丰富了家中晚餐。从那时起，文字成为我表达情感的重要媒介。

在企业工作期间，写作的念头时常在我脑海中闪现，但忙碌中挤出的文字总是不尽如人意。习惯了PPT的简洁表达，我发现自己的文字缺乏了感染力。随着自媒体的兴起，我开设了公众号，尽管写作时断时续，但我始终保持着对文字的热爱。

真诚感谢

本书的创作历时半年多，其间我经历了灵感的迸发和文思的枯竭。首先要感谢我的写作教练兼资深图书出版人山顶视角的创始人兼CEO，Jason（王留全）。他的专业指导和温暖鼓励，让我在文字的迭代中见证了个人的成长。他像一盏明灯，出现在我最需要的时候，照亮我前行的道路。

特别感谢我已故的父亲，他总是耐心地聆听我的职场经历，分享他的经验和看法。他曾说："爸爸的话可能起不到什么指导作用，但希望能像船尾的灯，照亮你前行的路。"这些话至今仍深深烙印在我的心中。完成此书的时候，我对爸爸的话有了更深的理解。我期待这本书中分享的案例及相关原则和理念，也能像暗夜中的灯光，为读者照亮前行的道路。

感谢我的母亲、三个妹妹，还有我的先生和孩子，他们无条件的爱和支持，是我完成这本书的坚强后盾。很多个夜晚和周末，他们为我创造了不被打扰的空间和平和的心境。孩子曾问我为什么要花这么多时间写书，我笑着告诉他："这是为了将来你可以告诉你的孩子，奶奶是一个怎样的人。"

本书自序中提及，写作这本书也是对我职业生涯的总结。感谢那些在职场上曾与我同行的人们，包括为本书写序的Yvonne Moore女士，已经退休的"大佬"，以及我亲爱的"心之队"的同事们……这本书不是自传，但每一个案例都源自我真实的职业生涯。如果读者感觉本书的情节和人物设定似乎都很美好，这或许是因为曾经的同事们在我内心留下的都是温暖的故事和美好的回忆，这些最终成就了本书的内容。我希望这些记录能为职场上

后记　愿做船尾的灯，照亮你前行的路

的人们带来启发和美好的感受。

我要特别感谢本书最早的读者、为本书写序和推荐语的朋友们，感谢你们在百忙中抽空阅读，提出宝贵的建议和反馈，做出真诚的推荐。我期待通过这本书结识更多的读者，共同探索个体、团队和组织的转型及变革之路。

写作本书过程中，我还有数个隐形的教练和陪伴者——感谢科技的发展，ChatGPT、Google Gemini、Kimi 还有 Canva 这些 AI 应用都曾帮助我不断打磨内容、生发新的创意、查找理论研究……我们生活在一个幸运的时代，科技成为梯子，让我们轻松地站在了人类社会数千年来形成的智慧巨人的肩膀上，每念及此，感恩之情油然而生。

创作体会

创作本书不仅让我总结了职场经验和管理智慧，也经历了一次深刻的个人成长。

最初我想通过案例分享 HR 在 OTC（组织、人才、文化）战略主题方面的实践。动笔不久遇到卡点，在 Jason 的启发下，我参考"英雄之旅"框架，展开了主人公安心、她的 HR 团队、牧童公司的高管团队以及牧童组织这四组角色的变革之旅，并通过人才、组织、文化和高管领导力发展这几个主题推进情节。初稿完成后，我再次梳理了这四组角色的蜕变，并尝试通过文字框架和六格漫画体现每一个角色"从……到……"的变革之路。这样创意总结和表达的过程中，我数次走入"心流"状态。前面几页内容就是我运用 Canvas 软件制作的四组角色发展的六格漫画，这些漫画和说明也能帮助你更好地理解此书。

整个过程让我体会到 Jason 作为写作教练对我的巨大帮助，明白了先写起来再不断迭代、改进的道理，以及通过"做"来发现自己的兴趣和长处……这与我们探索职业和人生道路的方式相似：先做起来，在过程中不断发现和突破。

我的另外感受来自对本书的定位纠结转变。在和 Jason 的沟通中，我数次提及，这本书作为管理类书籍在理论部分的缺乏，作为故事书在情节上的过于简单，作为工具书时似乎不够充实……Jason 指导我换个角度看问题：当一本集故事、管理、工具特点的书呈现在读者面前时，它所能够提供的趣味性、易懂和可操作性带给读者的价值……这样的指导贯穿了我整个的写作过程，我真正体会到了教练的赋能作用。这也是无论在商业运营还是思考个人价值时，我们都可以转变的视角。作为以对个体、团队和组织赋能为生命意义的我来说，这样的个人体会也不断地历练着我的心智和认知转变，帮助我在未来更好地"照亮"他人。

变革心动力

价值奉献

《变革心动力》旨在帮助有志于成为 HR 高管的专业人士，看到工作中处处都有运用战略思维和 HR 专业知识赋能团队和组织的机会；让企业管理者了解到，HR 不仅仅是在人才选用育留方面执行的角色，他们还可以发挥更大的战略作用。

这本书不仅是一本关于职场成长和组织变革的指南，也是一本关于自我发现、内省和勇敢追求的书。对于每一个追求个人成长的"安心"来说，希望你看到的不是安心最终的"出走"，而是她不断地内省、学习、成长和忠于自我……希望每位读者都能从中获得启发，在复杂多变的环境中找到自己的方向感、稳定感和力量感。

本书初稿完成的时间，也是我在斯坦福参加 DCI（Distinguished Careers Institute，卓越职场研究所）学习的尾声。在这所充满人文精神的世界知名学府中的生活令人难忘，对我来说，这两年访问学者生涯是一个无比美好的假期。在这里，我学会了倾听内心的声音，慢下来去体验生活，践行个人生命意义。这个悠长假期不仅是促成本书面世的重要因素，也为我继续人生下半场带来了无尽的启迪。期待借本书的面世，我能够有机会和更多的读者联结，分享我的收获，并照亮更多人探索工作意义、个人使命的道路。

这本书不仅是我职业生涯的总结和分享，更是与读者共同探索的起点。随着您翻开《变革心动力》的篇章，我邀请您一同踏上这场变革之旅。让我们一起探索、成长，并在变革中找到自己的位置。

愿这本书能成为您前行路上的一盏灯，照亮您的每一步。让我们共同活出充沛、美好和幸福的人生！

图书在版编目（CIP）数据

变革心动力：个人、团队和组织成长指南 / 张丽雪著 . -- 北京：北京联合出版公司, 2025. 3. -- ISBN 978-7-5596-8176-8

I. F272.92-62

中国国家版本馆 CIP 数据核字第 20248JM915 号

Copyright 2025 by Beijing United Publishing Co., Ltd.
All rights reserved.
本作品版权由北京联合出版有限责任公司所有

变革心动力：个人、团队和组织成长指南

张丽雪　著

出　品　人：赵红仕
出版监制：刘　凯　李　欣
选题策划：山顶视角
策划编辑：王留全　李俊佩
特约编辑：张开远
责任编辑：蔚　鑫
封面设计：水　沐
内文制作：梁　霞

关注联合低音

北京联合出版公司出版
（北京市西城区德外大街83号楼9层　100088）
北京联合天畅文化传播公司发行
北京美图印务有限公司印刷　新华书店经销
字数373千字　710毫米×1000毫米　1/16　31印张
2025年3月第1版　2025年3月第1次印刷
ISBN 978-7-5596-8176-8
定价：108.00元

版权所有，侵权必究
未经书面许可，不得以任何方式转载、复制、翻印本书部分或全部内容。
本书若有质量问题，请与本公司图书销售中心联系调换。电话：（010）64258472-800